REVISTA DE DIREITO MERCANTIL

industrial, econômico e financeiro

111

Publicação do
Instituto Brasileiro de Direito Comercial Comparado
e Biblioteca Tullio Ascarelli
do Departamento de Direito Comercial
da Faculdade de Direito da Universidade de São Paulo

Ano XXXVI (Nova Série)
julho-setembro/1998

MALHEIROS EDITORES

REVISTA DE DIREITO MERCANTIL

industrial, econômico e financeiro

Nova Série — Ano XXXVI — n. 111 — julho-setembro de 1998

REVISTA DE DIREITO MERCANTIL
publicação trimestral de
MALHEIROS EDITORES LTDA.
Rua Paes de Araújo, 29, conjunto 171
CEP: 04531-940
São Paulo, SP - Brasil - Tels. 822-9205
820-9718 - 820-5549 - Fax. 829-2495

Assinaturas e comercialização:
CATAVENTO DISTRIBUIDORA DE LIVROS S.A.
Rua Conselheiro Ramalho, 928
CEP 01325-000
São Paulo, SP - Brasil
Tel. 289-0811 - Fax. 251-3756

Diretor Responsável: Álvaro Malheiros
Diretora: Suzana Fleury Malheiros

Supervisão Gráfica: Vânia Lúcia Amato
Composição: EDITORA FRASE LTDA.

SUMÁRIO

DOUTRINA

NOTAS DE ANÁLISE ECONÔMICA: CONTRATOS E RESPONSABILIDADE CIVIL
— RACHEL SZTAJN 9

ATUALIDADES

UMA REFLEXÃO SOBRE AS ESTRUTURAS JURÍDICAS NO DIREITO INTERNACIONAL ECONÓMICO
— VASCO BRANCO GUIMARÃES 30

APARÊNCIA DE REPRESENTAÇÃO: A INSUSTENTABILIDADE DE UMA TEORIA
— FÁBIO KONDER COMPARATO 39

DA INEXISTÊNCIA DE FUNDO DE COMÉRCIO NAS SOCIEDADES DE PROFISSIONAIS DE ENGENHARIA
— TERCIO SAMPAIO FERRAZ JUNIOR 45

DA RESPONSABILIDADE SOLIDÁRIA NA CISÃO E DA NOTIFICAÇÃO ÀS EMPRESAS DEVEDORAS
— ARNOLDO WALD 52

A EVOLUÇÃO DO CONCEITO DE SOBERANIA — TENDÊNCIAS RECENTES
— CARLA AMADO GOMES 57

REFORMA DAS S.A. E DIREITO DE RECESSO
— NELSON EIZIRIK 74

A PROPRIEDADE INDUSTRIAL NA FALÊNCIA — ALIENAÇÃO DE DIREITO DE MARCA
— JOÃO LUIZ COELHO DA ROCHA 82

ALGUNS ASPECTOS QUE ENVOLVEM A NACIONALIDADE DAS SOCIEDADES COMERCIAIS
— LEONARDO MEDEIROS RÉGNIER 86

A NOVA LEI BRASILEIRA SOBRE PROPRIEDADE INDUSTRIAL
— EDUARDO GREBLER 100

A SECURITIZAÇÃO DE RECEBÍVEIS DE CRÉDITOS GERADOS EM OPERAÇÕES DOS BANCOS — A RESOLUÇÃO N. 2.493 EM SUA PERSPECTIVA JURÍDICA
— CASSIO MARTINS C. PENTEADO JR. 120

A PRESCRIÇÃO ADMINISTRATIVA NO ÂMBITO DO BANCO CENTRAL DO BRASIL
— HAROLDO MALHEIROS DUCLERC VERÇOSA 125

MERCOSUL

EL TRANSPORTE DE MERCANCIAS PELIGROSAS EN EL MERCOSUR
— ROBERTO BLOCH 132

TEMAS EM DEBATE

A DISCIPLINA DA REORGANIZAÇÃO DA EMPRESA EM CRISE ECONÔMICA NO PROJETO DE LEI CONCURSAL
— FREDERICO SIMIONATO 138

PARECERES

DIVIDENDOS MÍNIMOS CUMULATIVOS E PARTICIPANTES
— LUIZ GASTÃO PAES DE BARROS LEÃES 157

ESPAÇO DISCENTE

LIBERDADE DE IMPRENSA E RESPONSABILIDADE CIVIL DOS MEIOS DE COMUNICAÇÃO
— MARCOS BARBOSA PINTO 171

JURISPRUDÊNCIA COMENTADA

DISSOLUÇÃO PARCIAL DE SOCIEDADE POR COTAS
— LUÍS FELIPE DE CARVALHO PINTO 185

LIMITADA — DISSOLUÇÃO PARCIAL DA SOCIEDADE COM DOIS SÓCIOS — SOCIEDADE UNIPESSOAL TRANSITÓRIA
— PRISCILA BRÓLIO GONÇALVES 190

LIMITADA — DISSOLUÇÃO PARCIAL POR QUEBRA DA "AFFECTIO SOCIETATIS" — INCLUSÃO DO VALOR DO FUNDO DO COMÉRCIO NOS HAVERES DO SÓCIO RETIRANTE
— RENATO LUIS BUELONI FERREIRA 197

LEGISLAÇÃO

AINDA A REFORMA DE LEI FALIMENTAR
— WALDIRIO BULGARELLI 203

ERRATA: na p. 4 da RDM 110, o título certo do artigo do Prof. Luiz Gastão Paes de Barros Leães é "Convenção impediente de novo estabelecimento".

COLABORAM NESTE NÚMERO

ARNOLDO WALD

Advogado e Professor Catedrático de Direito Civil da Faculdade da Universidade Estadual do Rio de Janeiro

CARLA AMADO GOMES

Professora da Universidade de Lisboa (Clássica)

CASSIO MARTINS C. PENTEADO JR.

Professor-Coordenador da área de Processo Civil no Curso de Pesquisa e Pós-Graduação das Faculdades Metropolitanas Unidas de São Paulo. Advogado em São Paulo

EDUARDO GLEBER

Professor da Faculdade de Direito da Pontifícia Universidade Católica de Minas Gerais

FÁBIO KONDER COMPARATO

Professor Titular da Faculdade de Direito da Universidade de São Paulo. Doutor em Direito da Universidade de Paris

FREDERICO SIMIONATO

Pós-Graduando em Direito Comercial pela Faculdade de Direito da Universidade de São Paulo

HAROLDO MALHEIROS DUCLERC VERÇOSA

Mestre e Doutor em Direito pela Faculdade de Direito da Universidade de São Paulo. Professor de Direito Comercial nas Faculdades de Direito da USP e da UNICID. Ex-Procurador do Banco Central do Brasil. Advogado em São Paulo

JOÃO LUIZ COELHO DA ROCHA

Advogado no Rio de Janeiro. Professor de Direito Comercial da Pontifícia Universidade Católica do Rio de Janeiro

LEONARDO MEDEIROS RÉGNIER

Pós-Graduado em Direito Empresarial pela Pontifícia Universidade Católica de São Paulo. Mestrando em Direito Comercial na Faculdade de Direito da Universidade Federal do Paraná. Membro do Instituto Brasileiro de Direito Comercial Comparado e do Instituto dos Advogados do Paraná. Advogado em Curitiba

LUÍS FELIPE DE CARVALHO PINTO

Pós-Graduando em Direito Comercial da Faculdade de Direito da Universidade de São Paulo. Advogado em São Paulo

LUIZ GASTÃO PAES DE BARROS LEÃES

Professor Titular da Faculdade de Direito da Universidade de São Paulo. Advogado

MARCOS BARBOSA PINTO

Graduando da Faculdade de Direito da Universidade de São Paulo

NELSON EIZIRIK

Advogado no Rio de Janeiro e em São Paulo. Ex-Diretor da Comissão de Valores Mobiliários-CVM

PRISCILA BRÓLIO GONÇALVES

Pós-Graduanda da Faculdade de Direito da Universidade de São Paulo

RACHEL SZTAJN

Doutora e Livre-Docente de Direito Comercial da Faculdade de Direito da Universidade de São Paulo. Professora de Direito Comercial na Faculdade de Direito da Universidade de São Paulo. Advogada em São Paulo

RENATO LUIS BUELONI FERREIRA

Pós-Graduando da Faculdade de Direito da Universidade de São Paulo

TERCIO SAMPAIO FERRAZ JUNIOR

Titular da Faculdade de Direito da Universidade de São Paulo

VASCO BRANCO GUIMARÃES

Professor da Universidade de Lisboa (Clássica)

WALDIRIO BULGARELLI

Professor Titular de Direito Comercial da Faculdade de Direito da Universidade de São Paulo

Doutrina

NOTAS DE ANÁLISE ECONÔMICA: CONTRATOS E RESPONSABILIDADE CIVIL

RACHEL SZTAJN

Quando se pensa em análise econômica do direito imagina-se, por vezes, que se estará no campo do direito econômico ou do direito comercial, ou ainda naquele em que preponderam os modelos econométricos sobre as regras jurídicas. Nada mais enganoso. A análise econômica do direito pretende aferir a maior ou menor eficiência das operações negociais.

O pensamento econômico funda-se no pressuposto de que os agentes econômicos são racionais, e, portanto, agem racionalmente, e que os recursos são escassos e têm valor, a busca da melhor, mais eficiente alocação, a maximização do seu uso, deve produzir o máximo de bem-estar. Da combinação desses pressupostos resulta que os agentes, de forma racional, visam a maximizar sua satisfação individual, transferindo seus recursos para aquelas posições e/ou situações que lhes ofereçam o máximo bem-estar, ou o mínimo prejuízo.

A idéia de eficiência alocativa leva a propiciar a mobilidade de posições e relações negociais que, no plano jurídico, implica reconhecer, ou não, a propriedade privada e a admitir a apropriação e a acumulação de riquezas; daí porque uma das proposições em que se funda a análise econômica do direito indaga da alocação que as normas jurídicas determinam nos diferentes modelos negociais, enquanto a racionalidade econômica encontra, no plano jurídico, sua expressão nas idéias de capacidade e autonomia do agente no tráfico negocial.

Assim, fica claro que, sob o aspecto econômico, a busca do próprio interesse nas condutas humanas é admissível. Não se quer com isso dizer que o egoísmo absoluto seja desejável nem que deva ser premiado, mas sim que o interesse individual deve ser reconhecido e admitido, pois as pessoas reagem conforme os incentivos que lhes sejam oferecidos. As normas penais, por exemplo, em geral servem como incentivo para que determinadas condutas sejam evitadas para que não se sofra as penalidades nelas previstas.

Portanto, entre duas ou mais alternativas, o agente racional escolhe aquela que lhe seja mais favorável ou menos gravosa. Essa idéia está presente no pensamento de Norberto Bobbio quando discute a fixação de prêmios, recompensas e punições que deve, de alguma forma, permear o sistema jurídico de forma a se obter certos comportamentos desejáveis e inibir os indesejáveis.

Igualmente demonstra-se em modelos de jogos de cooperação que, comportamentos adotados pelos agentes econômicos, em geral, perseguem a maximização de eventos cujos resultados sejam mais favoráveis, ou menos danosos, mesmo que as condutas sejam egoísticas.

Quem pensa em condutas egoísticas está seguindo o modelo descrito por Adam

Smith em que a soma de interesses individuais acaba por aumentar a riqueza e bem-estar coletivos, mesmo quando as condutas individuais forem egoístas.

Assim, escopo da discussão é a análise da responsabilidade civil à luz das chamadas "leis da economia", ou seja, a lei da oferta e da demanda, da procura de maximização de valor, utilidade e eficiência — produtiva e alocativa — nas relações interindividuais e coletivas ou sociais.

Antes de prosseguir é preciso entender o que, em termos econômicos, é mercado e como o mercado pode, ou não, contribuir para aumentar a eficiência na circulação e acumulação da riqueza, e ser considerado no plano das discussões jurídicas, pois direito e economia não devem ser mutuamente excludentes na análise dos comportamentos humanos.

Veja-se, a propósito, o que diz Ronald H. Coase:[1] "Economics is the science which studies human behaviour as a relantionship between ends and scarce means which have alternative uses" (*An Essay on the Nature and Significance of Economic Science*, 2ª ed., Londres: Macmillan & Co., 1935, p. 16). Seguindo tal entendimento, de que a economia é ciência que estuda o comportamento humano, e sendo o direito, também, ciência que estuda, para prescrever regras de conduta, o comportamento humano, da combinação dessas duas áreas de conhecimento, pode-se imaginar a aplicação de regras econômicas ao direito.

Mercado é, para aquele economista, uma instituição, ou uma estrutura, que existe para facilitar as negociações, as trocas econômicas; os mercados servem, pois, para diminuir o custo de agentes econômicos racionais, na busca de maximização de utilidade para os recursos escassos, satisfazendo seus desejos ou interesses.

Vale lembrar as feiras e mercados medievais, organizados por particulares previamente autorizados pelo soberano, em que se punha à disposição das pessoas locais para que elas se encontrassem, locais esses em que eram oferecidos produtos e serviços, facilitando o comércio, oferecendo diversão pública, facilitando o contato entre quem dispunha de bens para ofertar e os que deles necessitavam de forma "eficiente". Anote-se que nas feiras também se cuidava da segurança e se administrava justiça em Tribunais locais.

A idéia de mercado está fundada no princípio da racionalidade e na concorrência. Duas questões são, então, propostas. Sob que condições é racional supor a cooperação de agentes racionais entre si? Qual a forma e o conteúdo de uma cooperação racional?

Pode-se considerar dois modelos de racionalidade, o coletivo e o individual. Neste o que se visa é maximização de utilidade, enquanto a racionalidade coletiva se funda no denominado Teorema de Pareto. Assim, a racionalidade coletiva implica um Pareto ótimo, que se define conforme um Pareto superior. Logo, um estado de Pareto ótimo é aquele em que não há qualquer Pareto superior que seja melhor.[2]

Cada pessoa, isolada do grupo, não define, racionalmente, nenhum tipo de Pareto superior, porque o indivíduo pode obter alguma vantagem isolada, individual, que o ponha em posição melhor mas causando alguma perda a outrem. O resultado a que chegam os economistas é que, um estado Pareto superior é aquele racional para todos os agentes.

A teoria dos jogos demonstra que se A fizer empréstimo a B, sem ter certeza de receber de B, voluntária ou coercitivamen-

1. *The Firm, The Market and The Law*, The University of Chicago Press, 1988, p. 1.

2. Pareto superior é definido em relação a preferências individuais em face de estados sociais. Exemplifica-se: Um estado S' é Pareto superior em relação a outro estado S, se ninguém preferir S sobre S' e se, ao menos uma pessoa preferir S em relação a S'. Ou de outra forma, o estado S' é Pareto superior ao estado S se ninguém ficar pior em S' do que em S e, ao menos uma pessoa estiver melhor em S' do que em S.

te, o valor mutuado acrescido de juros – o preço do dinheiro — não haverá mútuo, o que deixa A e B em situação pior do que se o mútuo for ajustado. E que B ficaria melhor se não tivesse de devolver aquilo que lhe fora emprestado à custa da perda de A.

Mas, a possibilidade de se concretizar essa hipótese faz com que A nada empreste a B.

Sabendo-se que dizer mercado implica supor racionalidade, mas nem sempre justiça ou eqüidade, que não estão, necessariamente, presentes no critério de escolha racional, os valores éticos e morais da sociedade ficam, em geral, distantes da idéia de mercado, que se apóia na busca de eficiência.

Mas, se a conduta racional explica a motivação do homem e, politicamente, constitui justificativa para a dicção de normas jurídicas, normas que as pessoas estarão motivadas a observar já que, para elas, racionalmente, é de seu interesse, é lógico que o direito favoreça a posição de uma pessoa em face de um bem da vida ou da utilidade que pode obter de bens da vida, num modelo de convívio estruturado para a cooperação.

Aqui se percebe que a relação entre lei, moral e cooperação racional constitui interação vantajosa para a comunidade especialmente porque a cooperação racional é produtiva e distributiva. Cooperação racional significa escolha racional, elemento fundante do paradigma de mercado. Aceita essa idéia, pode-se avançar e relacionar mercado e liberalismo e o crescimento do poder da razão individual na autodeterminação dos próprios interesses.

A propriedade, o reconhecimento do direito de propriedade, é fundamental para a troca e, portanto, para a existência do mercado. A relação entre propriedade privada e mercado de um lado e a disponibilidade do processo de produção da riqueza destinada ao mercado de outro demonstram que o mercado existe quando se reconhece seja a propriedade privada seja a apropriação da riqueza pelos particulares, servindo o contrato, instituto que representa o acordo sobre o que as partes, racionalmente, querem e entre si ajustam, como instrumento que melhor se refere aos mercados.

Ora, como os mercados promovem a melhor utilidade dos bens por meio dos ótimos de Pareto (nenhuma troca poderá ser feita sem que alguém perca para que outrem se beneficie, isto é, todas as pessoas envolvidas devem manter seu nível de bem-estar e satisfação) ou (2) dos ótimos de Kaldor-Hicks (que diz que a transação é eficiente quando as partes que se relacionam consideram que estarão em situação melhor do que antes, desde que o dano (perda) causado a terceiros não exceda a soma do benefício das partes que satisfazem seus interesses), os contratos acabam por ser a forma que torna menos onerosa a circulação dos bens.

Se cada indivíduo se dá conta de que cumprir as regras de cooperação racional é de seu interesse, chega-se ao modelo do contratualismo e do *pacta sunt servanda.* O contrato como instrumento de alocação de restrições ou de interesses individuais reflete a escolha racional em modelos de cooperação.

Ao contratar, cada parte deseja maximizar sua parcela de benefícios ao mesmo tempo que busca minimizar os ônus que sobre ela devam recair. Nem por outra razão é que se chegou aos contratos contendo cláusulas abusivas. Fica claro como e porque os mercados têm por função tornar eficiente a troca econômica, a troca de utilidade por utilidade, não de bem por preço, muito embora o preço possa ser a medida de utilidade.

Também fica patente ser o contrato o instituto, por excelência, de que se servem os agentes econômicos para realizar e dispor dos próprios interesses, facilitar a circulação dos recursos dos usos menos valiosos para aqueles em que a utilidade seja maximizada, nem que esse direito seja o instrumento do processo de mercado.

Desenhado o conteúdo contratual é de se supor que qualquer alteração das regras poderá beneficiar uma das partes em detrimento da outra, o que explica a proibição de alterações unilaterais que afetariam a utilidade inicial acordada entre as partes. Em Direito poderíamos pensar esse aspecto como o sinalagma inicial ou genético do negócio, sinalagma esse que supõe-se há de persistir.

Da possibilidade de ajustar, por via de contrato, a responsabilidade de cada uma das partes contratantes, em relação a cada negócio, passa-se, nos modelos contratuais legalmente tipificados, às regras alocativas determinadas em lei. Assim, cada tipo contratual apresenta regras que permitem à parte lesada, conforme o modelo, pleitear danos (lucro cessante e dano emergente) na medida do que a sociedade entende a eficiente distribuição dos recursos e dos estímulos para sua utilização.

Tornar eficiente a troca significa aumentar a utilidade ou a velocidade em que chega à utilidade ao menor custo. A idéia de custo de "transação" dos economistas resulta da análise da maior ou menor velocidade na obtenção da utilidade, com garantia. Por isso dizem que no mercado a troca de informações reduz o custo de transação.[3] Por que a informação é valiosa, e obtê-la significa custo ao mesmo tempo que reduz a incerteza, quanto melhor e mais acessível for a informação, menor será o custo de transação, logo, melhor será o funcionamento do mercado.

As normas jurídicas voltadas para garantir o cumprimento das obrigações, reduzindo o risco de inadimplemento, são fundamentais na valoração econômica do custo de transação. A certeza da aplicação das normas, tal como deduzidas e aceitas socialmente, integra a estrutura dos mercados eficientes. Nem por outra razão se ouve de empresários que podem sobreviver com regras ruins, com regimes ditatoriais, mas que não podem investir, por falta de "garantias" em países em que as regras mudam facilmente, pois isso representa aumento do custo de transação.

Sobre a ligação da lei com a alocação eficiente dos recursos, creio que, como muitos estudiosos, o melhor exemplo da idéia de custo de oportunidade é apresentado no chamado Teorema de Coase, designação atribuída a George Stigler, a estudo apresentado por Ronald H. Coase no artigo "The Federal Communications Commission" em que afirma: "A propriedade de uma caverna recém-descoberta caberá ao descobridor, ao proprietário da área em que se localize a entrada, ou a quem tenha a propriedade da área sob a qual está situada, dependendo do que a lei disponha sobre propriedade. Mas a lei apenas determina a que pessoa deve-se ajustar o uso da caverna. Se a caverna for usada para armazenar arquivos bancários, como reservatório de gás natural, ou para cultivar cogumelos, isso será resultado não da lei de propriedade mas de se o banco, a companhia de gás ou a produtora de cogumelos, pagará o máximo valor desejado pelo proprietário para ceder o uso da caverna"[4] (tradução livre). Partindo dessa explicação Coase passa a analisar outras situações em que direitos poderiam ser exercidos por quem tivesse com isso a máxima utilidade.

Assim, prossegue o economista: "the delimitation of rights is an essencial prelude

3. A palavra transação não está empregada no sentido técnico jurídico de modo de extinção ou prevenção de litígios mediante mútuas e recíprocas concessões entre as partes, como prevê o CC no art. 1.025.

4. Coase, ob. cit., p. 157, "Whether a newly discovered cave belongs to the man who discovered it, the man on whose land the entrance to the cave is located, or the man who owns the surface under which the cave is situated is no doubt dependent on the law of property. But the law merely determines the person with whom it is necessary to make a contract to obtain the use of the cave. Whether the cave is used for storing bank records, as a natural gas reservoir, or for growing mushrooms depends, not on the law of property, but on whether the bank, the natural gas corporation, or the mushroom concern will pay the most in order to be able to use the cave.

to market transactions ... the ultimate result (which maximizes the value of production) is dependent of the legal decision".[5] Coase afirma que as empresas (*firms*) são centros ou feixes de contratos e existem para buscar reduzir o custo de transação. Por isso que o crescimento da firma depende de, a cada operação, saber se aquele custo a ser incorrido será maior ou menor, se recair sobre a firma existente ou por outra, nova. Logo, conclui, se inexistir custo de transação a alocação inicial do bem ou da propriedade não será feita levando em conta o uso mais eficiente que é o que se busca em teoria econômica.

A idéia de custo de transação é importante quando se discute eficiência alocativa, mesmo no campo do direito, pois as normas de tutela das partes mais fracas numa relação jurídica, para corrigir falhas de mercado, podem provocar distorções impedindo a normal e eficiente alocação da riqueza, assim como podem facilitar as operações no mercado por oferecer maior segurança, reduzindo os custos de transação.

Se os agentes econômicos forem racionais e os recursos escassos, o uso dos recursos tenderá a migrar para ou a gravitar em torno da troca voluntária mais benéfica que o mercado permitir ou oferecer eficiência produtiva. Exemplo dessa migração é a Lei de Condomínios Horizontais que aumenta o valor da propriedade imobiliária ao permitir a edificação em planos horizontais de unidades distintas atribuindo-as a diferentes proprietários.

O valor econômico de um bem é determinado pelo montante em dinheiro que se esteja disposto a pagar por ele ou, inversamente, quanto exige o proprietário para dele se desfazer. Imagino que o valor dos imóveis em que se possa edificar segundo a Lei n. 4.591 de 1965 é significativamente superior ao daqueles de mesma área física situados em região sobre as quais pesem limitações ao direito de edificar. Com isso chega-se à idéia de utilidade.

A palavra utilidade indica, em economia, o valor do custo ou benefício esperado em face de opções diversas para usos daquele específico bem. A utilidade leva em conta o risco, a álea, que se reflete na utilidade marginal do bem. Explica-se: se alguém pretender adquirir um veículo automotivo, por exemplo, cujo valor de usado, na revenda, implicar perda, procurará adquirir o veículo cuja perda, naquela forma, seja a mais reduzida possível. Esse comportamento descarta as compras por impulso, que não seguem o modelo de racionalidade proposto.

Conforme di Majo,[6] utilidade e tutela de interesses andam juntas, de forma que os remédios ou instrumentos para as hipóteses em que os interesses (ou utilidades) não sejam satisfeitos ou sejam satisfeitos de forma incompleta permite supor que as utilidades constituem, embora de forma subjacente, elementos fundantes dos sistemas jurídicos.

Por fim, eficiência indica que, na alocação de recursos, a maximização da utilidade é a meta. A eficiência interessa enquanto instrumento útil na busca de metas e não como elemento valorável do ponto de vista moral. Há quem aplique o critério de eficiência apenas àquelas operações voluntárias de troca econômica. Apreciar a eficiência, no plano jurídico, porém, deve levar em conta valores éticos e sociais.

Retomando agora a idéia de mercado, cabe ressaltar as duas vertentes em que é encontrada nos textos dos economistas. Uma que entende que o paradigma do mercado é importante por criar eficiência alocativa, outra por ligá-lo à escolha livre, o que gera estabilidade social. A escolha livre depende de haver regime democrático, reconhecendo que nem todas as normas, nas democracias liberais, são desenhadas

5. Ibid., p. 158.

6. Adolfo di Majo, *La tutela civile dei diritti*, Giuffrè Editore, Milão, 2ª ed., 1993.

de modo a tornar os mercados possíveis ou corrigir suas falhas.

Propriedade e contrato, instrumento de troca voluntária, estão ligados na promoção do bem-estar social e, havendo custos de transação nas trocas, as regras de responsabilidade civil constituem o remédio, por excelência, de tutela dos interesses das partes não cumpridos após o ajuste.

É de se supor que, no campo do direito dos contratos, as regras sejam desenhadas de forma a facilitar a troca, provendo salvaguardas contra inadimplementos ou falhas de mercado. Por isso que o inadimplemento, culposo ou doloso, há de prever penas maiores para o causador do que o involuntário. É clara a facilidade de aplicação da análise econômica a figuras jurídicas como o contrato e a responsabilidade civil.

As normas contratuais servem para definir a moldura das permissões ou autorizações individuais, ou seja, as regras que permitem às pessoas dispor de seus bens ou interesses como melhor lhes aprouver, no campo de manifestação da autonomia privada, das declarações livres, do agir humano, em contraste frontal com o modelo do direito penal que é de proibições.

Já a outra face da análise da distribuição dos direitos e ganhos (riqueza) decorrentes da atividade e dos danos por ela causados, leva às regras de responsabilidade civil. Quando se fala em responsabilidade civil não se visa a proibir condutas moralmente reprováveis, mas sim a alocar riscos de forma a que as condutas culposas sejam inibidas, ou que o causador de danos pague pelos prejuízos que vier a causar.

Jules L. Coleman,[7] lembra que Guido Calabresi propõe que o direito de *torts*, semelhante à nossa responsabilidade civil, ocupa no sistema jurídico a posição entre os contratos e os delitos. Se as regras sobre direitos reais definem a propriedade e outros títulos dominiais, o direito dos contratos constitui a área em que se dispõe sobre a forma pela qual as pessoas fazem o que desejam com seus bens, mediante o desenho de modelos que devem ser atendidos para a validade e eficácia do negócio, enquanto o direito penal define as proibições, que são categóricas, ainda quando se esteja disposto a compensar a violação da norma penal.

Seguindo o ensinamento de Guido Calabresi observa-se que a diferença entre responsabilidade civil e penal está em que naquela estão incluídos atos cuja prática é admitida desde que se pague o preço do prejuízo causado a uma pessoa ou grupo de pessoas, enquanto nesta o pagamento é de outro tipo, pois responde-se pelo dano causado não a uma pessoa, isoladamente, mas à sociedade, por isso as penas privativas de liberdade, proibição ou inabilitação para exercer atividade além das multas pecuniárias são a regra.

Dessa forma responsabilidade civil pode servir de freio no desenho das regras na procura da eficiência alocativa dos recursos no mercado. Não muito distante dessa idéia está Grant Gilmore que em *The Death of Contract*[8] afirma "... 'contract' is being absorbed into the mainstream of 'tort' Until the general theory of contract was hurriedly run up in the nineteenth century, tort had always been our residual category of civil liability ...Classical contract theory might well be described as an attempt to stake out an enclave within the general domain of tort. The dykes which were set up to protect the enclave have, it is clar enough, been crumbling at a progressively rapid rate".

Será que o jurista entrevia alguma forma de retorno ao modelo do direito romano em que as ações, mais do que as promessas, as declarações ou manifestações livres de vontade, indicariam o norte da bus-

7. *Risks and Wrongs*, Cambridge, University Press, 1992, p. 74.

8. Ohio State University Press, Columbus, Edited and with a Foreword by Ronald K.L. Collins, 1995, pp. 95 e ss.

ca de eficiência? Tais considerações não fogem muito do que ocorre no Brasil atualmente. O crescente número de microssistemas normativos, o aumento das hipóteses de responsabilidade objetiva, a vinculação forçada, não são estranhas ao jurista pátrio, ampliando o leque das ações para compensar falhas de mercado, reduzir as diferenças de poder de barganha entre as partes.

Coleman, por sua vez, entende que a responsabilidade civil constitui mescla entre direito e moral, que no plano da análise econômica do direito a responsabilidade civil constitui elemento que serve para trazer os ideais de justiça e moralidade na contraposição da pura e não valorativa idéia de eficiência alocativa da economia quando há falhas de mercado, quando a concorrência não é perfeita, quando há posições dominantes, quando há ignorância de qualquer das partes sobre os elementos em que se baseia o negócio, por exemplo. Ressalte-se que eficiência sem estabilidade social representa valor completamente despido de interesse para que cultue ciências humanas, como o direito.

Quem opta por analisar contratos e responsabilidade civil deve distinguir entre direitos reais e obrigacionais. No direito de propriedade está subjacente a certeza de que a tutela da propriedade constitui tutela contra atos de terceiros que possam reduzir-lhe o valor ou limitar-lhe o uso; a relação do proprietário com a propriedade, móvel ou imóvel, é exclusiva e exclusivista, por isso a propriedade garante ao titular o poder para excluir quaisquer terceiros em relação ao bem, assim como o poder para alienar, e/ou permitir o uso e/ou o gozo da coisa.

Richard Posner vê no direito de propriedade dois aspectos, o estático e o dinâmico. No primeiro caso não se considera a questão temporal, ou decurso do tempo, o que significa que todas as mudanças temporais presumem-se refletidas instantaneamente sobre o valor da propriedade.

Sob o aspecto dinâmico, porém, os eventos ocorridos ao longo do tempo são valorizados. Assim os frutos do trabalho agrícola — plantações, criações — devem ser tutelados separadamente da tutela do imóvel, evitando que haja apropriação desses valores por qualquer pessoa que não o agricultor, o criador, o que desestimularia as atividades.[9] Logo, a lei deve disciplinar direitos de vizinhança, direitos de comunheiros, usuários e usufrutuários, apenar a invasão de animais em propriedade alheia, compor danos daí derivados, para que haja estímulo aos produtores, proprietários, ou não, da terra.

Igualmente no caso de exploração minerária, em que o proprietário da terra deve permitir que terceiros possam escavar o subsolo e extrair minérios, mediante pagamento de direitos ao titular da propriedade. Com essas regras aumenta-se a eficiência alocativa e melhora-se a distribuição da riqueza. Seria possível demonstrar, pela teoria dos jogos, que todos estarão melhor se as regras forem observadas do que se violadas.

A natureza do direito, exclusivo quanto ao uso de recursos valiosos, dá origem a um conjunto de remédios próprios como as ações reivindicatórias, as reipersecutórias, e os interditos, por exemplo, que se exercem *erga omnes*. O direito de propriedade garante ao titular a disponibilidade e utilidade do bem e o poder de obter indenização, até por via da responsabilidade civil, por prejuízos e/ou perda de valor que venha a sofrer, decorrentes de danos a ou perda da propriedade por ato de terceiro.

Seguramente o legislador há de ter em conta que nem sempre a só eficiência alocativa, a maximização da utilidade, deve ser analisada quando se discute a propriedade e direitos conexos. Se assim fosse admitir-se-iam momentos em que pessoas, de mais poder econômico, causassem danos a terceiros simplesmente por terem capacidade econômico-financeira para ressarci-los. Isso levaria a sociedade a comporta-

9. Posner, ob. cit., pp. 29 e ss.

mentos inaceitáveis do ponto de vista da moral e indesejáveis para o bom convívio social, razão suficiente para que se fixem limites claros ao "direito absoluto do proprietário" de aumentar seus benefícios, maximizar sua utilidade.

Em tais situações o que se faz, em análise econômica das normas, é tentar encontrar o ponto de equilíbrio, ou o melhor Pareto, de forma que todas as partes, independentemente de seu poder econômico, aufiram benefícios dos recursos e suportem, equilibradamente os danos.

Essa a orientação do legislador de 1988 que, na Constituição Federal, trata da função social da propriedade. Reconhece a propriedade privada mas impõe que o proprietário exerça o direito tendo em vista interesse social. Da mesma forma, a política fundiária que cria o Imposto Territorial Rural progressivo para áreas improdutivas. Proteção ambiental, limitação de emissão de poluentes, proibição de desmatamento, ruído excessivo em certas áreas ou decorrentes de certas atividades, restrições ao direito de edificar, entre outras, constituem modalidades de restrição ao direito de propriedade na forma clássica.

Outras restrições, de caráter privado, podem resultar de contratos e, diferente das regras de domínio, que se exercem contra todas e quaisquer pessoas, só se refletirão sobre as partes contratantes. Exemplo seriam loteamentos em que se restringe o tipo de edificação, a ocupacão da área edificanda, a livre transmissão da propriedade.

Já os direitos puramente obrigacionais, decorrentes de posições jurídicas que não a de propriedade, dão ao prejudicado por ato de terceiros o direito de exigir compensação, não, porém, o poder de excluí-los da posição que ocupam. Não podem ser exercidos contra todas e quaisquer pessoas, mas, sim e só contra o violador causador do dano. O remédio para tais casos são as medidas ressarcitórias ou compensatórias, aí incluído o ressarcimento de danos não patrimoniais como prevê a Constituição Federal de 1988. O que interessa é garantir que a pessoa não seja onerada, prejudicada quando seus direitos forem violados.

Lembrando estudo de Calabresi-Melamed, já citado, diz di Majo,[10] "La distinzione tra regole di proprietà (property rules) e regole di responsabilità (liability rules) è propria a scrittori americani, i quali privilegiano massivamente la c.d. analisi economica del diritto, e, in tale contesto, si chiedono in quali circonstanze un immaginario giurista deciderebbe di utilizzare a fini di tutela una regola di proprietà o una di responsabilità. Essi aggiungono a tali regole una terza regola, definita di inalianabilità (inalienability rule) alla stregua della quale un qualsiasi diritto si palesa alienabile solo in presenza di determinate condizioni. L'ordinamento così interviene non solo per proteggere un determinato bene od utilità ma anche per stabilire le condizioni in presenza delle quali quel bene od utilità può essere ceduto".

Essa posição dupla que distinguiria de forma absoluta propriedade de obrigação como instrumento de tutela de direitos é contraditada por Antonio Gambaro, o qual diz que mesmo as regras de responsabilidade podem ser empregadas na tutela da propriedade. Exemplo proposto por Ronald Coase,[11] quando explica que, nos casos de responsabilidade civil é preciso decidir, entre duas partes, quem suporta um determinado dano, havendo nexo de causalidade entre dano e conduta de um dos agentes esclarece a questão. Invasão de área agrícola pode ou não ser admitida e como indenizar o proprietário?

A decisão de tolerar a invasão sem reparação do dano acaba por desestimular o plantio e reduzir a produção; deixar que o gado invada a área estimula descuido do criador; propõe se estime o quanto o agricultor deveria receber do criador para man-

10. Ob. cit., p. 85.

11. *The Problem of Social Cost in The Journal of Law and Economics* 3 (outubro, 1960), pp. 1-44, University of Chicago Press.

ter um trato da sua área improdutivo, tendo em vista que o criador ganha com não ter de se preocupar com vigiar seu gado.

O ponto ideal será aquele em que o agricultor ainda obtenha lucros plantando milho na área remanescente depois de receber indenização do criador de gado. Se, porém, a indenização somada ao resultado do plantio sobre o trato restante for inferior ao resultado que obteria plantando milho em outra área, então, diz Coase, o melhor é procurar outra área pois haverá uso ineficiente dos recursos produtivos se continuar no mesmo local, ainda que seja sempre indenizado. A posição do professor Antonio Gambaro parece bem coincidir com a explicação do economista norte-americano.

As tutelas ressarcitórias baseiam-se na reparação dos danos e, como levam em conta a liberdade das pessoas, devem limitar-se ao caráter pecuniário da coação, no campo da responsabilidade patrimonial, que pode levar à execução forçada, sob forma de valor abstrato de troca.[12]

Comparando contrato e responsabilidade civil, com ou sem culpa, pode-se observar que o primeiro instituto promove a circulação de bens, de usos menor para os mais pobres, de forma voluntária; já a responsabilidade civil fá-lo, igualmente, mas de forma coercitiva, involuntária.

No primeiro caso tem-se consenso, no segundo compensação; o contrato é instrumento de mercado, a responsabilidade civil serve para correção das falhas do mercado, ou seja, um constitui instrumento direto e, o outro, indireto de chegar à eficiência alocativa no mercado. Assim, no campo dos direitos de crédito, fala-se em pretensões e em dever de cumprir as obrigações ou indenizar o dano causado, decorra ele de inadimplemento ou adimplemento imperfeito, incompleto, tardio.

Analisando a responsabilidade civil Coleman[13] explica que "... liability rules secure rights when transaction costs are too high." (... as regras de responsabilidade garantem os direitos quando os custos de transação são muito elevados), isso por que, quando se aplicam as regras de responsabilidade as perdas são apreciadas segundo as regras de mercado (dano emergente e lucro cessante), enquanto no caso de disputas sobre a propriedade a questão se põe em relação ao excedente, que, por definição, ultrapassa o valor de mercado do direito ofendido, o qual está preso ao custo de obter a transferência da propriedade. Alfonso di Majo explica o fato da seguinte forma: "... il valore da corrispondere è quello di mercato e non di affezione (come postulerebbe una regola proprietaria)..."[14]

Nas economias liberais (ou neo-liberais) a alocação dos recursos, via de regra, se faz pelos mecanismos de mercado. Mas se os custos de mercado forem altos, superando os da lei, ela será o meio mais eficiente para que se proceda à alocação. Daí porque não se pode afastar a interferência do legislador quando se discute o uso mais eficiente dos recursos. A principal distinção entre lei e mercado, como instrumentos de alocação de recursos, é que, em geral, o mercado é mais eficiente na avaliação de usos concorrentes ou alternativos, pois as pessoas podem, por si, decidir o que sacrificar, se houver mais de uma opção viável, enquanto a lei, comando abstrato e impessoal, não avalia preferências individuais.

Porém, não diferente do mercado a lei pode usar o mesmo critério de precificação, considerando o custo marginal como instrumento para estimular os agentes a maximizarem os recursos. Assim, nos casos de compensação por danos causados a terceiros, o que a lei faz é impor que se pague o preço da decisão, mas não se obrigue o agente a se abster, a não fazer o que lhe parece melhor; pagando o preço do dano pode o agente, livremente, determinar sua conduta, ainda que danosa para terceiros e que apenas quando se verifica que há inte-

12. Di Majo, ob. cit., p. 157.
13. Op. cit., p. 85.
14. Ob. cit., p. 92.

resse em exigir certa conduta é que se aplicam penalidades? Não, as regras assim estruturadas favoreceriam as pessoas de maior poder econômico, o que seria, como já se viu, não só imoral como injusto.

As regras de responsabilidade civil não desenham modelo incondicional do dever de reparar danos, à semelhança do dever incondicionado de respeitar a propriedade alheia, mas avaliam, comparando-os, os interesses em conflito. Presente isso é fácil pensar em modelos de responsabilidade civil, no quadro do custo social, pois decisões judiciais, bem como normas legais, afetam a alocação de recursos nos sistemas produtivos.

Aplica-se o modelo acima quando há interação entre partes que podem avaliar, de forma similar, os danos e benefícios, sendo indiferente a cada uma delas obter o resultado econômico por meio da atividade ou por meio de compensação. Havendo avaliações distintas o modelo não produzirá os mesmos resultados.

Isso explica muitos dos preceitos legais que admitem o dano justificado, que decorre de avaliação desigual dos resultados e da composição. Exemplo desse dano admissível está no art. 170, § 1º, da Lei n. 6.404/76 que admite lançamento de ações a preço inferior aos parâmetros fixados na lei, desde que justificado. (A lei diz injustificadamente, o que a contrário senso, implica dizer que justificadamente é permitido causar dano aos acionistas). O legislador admite que o interesse da companhia de obter recursos é mais digno de tutela do que os interesses individuais de seus acionistas prejudicados.

No mesmo sentido o art. 160 CC que não considera ilícito, logo não impõe o dever de indenizar, o ato praticado em legítima defesa ou exercício regular de direito reconhecido, ou quando a deterioração ou destruição da coisa alheia for promovida para remover perigo iminente, hipótese em que a legitimidade do ato depende de ser absolutamente necessário e ficar dentro dos limites exigidos para a remoção do perigo. O balizamento é o perigo iminente ou a necessidade imperiosa de um lado e o equilíbrio no exercício de outro.[15]

São situações em que o dano imposto a terceiro encontra justificativa na preservação de bem jurídico cuja tutela se reputa mais valiosa. A alocação da utilidade decorre da lei que imputa o ônus ao titular da coisa destruída e distribui desigualmente a utilidade.

George P. Fletcher, em *Fairness and Utility Theory*,[16] propõe a discussão da responsabilidade civil não apenas sob as formas subjetiva e objetiva, mas partindo de dois paradigmas. Um, o da reciprocidade, o outro, o da razoabilidade. Segundo o primeiro, a dúvida está entre saber se a vítima tem direito de receber e o causador o dever de indenizar, e de outro lado o da razoabilidade que tem ligação com o bem-estar da comunidade.

Assim, danos reciprocamente causados pelas pessoas umas às outras devem ser suportados por todos indistintamente, enquanto é razoável que as vítimas suportem os riscos (razoáveis, ordinários) desde que haja maximização da utilidade total da comunidade, ainda quando não sejam resultado de ações recíprocas.

Claro que muitas vezes a regra da reciprocidade apresenta exceções, que são as hipóteses de dano "justo", não indenizável. Mais ainda, o homem médio, as cautelas que toma ou deveria tomar na proteção de seus interesses, passam a influir sobre a medida da razoabilidade. Portanto há, na discussão da responsabilidade civil, embate entre duas estratégias. Uma privilegia a utilidade e propõe que, quando haja benefício para a comunidade, a vítima suporte o ônus, enquanto a outra partindo dos di-

15. Remete-se a discussão a Richard Posner em "Killing or Wounding to Protect a Property Interest", in *The Journal of Law and Economics* 14, 1971, pp. 201 e ss., The University of Chicago Press.

16. In *The Harvard Law Review* 85, pp. 537 e ss., 1972, Harvard University Press.

reitos individuais se apóia no comportamento da vítima e sua contribuição, ou não, para o dano.

O projeto de Código Civil (Projeto n. 118/84) trata dos atos ilícitos nos arts. 186 a 188. No primeiro deles dispõe sobre ações ou omissões voluntárias que causem dano, inclusive moral, e que implicam na reparação em benefício da vítima. A regra do art. 188 repete o atual art. 160 CC.

A novidade vem no art. 187 que inclui, entre os ilícitos, os atos praticados no exercício de direito legítimo, mas de forma que exceda os limites impostos pelo fim econômico ou social, pela boa-fé e os bons costumes. Os parâmetros para avaliação da licitude do ato, que elimina o dever de indenizar, são definidos e incluem, na minha visão, tentativa de ajustar a alocação dos efeitos danosos segundo padrões éticos e econômicos. A alocação legal favorece, no caso do projeto, art. 187, o paradigma da razoabilidade enquanto a regra do art. 186, assim como a do art. 159 CC vigente, se fundam no paradigma da reciprocidade.

Identifico tendência, no projeto de Código Civil, de não privilegiar isoladamente nenhum dos paradigmas apontados, mas, em certa medida, tendendo a modelo de justiça corretiva, cuja base econômica é, segundo Posner, com base em Aristóteles, a idéia de conduta injusta. A lei deve corrigir distorções na alocação de recursos pelo mercado, cada vez que a perda da vítima não puder ser superior ao ganho do causador do dano. A medida da compensação é, para o professor de Chicago, questão de apuração a cada caso visando a maximizar a alocação de recursos.

Sobre sistemas de responsabilidade por danos confronte-se o art. 159 do Código Civil brasileiro com os arts. 1.382 e 1.383 do Código Civil francês ("Tout qui fait quelconque de l'homme, qui cause à autrui un dommage, oblige celui par la faute duquel il est arrivé, à le réparer. 1.383 - Chacun est responsable du dommage qu'il à causé nom seulement par son fait, mais encore par sa négligence ou par son imprudence"). Ou ainda com o art. 2.043 do Codice Civile italiano em que se prevê a responsabilidade por dano culposo e que se refere a dano injusto ("Risarcimento per fatto illecito - Qualunque fatto doloso o colposo, che cagiona ad altri un danno ingiusto, obbliga colui che ha commesso il fatto a risarcire il danno").

Nos dois sistemas apontados a regra é que a conduta culposa gera custo para o causador do dano, de forma que ele não se beneficie por agir de modo negligente, imprudente ou imperito, ou quando agir deliberadamente para causar o dano.

Calabresi e Melamed[17] propõem a interferência do Estado, medida que se faz necessária e desejável sempre que a alocação de recursos não possa melhorar a posição dos que ganham de forma a que possam compensar os perdedores pelos danos que experimentem.

A escolha baseia-se na decisão de tutelar direitos e impor regras de responsabilidade ou de inalienabilidade. As regras de responsabilidade, dizem os autores, demonstram como se decidiu privilegiar uma forma de alocação de recursos sobre outra, pois o recurso a tais normas resolve a incerteza. Quando há certeza o custo das regras de responsabilidade — avaliar quem admite e quem não admite o dano, mais o custo de pagar àqueles que não o admitem o valor do dano considerado —, será desnecessário.

As diversas posições dos jus-economistas servem para demonstrar a dificuldade na prática, em fazer alocação de direitos genérica e depois pensar em termos de tutela legal, de justiça distributiva ou compensatória.

Como é que se opta por fazer a distribuição dos recursos entre pessoas desiguais? Pode-se remunerar as pessoas por

17. Guido Calabresi e A. Douglas Melamed, "Property Rule, Liability Rules and Inalienability: One view of the Cathedral", in *Harvard Law Review* 85, pp. 1.089 e ss., Harvard University Press.

usarem, ou não usarem, seus recursos, pode-se recompensar as que são vítimas do uso, ou abuso, dos recursos por outrem? Pode-se admitir certos danos recíprocos, voluntários ou não? São opções de política legislativa que, aos poucos, se ajustam às necessidades sociais e morais de cada país.

O art. 159 CC se refere a dano derivado de ação ou omissão e, por isso, se prevê o dever de indenizar, de recompor o dano causado ou imposto a outrem. Culpa mais nexo de causalidade, mais dano, são os elementos definidores da responsabilidade subjetiva. Nexo de causalidade mais dano, sem culpa, podem resultar ou em dano não indenizável ou em responsabilidade objetiva, conforme haja ou não previsão legal.

Por isso é que a imputação sobre os sujeitos se faz segundo critérios que buscam estabelecer liame entre a ação (ou omissão) e o dano, liame esse do tipo voluntário e/ou normativo de que resultam a responsabilidade subjetiva e objetiva, respectivamente.

Os ordenamentos modernos tendem a abandonar a responsabilidade subjetiva, ampliando os casos de responsabilidade objetiva de forma a garantir "una distribuzione (del peso) del danno sulla base di criteri socialmente ed economicamente giustificabili".[18] Tal critério parece ter sido privilegiado pela Lei n. 8.078/90, está presente nos seguros obrigatórios de veículos automotores, em que a indenização independe de prova de culpa, entre outros.

Nos casos de responsabilidade objetiva a opção é pelo paradigma da reciprocidade modificado. Não importa que os pedestres e motoristas disputem o mesmo espaço exíguo, nem que a atividade produtiva, por maior que seja o controle de qualidade, leve para o mercado produtos defeituosos, embora seja desejável ter veículos automotores para facilitar a locomoção das pessoas, ou bens de consumo que atendam e satisfaçam suas necessidades. Os motoristas e as empresas devem demonstrar a culpa da vítima para não suportarem o ônus da composição do dano.

Os direitos individuais das pessoas prevalecem sobre os benefícios comuns em ambos os casos provocando desvio de comportamento, pois se agindo diligentemente respondo e agindo negligentemente também respondo, por que deveria incorrer nos custos das condutas diligentes? A resposta é que há alguns bens, como a vida e a integridade física das pessoas, por exemplo, que não podem ser avaliados apenas sob o aspecto de alocação de recursos e, por isso, a alocação ineficiente é de ser aceita.

O campo da responsabilidade civil é muito mais interessante do que o dos contratos, ainda que o acordo entre particulares, que livremente podem dispor e regrar seus interesses, possibilite ajustar salvaguardas para inadimplemento, pois a responsabilidade civil funciona como corretivo quando há irracionalidade ou a contratação é impossível ou impraticável.

De onde se conclui que as ineficiências do mercado ou os altos custos de negociação (transação) é que exigem a aplicação da responsabilidade civil, pois contratar previamente ou compensar posteriormente servem para estimular a alocação eficiente de recursos. Além disso, a responsabilidade civil, como instrumento inibitório de certas condutas, deve ser ainda analisada como promotora do bem-estar coletivo quando certos comportamentos sejam considerados nocivos ou indesejáveis pela comunidade.

Diz Coleman,[19] sem concordar inteiramente com o argumento, que a responsabilidade por culpa contém certa parcela de responsabilidade objetiva, cuja defesa não é moral, mas sim econômica. Ao buscar definir, do ponto de vista econômico, a estrutura da responsabilidade civil, deve-se ter em mente a relação entre vítima, que tem o incentivo para buscar a composição

18. Di Majo, ob. cit., p. 159.

19. Ob. cit., pp. 234 e ss.

do dano sofrido e de outro lado o causador que, a menor custo, pode evitar que o dano se espalhe. Isso significa que, no caso de responsabilidade subjetiva, o fundamento moral existe, no da responsabilidade objetivo desaparece.

Quando se impõe a alguém culpa, de que resulta o dever de indenizar, o que se faz, sob o aspecto econômico, é corrigir uma ação ou omissão ineficiente pois negligência, imprudência ou imperícia são comportamentos desse tipo já que o custo de prevenir a ação ou omissão deve ser menor do que indenizar, logo, mais eficiente. Se pode ser incerta a ocorrência do fato danoso, a prevenção daqueles eventos cuja ocorrência é mais provável e menos custosa deve ser feita.

Racionalmente avalia-se o custo da prevenção em termos de investimento em medidas acauteladoras, sua ocorrência, de sorte a maximizar a utilidade dos recursos. Se o custo da cautela for menor do que o valor da indenização a ser paga, está feita a mais eficiente alocação de recursos. Assim agir com culpa é não agir de forma racional do ponto de vista econômico.

Responsabilidade objetiva, porém, nada tem a ver com conduta racional. Aqui o argumento é outro. Responsabilidade objetiva aumenta o custo de exercer certas atividades e, portanto, desestimula o empresário. Racionalmente só se as aceita quando o custo marginal do seu exercício for inferior ao lucro marginal dele resultante. Logo, impor o custo da atividade aos agentes econômicos depende de fixar os limites em que seja socialmente interessante tê-las e dar-lhes o parâmetro.

Por isso que, em termos econômicos, responsabilidade objetiva é a internalização de externalidades, o que permite supor que a responsabilidade objetiva serve para definir o limite ótimo da atividade, com alocação eficiente de recursos. (Externalidades são fatos ou eventos fora do controle das pessoas, que alteram regras econômicas sem que os agentes tenham sobre elas algum controle direto. Exemplo — taxa de juros fixada pelo governo, controle de preços).

Mais ainda, a responsabilidade objetiva transfere riqueza dos agressores (autores) para as vítimas do dano, o que, ainda segundo a análise econômica do direito, reflete certa preferência social na distribuição da riqueza. Se os empresários acumulam riqueza à custa dos consumidores, é racional impor retorno de alguma parte para os que contribuíram para tal acúmulo, quando há dano, por meio da responsabilidade objetiva.

Por sua vez contratos constituem modelos de cooperação para benefício mútuo, daí por que aplicações da teoria dos jogos, no modelo de jogos de cooperação, pode servir para indicar a escolha racional das partes ao negociar, incluindo na negociação, regras para as hipóteses de inadimplemento do acordo por qualquer das partes.

Nesses modelos as partes considerariam, basicamente, as vantagens de contratar sobre as de agir individualmente; a impossibilidade de chegar a qualquer acordo e o que isso representa em termos de maximização de utilidade; e, ainda, como ponto importante, a hipótese de descumprimento do contratado, pois no contrato ajusta-se a alocação dos benefícios e custos diretamente pelos contratantes, do que resulta, indiretamente, a determinação da forma pela qual a alocação será feita em momento futuro.

Na falta de contrato o dano causado a outrem será composto seguindo modelo de responsabilidade aquiliana, observados os critérios de imputação, ou seja, busca-se eficiência alocativa por via indireta. Exemplo é a desconsideração da personalidade jurídica que altera o centro de imputação transferindo-o da pessoa jurídica para sócio(s) em certas situações.

O que separa os ajustes contratualmente dispostos das regras de responsabilidade — civil ou penal — é que a alocação de benefícios e ônus, nos contratos, se faz entre partes que estão já em relação uma com a outra, enquanto na responsabilidade civil as partes não estão entre si, necessariamente, em relação contratual.

A compensação (indenização) repara o dano, não o retifica, logo não é o "preço" a ser pago para obter permissão para causar danos a terceiros. Ainda mais que nosso Código Civil não usa a idéia de dano injusto no caso de reparação como o italiano. A lei brasileira considera o ato danoso como lícito ou ilícito, este reparável, aquele não. Não se faz qualquer questionamento sobre justiça, ou não, da eficiência alocativa dos recursos, sobre a moralidade e distribuição social da riqueza, valores esses que devem ser apreciados pelo Direito segundo Posner.[20]

Por isso que as regras que tratam da responsabilidade civil podem ser consideradas como regras econômicas que determinam, anteriormente, a compensação de danos causados posteriormente. A culpa aquiliana ou a responsabilidade extracontratual se contrapõe à responsabilidade contratual.

A idéia de culpa, surgida no direito romano, servia para apurar a existência de dano(s).[21] Na análise econômica do direito, porém, a responsabilidade com ou sem culpa deve ser analisada em relação aos benefícios e desvantagens ou perdas que cada uma das partes, ofendido e ofensor, experimente.

Algumas regras gerais podem ser encontradas no Código Civil no capítulo das obrigações. Inicia-se com as obrigações de dar que admitem duas formas: dar coisa certa ou dar coisa incerta, cada uma produzindo conseqüências diversas no que concerne à responsabilidade do devedor.

A obrigação de dar coisa certa impõe ao devedor custo de exercer cautela na guarda da coisa a ser entregue, pois se a coisa perecer, antes da tradição ou pendente condição suspensiva, por culpa do devedor, fica ele obrigado a indenizar o credor pelo valor da coisa acrescido de perdas e danos. A mesma regra se aplica no caso de deterioração, quando caberá ao credor aceitá-la por valor inferior ou resolver a obrigação e, se houve culpa do devedor, poderá exigir o equivalente, mais perdas e danos.

A lei distribui o custo entre as partes, onerando aquele que tem a posse da coisa, pois ele se obrigou a entregá-la a outrem e, nessa medida deve "garantir" o cumprimento da "promessa", mas não o obriga a fazê-lo (arts. 865 e ss.).

O Projeto disciplina as obrigações de dar nos arts. 233 a 246 repetindo as fórmulas da lei atual seja qual for a modalidade da obrigação. Infere-se daí que a distribuição de benefícios e riscos é, do ponto de vista econômico-social, entendida satisfatória, dispensando alterações.

As obrigações de fazer, igualmente, podem ser divididas em obrigações de resultado, de meio e de garantia. Podem ser personalíssimas ou fungíveis. Quando personalíssimas o devedor responde se, por culpa ou voluntariamente, tornar a prestação impossível. Novamente a distribuição de custos faz com que o devedor avalie se é menos oneroso prestar o que prometeu ou arcar, para fins de recompô-lo, com o dano sofrido pelo credor.

A lei novamente faculta a valoração da conduta ao devedor. Quando fungível o prestador da obrigação fica o credor com o direito de exigi-la dos herdeiros do devedor (art. 928). Privilegia-se a posição credora sobre a devedora, o que leva a supor ter o legislador entendido que o benefício para o credor é melhor ou mais eficiente do que o custo de não receber a prestação, novamente maximizando a alocação.

Finalmente se a obrigação é de resultado o devedor só se libera quando o resultado é atingido. Se de meio libera-se demonstrando ter empregado seus melhores

20. Richard A. Posner, *Economic Analysis of Law*, Little, Brown and Company, Boston and Toronto, 1986, p. 13.

21. Caio Mário da Silva Pereira, *Responsabilidade Civil*, 2ª ed., Forense, 1990, pp. 8 e ss.

esforços, se de garantia, prestando-a quando devido.

O Projeto altera um pouco o quadro das obrigações de fazer atual, dispondo que, em caso de urgência o credor poderá executar ou mandar executar o fato, sendo depois ressarcido, independente de autorização judicial. Essa nova regra (parágrafo único do art. 249) vem ao encontro da celeridade da vida atual facilitando a execução do fato pelo credor o que significa satisfazer logo seu interesse. Muda a tutela reconhecendo que manter o credor refém do devedor não aloca bem os riscos e, portanto, é ineficiente, gerando custos.

Passando à disciplina dos contratos, nota-se que o Projeto avança em relação ao Código, especialmente no que concerne ao poder de decidir sobre a distribuição de benefícios e custos, pois que se reporta à função social do contrato. A regra vem complementada com a exigência de que sejam observados os princípios da probidade e da boa-fé. Aproxima-se o Projeto do disposto no art. 1.322 do Codice Civile quando trata da autonomia contratual. Esse artigo do código civil italiano é o melhor exemplo do poder que a lei confere aos particulares para disporem sobre seus interesses.

Esse poder de regrar, como melhor lhes pareçam, seus negócios evidencia a possibilidade que se dá aos agentes de buscarem o máximo de utilidade no negócio ao menor custo de transação.

A regra do art. 1.092 atual, que se aplica a contratos bilaterais toma, no Projeto, a forma de exceção de contrato não cumprido. Supondo que as duas prestações não sejam exigíveis imediata e simultaneamente, somente a parte adimplente pode exigir a prestação da outra. Mais, a modificação, para pior, do patrimônio ativo da parte que possa comprometer ou tornar duvidosa a sua prestação, dá à parte "solvente" e que deve cumprir sua obrigação, o direito de exigir garantias ou recusar-se a prestar o que se obrigara. Há forma mais expressiva de demonstrar a força alocativa e compensatória das normas?

Quanto à possibilidade de revisão consensual dos contratos, Melvin Aron Eisenberg[22] entende que se, após a celebração, não fosse possível rever o acordo, não haveria como admitir que a comutatividade das prestações pudesse ter sofrido alteração por força de qualquer fenômeno estranho, não previsto à época da negociação. Um contrato celebrado conforme o mercado deve refletir a situação da mais eficiente alocação de recursos à época, mas não qualquer hipotética alteração posterior.

Fundamento seriam as seguintes premissas: a) que os bens sejam homogêneos; b) que mudanças de preço disponíveis se efetuem sem custo; c) que a mobilidade dos recursos produtivos que seja rapidamente refletida sobre sua alocação; d) concorrência perfeita ou próxima disso.

Como essas condições nem sempre estão presentes ao longo do período em que o contrato há de ser executado, a revisão dos contratos, especialmente os de execução continuada ou de trato sucessivo, ao lado daqueles de execução diferida, nada mais faz do que manter as regras de alocação eficientes em face de modificações ocorridas no tempo.

A norma do parágrafo único do art. 1.092 CC, quanto à resilição do contrato, acompanhada de perdas e danos, representa alocação legal de custos (quem já cumpriu sua prestação transferiu benefícios ou suportou custos), e se não receber o que lhe é devido, sofrerá prejuízo que pode ser superior ao ganho da contraparte. Tem-se patente a regra econômica da maximização da alocação, associada à da compensação que se apresenta sob a forma da responsabilidade contratual se prevista, e que pode ser acrescida de perdas e danos como penalidade adicional, o que previne a proliferação de reclamações subseqüentes por desequilíbrio

22. *The Bargain Principle and its Limit Harvard Law Review* 95, pp. 741 e ss.

patrimonial adverso. Também contribui para pôr a parte inocente na posição que teria se o contrato tivesse sido cumprido.

Responsabilidade contratual tem fundamento semelhante à aquiliana? Corresponde ao *alterum* ou *neminem laedere*? Há que entender que ao desenhar o contrato as partes predeterminam as respectivas áreas de responsabilidade havendo, no aceitar o vínculo, a promessa implícita de fazer tudo para respeitá-lo, observados os limites do comportamento razoável. Outro paradigma jurídico aparece aqui: o bom pai de família, que se esforça para cumprir a palavra empenhada (art. 1.176 cc it. "Dilligenza nell'adempimento - Nell'adempiere (1.218) l'obbligazione il debitore deve usare la dilligenza del buon padre di famiglia ... "; e art. 1.137 Code Civil francês: "L'obligation de veiller à la conservation de la chose, soit que la convention n'ait pour objet que l'utilité de l'une des parties soit qu'elle ait pour objet leur utilité commune, soumet celui que en est chargé à y apporter touts les soins d'un bon père de famille. Cette obligation est plus ou moins étendu relativement à certains contrats, dont les effets, à cet égard, sont expliqués sous les titres qui les concernent"; e art. 1.527 CC: "O dono, ou detentor do animal ressarcirá, o dano por este causado se não provar: I - Que o guardava e vigiava com cuidado preciso. II - Que o animal foi provocado por outro. III - Que houve imprudência do ofendido. IV - Que o fato resultou de caso fortuito, ou força maior".

Não de forma clara como nos ordenamentos francês e italiano, a idéia do bom pai de família, no que concerne à diligência, resulta evidente no que Geneviève Viney denomina de deveres extracontratuais não explícitos por disposição escrita.[23]

Nos casos acima referidos constata-se que há comportamentos previstos em lei e cuja inobservância pelo causador do prejuízo dá origem ao dever de indenizar o dano causado.

O que explica manter indenes quaisquer terceiros por fatos não ligados a contratos? As regras visam a compor o resultado de certos comportamentos, embora involuntários, que, se não inibidos, acabariam por fazer com que a conduta dos agentes ficasse cada vez mais descuidada, transferindo o dever de diligência para a vítima. Se o causador do dano não sofrer as conseqüências patrimoniais ou penais de seus atos haverá estímulo para que não tome a mínima cautela ao praticá-los. Estendida a prática a todo o grupo social ter-se-á uma sociedade em que os recursos serão utilizados de forma menos valiosa, ineficiente, contrariando a racionalidade econômica.

Nos ordenamentos de base romano-germânica há ou não razão para o descumprimento ou cumprimento defeituoso do contrato? As regras da *exceptio non adimplete contractus* e da *exceptio non rite adimplite contractus* representam a tradução econômica dos paradigmas da reciprocidade e da razoabilidade existentes nos sistemas de base romano-germânica.

Portanto a responsabilidade contratual ao contrário da aquiliana, visa a garantir ao contraente e/ou credor, dentro de limites de possibilidade e/ou exigibilidadade do comportamento, a correta execução do contrato e/ou da obrigação. Já a responsabilidade aquiliana visa a prevenir ou reprimir, *ex post*, os fatos danosos resultantes de culpa ou dolo por meio da reparação. No primeiro caso as partes ajustam entre si o que querem e se acautelam contra eventuais descumprimentos ou cumprimentos imperfeitos das promessas. No segundo caso não há promessa a ser observada, apenas deveres gerais de comportar-se de forma a não causar prejuízos a outrem dada alteração alocativa ótima dos recursos individuais e interferência no bem-estar geral, para diminuí-lo.

Para Geneviève Viney[24] os efeitos da responsabilidade contratual além da reparação do dano, pode levar a outros resulta-

23. "La Responsabilitée: conditions", in *Traité de Droit Civil*, LGDJ, 1982, pp. 539 e ss.

24. *Les obligations, La Responsabilitée: effets*, pp. 2 e ss.

dos como a resolução, a suspensão — total ou parcial —, a transformação de um tipo em outro, conforme cada sistema. Duas idéias prevalecem: a da satisfação ou composição do dano e a da pena privada, que pode ser resultado de se impor ao causador do dano o pagamento de valor superior ao do dano causado, como explica Coleman.

A pergunta que se deve fazer é se, eventualmente, inadimplemento ou adimplemento imperfeito podem ser eficientes. Do ponto de vista econômico, pode ser mais interessante, mais eficiente, que o agente racional, em face de oportunidade em que perceba obterá melhor resultado, deixe de cumprir o que anteriormente ajustara, e, se deve compensar o outro contratante, por que deverá ser compelido a cumprir o contrato?

Havendo remédio adequado, diz Posner,[25] a busca de eficiência alocativa deve ter a preferência dos Tribunais. Não se cogitaria, igualmente, de hipóteses de previsão contratual de danos, já que uma tal situação implica elevados custos de transação, sendo de todo indesejável.

Contra uma tal opinião está Daniel Friedmann,[26] que afirma que a afirmativa se amplia para indicar que qualquer um que esteja disposto a pagar por isso pode não observar os direitos alheios. O sistema jurídico seria, então, segundo o jurista, forma de definir preços que seriam devidos para induzir certas condutas.

Partindo da noção *entitlement* ou titularidade sobre propriedade, ou posição jurídica, e comparando-a com eficiência econômica, Friedmann conclui que a questão está em saber quem deve se beneficiar da quebra do contrato, daí que as medidas de execução forçada, perdas e danos, restituição dos ganhos adicionais com a operação, constituem os remédios para reduzir uma tal conduta, o que não significa impedi-la de forma absoluta.

25. Ob. cit., pp. 117-120.

26. "The Efficient Breach Fallacy", in *Perspectives on Contract Law*, Randy E. Barnett, Little, Brown and Company, 1995, pp. 42 e ss.

É preciso reconhecer, com Friedmann, que a busca de utilidade não pode estimular comportamentos deletérios que promovam a desconfiança dificultando as contratações porque os custos de negociação tornariam inatingível a alocação ótima dos recursos. Contratos preliminares, tão em voga, podem, de forma eficiente, estimular as partes a, de modo menos oneroso, encontrar o equilíbrio negocial, como se verá.

Cabe fazer algumas observações quanto ao desenho dos contratos, pois nos ordenamentos de base romano-germânica as normas predispõem as regras que, conhecidas ou não das partes, queiram elas ou não, saibam elas de sua existência ou não, aplicam-se, ao contrato legalmente tipificado que celebrem, sempre que cogentes. As normas dispositivas podem ser afastadas desde que as partes ajustem de forma diversa o que desejam.

Portanto o custo de prever todos os possíveis eventos futuros para eliminar os riscos de inadimplemento, total ou parcial, adimplemento imperfeito, ou inobservância de deveres laterais ou acessórios por qualquer das partes contratantes aparece nitidamente nos contratos atípicos, cuja importação e incorporação às práticas negociais no dia-a-dia dos operadores econômicos pode levar a que se considere, na análise dos contratos, os custos de transação.

A intervenção do Estado nas relações privadas, a criação de microssistemas normativos, como, por exemplo a Lei do Consumidor de 1990, o Decreto Lei n. 73/66 que dispõe sobre o sistema de seguros privados, a intervenção no sistema de seguro saúde, constituem exemplos de alocação ineficiente pelos mecanismos de mercado.

O reconhecimento da autonomia contratual dos particulares na determinação do conteúdo do contrato, criando esquemas novos de realização de negócios não previstos em lei, dá bem a importância do fundamento econômico dos direitos patrimoniais. O controle aqui é o da regularidade do processo formativo do contrato, das manifestações de vontade livres, da confiança e boa-fé. Nesse ponto é que interferem as regras de nulidade e anulabilidade por vício de vontade — dolo, fraude, simulação, erro, coação, falta de informação. Publicidade enganosa é exemplo claro desse pressuposto no campo dos contratos.

Admitindo a pluralidade de fontes no regramento dos contratos a combinação entre eficiência de mercado e da lei, especialmente no sistema brasileiro, fica patente. As regras cogentes definem a alocação legal, as dispositivas, ajustadas entre e pelas partes, se fundam na existência de mercados.

Exemplo do poder que as partes têm para buscar a melhor alocação de recursos são as arras. O art. 1.095 do CC dispõe que as partes podem ajustar cláusula de arrependimento, mas as arras são perdidas em favor do outro contratante, ou devolvidas em dobro, dependendo de quem seja o desistente. Evidente que o escopo da regra é induzir um tipo de comportamento: cumprir a palavra dada ou suportar o custo de criar, para a outra parte, uma expectativa que se frustra. Poder-se-á imaginar que há aí a compensação pelo custo de oportunidade da parte prejudicada com a desistência, que poderia ter empregado seus recursos em outra operação, obtido alguma satisfação.

As disposições quanto a vícios redibitórios são igualmente forma de alocação legal, pois que o desconhecimento da existência do vício só escusa havendo ignorância do alienante e ressalva no contrato. Novamente o que se deseja é que a troca seja eficiente, boa para todos, e como o mercado poderia propiciar trocas ineficientes, a lei busca fazer com que a alocação dos recursos seja eqüitativa. Mesmas considerações poderiam ser feitas no caso de garantia por evicção. A devolução dos valores recebidos pelos alienantes constitui o instrumento da alocação ótima.

Igualmente a previsão quanto a frutos, prejuízos resultantes da evicção, demonstrando que não só o valor do bem mas ainda o que poderia ter ganhado com o bem evicto são considerados. Exceção à regra geral está na deterioração do bem por culpa do adquirente evicto.

Ao dispor sobre contratos aleatórios sobre coisas futuras, o legislador de 1916 transfere o risco de existirem ou não e o da quantidade existente ao adquirente como a dizer: acautele-se quem adquire coisa futura, *caveat emptor*, pois só com a prova de dolo do alienante é que o adquirente se desobriga de pagar o preço total. Essa alocação, se feita via mercado, implicaria em custo muito elevado de negociação, inviabilizando contratos para entrega futura de coisas que devessem ser produzidas. Para facilitar os negócios o legislador fixa regras delimitando o risco e distribuindo-o.

Usos e costumes muitas vezes integram o conteúdo contratual, quer por expressa disposição legal quer por vontade das partes, quer, ainda, por decisão judicial. Claro que nos sistemas em que o modelo econômico liberal impera, as partes, é premissa básica, têm igual poder de negociação e as iniciativas pessoais constituem o melhor mecanismo alocativo. Naqueles sistemas que reconhecem a desigualdade entre agentes o dirigismo, mesmo que atenuado, se faz presente. Exemplos são a Lei do Consumidor e a Lei de Repressão ao Abuso de Poder Econômico.

Há que apontar a inadequação das regras do Código Civil no que concerne aos serviços. O legislador de 1916 distinguiu locação de coisas e locação de serviços, disciplinada esta nos arts. 1.216 a 1.236, aos quais segue modalidade específica de locação de serviços, a empreitada (arts. 1.237 a 1.247 CC).

Serviços caracterizam-se por serem obrigações de fazer, sendo que na empreitada a obrigação de fazer pode ser combinada com a de dar quando incluir o fornecimento de materiais além da mão-de-obra. Entretanto, em relação aos demais serviços, o tipo contratual parece ter base em serviços agrícolas, cuja disciplina está prevista, mas não aqueles rotineiros como, por exemplo, serviços médicos, advocatícios, consultorias.

Resultado desse "esquecimento" é que os contratos de prestação de serviços, que na verdade se subsumem no de locação, acabam por receber dos particulares contornos distintos, conforme cada tipo de atividade. A par desse se superpõe o regramento que seja determinado pelas instituições que disciplinem e fiscalizem o exercício profissional ou das atividades.

O art. 1.233 que prevê o término do contrato pela morte do locador, como se fosse impossível que outrem, não sendo o serviço personalíssimo, pudesse concluí-lo ou continuá-lo, ou ainda, que pessoas jurídicas possam prestá-los.

Muitas das obrigações de fazer são fungíveis quanto ao prestador e, mesmo assim, seria aplicável a regra do art. 1.226? A parca e anacrônica disciplina do Código Civil em face dos serviços se completa com as duplicidades de regras predispostas na Lei n. 8.078/90. Aqui o regime de responsabilidade por danos ao consumidor é duplo, responsabilidade objetiva para as empresas e subjetiva para os profissionais liberais, onerando aquelas e beneficiando a estes, numa forma de alocação social no primeiro caso e individual no segundo.

Regra alocativa interessante é a que resulta dos arts. 1.521, inciso III e 1.522, CC que determinam que empregadores, pessoas naturais ou jurídicas, respondem pelos danos causados por seus empregados. Qual a razão de uma tal imputação por fato de terceiro?

Do direito romano temos a regra *respondeat superior*, talvez com base no trabalho escravo; mais recentemente o fundamento está no poder que tem o empregador de selecionar seus empregados. Poder-se-á, de forma talvez um pouco mais objetiva, supor que a imputação legal seja transferida apenas para facilitar a composição dos danos, já que o empregador tem o que os norte-americanos denominam *deep pocket*.

Admitida a teoria do risco na atividade, o fato de que o empresário, por produzir para o mercado, pode dividir, espalhar o risco, seja mediante celebração de contrato de seguro, seja pelo aumento de preços, de forma a constituir um fundo, amortecedor econômico-financeiro, que lhe permita suportar o risco.

A tese permeia o Código de Defesa do Consumidor que impõe sobre os fornecedores responsabilidade objetiva por fato do produto ou do serviço. Seguro e aumento de preços são as respostas no mercado. Mas, seguro e aumento de preços recaem sobre os consumidores, que, por fim, acabam pagando o "custo da eficiência alocativa" no sistema de direito do consumidor. Pior do que isso, a distribuição recai sobre todos os compradores, enquanto a composição beneficia alguns, os que sofrem danos. O resultado se assemelha a organizar uma forma de mutualidade involuntária.

Quando se procura encontrar "quem paga" o dano, indagando se a vítima ou o causador devem arcar com o prejuízo, especialmente nos casos da chamada "culpa concorrente" ou do dano não indenizável, novamente a análise econômica ou a teoria dos jogos explicam que a vítima que, com sua conduta, coopera para o dano, deve suportá-lo. A idéia é de que sem o "estímulo" da não indenizabilidade do dano a "vítima" nada faria para evitá-lo.

Releva, ainda, notar que o legislador de 1916 não cogitou dos contratos preliminares, matéria tratada no Projeto de Código Civil. A importância do contrato preliminar na análise econômica do direito está em que, por ser preparatório para o contrato definitivo, serve para reduzir custo de transação, já que fixa as bases do negócio que será, em momento futuro, concluído.

O contrato preliminar segundo Giusti e Paladini[27] resulta da cisão no procedimento formativo do contrato, cuja função típi-

27. Alberto Giusti e Mauro Paladini, *Il Contratto Preliminare, Il Diritto Privato Oggi*, Serie a cura di Paolo Cendon, 1992, p. 21.

ca é permitir que as partes, desejosas de contratar, mas não dispondo ainda de todos os elementos, ou não estando ainda "maduro" o negócio, protelam, para momento futuro, a celebração definitiva do negócio. O exemplo que oferecem é o da compra e venda imobiliária, quando se descobre que terceiros têm direitos sobre a coisa; ou a hipótese de haver vícios ou defeitos que tornem a coisa inadequada ou imprópria para o uso a que se destina.

Ora, dir-se-á, mas em qualquer daqueles casos há previsão de remédios legais aplicáveis. De um lado a resilição do negócio, de outro tanto a resilição quanto a ação *quanti minoris*. Verdade, mas a que preço? Pago o preço da coisa, a descoberta de que o vendedor não era o titular do domínio, ou não era o único titular, implica recorrer ao Judiciário. Se a coisa tem vício ou defeito, igualmente pago o preço, cabe ir ao Judiciário para reavê-lo, total ou parcialmente. Tais recursos acabam por tornar mais onerosa a circulação dos bens, com a conseqüente redução da eficácia alocativa do negócio.

Continuando com o exemplo de Giusti e Paladini[28] ao distinguir contrato de compra e venda de contrato preliminar de compra e venda, tem-se: "... l'intervenuto consenso tra le parti sulla cosa e sul prezzo dà vita ad un contratto produttivo degli effetti reali previsti dall'art. 1.376 c.c. solo in quanto la volontà delle parti sia diretta all'immediato trasferimento del bene in virtù del consenso manifestato, mentre se tale volontà è diretta ad assumere l'obbligo di prestare il consenso al trasferimento, in un momento sucessivo, della cosa per un determinato prezzo, si verte in tema di preliminare di vendita, nonostante la prestazione del consenso sulla cosa e sul prezzo" (Cass. 18 aprile 1970, n. 1.126, in MT, 1970, 725).

Entre os vários exemplos propostos pelos autores como contratos preliminares estão a opção de compra, o contrato preliminar de permuta de coisa presente com coisa futura, o preliminar de compra e venda.

28. Ob. cit., p. 37.

Acredito que nas opções a intenção das partes é não ficarem totalmente vinculadas, por isso me parece que a idéia de declaração unilateral gerando direito potestativo seja mais consentânea com a realidade negocial. Admitida a lógica do argumento, no plano econômico, o que se dá é permitir que, em momento futuro, uma parte tenha a possibilidade de decidir qual o melhor uso alternativo para os recursos de que dispõe, o titular da opção, ficando a outra parte, o lançador, subordinado à vontade unilateral do outro, por isso que recebe, previamente, o prêmio que é o "pagamento" por manter-se vinculado a alguém.

Conclusões: 1 - O sistema de direito codificado não impede a análise econômica nem afasta a discussão sobre a transferência de custos de forma a que os recursos sejam transferidos dos usos menos nobres para os mais produtivos.

2 - Fica evidente que o sistema dos contratos tipificados, com todos os efeitos previstos em lei, incluindo o alocativo, é, cada vez mais, insuficiente e inadequado, para que as partes ajustem seus interesses.

3 - Os contratos atípicos nem sempre encontram no direito das obrigações os remédios que melhor atendam à busca de maximização da utilidade, isto sem esquecer aqueles contratos que são socialmente desejáveis e que são vistos como forma "imoral" de negócio, especificamente os contratos a futuro.

4 - O Projeto, embora represente avanço no trato de alguns negócios como transporte, por exemplo, é incompleto e deveria ser revisto, tal como se fez na Alemanha em relação a regras do BGB, para abrigar, como parte geral do capítulo dos contratos, regras que facilitassem a maximização da utilidade, nos negócios novos, a fim de que a função econômica do negócio receba tutela especial em face do aumento do bem-estar que pode oferecer.

5 - Observar que as relações decorrentes da globalização produzem modelos negociais em que a economicidade do negócio ganha prioridade sobre regras codificadas; que o costume tem criado figuras complexas que, para o jurista, parecem não encontrar amparo legal, mas que para o economista nada mais são do que resultado das necessidades do tráfico e hão de se consolidar na vida social.

6 - Que talvez, da complexidade e do crescente entrelaçamento entre função econômica dos contratos e estrutura legal, as regras de responsabilidade sejam o instrumento para garantir a alocação eficiente dos recursos, como imaginam vários autores norte-americanos, na falta de previsão legal ou convencional.

7 - Do exame de algumas das normas do Código Civil e do Projeto de Código Civil sob a óptica da eficiência alocativa dos recursos, parece que as observações de Gilmore, Coleman, Calabresi e Melamed, entre outros, são também sensíveis no Brasil.

8 - A análise econômica do Direito, aplicada em conjunto com princípios éticos e morais, pode constituir importante instrumento na construção de uma ordem jurídica justa e eficiente, voltada para o bem-estar geral.

Atualidades

UMA REFLEXÃO SOBRE AS ESTRUTURAS JURÍDICAS NO DIREITO INTERNACIONAL ECONÓMICO*

VASCO BRANCO GUIMARÃES

1. Introdução. 2. Princípios base do direito internacional económico. 3. Os enquadramentos e meios de actuação internacional. 4. As multinacionais e transacionais. 5. Conclusões.

1. Introdução

O presente trabalho pretende ser uma reflexão sobre as estruturas jurídicas que se manifestam na cena internacional tendo como referência a sua vertente econômica, ou seja, a relação econômica — comercial, financeira ou de investimento — que se desenvolve entre Estados e/ou empresas nacionais de países diferentes.

Definindo o nosso campo de reflexão, desde logo resulta como evidente que o direito internacional económico, não se reconduz necessariamente ao âmbito do direito internacional público, que trata exclusivamente das relações entre os Estados ou por causa dos Estados na perspectiva internacional.

É igualmente de salientar que a estruturação da economia internacional se faz sobre uma realidade em constante mutação, definida por interesses egoísticos e, muitas vezes, contraditórios.

A constatação subsequente é a de que o mundo em que vivemos é um mundo desigual: oitenta por cento da *produção* mundial é consumida por vinte por cento da *população* e vice-versa.

Sendo o conceito de economia um conceito de racionalidade, que consiste na afectação de bens escassos a fins alternativos, como encarar esta realidade desigual? Poderá ser diferente, ou os actores privilegiados na cena internacional continuarão a ser os quase exclusivos beneficiários do bem estar associado ao consumo de bens?

E como passar os resultados estatísticos e a justeza das doutrinas econômicas para o bem das populações? Como transformar o crescimento económico em *bem estar económico líquido*?

Estes alguns dos elementos que constituem o "pano de fundo" em que se estrutura o direito internacional económico.

O caminho para a estruturação económica internacional, passa por percursos particulares e próprios de cada país e região. Na Europa, a união aduaneira com a designação de *Zollverein*, foi o elemento determinante na unificação alemã. A guerra entre Alemanha e seus aliados e o resto

* Conferência proferida em simpósio internacional, realizado na Faculdade de Direito da Universidade de São Paulo, em 19.08.98, organizado em colaboração com a Escola de Administração Fazendária — ESAF.

do mundo, conhecida por Segunda Guerra Mundial, foi a base de criação de soluções económicas horizontais e verticais que deram origem à União Europeia. Mas se os Estados iniciaram esses processos e os consolidaram, é porque eles foram, antes de mais, considerados como benéficos para os intervenientes. No processos de integração económica aquilo que se ganha deve ser superior ao que se perde. Esta a primeira regra não escrita da integração económica que tem inevitáveis repercussões no direito internacional económico.

A noção de ganho ou de perda, tem subjacente constatações teóricas que se emanam de duas teorias base: a teoria das vantagens absolutas, formulada no essencial por Adam Smith, e a teoria das vantagens relativas, teoria formulada por David Ricardo, discípulo e comentador de Adam Smith e Malthus e que, no essencial, reformula a teoria de Smith introduzindo factores de correção que passam pelo interesse egoístico dos empresários e os resultados da afectação do capital na produção. Na primeira teoria, os Estados deveriam produzir aquilo que, em termos absolutos, fizessem melhor e com menor custo. A especialização de cada Estado, levaria a um aumento da produção mundial desse bem que, comercializado por via da liberação mundial do comércio, implicaria um aumento da possibilidade de acesso do consumo do bem. As populações sairiam beneficiadas, porque teriam maior número de bens à sua disposição por menor preço.

A tese de David Ricardo introduziu na análise um elemento corrector que é o lucro do empresário. Os países deveriam especializar-se na produção de bens que representassem uma maior eficácia do capital empregue e do lucro, mesmo que o custo de produção fosse *relativamente* superior ao de outro país. O critério seria o da eficácia de afectação de capital dentro do país, e não em termos absolutos.

As teses enunciadas continuam ainda hoje em confronto na cena mundial.

As opções jurídicas que estão subjacentes às teses monistas e dualistas no direito internacional reflectem, necessariamente, as contradições e conflitos inerentes à noção de Estado e soberania no seu relacionamento com os outros entes da cena internacional.

A noção de soberania, enquanto reconhecimento forçado do outro na cena internacional e desconhecimento de poder igual na cena interna, tem vindo a sofrer evoluções determinadas pela realidade económica que merecem uma ponderação de fundo quanto ao conceito.

É assim que na ordem interna, a jurisprudência, a doutrina e a lei, têm vindo a reconhecer e consagrar a responsabilidade civil do Estado soberano por danos emergentes de actos legislativos ou violação de boa-fé.[1]

Na cena internacional, a noção de soberania vai-se adaptando a valores de solidariedade e supranacionalidade que determinam em grande parte uma evolução do conceito. Actos como os de cunhar e emitir moeda, que são vulgarmente considerados como correspondentes à soberania são, hoje em dia, considerados na Europa como fase de um processo de integração em que aquilo que está em causa não é a soberania, mas a mais-valia económica de estabilidade e progresso que a opção moeda única implica. Nenhum país soberano da Europa que aderiu a moeda única, se sente menos soberano pelo facto de ter feito essa opção.

Enquadrada minimamente a questão sobre a qual vamos falar, aflorados alguns dos pressupostos e condicionalismos, vejamos quais são os princípios base que presidem ao direito internacional económico,

1. Vide, entre outros, José Joaquim Gomes Canotilho, *O problema da responsabilidade do Estado por actos lícitos*, Almedina, Coimbra, 1974; Diogo Freitas do Amaral, *A responsabilidade da Administração no Direito português*, Lisboa, 1973; Fernando Facury Scaff, *Responsabilidade do Estado intervencionista*, Saraiva, São Paulo, 1990.

matéria que regulamenta as relações económicas internacionais.

2. *Princípios base do direito internacional económico*

O objectivo da presente exposição não é o de elaborar um manual sobre a matéria do direito internacional económico, mas relembrar e integrar um conjunto de princípios base que nos permitam depois perceber e enquadrar as estruturas económicas internacionais.

O princípio base nas relações económicas internacionais é o princípio da *igualdade*. O princípio da igualdade é um princípio geral de direito que tem diferentes e variadas aplicações no direito constitucional e interno.

Na sua formulação base distingue-se entre um conceito de igualdade *material* e conceito de igualdade *formal*.

A igualdade *formal* é sempre mais fácil de definir: a igualdade perante a lei, a não discriminação e a repartição equitativa de encargos públicos e as taxas proporcionais são manifestações de igualdade formal no direito interno.

A igualdade *material* implica, as mais das vezes, uma aplicação desigual da norma, procurando criar situações de igualdade de facto, aquém e além das expressões formais que o Direito, na busca da cristalização e da liberdade, determina.

Em direito internacional económico a expressão do princípio da igualdade *formal* expressa-se na regra da *reciprocidade*. Aplicado às relações económicas entre Estados, a reciprocidade implica a atribuição por um Estado a outro Estado daquilo que se lhe solicitou. Como medida de actuação, isto implica que um Estado só possa exigir a outro aquilo que lhe possa dar.

A igualdade *material* tem expressão em direito internacional económico na regra da *discriminação positiva*. A *discriminação positiva* implica que certos países ou produtos tenham direito a ser tratados de forma diversa, mais favorável que os da regra.

2.1 Os princípios base nas relações comerciais internacionais

O princípio instrumental base que é usado para dar expressão aos mecanismos focados é a *cláusula da nação mais favorecida*, regra base de todos os processos de integração económica, em que aquilo que um Estado ou espaço económico fornece a um outro Estado ou espaço económico, tem de dar também a todos os intervenientes nesse processo de integração. Esta regra tem sido o motor de todos os processos de internacionalização da economia e chave do sucesso do crescimento da economia mundial, e é entendia em dois momentos:

a) Qualquer vantagem, favor, privilégio, ou imunidade concedida por uma parte contratante a um produto originário de outro país ou a ele destinado, será imediata e incondicionalmente extensiva a todos os produtos similares originários dos territórios de qualquer outra parte contratante ou a ele destinados;

b) Cada parte contratante concederá ao comércio das outras partes contratantes um tratamento não menos favorável ao que previsto em acordo, ou seja, os favores e privilégios aduaneiros são imediata e incondicionalmente extensivos aos produtos das outras partes contratantes e a estas será concedido um tratamento não menos favorável, nas relações comerciais em relação às listas de produtos negociados.

Existem todo um conjunto de outros princípios que exporemos brevemente tendo por base o GATT, estrutura contratual que regulou o comércio internacional até ao aparecimento da OMC.

Neutralidade da fiscalidade interna

De nada serviria conceder redução de direitos aduaneiros se à entrada do produto e antes ou após a venda se lhe aplicasse um conjunto de impostos indirectos ou directos que discriminassem os produtos importados e os colocassem em situação de desigualdade com a produção interna.

Consequentemente, não devem ser aplicados impostos discriminatórios aos produtos importados ou nacionais de maneira a proteger a produção nacional.

Medidas discriminatórias não pautais

O princípio implica uma *não exigência* de fórmulas ou especificações técnicas determinadas.

De igual forma, é possível "permitir" a importação de produtos em condições de "igualdade" para depois "exigir" um conjunto de especificações técnicas ou utilização de determinadas substâncias na composição que impedem na prática a comercialização dos produtos.

O que está subjacente a esta regra é a possibilidade de permuta dos produtos *interindustriais* com o uso de similares e sucedâneos, impedindo que as fórmulas de fabrico ou as exigências técnicas impeçam uma maior existência de bens ao dispor dos consumidores e, por outro lado, que se obstrua por via das especificações técnicas, aquilo que se permitiu por via aduaneira.

Liberdade de trânsito

A expansão do comércio internacional pressupõe a liberdade de circulação das mercadorias entre os países compradores e vendedores nomeadamente através daqueles que se encontram de permeio.

É assim que o artigo V do GATT vem estabelecer a regra de que "cada parte contratante concederá aos produtos que, em trânsito atravessem o território de qualquer outra parte contratante, um tratamento não menos favorável que o que lhes teria sido concedido se tivessem sido transportados, do lugar de origem ao lugar de destino, sem passarem por tal território".

Tratamento não menos favorável em relação a marcas de origem

Em princípio, qualquer Estado que se relacione internacionalmente com outro em termos económicos, está obrigado a conceder a outro país-membro um tratamento não menos favorável do que o concedido aos produtos similares de terceiros países, no que diz respeito à regulamentação relativa a marcas.

A concessão desse tratamento não menos favorável, não pode levar a que os valores e princípios salvaguardados pelas marcas possam ser subvertidos, é assim que o GATT no seu artigo IX, n. 6, estatui que: "As partes contratantes colaborarão entre si com o fim de evitar que as marcas comerciais sejam utilizadas de maneira a induzir um erro quanto à verdadeira origem do produto, em detrimento das denominações de origem regionais ou geográficas dos produtos do território de uma das partes contratantes que são protegidas pela sua legislação".

As marcas, patentes e denominações de origem, tem uma função de protecção, da propriedade intelectual e do produto, mas igualmente uma função de "elucidação" ao público consumidor quanto à origem e "qualidade" do produto.

Consequentemente, todas as regras de facilitação da circulação de mercadorias não poderão ser prejudicadas por regulamentação, relativa a marcas, patentes ou denominações de origem, mas esta facilidade não poderá conduzir a situação em que o público consumidor seja prejudicado.

Publicidade dos dispositivos legais relativos ao comércio

Todas as leis, regulamentos, decisões judiciais ou administrativas, relativas ao comércio, quer sejam restritivas ou permissivas, sobre inspecções, distribuição, transporte, seguro, armazenagem, exposição, transformação de qualquer espécie, ou utilização deverão ser publicadas no mais curto espaço de tempo possível por forma a que os governos das partes contratantes e os agentes económicos tomem delas conhecimento.

Embora estas regras tenham origem no GATT, podem ser consideradas como princípios base do direito internacional económico na sua vertente comercial.

A aplicação destas regras, numa base de igualdade formal, e as consequências dessa aplicação, determinaram uma reacção dos países menos desenvolvidos, que se explica em nome da igualdade material.

Paralelamente ao esforço levado a cabo no âmbito do GATT, assistiu-se à estruturação dos países em vias de desenvolvimento na forma de um órgão das Nações Unidas designado por CNUCED[2] ou UNCTAD[3] consoante se utilize a expressão continental ou anglosaxónica.

A principal justificação para a constituição de uma organização rival do GATT era a fraqueza estrutural desse tratado, que não incluía nos produtos negociados aqueles predominantemente produzidos pelos PVD, que são os agrícolas e matérias-primas.

A UNCTAD surgia, consequentemente, como uma necessidade de definir novas políticas internacionais que permitissem o aumento dos rendimentos em divisas desses países que estavam limitados na sua obtenção por via do comércio. A ajuda internacional dos países desenvolvidos estava estagnada.

Temia-se igualmente que a aplicação indiscriminada da cláusula da nação mais favorecida não permitisse o desenvolvimento das "industrias nascentes" e em estruturação nos PVD.

Algumas destas preocupações tiveram expressão no GATT ao qual foi aditada uma parte IV que se designou por "Comércio e Desenvolvimento".

As enormes expectativas que se criaram à volta da UNCTAD foram decaindo à medida que os verdadeiros interesses comerciais e industriais dos países desenvolvidos se iam afirmando e a idéia da harmonização económica mundial se foi esbatendo.

Apesar de tudo, foi possível adoptar um conjunto de decisões programáticas quando da 1ª Conferência da UNCTAD (em 1964) e na 2ª Conferência (em 1968) foi possível delinear o conceito de "mercado preferencial e protegido" para os produtos produzidos pelos PVD e celebrar acordos internacionais com vista a estabilizar e garantir os preços dos produtos base de que dependem os PVD. Simultaneamente foi possível demonstrar a necessidade e obter maior auxílio financeiro ao desenvolvimento económico, por parte dos países desenvolvidos.

As diferenças estruturais e conjunturais surgiram, quanto à definição, dos vinte e cinco países mais nobres do mundo, para que fosse possível beneficiarem de um estatuto privilegiado e vantagens especiais em termos de ajuda económica e tratamento comercial. Por outro lado, os interesses regionais manifestaram-se dificilmente conciliáveis na prática, tendo vários países obtido acordos especiais com a então CEE, hoje União Européia (referimonos a alguns países da África de expressão oficial francesa) o que os "des-solidarizou" de algumas deliberações tomadas no seio da UNCTAD quer porque fossem inúteis, quer porque não lhes eram aplicáveis. Foi nesta conferência que se decidiu e propôs uma ligação efectiva entre a atribuição de "Direitos de Saque Especiais"[4] e o grau de

2. Conferência das Nações Unidas para o Comércio e Desenvolvimento.

3. "United Nations Conference for Trade and Developement".

4. Os DSE são activos de liquidez internacional criados pelo FMI, em 1968, para fazer face à falta de ouro e liquidez no sistema monetário internacional. Servem como reserva na balança de pagamentos e como meio de obtenção de divisas para efectuar pagamentos. O ouro perdeu, entretanto (1971), o

subdesenvolvimento das economias, procurando atribuir DSE na razão inversa do desenvolvimento, contrariamente ao que veio ser proposto e efectivado pelo FMI que, como é sabido, fixa quotas de DSE atenta a importância do país em termos de comércio internacional e PNB.

O critério supradescrito, que veio a imperar, embora funcione em detrimento dos países com necessidades, e têm liquidez internacional, foi justificado com o argumento de que a afectação incondicional de liquidez levaria a um aumento do consumo não sustentado na capacidade produtiva desses países que conduziria a um crescimento e aumento do nível de vida "artificial" e "criador de inflação", atenta a elevada propensão para o consumo existente nesses países.

Por outro lado, a utilização rápida e indiscriminada dos DSE poderia levar à sua quebra de credibilidade e aceitabilidade; isto que poderia acontecer, atento o facto de que em 1972 os DSE serem uma criação recente.

As "objeções" levantadas pelos países desenvolvidos seriam em grande parte ultrapassáveis mesmo através dos mecanismos propostos pelos PVD, com algumas precisões pontuais, nomeadamente a utilização dos fundos através da AID—Associação Internacional para o Desenvolvimento (afiliada do Banco Mundial), e com programas de desenvolvimento sustentado como aqueles que se realizam actualmente, em que a instituição internacional acorda os objetivos e os meios a empregar e coparticipa em algumas decisões, sendo o uso dos meios e a "última palavra" do Estado que se beneficia dos fundos.

Para a decisão então tomada terá contribuído por certo o difícil momento porque passavam as economias desenvolvidas no seguimento da declaração de inconvertibilidade do dólar feita por Nixon, em 1971, com as consequentes alterações no sistema monetário internacional a que se seguiram os "choques petrolíferos".[5] Estes factores de desregulação da economia mundial impediram, naturalmente, um planeamento e estruturação da ajuda ao desenvolvimento.

As verbas afectas à ajuda ao desenvolvimento são dotações do orçamento geral de Estado, que, face à crise interna dos países desenvolvidos é sistematicamente utilizado para fins de regulação da conjuntura económica, o que obriga à sua manipulação (com corte de verbas), que obstam à afectação de fundos ao desenvolvimento.

A única excepção flagrante têm sido os países nórdicos (Suécia, Dinamarca, Noruega e Finlândia), que têm cumprido a meta fixada pela UNTACD II de atribuir 1% (um por cento) do seu PNB à ajuda financeira ao desenvolvimento.

O mesmo já não acontece com a generalidade dos países da OCDE que veio a diminuir a sua ajuda aos PVD na sua percentagem com o PNB.[6]

De então para cá não se vislumbram grandes alterações estruturais ou normativas na ordem económica internacional no que às relações comerciais diz respeito embora algumas das concepções veiculadas pela UNCTAD tenham já expressão a nível internacional (FMI) e regional, nomeadamente na proteção do preço e colocação do produto de alguns produtos base na CEE promovendo transferências de liquidez para os países em vias de desenvolvimento. Este mecanismo é limitado pelo contingentamento que, simultaneamente, é imposto em relação a esses produtos.

seu papel no sistema monetário internacional, mas os DSE subsistiram.

5. Expressão porque ficou conhecido o aumento brusco do preço do "crude", pelos produtores de petróleo, de 1973 e 1979, e as crises sucessivas do dólar ora em alta, ora em baixa.

6. No essencial, aquilo que aconteceu foi que o PNB dos países da OCDE cresceu mais do que a ajuda ao desenvolvimento dos PVD.

2.2 *Os princípios base nas relações internacionais monetárias e de investimento público*

Os princípios base nas relações monetárias internacionais públicas são: *o princípio da solicitação, da não ingerência e da solidariedade.*

O princípio da *solicitação* define a iniciativa do processo de auxílio de carácter monetário. É o Estado carenciado que deve solicitar apoio e ajuda internacional.

À organização internacional é proibido interferir na gestão da balança de pagamentos e nomeadamente na forma de utilização das reservas em divisas dos Estados, excepto se solicitada por estes. O princípio é igualmente válido para o investimento público internacional.

Ligado à questão da iniciativa do recurso às entidades internacionais está o princípio da *não ingerência.* Em caso algum, as entidades internacionais ou os Estados financiadores podem interferir em matérias que são do âmbito restrito dos beneficiários. Isto não quer dizer que as entidades financiadoras não possam fiscalizar a aplicação de fundos emprestados ou cedidos. Mas essa verificação deverá ser feita com consentimento da parte e nos termos previstos no acordo de empréstimo.

Um último princípio é o da *solidariedade.* Admitir a solidariedade como princípio das relações monetárias ou de investimento internacional é algo que pode parecer estranho. Mas a realidade depressa se encarregará de afastar essa estranheza. É certo que as instituições monetárias internacionais não emprestam dinheiro sem base ou critério económico. Mas o conceito de solidariedade é essencial para explicar a *escolha* na afectação de recursos escassos a fins alternativos. Privilegiar a afectação de recursos a uns e não a outros é criar critérios que só se justificam com base numa noção de solidariedade. É este critério que explica que só países com um *per capita* de US$ 400, possam beneficiar das ajudas da Associação de Desenvolvimento Internacional; que o FMI apoie alguns países em detrimento de outros, que os orçamentos dos países desenvolvidos prevejam verbas de ajuda financeira aos países em vias de desenvolvimento.

3. Os enquadramentos e meios de actuação internacional

Depois desta primeira introdução, cumpre analisar quais os *meios* utilizados pela comunidade internacional para cumprir e aplicar os objectivos e princípios enunciados.

Podemos definir as vias utilizadas em dois tipos:

a) as contratuais;

b) as institucionais.

As vias contratuais pressupõe a existência de um acordo entre as partes que vão definido em cada momento qual o conteúdo exacto dos direitos e deveres mútuos. A experiência que se conhece mais conseguida no âmbito do comércio internacional é o GATT, que é um *acordo* entre Estados.

O facto da estrutura internacional ser contratual não obsta a que tenha uma estrutura de apoio, no caso citado um Secretariado em Genebra, na Suíça.

O Secretariado existe como uma mera estrutura de coordenação, sem que possa emitir opiniões ou formar vontade própria, à semelhança do que acontece no Mercosul.

A solução contratual é aquela que parece ser preferida pelos Estados numa primeira fase de relacionamento. Os Estados negoceiam as matérias consideradas como importantes e depois de negociado internacionalmente, isso é, incorporado no seu direito interno.

O facto do processo ser assim é, em grande parte, explicado pelo actual estádio de desenvolvimento das economias e pela importância da noção de soberania na estruturação das relações internas e externas dos Estados.

Urge reconhecer que a esmagadora maioria das relações económicas mundiais se fizeram num quadro contratual e não num quadro institucional.

A solução institucional pressupõe um grau mais elevado de integração económica. Podemos detectar dois grandes tipos de organizações institucionais: as *intergovernamentais* e as *supranacionais*. Nas intergovernamentais o processo decisório passa, necessariamente, pela vontade do Estado. Nas instituições supranacionais a decisão é da instituição internacional e pode ser imposta contra a vontade do Estado, em prol de uma definição da vontade própria da organização internacional.

As vantagens e desvantagens da via contratual ou institucional foram analisadas por John Jackson nos seguintes termos:

VIA CONTRATUAL	VIA INSTITUCIONAL
Diplomacia económica orientada pelo poder	Diplomacia económica orientada pelas regras
Fórum negocial concebido para preservar um equilíbrio entre as concessões e as obrigações	Lidar com as questões de fórum precisas de modo a que as obrigações sejam claras e não ambíguas
Resolução por negociação e acordo com referência (explícita ou implícita) ao poder relativo e "status" das partes	Resolução por negociação, ou decisão com referência a normas ou regras em que ambas as partes acordaram previamente
Um fórum para discussão e negociação — A OCDE é um exemplo	Uma instituição internacional que previdencia regras concretas e relativamente precisas que o Governo sente como necessárias — O FMI é um exemplo
Cada assunto é analisado através da instituição internacional, com referência ao princípio geral de equilíbrio	Lidar com os assuntos de uma forma precisa e detalhada. As obrigações dos membros dos Governos são claras e sem ambiguidades — Medidas tomadas pelos Governos sem recurso formal a instituição internacional
Os representantes das nações em disputa concertam o "status" ou poder de cada uma	A instituição (como terceiro) assegura a maior aderência possível às obrigações legais
Os intermediários encorajam e auxiliam o acordo com referência ao poder económico ou outro das partes em disputa	Os intermediários encorajam e auxiliam o acordo basicamente com referência às regras existentes
Vantagens para países desenvolvidos e maiores	Os países menos desenvolvidos são menos vulneráveis
Armas alternativas incluem ajuda, concessões comerciais, taxas de câmbio e manobras militares	O resultado está limitado pelo critério especificado nas regras, uma vez que poucas armas alternativas podem ser utilizadas constantemente
Discussão aberta, não limitada no procedimento ou no critério	Regras e instituições providenciam processos pré-instituídos, limites e critérios específicos
A resolução reflecte o poder efectivo ou o "status" dos intervenientes	A resolução reflecte o controle internacional na definição de quem rompeu as suas obrigações internacionais tal como constam das regras
Resolver a questão (conciliação, ameaças, etc.)	Promover objectivos a longo prazo
O papel informal do GATT como catalisador da resolução de conflitos	O papel formal do GATT como terceiro e árbitro das disputas

O presente quadro fornece-nos alguns elementos de reflexão sobre as consequências das opções entre um e outro tipo de estrutura. Adiantaríamos desde já que isto explica, em parte, o surgimento de tantas organizações regionais na última década.

Queríamos realçar desde logo que a via institucional parece permitir uma maior salvaguarda dos pequenos países e a via contratual apresenta-se como a que facilita e realça o poder dos grandes países.

4. As multinacionais e transacionais

Até este momento falamos de Estados e relações entre Estados. Verificamos também a existência de entes internacionais que resultam dessa vontade concertada dos Estados, e que passam a actuar na esfera internacional com vontade e interesses próprios de âmbito regional ou internacional.

Mas uma observação da realidade revelará que as relações comerciais são desenvolvidas pelas empresas, que são simultâneamente as principais beneficiárias directas dos fenómenos de integração quando estão preparadas para a competição.

Os quadros definidos pelas negociações entre Estados são, tão-só, o pano de fundo da actuação privilegiada das entidades privadas.

Aquém e além das lógicas definidas pelos acordos, funcionam na economia internacional as multinacionais.

Existe uma convicção errónea de que as multinacionais são necessariamente grandes empresas. A dimensão da empresa não é um elemento caracterizador do conceito de multinacional. A multinacional pode ser caracterizada como uma empresa que actua em mais de um espaço económico, buscando vantagens de cada um dos espaços, por forma a maximizar a produção e diminuir os custos. Os lucros das operações são geralmente transferidos para um paraíso fiscal para diminuir a tributação.

As teorias que citamos do comércio internacional são postas em causa pela actuação da multinacional. O processo produtivo de uma multinacional, ao dividir-se por vários espaços, implica uma eliminação da dependência da empresa em relação ao espaço produtivo final, e uma diminuição fictícia dos ganhos tributáveis pela lógica dos preços de transferência.

Do exposto, resulta claro que às multinacionais não se aplicam as teorias das vantagens absolutas ou relativas, porquanto utilizam como espaço territorial de aplicação do processo de produção e comercialização o planeta, buscando as vantagens de cada um dos espaços e evitando as desvantagens.

A inelutabilidade das multinacionais resulta sobretudo do seu poder de investimento e potencial de desenvolvimento tecnológico, aliado à criação de emprego.

5. Conclusões

A integração económica é uma especialidade científica recente e uma realidade relativamente nascente, a cujos primeiros passos temos o privilégio de assistir.

As vantagens e desvantagens da integração económica serão demonstradas na e pela prática, e medidas e avaliadas pelo aumento e diminuição do bem estar e felicidade dos povos que se dedicarem a essa experiência.

A adaptação conceitual a que houver lugar e a essencialidade daquilo que for mantido, está por fazer.

Ponderar e meditar o presente é uma boa forma de desenharmos o futuro, não esquecendo nunca que como dizia Ortega e Garcet, nós somos nós e a nossa circunstância e na convivência entre os povos, a nossa circunstância pode ser o outro.

Atualidades

APARÊNCIA DE REPRESENTAÇÃO: A INSUSTENTABILIDADE DE UMA TEORIA

FÁBIO KONDER COMPARATO

1. Ao contrário do que comumente se imagina, os desvios de raciocínio jurídico não costumam provir de dificuldades no reconhecimento de exceções aos princípios, mas sim da não aplicação dos próprios princípios, mesmo os mais elementares.

Assim ocorre, freqüentemente, com o princípio fundamental, expresso no art. 4º da Lei de Introdução ao Código Civil e no art. 126 do Código de Processo Civil, de que o juiz decidirá a lide com base na lei, somente podendo recorrer às demais fontes do direito em caso de omissão legal. A lei, como fonte primária do direito, deve ser aplicada de forma direta ou indireta, ou seja, a partir da expressa determinação de suas normas, ou mediante uma interpretação analógica. É somente quando se verificar claramente uma lacuna legal que o juiz está autorizado a invocar o costume ou os princípios jurídicos.

Mas em que consiste a lacuna da lei?

2. A literatura jurídica nacional pouco se demorou na análise e definição do que seja uma lacuna legal. Prevaleceu, aqui como em vários outros campos da técnica jurídica, a noção correspondente ao sentido comum do vocábulo: a lacuna seria, simplesmente, uma falha, uma omissão do ditado normativo.

*** Artigo em memória do Professor Ary Brandão de Oliveira, da Universidade Federal do Pará.**

Ora, essa acepção comum do vocábulo é manifestamente imprestável para o processo de interpretação e aplicação do direito. A lacuna, num texto legal, não é uma omissão qualquer, mas uma omissão qualificada pelo concurso de certas características determinadas.

Partindo-se do pressuposto lógico de que a ordenação jurídica constitui um *sistema*, isto é, um conjunto ordenado de elementos interdependentes, cada parte componente desse sistema — por exemplo, cada "ramo" do direito — forma, em si mesma, um subsistema. Segue-se, daí, que a existência ou não de lacunas só pode ser apreciada no quadro sistemático dessa ordenação legal e, nunca, nos limites de um texto isolado ou de um diploma legal destacado do conjunto.

Nos países pertencentes ao chamado sistema jurídico romano-germânico, em que a fonte primária do direito é a lei, a verdadeira lacuna é uma descontinuidade ou falha no próprio sistema ou plano ordenado da legislação.[1] Não há, portanto, rigorosamente falando, lacuna legal, quando é possível decidir uma questão mediante o re-

1. É o que se convencionou denominar na doutrina germânica, desde o estudo fundamental de Elze (*Lücken im Gesetz*, 1916), uma "descontinuidade contrária ao plano da lei" (*planwidrige Unvollständigkeit*). Cf., na doutrina contemporânea, Karl Larenz, *Methodenlehre der Rechtswissenschaft*, 5ª ed., Springer-Verlag, 1983, p. 358.

curso à analogia, pois esta representa uma operação lógica de busca, dentro do próprio sistema, da norma genérica, isto é, daquela que se situa, logicamente, acima da norma específica para um caso semelhante.[2]

Importa, ademais, salientar que o sistema legal deve ser considerado em si mesmo, sem qualquer juízo de valor por parte do intérprete. Não é lacuna da lei a solução legislativa que o intérprete considere injusta ou inepta, de acordo com o seu critério pessoal de justiça ou congruência.[3] No sistema democrático de separação dos órgãos de poder no Estado, o Judiciário não está autorizado a mudar o sentido da lei, pois esta é sempre tida como manifestação da soberania popular. O Judiciário introduziria grave desordem no sistema constitucional, se ousasse usurpar o poder, atribuído pela Constituição exclusivamente aos representantes do povo soberano, de editar regras legais.[4]

Tampouco se confundem com as veras e próprias lacunas as omissões voluntárias do legislador, que atribui ao juiz a função de preenchê-las.[5] "O juiz", dispõe o Código de Processo Civil (art. 127), "só decidirá por eqüidade nos casos previstos em lei".

2. Nunca é demais lembrar que a criação da ciência jurídica (*iurisprudentia*) pelos romanos resultou da aplicação, no campo do direito, do método dialético grego de distinção entre gêneros e espécies (cf. Fritz Schulz, *History of Roman Legal Science*, Oxford, Clarendon Press, 1946, pp. 62 e ss.).

3. *Sic*, K. Larenz, ob. cit., p. 359.

4. Num acórdão sempre citado, o Supremo Tribunal Federal teve ocasião de assentar: "Não pode o juiz, sob a alegação de que a aplicação do texto da lei à hipótese não se harmoniza com o seu sentimento de justiça ou eqüidade, substituir-se ao legislador para formular, ele próprio, a regra de direito aplicável. Mitigue o juiz o rigor da lei, aplique-a com eqüidade e equanimidade, mas não a substitua pelo seu critério" (*Revista Brasileira de Direito Processual* 50/159).

5. É o que se denominou impropriamente, lacunas *intra legem*, para distingui-las das outras, que seriam *praeter legem* (cf. Henri Deschenaux, *Le Titre Préliminaire du Code Civil*, Friburgo, Éditions Universitaires, 1969, pp. 91-92).

Não se trata pois, aí, contrariamente à opinião de certos autores,[6] de um processo de "heterointegração" da lei, uma vez que é esta própria que assim o determina.

Da mesma forma, não se pode falar de heterointegração, em nosso sistema jurídico, quando a lacuna legal é preenchida por meio do recurso ao costume ou aos princípios gerais de direito, pois isto também resulta de um comando legal (Lei de Introdução ao Código Civil, art. 4º). Para que se recorra a essas fontes secundárias, é sempre preciso, obviamente, que se esteja diante de uma verdadeira lacuna da lei, no sentido que se acaba de expor.

3. Dentro do sistema do direito privado, costuma-se dizer que o instituto da representação tem base ou na lei, ou na vontade negocial. Mas essa classificação não é exata: ela deixa de lado uma terceira espécie, em que a representação funda-se, concomitantemente, na lei e na vontade do representado.

O protótipo da representação puramente negocial é dado pelo contrato de mandato, por força do qual "alguém recebe de outrem poderes para, em seu nome, praticar atos ou administrar interesses" (Código Civil, art. 1.288). Aqui, tudo depende da vontade do mandante, não só quanto à determinação dos poderes conferidos ao mandatário, mas também no tocante à duração da relação contratual.

Entre nós, já se apontaram as disposições dos arts. 1.318 e 1.321 do Código Civil como exceções ao princípio da vontade auto-regradora do mandante, para com base nelas fundar a teoria da representação aparente,[7] mas o raciocínio é incorreto. Partiu-se de uma deficiente análise do negócio jurídico que põe fim à relação de mandato. Deixou-se de levar em consideração o fato

6. Francesco Carnelutti, *Teoria Generale del Diritto*, 3ª ed., Roma ("Foro Italiano"), 1951, n. 40; Norberto Bobbio, *Contributi ad un Dizionario Giuridico*, Turim (Giappichelli), 1994, pp. 99-100.

7. Cf. Fabio Maria de Mattia, *Aparência de Representação*, São Paulo, 1984, p. 57.

óbvio de que o direito potestativo resolutório do mandante é um negócio jurídico receptível, isto é, que só cobra efeito no momento em que é levado ao conhecimento, quer do mandatário, quer dos terceiros com os quais ele contratou. Logo, trata-se de uma limitação de efeitos do ato resolutório *ex vi legis*, e nunca de uma extensão de efeitos do mandato por via interpretativa.

A representação de interesses, exclusivamente fundada na lei, existe no direito privado em relação às pessoas absolutamente incapazes, relacionadas no art. 5º do Código Civil.

Finalmente, é fundada, tanto na lei quanto na vontade do representado, a representação orgânica das pessoas jurídicas, que Pontes de Miranda denominou *presentação*.[8]

Determina o Código Civil, em disposição de princípio, que "as pessoas jurídicas serão representadas, ativa e passivamente, nos atos judiciais e extrajudiciais, por quem os respectivos estatutos designarem, ou, não o designando, pelos seus diretores" (art. 17). A parte final desse artigo já não está mais em vigor, pois a Lei de Registros Públicos, tanto a anterior, quanto a atual (Lei n. 6.015, de 31.12.73, art. 120-II), exige que do ato constitutivo levado a registro conste, necessariamente, "o modo por que se administra e representa a sociedade, ativa e passivamente, judicial e extrajudicialmente".

O importante a observar é que o dirigente da pessoa jurídica de direito privado não funda seus poderes apenas na determinação legal ou estatutária, mas sim também na designação de seu nome, feita pelos demais integrantes da pessoa jurídica, reunidos ou não num órgão estatutário.

Assim, por exemplo, no regime legal da sociedade anônima, a causa ou título dos poderes de representação social é dupla: estatutária e negocial. De acordo com a determinação legal (Lei n. 6.404, de 1976, art. 138, § 1º *in fine*), a representação da companhia é privativa dos diretores. Compete aos estatutos sociais determinar quais os cargos de diretoria que compreendem poderes de representação e quais os seus limites. Compete, em seguida, à assembléia geral (art. 132-III), ou ao conselho de administração (art. 142-II), designar as pessoas que preencherão esses cargos.

É claro, porém, que uma pessoa jurídica pode também ser representada por mandatários, desde que estes sejam regularmente designados pelos dirigentes dotados de poder de representação.

Assinale-se, por fim, que os atos de representação praticados com excesso de poder, tanto por parte dos órgãos da pessoa jurídica, quanto de seus mandatários, podem ser ratificados, de modo expresso ou tácito (Código Civil, art. 1.296, § único). Aquele que age sem poderes de representação, ou com excesso de poderes, presume-se mero gestor de negócios, enquanto o titular do interesse não ratificar os atos que este praticou (idem, art. 1.297). Se o terceiro tem ciência de que o mandatário age com excesso de poderes, só terá ação contra este e não contra o mandante (art. 1.305).

Tais regras aplicam-se também à representação orgânica. Na lei de sociedades por ações, por exemplo, dispõe-se que "o administrador não é pessoalmente responsável pelas obrigações que contrair em nome da sociedade e em virtude de ato regular de gestão; responde, porém, civilmente, pelos prejuízos que causar, quando proceder com violação da lei ou do estatuto" (art. 158).

Importa distinguir as duas proposições normativas inscritas nesse artigo de lei. Em relação à primeira, deve-se deduzir *a contrario sensu* que o administrador que age com excesso de poderes de representação *fica pessoalmente vinculado pelas obrigações contraídas em nome da companhia*. Ou seja, estabelece aqui a lei acionária uma regra em tudo semelhante à do art. 1.305 do Código Civil. Já a segunda parte do art.

8. *Tratado de Direito Privado*, t. III, § 308.

158 da Lei n. 6.404 estabelece a responsabilidade civil do administrador, por dano antijurídico que tenha causado à companhia em razão de seu proceder abusivo.

Em suma, em matéria de representação de pessoas jurídicas, é sempre a vontade desta que prevalece, quando manifestada no quadro legal ou estatutário.

4. Essa prevalência da vontade do representado, em última instância, é o que explica a figura da chamada representação presumida, que os alemães preferem denominar poder ou mandato tolerado (*Duldungsvollmacht*).

"Se alguém", dispõe o Código Civil alemão (§ 171), "comunicou a um terceiro em particular, ou ao público em geral, que deu poderes a outrem, este fica autorizado a representá-lo, no primeiro caso perante o terceiro determinado, no outro caso perante qualquer terceiro". Com base nessa disposição, doutrina e jurisprudência assentaram na Alemanha, em interpretação ampliativa, que quem conscientemente deixa que outrem aja sem poderes como seu representante, autoriza-o tacitamente a representá-lo e fica, por conseguinte, pessoalmente vinculado perante terceiros pelos atos por ele praticados em seu nome.[9]

No direito brasileiro, esse mandato presumido entra perfeitamente no quadro regular do contrato, não podendo ser considerado uma exceção à natureza essencialmente consensual deste. A conclusão do mandato não obedece a nenhuma forma determinada: a relação contratual nasce de modo expresso ou tácito, verbal ou escrito (Código Civil, art. 1.290).

Ora, esse mandato presumido ou tolerado, como foi muito bem argüido,[10] nada tem a ver com a situação jurídica em que, sem qualquer tolerância ou autorização tácita do titular de um interesse, outra pessoa se inculca como seu representante, iludindo a boa-fé de terceiros com quem contrate. Aqui, o pretenso liame representativo não se funda nem na vontade tácita do suposto mandante, nem em determinação legal.

Que a lei não contemple expressamente essa hipótese, é fato incontroverso, pois foi justamente com base na suposta carência legislativa que se procurou montar a teoria da representação aparente.

Na verdade, não há, em tal hipótese, nenhuma lacuna legal, no sentido exposto neste parecer (*supra*, ns. 1 e 2), nem princípio jurídico algum que justifique o reconhecimento de uma relação de representação. O sistema jurídico brasileiro, como o da generalidade dos sistemas da denominada "família romano-germânica", tem soluções expressas e completas para a situação postulada pela teoria da aparência. Senão, vejamos.

Se o suposto mandante não faltou ao seu dever de diligência para impedir as atividades do *falsus procurator*, a ele não podem, obviamente, ser imputados os efeitos dos atos praticados por este: não se está, aqui, diante de atos inválidos, mas sim ineficazes, relativamente ao suposto mandante.[11] O mandatário fica pessoalmente obrigado perante o terceiro, com quem tratou (Código Civil, art. 1.305).

Da mesma forma, a se admitir que o terceiro não tenha agido com boa-fé e que ele se achava perfeitamente ciente da inexistência de uma verdadeira representação, a ineficácia dos atos praticados é inquestionável, quer em relação ao mandatário, quer quanto ao suposto dono do negócio (Código Civil, art. 1.306).

Se, ao contrário, é possível imputar ao falso representado uma negligência qual-

9. Cf. Werner Flume, *Das Rechtsgeschäft*, 3ª ed., Springer-Verlag, 1979, § 49, 3; Karl Larenz, *Allgemeiner Teil des deutschen bürgerlichen Rechts*, Munique (Beck), 1967, pp. 569 e ss.

10. Werner Flume, ob. cit., § 49, 4. A argumentação desenvolvida por este autor, no quadro do direito alemão, constitui uma condenação inapelável da teoria da representação aparente.

11. *Sic*, Pontes de Miranda, ob. cit., t. XLIII, § 4.685, 4.

quer em fazer cessar as atividades daquele que age em seu nome sem poderes de representação, e não se podendo vislumbrar no caso uma autorização tácita, a solução não há de ser outra senão a responsabilidade do culpado — o representado negligente — por perdas e danos.

Não cabe aqui operar por analogia. A situação de mandato tácito e a pretensa representação aparente são completamente díspares, nenhum elemento tendo em comum que justifique a transposição analógica de uma expressa hipótese legal de incidência para outra semelhante, não contemplada em lei. O mandato tácito supõe uma outorga efetiva de poderes (e, portanto, uma inequívoca manifestação de vontade), enquanto na chamada representação aparente não ocorre nenhum consentimento do suposto representado aos atos praticados pelo falso representante.

Por outro lado, ainda que se pudesse falar em lacuna da lei na hipótese em exame, e admitindo-se a impossibilidade lógica de se operar por analogia, é bem de ver que nenhum princípio geral de direito conforta a solução preconizada pela chamada teoria da aparência de representação.

Os seus propugnadores argumentam com a necessidade de se preservar a segurança das relações, sobretudo mercantis, e com o dever geral de proteção aos terceiros de boa-fé, que seriam irremediavelmente lesados, se o suposto representado não ficasse vinculado pelos negócios concluídos pelo falso procurador. Mas em nosso direito, como fartamente sabido, a regra geral em matéria de dano antijurídico negocial é a sanção por perdas e danos (Código Civil, art. 159), não a validade e eficácia dos negócios jurídicos praticados a dano de outrem. Dir-se-á que o montante da indenização pode, eventualmente, coincidir com o valor do negócio concluído pelo representante aparente. Mas essa coincidência será meramente fortuita, pois as perdas e danos são estimadas não apenas em função do dano sofrido pela vítima, como também pelo grau de culpa do autor do dano.

E, de qualquer maneira, se se trata de proteger a segurança das relações econômicas e a boa-fé dos contratantes, não se vê bem por que se deva preferir proteger antes o terceiro que tratou com o representante aparente, do que o pretenso mandante, que também foi abusado por este e que se encontra em posição de completa insegurança quanto a negócios concluídos em seu nome por quem não tinha poderes para tanto.

5. Nem se traga ao debate, para abonar a teoria da aparência de representação, o argumento tantas vezes invocado de que o aval dado pelo falso representante vincularia, não obstante a inexistência de poderes, aquele em nome de quem este agiu.

O argumento é imprestável, porque corresponde a uma exegese *contra legem*. Tanto a nova lei do cheque (Lei n. 7.357, de 2.9.1985, art. 14), quanto a Lei Uniforme de Genebra sobre cambiais (art. 8º), dão outra solução para o caso: é o *falsus procurator* que assume pessoalmente a obrigação cambial, não a pessoa em nome da qual foi dado o aval. Não se consegue entender como se pode extrair dessa claríssima disposição legal — que já constava, aliás, da Lei Cambial de 1908 (art. 46) — uma conclusão exatamente contrária ao sentido manifesto de sua proposição normativa.

6. Em suma, no sistema legal brasileiro, há três situações bem distintas, que comportam soluções expressamente determinadas:

1ª) Alguém tolera que outrem aja em seu nome, tratando juridicamente com terceiros: não se pode deixar de reconhecer um mandato tácito (Código Civil, art. 1.290), que vincula o mandante aos efeitos dos atos praticados pelo mandatário.

2ª) Sem consentir tacitamente em que alguém, despido de poderes, se apresente como seu representante, o representado é negligente em tomar as providências necessárias a fim de fazer cessar o abuso: o terceiro de boa-fé, que com o falso representante contratou, tem ação contra este (Código Civil, art. 1.305), além de poder exercer uma pretensão indenizatória contra o representado negligente, com fundamento no art. 159 do Código Civil.

3ª) O terceiro descumpre o seu dever de diligência — normal ou profissional —, ao tratar com o *falsus procurator*: ele não tem ação alguma, nem contra este nem contra o pretenso representado (Código Civil, art. 1.306).

Como se vê, as soluções existem e elas são perfeitamente razoáveis. Ainda que não o fossem, é bem de ver que não poderia o intérprete tentar corrigir a lei, propondo a adoção de outra solução normativa, que lhe pareça mais adequada ao seu critério pessoal de justiça.

A teoria da representação aparente constitui verdadeiro contrabando ideológico no direito nacional. Um grupo de professores de direito e magistrados, fascinados pela novidade intelectual que nos vem do estrangeiro, demitiu-se do seu dever elementar de interpretar e analisar o direito pátrio em sua sistematicidade. O resultado foi nefasto.

Atualidades

DA INEXISTÊNCIA DE FUNDO DE COMÉRCIO NAS SOCIEDADES DE PROFISSIONAIS DE ENGENHARIA

TERCIO SAMPAIO FERRAZ JUNIOR

Conforme nos mostra a moderna teoria dos sistemas (cf. Luhmann: *Rechtssoziologie*, Hamburg, 1972) sociedades são sistemas estruturados de ações significativamente relacionadas que excluem do rol de seus componentes o homem concreto. Não se trata, pois, de conjunto de indivíduos, enquanto organismos controlados por um sistema psíquico (personalidade), pois o sentido de conexão dos seus atos não coincide com a conexão de sentido que liga as ações de um sistema social. Embora *indivíduo concreto e sistemas sociais* estejam estruturados para coexistir, um é para o outro um problema, isto é, uma complexidade indeterminada e contingente, a ser enfrentada, isto é, controlada. O homem concreto é um conjunto aberto de possibilidades de ação. Ao viver em sociedade, estas ações se vêem qualificadas e combinadas de modo a limitar aquelas possibilidades. Por exemplo, o indivíduo concreto está capacitado a procriar mas, socialmente, a procriação ganha um sentido estruturado como paternidade, paternidade responsável etc. Para o indivíduo isto pode significar um problema de adaptação, aculturação etc. Para a sociedade, um problema de aceitação, repulsa, mudança etc.

Esta concepção de sistema social vem repercutindo no Direito. Se ainda durante o século XIX o *mercado*, por exemplo, pôde ser visto pelos juristas como um conjunto harmônico de relações bilaterais (câmbio e acomodação de interesses, sociedades como conjuntos de indivíduos), aos poucos foi-se dando conta de que a complexidade do mercado não explicava, por meio da concepção individualista, a criação de bens públicos como a ordem, nem era capaz de lidar com as externalidades (os efeitos de decisões que afetam terceiros que não tiveram parte nelas: por exemplo, decisões de investimento que geram poluição), nem era capaz de explicar os desvios funcionais do indivíduo (por exemplo, o consumidor que escolhe mal por força da propaganda). Ou seja, percebia-se que o mercado, como sistema social, apontava para estruturas complexas, irredutíveis à soma das estruturas individuais.

Daí, por conseqüência, a noção de que sociedades mercantis não se reduzam a uma acomodação de vontades e interesses próprios, mas devam ser compreendidas a partir de objetivos comuns, no sentido de que a satisfação do interesse pessoal das partes passa pela realização de um escopo comum que elas compartilham, mas cuja estrutura obedece a outras regras que não se reduzem à mera disciplina de condutas (cf. Túlio Ascarelli, "O Contrato Plurilateral", in *Problemas das Sociedades Anônimas e Direito Comparado*, 2ª ed. São Paulo, 1969, pp. 255 e ss.). Daí a percepção de que sistemas sociais mercantis não podem ser disciplinados apenas por meio de regras de conduta, mas constituem um jogo em que é decisiva a presença de normas secundárias de competência e organização.

No Direito isto tem ainda uma outra importante repercussão na concepção de pessoa física e jurídica, conceitos que envolveram, no passado, conhecidas disputas teóricas por estarem presas ainda à noção de sistema social como conjunto de indivíduos. Consoante, porém, a nova noção, a idéia de *pessoa* deve estar vinculada à de *papel social*. Entende-se assim que indivíduos concretos, capacitados a uma pluralidade indeterminada de ações, em sociedade, têm suas atividades reduzidas a papéis institucionalizados socialmente, isto é, conforme uma estrutura própria irredutível à dos indivíduos. A institucionalização de papéis é condição da interação; ao institucionalizar papéis, o sistema social controla expectativas e confere segurança ao intercâmbio. A interação é percebida não como relação entre indivíduos, mas entre papéis: pai/filho, contribuinte/poder público, comerciante/freguês etc. Nesse cenário, a função do Direito é disciplinar os papéis e suas relações, aumentando os seus contornos de certeza e segurança, promovendo-lhes uma contínua e dinâmica especialização. Assim, o papel de juiz não é apenas de quem julga pendências, mas depende de um estatuto próprio. Assim, quem se dirige ao juiz para obter justiça, embora não desconheça nele a pluralidade de papéis (pai, esposo, filho, membro de um clube etc.), percebe nele a neutralização relativa de uma série de papéis possíveis, o que garante a imagem da imparcialidade, distância, profissionalidade etc.

Nestes termos, o que chamamos de *pessoa* nada mais é do que um feixe de papéis institucionalizados. Quando na disciplina dos papéis as ações correspondentes fazem com que eles se comuniquem entre si (o papel de pagador de impostos se comunica com o de pai, de maior de 65 anos, de funcionário, de possuidor de uma certa renda, de necessitado de serviços de saúde, de nível mínimo de gastos correntes etc.), formando um conjunto indefinido, temos uma *pessoa física*. Quando, ao contrário, se trata de um conjunto ou feixe determinado de papéis, agrupados por um estatuto definido que delimita papéis comunicantes à exclusão de outros, temos uma *pessoa jurídica* (feixe de papéis isolados e integrados por estatuto próprio num sistema orgânico — órgão —, com regras próprias de conduta e competência, que neutralizam a relevância de outros papéis possíveis).

Por isolar e excluir (neutralizar) papéis, a pessoa jurídica por assim dizer *desconsidera* a pessoa física, isto é, não permite que os indefinidos papéis sociais assumíveis pelo agente entrem em consideração na avaliação das atividades, na responsabilização das ações etc. No Direito moderno, no entanto, por razões de segurança e certeza, é possível recuperar a dimensão indefinida das ações possíveis da pessoa física no interior da pessoa jurídica, por exemplo, nos casos de fraude, simulação, em que se aplique o princípio do *disregard*. Neste caso, papéis excluídos pelo estatuto são reconsiderados para uma mais justa e eficiente responsabilização. Ou, num outro exemplo, toda a problemática da responsabilidade penal das pessoas jurídicas envolve este tema de inclusão/exclusão de papéis sociais num conjunto dado. Em suma, a distinção entre pessoa jurídica e pessoa física não é radical, mas comporta graus: uma pessoa jurídica pode ser mais ou menos aberta à pessoa física e vice-versa. Cabe a pesquisa empírica do direito discriminar as diferentes possibilidades (cf. o nosso *Introdução ao Estudo do Direito*, São Paulo, 1994, 2ª ed., pp. 155 e ss.).

Quando a doutrina fala em *fundo de comércio* como um *bem imaterial* que não se confunde com muitos elementos materiais e imateriais que o compõem está, a meu ver, lidando com problema relacionado a compreensão de um sistema social. Isto porque sua configuração jurídica, em se tratando de bens conjugados que dão origem a um novo bem levanta uma controvérsia quando se tenta elaborá-la por meio das tradicionais categorias jurídicas. Algumas destas elaborações, fundo de comércio como *universitas juris* ou como *patrimônio afetado* ou *destinado a determinado fim*, encontram dificuldades de utilização no direito brasileiro. A primeira, porque a universalidade de direito só se constitui por força de lei que não há entre nós (com o projeto do Código Civil viríamos a conhecer uma tal estrutura legal). A segunda exige uma autonomia subjetiva do patrimônio que igualmente não se reconhece entre nós. Por isso a explicação mais corrente entre nós é da *universalidade de fato*.

A universalidade de fato é constituída por força da vontade autônoma que *conjuga* bens e os *destina* a um fim. *Conjugar* e *destinar* são *ações* responsáveis por um novo bem. Este novo bem, imaterial, tem a ver com a *formação da clientela*, razão pela qual, na doutrina de origem francesa, houve quem o identificasse com ela (Planiol, no seu *Traité Elémentaire de Droit Civil*). Com mais precisão, outros (La Morandière: *Droit Commercial*, 1965), a clientela está sujeita à concorrência, não podendo constituir um bem do comerciante. Seu direito é sobre os elementos que conjuga para conquistar, reunir uma clientela. É esta *organização* (ação) que constitui o fundo de comércio. Na mesma direção, o belga Van Ryn fala em elementos unidos para a exploração do estabelecimento.

Entendendo-se o estabelecimento como *empresa* no sentido estrito ("esfera de atividades criada pelo exercício profissional do exercício, com as coisas e direitos que são geralmente inerentes ou acessórias ao mesmo, incluindo as dívidas") será essa *esfera de atividades*, que constituirá o fundo de comércio ou estabelecimento (Von Gierke: *Derecho Comercial y de la Navegación*, trad. argentina). Na doutrina italiana conhecemos várias correntes que ora falam de uma universalidade de fato ou então de direito, ora como um conjunto impossível de reduzir-se a uma unidade ora enveredando por soluções ecléticas (sobre estes diferentes posicionamentos cf. Tamburrino: *Manuale de Diritto Commerciale*, 1962), tendendo em suma para a noção de patrimônio separado.

No Brasil, à falta de uma estrutura legal expressa, a tendência é assumir o fundo de comércio como universalidade de fato, como instrumento do exercício da empresa, *organizado* pelo empresário (v., entre outros, J. Eunápio Borges, *Curso de Direito Comercial Terrestre*, v. I, 1ª ed., Rio de Janeiro, 1959). É da boa organização que resulta um grau de eficiência (aviamento) capaz de efetivar-se numa clientela. Essa organização é base para o fundo de comércio (*fond du commerce*) ou estabelecimento (*azienda*).

Vê-se, por aí, em termos de *sistema social*, que o *agir organizadamente* ou a *ação de organizar* é considerada como indispensável ao fundo de comércio. Um estabelecimento pode até não ter clientela mas a clientela que conquista resulta de uma "qualidade" (J. Eunápio Borges) que, sistematicamente, lhe é institucionalizada. Nesse sistema, o empresário é um organizador, sendo a organização (o todo organizado) um valor econômico "superior ao da soma dos elementos em que se desdobram o capital e o trabalho nele (i.e., no estabelecimento) empregados" (J. Eunápio Borges, v. I, § 186). E com base na organização é que se tem o aviamento, "verdadeira medida do valor de um estabelecimento comercial" (§ 187). Ou, na palavra de F. Ferrara, "questo stato di Organizzazione ... non viguarda solo i beni ma tutti elementi dell'azienda" (cit. por J. Eunápio Borges, § 186, nota 14).

A organização, verdadeira base do fundo de comércio, é elemento típico de neutralização de papéis, próprio da pessoa jurídica. Ou seja, sociedades constituídas como pessoas jurídicas, cujo centro aglutinador é o papel organizador, produzem um sistema orgânico que envolve, qualifica e delimita todos os demais elementos, que passam a ter sentido por ela e apenas em função dela. Por isso, em pessoas jurídicas com base na organização é possível falar-se num bem que não se confunde com a soma das partes, o fundo de comércio.

O que se discute, neste ponto, é se um escritório de engenharia, prestador de serviços técnicos de engenharia, enquanto sistema social, tem na ação de organizar, na organização, um *elemento chave* a explicar a capacidade de produzir lucros e de conquistar uma clientela, portanto um elemento aglutinador que neutraliza a pessoa física, ao vincular o sentido de sua atividade ao todo orgânico.

Ora, nas sociedades prestadoras de serviços profissionais liberais temos um sistema social em que o papel *organizador*, se não está ausente, não é incorporado à atividade correspondente como elemento chave. Entende-se, por isso, que Waldemar Ferreira distinga entre *freguesia* e *clientela*, ao dizer que, propriamente, profissionais liberais não têm fregueses mas clientes (*Tratado de Direito Comercial*, 7º v., § 1.554, São Paulo, 1962). Assim, o cliente é papel social que exige do prestador de serviço um papel institucionalizado que não se isola, mas agrega outros. O profissional liberal não se apresenta como órgão definido estatutariamente (gerência, diretoria), mas como pessoa física. Uma gerência neutraliza qualidades da pessoa, não se personaliza pois isola outros papéis. Já o profissional não é uma competência não comunicante, mas um conjunto amplo que, conforme a profissão, emprega vários papéis. Um bom médico operador é também um indivíduo de mãos firmes, que tem limites de idade, que possui certas habilidades, comportamentos etc.

Do mesmo modo, o engenheiro exige, na sua qualificação, a conjugação aberta de vários papéis sociais. Da atividade de um escritório de engenharia, a relação de confiança que permite a interação social (com clientes) não decorre de organização, mas de um conjunto que qualifica a chamada competência profissional. Um escritório, nesse sentido, não tem um fundo de comércio, mas um centro de competência que resulta da atividade de cada profissional. Nesse sentido W. Ferreira diz que a *clientela* exprime patrocínio, proteção ao cliente e não *freguesia* enquanto conjunto de pessoas que freqüentam o estabelecimento e nele fazem, habitualmente, suas compras (cit. § 1.554).

Em conseqüência, a capacidade técnica do profissional é algo que lhe pertence, não é um ativo social. A conjugação de suas atividades profissionais num escritório dá aos sócios profissionais um direito à parte anualmente discriminada na repartição dos benefícios, mas não a uma parte indivisa de um proprietário único, o fundo de comércio da pessoa jurídica.

Desta orientação não discrepa a doutrina. Já em obra de 1970 (artigo publicado *na Rivista del Diritto Commerciale e del Diritto Generale delle Obrigazione*, v. 70) Giuseppe Ferri percebia que o obstáculo que tradicionalmente se opunha à admissibilidade de uma sociedade de profissionais era dúplice: de um lado, o exercício das profissões liberais não podia em si e por si ser qualificado como exercício de uma atividade econômica; de outro lado, o caráter estritamente pessoal da profissão não autorizava conceber-se uma atividade profissional referível a um ente abstrato ou a um grupo unificado (p. 231). Ademais que aí se fala em profissões protegidas legalmente. Assim, na jurisprudência italiana, embora se admitisse a existência de uma organização empresarial que se utilizasse do trabalho intelectual de outros (os profissionais) dela se deveria distinguir a sociedade de profissionais como um fato próprio dos profissionais (pp. 323, 233). Nesta, ainda que sua atividade se inserisse em uma atividade mais complexa e ainda que os resultados econômicos de sua atividade viessem, no todo ou em parte, em benefício de terceiros, ela conservaria uma plena autonomia de posições e determinações, assumindo-se a plena responsabilidade pelo que ela operasse. Ou seja, mesmo quando inserida em uma organização (um escritório, uma sociedade prestadora de serviços), a atividade do profissional conservaria os caracteres próprios e, em particular, os caracteres estritamente *pessoais* que constituem sua conotação essencial. Especificamente, na sociedade que tem por objeto institucional o exercício em comum de uma profissão liberal não será uma realização econômica que a individualiza, enquanto algo distinto do exercício da profissão liberal, pois a obtenção dos valores econômicos se acoplam ao exercício profissional e dele derivam (p. 234).

De qualquer modo, ainda que se reconheça que na sociedade de profissionais, a participação de um grupo de profissionais liberais ponha a serviço do cliente serviços que um único profissional não possa oferecer, donde a possibilidade de uma clientela ser mantida mesmo com a retirada ou a substituição de um profissional, o fato é que a sociedade de profissionais liberais exerce uma atividade que é própria, ontológica e juridicamente, das pessoas físicas. Neste sentido, a regulamentação da profissão liberal não é uma proteção do profissional, mas dos clientes, pois assegura que o profissional terá a capacidade técnica e as qualidades morais (pessoa física) necessárias ao exercício da profissão.

O que se deve ter em conta, nesse particular, é a distinção entre o papel social do empresário, que surge com o advento do capitalista e que se refere a uma função criativa de riqueza, cuja base está na organização do *que*, do *como*, do *deve* e do *quanto* produzir e o papel social dos profissionais intelectuais (cf. Francesco Galgano, *L'impreditore*, Bologna 1975, pp. 2 e ss., 6 e 13), cuja atividade não constitui uma empresa naquele sentido. A atividade destes últimos não promana essencialmente do elemento *organização*, mas da esfera pessoal, que oferece e realiza serviços, cujo resultado é independente da forma de organização do estabelecimento. Destarte, o exercício comum de atividades profissionais liberais tem na sociedade respectiva apenas um fator exterior, que não se passa a execução individual do serviço (cf. Enrico Zanelli, *La Nozione di Oggetto Sociale*, Milano, 1962, p. 158).

É importante, neste passo, uma caracterização das sociedades prestadoras de serviço profissional à luz do direito brasileiro. Uma pista importante é fornecida, inicialmente, pelo Direito Tributário. Quanto a *serviço*, anote-se em primeiro lugar, do ângulo da relevância econômica do conceito, que este se reporta a um bem econômico (meio para satisfazer uma necessidade), porém, não se confunde com seu suporte material, portanto, não produz uma extensão corpórea e permanente, sendo um bem, em suma, que existe *enquanto atividade e enquanto se age*. Do serviço pode resultar um produto, mas com ele não se confunde. Por isso, para efeito de tributação, o serviço não se reduz ao mero fornecimento de trabalho, mas engloba também outras atividades como oferecer hospedagem, diversão pública etc.

Nesse quadro peculiar deve ser entendido o serviço prestado por profissionais liberais. É o caso, por exemplo, de engenheiros, cuja atividade é regulada por lei (n. 5.194/66). Em princípio, o engenheiro não exerce atividade econômica, isto é, estritamente falando, não executa uma obra, não realiza uma atividade fim, mas uma atividade meio. Ele projeta, faz estudos, cálculos, orçamentos, fiscaliza construções, mas não as ergue. Por isso, diz Hely Lopes Meirelles, "a atividade técnica e os encargos *ético*-profissionais (grifei) do Engenheiro e do Arquiteto, enquanto prestam serviços de suas especialidades" não se confundem "com a atividade industrial e os encargos econômicos dos que se encarregam de executar materialmente a construção" ("A Construção Civil e a Regulamentação de seus Profissionais", in *Revista de Direito da Procuradoria-Geral*, 1961, v. 10, p. 45). Sobre essa atividade de assinar plantas, fazer vistorias, acompanhar a execução de projetos, dar assistência técnica é que incide o ISS (cf. Bernardo Ribeiro de Moraes: *Doutrina e Prática do Imposto sobre Serviços*, Ed. RT, 1978, pp. 41 e ss.).

Nesse sentido pode-se dizer que o exercício de profissão liberal tem como cerne a dignidade da liberdade, que congrega e comunica entre si uma série de papéis sociais possíveis (pessoa física), cujos traços são o domínio técnico somado à independência e autonomia, postas a serviço do cliente e exercidas no interesse deste (cf. Moreira Alves, *JSTF-Lex* 68/280). Ao contrário, a rigor, a pessoa jurídica não exerce semelhante atividade, pois ela não estuda, não se forma em curso superior, não agrega qualidades psíquicas, apenas circunscreve e delimita competências orgânicas (cf. Joacy Teixeira Porto, *Questões Práticas do Imposto de Indústria e Profissões*, São Paulo, 1964, pp. 25 e ss.).

Esta configuração personalíssima repercute no Direito Administrativo. Veja-se, por exemplo, a prestação de serviços profissionais especializados, em que o grande relevo é dado à pessoa física. Nesse caso, mais do que a mera habilitação, numa licitação se exigirá o currículo pessoal dos componentes da sociedade prestadora de serviços, tornando-se obrigatória a execução do serviço pela pessoa física relacionada, a ponto de, se falecer o profissional da sociedade prestadora, levantar-se a questão de se poderia ela substituí-lo (cf. Marçal Justen Filho, *Comentários à Lei de Licitações e Contratos Administrativos*, Rio de Janeiro, 1994, p. 82, o qual, em princípio, *nega* essa possibilidade).

A singularização pessoal da atividade de engenharia é particularmente clara na Lei n. 5.194/66. Do seu art. 7º, alíneas *a* até *f*, constam atividades e atribuições exclusivas da pessoa física. E mesmo para as atividades das alíneas *g* e *h*, admissíveis para pessoas jurídicas, a exigência da participação pessoal (pessoa física) não se dispensa (art. 14). E o art. 2º, § 2º da resolução n. 307/86 do CREA exige, para a execução de contato escrito ou verbal, destinado à execução de obras, a "Anotação de Responsabilidade Técnica" (ART), determinando que, em caso de substituição do profissional, se proceda a uma nova ART.

Por todas essas razões pode-se entender que a sociedade de profissionais liberais, como observa o citado Francesco Galgano, esteja fora do campo do *imprenditore*, cujo requisito funcional básico é a organização, e longe da *attivitá produttiva organizzata*. Daí também a conclusão de Zanelli (cit. p. 158) de que a eventual "organização" técnica da sociedade de prestadores de serviços liberais (que promanam essencialmente da esfera pessoal) tenha caráter meramente instrumental, não integrando o complexo de bens e serviços da pessoa jurídica como um fundo de comércio (*azienda*). Ou, como diz Galgano, não se pode definir como *organizzata*, ainda que seja produtiva de bens e serviços, a atividade dos que oferecem ao mercado as próprias prestações intelectuais, nas quais se assenta sua função intermediadora (cit. p. 16).

A doutrina e a jurisprudência brasileiras caminham na mesma direção. Não se nega que da exploração comercial, com fundamento na *organização*, resulte um conjunto de bens corpóreos que vêm a constituir o fundo de comércio, mas, no caso de sociedades formadas para o exercício de atividades profissionais liberais, *em função da confiança pessoal*, não se pode falar em fundo de comércio propriamente dito (cf. Mário Figueiredo Barbosa: *Valor da Clientela no Fundo de Comércio*, São Paulo, s.d., p. 79). Na verdade, qualquer tentativa de se valorizar o aspecto meramente patrimonial da sociedade prestadora de serviços profissionais liberais só poderia ocorrer em detrimento do aspecto profissional de sua atividade, o que contraria o espírito da legislação específica. E esta conclusão não é obstada por uma distinção, crescentemente em desuso, entre sociedade comercial e sociedade civil, na medida em que o importante, no caso, é a estrutura funcional do sistema social (ou com base organizatória ou com base personalíssima) — (sobre o tema da "comercialidade" e da "civilidade" e sua superação v. Pontes de Miranda, *Tratado de Direito Privado*, v. 49, § 5.169, assim como os comentários de W. Bulgarelli à jurisprudência do TJSP in *Revista de Direito Mercantil, Industrial, Econômico e Financeiro*, n. 58, abril-junho 1985, nova série, ano XXIV, pp. 97 e ss.).

Em suma, como se observou anteriormente, se, particularmente no Brasil, o fundo de comércio é tido como universalidade de fato cujo fundamento é a atividade organizatória, o que permitiria atribuir a essa organização um valor superior ao da soma dos elementos em que se desdobra, o capital e o trabalho, no caso das sociedades de profissionais liberais, cujo centro aglutinador é a excelência profissional personalíssima, não há como ir-se além daqueles elementos, não se podendo falar em fundo de comércio. Destarte, uma universalidade de fato, em que todas as atividades das pessoas (físicas) só alcançam relevância no todo e por causa do todo, não chega a ocorrer. Na sociedade de profissionais liberais, o engenheiro não é engenheiro porque é sócio, mas é sócio porque é engenheiro.

Atualidades

DA RESPONSABILIDADE SOLIDÁRIA NA CISÃO E DA NOTIFICAÇÃO ÀS EMPRESAS DEVEDORAS

ARNOLDO WALD

I — Introdução. II — O sentido e a finalidade do parágrafo único do art. 233 da Lei Societária. III — Da interpretação sistemática. IV — Da interpretação lógica. IV — Conclusões.

I — INTRODUÇÃO

1. Vista inicialmente com certa desconfiança, a cisão surgiu na Lei n. 6.404 como novo instrumento de reorganização societária, cuja utilidade parecia então limitada, embora suscitando vários problemas jurídicos aos quais já tivemos o ensejo de nos referir.[1] Com o recente desenvolvimento das fusões e aquisições, de um lado, e as privatizações, de outro, a cisão tornou-se, todavia, uma modalidade muito utilizada para permitir que se desse um novo destino a um conjunto de bens pertencentes a uma determinada empresa em vias de recomposição acionária ou se dividisse uma sociedade em várias unidades autônomas, tendo cada uma personalidade jurídica de direito privado, como aconteceu nos casos da Light, da CESP e da Telebrás.

2. Um dos problemas, que passou a ser suscitado, é o referente à manutenção da solidariedade entre a sociedade cindida e a decorrente da cisão ou entre as várias empresas dela resultantes, discutindo-se, na doutrina e na prática, a forma pela qual havia de ser resguardada, no interesse dos credores. No silêncio do legislador, discutiu-se se a notificação legalmente prevista devia ser feita pela via judicial ou se, ao contrário, podia ser admitida a utilização de carta remetida pelo registro de títulos e documentos ou, ainda, qualquer outro instrumento que desse ciência à empresa cindida da oposição dos credores.

3. Embora possa parecer questão de pouca importância, por ser de caráter meramente instrumental, a forma de notificação torna-se relevante, em determinados casos, em virtude das relações jurídicas existentes entre as partes e a preferência que podem ter por modalidade de notificação que não seja necessariamente do conhecimento público. Cabe, aliás, lembrar que, em determinados casos, as eventuais divergências entre as partes acabam sendo resolvidas por acordo, não pretendendo os credores impedir a realização das operações previstas, que envolvem a cisão — o que aliás não podiam fazer, mas tão-somente resguardar os seus direitos.

1. Arnoldo Wald, "Cisão de Sociedade", in *Revista de Direito Imobiliário do Brasil*, Ed. RT, v. 11, janeiro de 1983, pp. 7 a 15 e "Cisão Parcial e Responsabilidade Tributária", in *Justitia* 52 (151), São Paulo, pp. 101 a 107.

II — O SENTIDO E A FINALIDADE DO PARÁGRAFO ÚNICO DO ART. 233 DA LEI SOCIETÁRIA

4. A Lei n. 6.404, no seu art. 233, parágrafo único, trata dos direitos dos credores na cisão, estabelecendo que: "Parágrafo único. O ato de cisão parcial poderá estipular que *as sociedades* que absorverem parcelas do patrimônio da companhia cindida *serão responsáveis apenas pelas obrigações que lhes forem transferidas, sem solidariedade* entre si ou com a companhia cindida, mas, nesse caso, *qualquer credor anterior poderá se opor à estipulação, em relação ao seu crédito, desde que notifique a sociedade no prazo de 90 (noventa) dias* a contar da data da publicação dos atos da cisão".

5. A finalidade do texto legal foi no sentido de permitir a desvinculação da empresa cindida ou de uma das sociedades decorrentes da cisão, no tocante às suas obrigações ou à sua responsabilidade em relação a determinados credores, quando estes concordassem com a mutação sofrida pelo sujeito passivo da relação jurídica. Considerando as circunstâncias especiais do caso, o legislador, em vez de exigir o assentimento expresso dos credores, permitiu que o mesmo fosse tácito e presumido *juris tantum*. Ressalvou-lhes, todavia, o direito de oposição, com a finalidade de manter o *statu quo ante*, ou seja, a solidariedade nas obrigações e responsabilidades dos dois devedores, que se e não apenas da(s) empresa(s) decorrente(s) da cisão, liberando-se a sociedade cindida, ou vice-versa.

6. No fundo, trata-se de verdadeira assunção de dívida que somente vincula o devedor quando este com ela concorda. Enquanto, nos demais casos de cessão de débito a concordância deve ser expressa, na hipótese específica da cisão, admitiu o legislador que, para discordar, o credor tivesse que se manifestar, no prazo de 90 dias, num ato puramente negocial. Na realidade, o efeito da discordância não é o desfazimento do ato jurídico — da operação de cisão — mas tão-somente a manutenção da obrigação de quem já era devedor e que, unilateralmente, não se pode exonerar da responsabilidade conseqüente. A notificação exclui, pois, tão-somente em relação ao notificante, a eficácia da cláusula do protocolo de cisão que afastou a solidariedade entre as duas empresas (cindida e resultante da cisão ou ambas dela decorrentes).

7. Na verdade, nos casos de transformação, incorporação, fusão e cisão, há uma modificação patrimonial da sociedade, que repercute sobre os seus credores, justificando-se a adoção de medidas que impeçam a exoneração, parcial ou completa, do devedor e/ou de seus sucessores ou a redução do patrimônio que garantia os débitos existentes. Para tanto, o legislador estabeleceu um regime específico de proteção dos créditos para cada uma das hipóteses. Assim, enquanto nos casos de incorporação e de fusão, a lei admite que os credores possam "pleitear *judicialmente* a anulação da operação" (art. 232), no caso de cisão somente se permite que, para restabelecer a situação anterior, notifiquem a sociedade cindida (ou a decorrente da cisão) para que se mantenha o vínculo de solidariedade entre os dois devedores ou responsáveis que substituem o responsável anterior.

8. Não se trata, pois, de qualquer medida judicial que justificaria um pronunciamento da autoridade judiciária, nem mesmo de um ato que deveria ter determinada publicidade, pois ocorre simplesmente uma ressalva de direitos, aos quais o credor não pretende renunciar, não se opondo à assunção de débito — porque a lei não permite que o faça — mas impondo que ela seja imperfeita, ou seja, com responsabilidade solidária do devedor originário e do assuntor da dívida, isto é, tanto do cedente, como do cessionário do débito.

9. Não há dúvida que o enquadramento da manifestação do credor da sociedade cindida como verdadeira assunção da dívida é reconhecido pela doutrina,[2] salientando-se que a recusa do credor importa em

2. Luiz Roldão de Freitas Gomes, *Da Assunção de Dívida e sua Estrutura Negocial*, Rio, Editora

manter a solidariedade entre o cedente e o cessionário do débito, ou seja, entre a empresa cindida e a(s) resultante(s) da cisão.

10. Acresce que tratando-se de ato negocial, simples manifestação de vontade, não há forma especial que possa ser exigida a não ser a escrita, admitindo-se plenamente a concordância ou discordância por correspondência epistolar.[3]

11. Aliás, a doutrina tem criticado a utilização, pelo legislador, da palavra *oposição*, no parágrafo único do art. 233, por entender que não é prévia e que não se trata de impedir a cisão, mas tão-somente a cláusula de exclusão de solidariedade, razão pela qual o Professor Waldirio Bulgarelli entende que seria o caso de *impugnação* ou *reclamação*. E acrescenta: "Entretanto, a situação é bastante simples; a solidariedade que, em regra, em nosso direito não se presume deveria ter sido instituída obrigatoriamente, pois que o credor, ao contratar com a sociedade, fê-lo com base na garantia representada pelo seu patrimônio, e, portanto, tem direito a que ele se mantenha íntegro. É essa afinal a regra em relação à redução do capital, por exemplo, em que se concede direito de oposição dos credores (art. 174). Assim, no caso da cisão, dividido o patrimônio da que se cinde, em várias sociedades, serão as parcelas do ativo transferidas a cada sociedade suficientes, em si, para cobrir o crédito? Há de se ter presente, a propósito, que será feita, na base da operação de cisão, a divisão dos bens, direitos e obrigações, ao alvedrio da sociedade que se cinde, e, por isso, *não está o credor obrigado a sujeitar-se a tal arbítrio quando seja prejudicado em suas garantias*".[4]

12. Em outra obra, mais recente, o eminente comercialista desenvolve e completa o mesmo pensamento ao escrever que: "O princípio em que se apóia a oposição dos credores, é o de que não estão obrigados a aceitar a substituição do devedor, quando lhes possa ser prejudicial. A doutrina italiana a respeito, está plenamente convicta do acerto do seu sistema, tanto que já assinalava Navarrini que na fusão, os credores poderiam ser prejudicados 'daí a necessidade, por outro lado, de avaliar-lhes as conseqüências, de ver como seus direitos podem ser de outro modo assegurados, de opor-se, enfim, quando não o sejam: *tem-se*, cada um o vê, *para os credores das sociedades que desaparecem, mudança do devedor; e tal mudança não pode, pelos princípios gerais, existir, se não houver a adesão dos credores*. Por outro lado, há a necessidade de que a sociedade e os sócios venham a conhecer e possam, pois, apreciar convenientemente a gravidade do ato'".[5]

13. E ainda, logo em seguida, lembra que, na doutrina estrangeira, prevalece o entendimento de acordo com o qual, para manter o vínculo de solidariedade, no caso de fusão, é: "suficiente uma *simples notificação do credor, sem necessidade de citação em juízo* e sem necessidade de provar as razões que permitam considerar perigosa a fusão".[6]

14. Também o Professor Fran Martins reconhece que se trata de simples ato negocial pois: "*A oposição não prejudica a operação da cisão, que já se realizou e está produzindo efeitos*. Não haverá, assim, anulação da cisão mas apenas não vigorará, em relação ao credor que fez a oposição, a estipulação retirando a solidariedade entre as sociedades que participaram da operação,

Silver Juris, 1982, pp. 395-399 e Arnoldo Wald, "Considerações sobre a Assunção de Dívida", in *Revista de Direito Mercantil* 59, pp. 5 e ss. e *Obrigações e Contratos*, 13ª ed., Ed. RT, 1998, n. 61.1, p. 180.

3. Pontes de Miranda, *Tratado de Direito Privado*, t. XXIII, 3ª ed., Rio, Borsói, 1971, §§ 2.861 e 2.862, pp. 381 e ss.

4. Waldirio Bulgarelli, *Comentários à Lei das Sociedades Anônimas* (*Artigos 166 a 174 e 201 a 234*), São Paulo, Saraiva, 1978, p. 203.

5. Waldirio Bulgarelli, *Fusões, Incorporações e Cisões de Sociedades*, 2ª ed., São Paulo, Atlas, 1996, p. 177.

6. Waldirio Bulgarelli, ob. cit. na nota anterior, p. 178.

pelo pagamento das dívidas anteriores à mesma".[7]

15. Veremos, em seguida, que a lei das sociedades anônimas faz expressamente a adequada distinção entre os casos nos quais se exige uma manifestação das partes perante o Judiciário e das hipóteses em que basta a simples notificação, que pode ser realizada por correspondência e, em particular, por comunicação feita através do Registro de Títulos e Documentos, que lhe dá a necessária autenticidade e fornece prova cabal do ato praticado.

III — DA INTERPRETAÇÃO SISTEMÁTICA

16. Como vimos, enquanto o art. 232 assegura ao credor, nos casos de fusão e incorporação, a faculdade de pleitear *judicialmente* a anulação da operação, *no caso do art. 233, parágrafo único, o texto legal se refere à notificação, sem qualificá-la como devendo ser judicial.* A distinção se explica pelo tratamento próprio que o legislador pretendeu dar, nos diversos casos, por existir diferença de natureza e efeitos entre os mesmos. Cabe, todavia, enfatizar que, quando a lei exigiu um procedimento judicial, sempre o fez expressamente. Como também estabeleceu de modo explícito os casos nos quais a aprovação ou a divergência devia ser manifestada em assembléia ou podia sê-lo em outro momento ou sob outra forma.

17. Assim, por exemplo, o art. 174, § 2º da Lei n. 6.404 também se refere à oposição, como se verifica pelo seu inteiro teor, que é o seguinte: "§ 2º. Findo o prazo, a ata da assembléia geral que houver deliberado a redução poderá ser arquivada *se não tiver havido oposição ou, se tiver havido oposição de algum credor, desde que feita a prova do pagamento* do seu crédito ou do depósito judicial da importância respectiva".

7. Fran Martins, *Comentários à Lei das Sociedades Anônimas*, Rio, Forense, v. 3, p. 182.

18. Como o artigo 174 não especificou que a oposição devia ser manifestada por notificação judicial, firmou-se o entendimento que poderia ser realizada sob qualquer forma escrita.

19. Neste sentido, esclarece ainda o Professor Waldirio Bulgarelli que: "O § 1º do art. 114 do Decreto-lei n. 2.627/40 referia-se expressamente à notificação judicial, *tendo*, agora, *silenciado sobre esse aspecto a Lei n. 6.404, o que naturalmente permitirá que seja utilizada também a notificação extrajudicial*".[8]

20. No mesmo sentido, o Professor Modesto Carvalhosa, comentando os mesmos artigo e parágrafo, salienta que: "Mantendo o mesmo regime da legislação anterior, o diploma vigente trouxe normas de maior proteção aos credores. Em primeiro lugar, ampliou o prazo de oposição à redução do capital excessivo. Não mais menciona, como requisito, a existência de títulos líquidos, permitindo, dessa forma, que os credores contratuais também se oponham. *Obvia o caminho da notificação, permitindo que esta seja feita extrajudicialmente*".[9]

21. O mesmo autor trata da manifestação de dissidência para o fim de recesso, prevista no art. 137, e que se equipara à hipótese de discordância quanto à exclusão da solidariedade na cisão, esclarecendo que: "... trata-se o recesso de declaração unilateral de vontade, de índole receptiva, que não necessita de aceitação por parte da companhia e que surte efeito desde o momento em que chega ao conhecimento da administração societária. Será eficaz qualquer meio que consigne em documento a vontade do acionista e permita sua prova, admitindo-se, portanto, todos os meios idôneos de manifestação de vontade, inclusive fazer constar da própria ata da assembléia geral. Neste caso, a manifestação será oral. Nos demais casos, de-

8. *Comentários* já citados, p. 43.

9. Modesto Carvalhosa, *Comentários à Lei das Sociedades Anônimas*, São Paulo, Saraiva, edição de 1997 revista e atualizada, v. 3, p. 536.

verá sê-lo por escrito, através de correspondência com a comprovação de entrega. *Valem, obviamente, a notificação extrajudicial e a judicial"*.[10]

22. Examinando o mesmo artigo, chega a solução idêntica Wilson de Souza Campos Batalha, para quem, no caso: "*A manifestação poderá ocorrer por carta, com comprovante de entrega, ou por notificação através de Cartório de Registro de Títulos e Documentos, ou através de notificação judicial*".[11]

IV — DA INTERPRETAÇÃO LÓGICA

23. Acresce que onde o legislador não faz distinções, também não pode fazê-las o intérprete, tanto na área judicial como na atuação da administração. Trata-se de regra de hermenêutica das mais antigas, que impede se exija a notificação judicial quando o legislador se limitou a determinar que a presunção *juris tantum* de aceitação, pelo credor, da cláusula de exclusão de solidariedade desaparece no caso de oposição mediante *simples* notificação. A doutrina tem aliás qualificado a notificação no caso do art. 233, parágrafo único, como "simples notificação",[12] distinguindo-a da notificação qualificada, que deve ser judicial.

24. Na sua obra clássica, referente à interpretação, do direito, o Ministro Carlos Maximiliano comenta o princípio jurídico de acordo com o qual *ubi lex non distinguit nec nos distinguere debemus*, afirmando a este respeito que: "Quando o texto dispõe de modo amplo, sem limitações evidentes, é dever do intérprete aplicá-lo a todos os casos particulares que se possam enquadrar na hipótese geral prevista explicitamente: não tente distinguir entre as circunstâncias da questão e as outras; cumpra a norma tal qual é, sem acrescentar condições novas, nem dispensar nenhuma das expressas".[13]

25. Do mesmo modo, em matéria de interpretação, cabe lembrar o princípio de acordo com o qual descabe restringir o sentido da disposição legal, de tal modo que, na dúvida, é preferível: "a exegese conducente a efeito mais benigno e suave, em vez da que leve ao mais rigoroso e duro".[14]

V — CONCLUSÕES

26. Pelo exposto, entendemos que a notificação prevista no parágrafo único do art. 233 da Lei n. 6.404 pode ser feita por intermédio do oficial do registro de títulos e documentos para produzir todos os seus efeitos legais pois:

a) a lei não exige notificação judicial;

b) a legislação societária faz a distinção entre os procedimentos judiciais e os que não o são, só exigindo, no caso, uma "simples" notificação;

c) quando a lei se refere à notificação, não distingue entre as feitas pela via judicial ou por outros meios, desde que haja certeza quanto ao fato e tenha chegado em tempo hábil a comunicação ao seu destinatário;

d) a manifestação do credor, no caso, consiste na recusa de consentir na assunção de dívida, sem que se mantenha a solidariedade entre cedente e cessionário, tratando-se de simples ato negocial;

e) nos demais casos, nos quais a legislação societária se refere à oposição e notificação, não há exigência de notificação judicial e, em alguns casos em que a mesma existia no direito anterior, não mais perdura no texto legal vigente.

10. Modesto Carvalhosa, cit., v. 2, p. 749.

11. Wilson de Souza Campos Batalha, *Comentários à Lei das Sociedades Anônimas*, Rio de Janeiro, Forense, 1977, v. II, p. 643.

12. Mauro Brandão Lopes, ob. e loc. citados.

13. Carlos Maximiliano, *Hermenêutica e Aplicação do Direito*, Porto Alegre, Livraria do Globo, 1925, p. 264.

14. Carlos Maximiliano, ob. cit., p. 266.

Atualidades

A EVOLUÇÃO DO CONCEITO DE SOBERANIA

Tendências recentes*

CARLA AMADO GOMES

1. Introdução. 2. A soberania como poder absoluto: o deslindar de um equívoco histórico. 3. A releitura do conceito de soberania: o regresso às origens. 4. Da soberania quantitativa à soberania qualitativa. 5. Em especial: o "caso europeu". 6. Conclusões.

1. É frequente, nos dias de hoje, ver-se posta em causa a noção de soberania. Na Europa, a discussão tem subido de tom na proporção dos avanços no sentido da união política que desponta no seio da União Europeia, criação de contornos mal definidos pelo Tratado de Maastricht.[1] Com efeito, a instituição de uma estrutura de contornos federais ou para-federais, que faria desaparecer a figura do Estado soberano, tão arduamente conquistada ao longo de lutas seculares, é uma perspectiva que muitos temem.

No entanto, a controvérsia política e doutrinal que se vive na Europa em torno da questão da soberania, embora encontre na problemática da união política o seu terreno preferencial tem, não só causas mais prosaicas, como consequências bem mais abrangentes do que aquelas que se prendem como fenómeno de integração regional consubstanciado na Comunidade Europeia.

Em primeiro lugar, relativamente às causas que começaram por abalar os alicerces da tradicional noção de soberania, cabe dizer que elas despontaram em meados deste século, na sequência de duas terríveis guerras que abalaram a Europa. A necessidade de reconstrução e o anseio do estabelecimento de condições para uma paz duradoura desencadearam uma nova concepção de relacionamento entre os Estados, que abandonaram o seu protecionismo económico e o seu orgulhoso individualismo político em prol de uma nova atitude de colaboração e entre-ajuda.

A par dessas realidades, surgiram os movimentos de descolonização dos anos 60, concretizando o direito, solenemente firmado na Carta das Nações Unidas (artigos 1º, n. 2 e 55º), à autodeterminação dos povos. Desta corrente emancipatória, surgiram vários novos Estados, os quais, se bem que juridicamente iguais aos seus pares na comunidade internacional, de facto careciam de condições — económicas e sociais — que lhes possibilitassem afirmar-se como efectivamente independentes. A

* Este texto corresponde à conferência proferida em Simpósio Internacional, realizado na Faculdade de Direito da Universidade de São Paulo, em 19 de agosto de 1998, organizado em colaboração com com a Escola Superior de Administração Fazendária-ESAF.

1. V., sobre a dificuldade de qualificação da natureza jurídica da União Europeia o nosso *A natureza constitucional do Tratado da União Europeia*, Lisboa, 1997, pp. 35 e ss. e bibliografia aí citada.

doutrina da Nova Ordem Económica Internacional traduziu estes desequilíbrios, que abalaram o segundo Dogma aliado à noção de soberania: a igualdade dos Estados.

Ou seja, por outro lado, percebeu-se que a independência — a não subordinação do comportamento externo do Estado a factores exteriores, *maxime*, à autoridade de outro Estado ou sujeito de Direito Internacional — não só não é um valor a defender *a outrance*, como, e sobretudo, a manter-se com carácter de dogma inviabiliza a sobrevivência do Estado em termos económicos. Por outro lado, a sensibilização para a substituição da lógica egoísta do interesse nacional por uma valorização dos valores comunitários, nomeadamente da ideia de solidariedade entre Estados mais e menos desenvolvidos, leva a que o conceito da soberania mereça uma releitura, mais consentânea com as realidades.

Em segundo lugar, relativamente às consequências da reponderação da noção de soberania, eles não se reflectem apenas ao nível regional, mas num plano mais vasto, de âmbito mundial. A consciencialização dos perigos de eclosão dos conflitos bélicos globais levou à exclusão do direito de fazer a guerra (*ius belli*) do âmago do conceito de soberania ao nível estatal. A interdependência económica conduziu à formação de blocos de comércio regionais, que actuam em frentes únicas no plano internacional. E a ideia de solidariedade entre Estados, que começou por revelar implicações meramente económicas, assume hoje repercussões jurídicas do mais elevado interesse, nomeadamente no que concerne ao problema da assistência a povos carenciados ou violentados nos seus direitos mais básicos, perante à impossibilidade — *maxime*, a recusa — de auxílio por parte do Estado onde se encontram. Estamos, é claro, a referir-nos à questão da ingerência humanitária, que vem vibrando fortes golpes no tradicional princípio da não intervenção nos assuntos internos dos Estados, reflexo clássico da sua soberania no plano externo.

Estes resultados que hoje se obtêm — e que estão longe de ser um produto acabado —, longe de se apresentarem como desvio à lógica da soberania são, ao que pensamos, apenas uma confirmação das suas raízes. A clássica concepção da soberania como um poder ilimitado, que não reconhece superior na ordem interna e não se subordina a qualquer tipo de dependência no plano internacional, cujo berço se encontraria na obra de Bodin é, está hoje demonstrado, um claro equívoco histórico que importa sublinhar. Na sequência desse engano, cabe também desmistificar a soberania como um conceito quantitativo — como um conjunto de poderes de que o Estado seria titular —, indivisível e alienável, para afirmar antes o seu carácter qualitativo e divisível, desde que preservado na sua essência.

A reconstrução — *rectius*, a releitura — do conceito de soberania deve ser feita a partir dessa constatação. Vejamos porquê.

2. É frequente localizar a data de nascimento do conceito de soberania na obra de Jean Bodin, *Les six livres de la Republique* (1576). Neste texto — que teve divulgação em duas línguas, francês e latim —, o autor utiliza, ora expressões tais como "souvraineté" e "majesté", ora as fórmulas de "summa potestas", "summum imperium" e, raras vezes, "suverenitas". Na versão latina, o autor escreve que a *summa potestas* não está limitada por nenhum poder superior: "é o poder mais alto sobre os indivíduos e não está sujeito às leis".

A existência de duas versões, nem sempre coincidentes, aliada ao facto de viver uma época de crescente centralização do poder real, em França e no resto da Europa, propiciou a subversão da ideia de Bodin. Com efeito, das suas palavras não deve concluir-se que o soberano está acima de qualquer lei. Bodin distingue: o soberano está acima das leis particulares do país que governa, mas enquanto membro da comunidade geral da raça humana, está sujeito à lei divina e à lei das nações.

No âmbito desse direito da comunidade de nações, relevam os atributos de "summa potestas", que se traduzem no *ius legationis* (direito de enviar e receber delegações diplomáticas), no *ius tractum* (direito de celebrar tratados), no *ius belli* (direito de declarar a guerra e de fazer a paz), sendo o último o mais significativo ("l'un des plus grands points de la majesté").

Segundo Bodin, a soberania deveria ser independente ("absoluta") sob dois aspectos: a independência perante os poderes internos residiria no facto de a regulação jurídica se tornar efectiva sem o consentimento dos súbditos ("sans leur consentement"), sobretudo sem a participação dos estamentos. A faculdade de regulação do soberano deveria também ser independente de poderes externos, mas com as limitações já apontadas.

Só a *utilidade* política da obra de Bodin — enaltecendo o poder dos reis da França — e a repercussão de que gozou, podem explicar a sua — durante séculos — suposta originalidade. Com efeito, a soberania do plano interno foi logo pressentida por autores romanos, através da fórmula da *absolutio legibus* — a qual designava um poder absoluto de disciplinart juridicamente os comportamentos dos membros de uma comunidade. A contribuição de Bodin não foi aqui, por isso, original.

Tão-pouco se pode ignorar a precedência da obra do grande filósofo e teórico medieval que foi São Tomás de Aquino. Este autor, que bem pode ser considerado um Humanista *avant la lettre*, retomou a filosofia aristotélica, e colocou o Homem no centro de seu sistema filosófico. Esta opção vai ter implicações ao nível do fortalecimento da então letárgica ideia de soberania, que se encontrava sufocada pela vocação para a unidade (de religião, de língua, de domínio, espiritual e temporal) que se viveu na Idade Média. Libertando o Homem da tutela omnipresente das duas autoridades máximas na *Respublica Christiana* — o Papa e o Imperador —, São Tomás abriu caminho a uma concepção individualista que se traduziu, ao nível dos principados, na afirmação da sua independência perante aquelas autoridades.

Para São Tomás, os principados são parte integrante da comunidade universal da humanidade, subordinados a uma lei divina e uma lei natural, com as quais deve compatibilizar-se o direito legislado. Ressalvada essa subordinação, a *civitas* é uma entidade perfeita, criada por Deus. Tem plena autoridade para a realização da sua alta missão: assegurar o bem comum.

A *civitas* corresponde à comunidade organizada, noção a que mais tarde a Vattel reconheceria capacidade de relacionação no plano internacional, como Estado dotado de uma personalidade jurídica diversa da do monarca. No seu aspecto externo, cada *civitas* é igual às outras, sendo, em princípio, independente de qualquer poder. Nos seus aspectos internos, São Tomás aponta como atributos principais da *civitas* o poder de legislar, de criar impostos para a realização do bem comum, de punir criminosos e declarar guerra. Por aqui se vê, também, que as considerações de Bodin relativas ao conjunto de poderes que compõem a soberania, em qualquer dos seus dois planos, nada trazem de verdadeiramente novo.

Também Francisco Vitória, antes de Bodin, nas suas *Relectiones de Indis*, escreveu que não só os seres humanos, mas também as nações, estão unidas pelo direito natural. Esta afirmação tem consequências de vulto para a problemática da soberania, pois se um determinado conjunto humano, politicamente organizado, está sujeito ao Direito Natural, então a soberania não é ilimitada, mas, pela própria natureza das coisas, estará sujeita a limitações.

Assim, e conforme nota, Truyol y Serra,[2] a *summa potestas* nunca foi entendida como um poder ilimitado, seja por força da integração das várias comunidades políti-

2. Truyol y Serra, "Souveraineté", in *Archives de Philosophie du Droit*, t. 35, 1991, pp. 313 e ss. e 325.

cas no espaço europeu mais vasto da Cristandade, seja pela submissão do direito legislado a um Direito de ordem superior. Sendo natural que Bodin tivesse tido acesso aos escritos de São Tomás, e havendo passos da obra do primeiro que indiciam a não consideração da soberania como um poder absoluto, fácil se torna perceber o porquê do equívoco histórico que se gerou. A maximização da noção de soberania foi um fruto da crescente centralização de poder real nas cortes europeias, cujos monarcas acolhiam de bom grado uma justificação teórica para o desenvolvimento das suas tendências hegemónicas.

A *hiperbolização* da noção de soberania acabou de ser feita por Hobbes, que, afirmando a igualdade natural dos Estado, lhe reconheceu um direito ilimitado de apreciar as situações e de determinar as suas consequências. Esta radicalização torna-se patente nos tratados de Westfália, de 1648, que puseram fim à Guerra dos Trinta Anos (1618-1648). Estes tratados reconheceram os princípios da soberania e da igualdade como traves mestras do equilíbrio político europeu.

Durante o século XVIII, as correntes absolutistas só vieram aprofundar os dogmas da soberania limitada. E, no século XIX, o elitismo dos Estados europeus, apoiados economicamente no abastecimento colonial, levou à construção de uma política de marcado individualismo. A política do concerto europeu, gerada no seio do Congresso de Viena, é um claro exemplo da atitude de distanciamento da Europa em face do resto do mundo.

No plano jurídico, as correntes positivistas também contribuíram decisivamente para engrandecer a soberba dos Estados, que se viam alçados a personificações do Direito, uma vez que este só existia enquanto produto da expressão de sua vontade, independentemente de qualquer limitação e afastando outras manifestações normativas. Não admira, pois, nota Kleffens, que esta concepção perdesse, principalmente com a eclosão de duas guerras na primeira metade do século XX. Um Estado que, sendo soberano, só tem direitos, mas não deveres para com os seus vizinhos, e não sofre restrições de espécie alguma, é um verdadeiro perigo público.[3]

3. A concepção tradicional — e equivocada — de soberania seria, com efeito, fortemente abalada em virtude dos dois conflitos bélicos na Europa e das suas cruéis consequências. Por um lado, o estado viu-se perante a necessidade de, internamente, abandonar a sua posição de passividade, de cariz tipicamente liberal, para passar a intervir na sociedade e na economia depauperadas. Como se encontrava incapacitado para o fazer sozinho, perante tamanhas solicitações, viu-se forçado a valer-se da colaboração de entidades privadas — a par da crescente devolução de poderes a outras entidades públicas —, que hoje lhe disputam o protagonismo na organização sócio-económica.

A par da multiplicação de centros de poder no Estado Social, verifica-se também um outro fenómeno, ligado à democratização da sociedade: o da participação dos cidadãos e de associações de interesses na formação das decisões, políticas e administrativas. O Estado deixa, assim, de ser o intérprete e veículo único da vontade do corpo social, para se tornar um coordenador dos vários impulsos que provém da colectividade. No Estado de Direito actual, o exercício da soberania pelo povo não se expressa apenas através do voto para a eleição de representantes nas Assembleias legislativas, antes se afirma todos os dias, mediante a participação e a concertação com as estruturas do poder, facto que vivifica a democracia.

Como nota Benvenuti, a estrutura piramidal em que se alicerçava o Estado soberano típico do século XIX e de princípios do nosso século, vai-se esfacelando. No seu lugar, surge o modelo grego, do templo de

3. Cfr. V. Kleffens, "A soberania em Direito Internacional", in *Boletim da Faculdade de Direito da Universidade de Coimbra*, 1956, pp. 11 e ss. e 89.

várias colunas, traduzindo uma autêntica vivência cívica, com a coordenação dos vários interesses sociais. A verdadeira expressão da soberania popular é também um sintoma da convulsão interna do conceito de soberania: o poder não é do Estado, é apenas exercido pelos seus órgãos por uma questão de unidade e praticabilidade, mas a sua essência promana da colectividade.[4]

Se, no plano interno, a soberania irradia da comunidade — surgindo o povo não só como titular, mas sobretudo investindo no seu exercício activo e responsável —, deixando de ser monopólio do Estado, por outro lado, no plano externo, a sua contextura sofre modificações cada vez mais sensíveis. A causa remota destas mudanças é, mais uma vez, a situação vivida na Europa do pós-guerra.

Cabe, em primeiro lugar, fazer referência à necessidade de reconstrução das economias europeias, que só com o auxílio americano (*Plano Marshall*) foi possível. A fragilidade do *Velho Continente* nunca havia sido tão duramente sentida e esse foi o primeiro factor de reflexão sobre a ideia de independência. Depois da reconstrução, percebeu-se que o movimento de globalização da economia impunha a constituição de blocos regionais, no sentido de abolir os caducos entraves alfandegários e de facilitar o comércio internacional. A independência jurídica impô-se à dependência fáctica, que as experiências de integração económica transformaram em interdependência.

Em segundo lugar, o movimento da descolonização que se gerou nos anos 60 — ele próprio, uma consequência indirecta da II Guerra — foi também um catalizador da transmutação do conceito de soberania. Tendo alcançado a independência jurídica, ingressando assim na comunidade internacional através da obtenção de um estatuto soberano, muitos países não reuniam, porém, as condições necessárias ao exercício pleno dessa soberania. Isso porque não haviam atingido patamares do desenvolvimento económico sustentado que lhes permitissem, de facto, determinar-se livremente — ou seja, sem o auxílio de Estados mais ricos — no plano internacional.

Esta desigualdade económica veio assim, em muitos casos, contrapor-se à igualdade jurídica, como que neutralizando os aspectos positivos da descolonização. O aspecto meramente formal do princípio da igualdade foi então fincado pelos Estados economicamente mais débeis, que apelaram à sua correcção através da ideia de solidariedade. Por outras palavras, o princípio da igualdade jurídica[5] que, a par do direito à autodeterminação dos povos sustentou o movimento da descolonização, viria a ser questionado pelos Estados que o invocaram para ascender à independência jurídica, precisamente para corrigir as suas dificuldades ao nível económico.

Apresentando-se como Estados independentes, em termos jurídicos, estes novos Estados, com dificuldades económicas graves em virtude da sua falta de estruturas de produção, vão apelar a esse estatuto para lhes ver reconhecida uma posição privilegiada, com a consequente aplicação de normas e criação de condições especiais por parte dos estados dito desenvolvidos.

O princípio da igualdade surge assim como verso e reverso, consoante a situação concreta, demonstrando a maleabilidade do conceito. A desigualdade económica, que visa afinal chamar a atenção para as desigualdades de facto que separam os Estados desenvolvidos dos Estados subde-

4. F. Benvenuti, "Dalla sovranitá del Stato persona alla sovranitá dell'ordinamento", in *Jus-Rivista di Scienze Giuridiche,* 1995, n. 2, pp. 193 e ss.

5. Veja-se a sua consagração no Preâmbulo da CNU como princípio geral de conduta e, mais adiante, no artigo 2º/1, a título de posição jurídica subjectiva, ou seja, como um direitoà igualdade.

O princípio volta a reafirmar-se na Carta de Bogotá, de 1948 (constitutiva da Organização dos Estados Americanos) e na Carta de Adis Abeba, de 1963 (institutiva da Organização da Unidade Africana).

senvolvidos e em vias de desenvolvimento (estatutos cujos critérios de atribuição variam consideravelmente em função de opções políticas dos Estados que efectuam o reconhecimento), é uma consequência do movimento da Nova Ordem Económica Internacional (NOEI).[6]

Com efeito, a constatação da necessidade da ajuda às novas economias nascentes nos Estados recém-nascidos da descolonização levou a Organização das Nações Unidas a produzir um conjunto de Declarações tendentes à consciencialização da comunidade internacional em torno de uma atitude de solidariedade para com aqueles novos Estados.

Os documentos fundadores da NOEI são: A *Declaração relativa à instauração de uma Nova Ordem Económica Mundial*, de 1 de maio de 1974, o *Programa de acção relativo à instauração de uma Nova Ordem Económica Internacional*, da mesma data, e a *Carta dos Direitos e Deveres Económicos dos Estados*, de 12 de dezembro de 1974. A mensagem principal que pode retirar-se da sua análise é a de que a paz mundial ficaria em risco, a médio ou longo prazo, caso se perpetuassem as desigualdades económicas entre os Estados, as quais comprometem, em última análise, o estatuto jurídico de autonomia recém adquirido pelos Estados menos desenvolvidos. Urge, por isso, acabar com a "ordem sem ordem" transitada do pós-colonialismo.

Contributo para a ultrapassagem destes desequilíbrios foi a consagração de um entendimento dúplice na aplicação, às trocas comerciais, de dois princípios básicos do Direito Internacional: a reciprocidade e a não discriminação. Por um lado, o princípio da reciprocidade — que se traduz na identidade de vantagens mútuas nas relações comerciais — tem sido derrogado quando estão em causa trocas comerciais entre Estados industrializados — desenvolvidos — e Estados em vias de desenvolvimento, em favor destes últimos.[7]

Por outro lado, o princípio da não discriminação tem também sido alvo de uma interpretação diversa da tradicional. Na sua origem, este princípio traduzia-se em que a não concessão de vantagens a um Estado implica a não concessão das mesmas a outro Estado, se as circunstâncias forem objectivamente idênticas. Ora, com a introdução do chamado "sistema de preferências" nas relações comerciais, estas vantagens passaram a constituir regra, privilegiando assim os Estados em vias de desenvolvimento, em cumprimento do art. 18º da *Carta de Direitos e Deveres Económicos dos Estados*, e forma reconhecidas como princípio geral do GATT.

Assim se vê como o princípio da igualdade tem sofrido uma releitura em atenção às desigualdades económicas entre os Estados da comunidade internacional. Passa-se, afinal, ao nível do Direito Internacional, um fenómeno semelhante à evolução verificada no Direito Constitucional, com aparecimento de uma vaga de Direitos Fundamentais chamados de segundo grau, correspondente aos Direitos Sociais. Com efeito, de uma primeira fase, vivida na época do Estado liberal, em que o relevo foi para a consagração dos direitos reactivos — direitos, liberdades e garantias —, como formas de protecção do indivíduo contra a intervenção do Estado na sua esfera jurídica, transitou-se para uma segunda fase, em que os direitos a prestações marcam o carácter intervencionista, social, do Estado.

Direitos como a habitação, a segurança social, a saúde, surgem como formas de intervenção do Estado no tecido social e económico, a fim de atenuar as dificuldades dos cidadãos mais carenciados. A lei, no Estado Social é um veículo de promo-

6. Cfr. Jorge Campinos, "Igualdade jurídica e desigualdade económica no Direito Internacional Público contemporâneo", in *Boletim do Ministério da Justiça* 334, 1984, pp. 5 e ss.

7. V. o 8º princípio geral da *Acta Final da Conferência sobre o Comércio e Desenvolvimento*, aprovada em Genebra, em 15 de junho de 1974, e o artigo XXXVI, § 8º do GATT.

ção da igualdade real entre os indivíduos. A igualdade passa a ser, mais do que igualdade perante a lei, igualdade através da lei.

Ora, no Direito Internacional moderno, as convenções e os princípios que atentam nas necessidades de corrigir as desigualdades de facto entre Estados aparecem como um motor de promoção de equilíbrio entre os Estados, numa óptica de solidariedade internacional. Pouco importa reconhecer direitos se não se criam condições de efectivar o seu exercício. Hoje, sem embargo de o princípio da igualdade jurídica manter o seu vigor, como um dos corolários da independência dos Estados, não se pode desligá-lo da pré-compreensão do estatuto económico diferenciado dos vários Estados, sob pena de se ter uma visão redutora do fenómeno das relações internacionais e de se ignorarem factores essenciais à manutenção da paz.

Não gostaríamos de concluir este ponto sem referir um fenómeno relativamente recente, cuja ocorrência contribui decisivamente para o reequacionar da problemática da soberania dos Estados, nomeadamente de um dos seus corolários mais arreigados, o princípio da não intervenção. Estamos a pensar na actual discussão em torno do controverso direito de ingerência humanitária, que traduz uma preocupação crescente com a protecção dos direitos fundamentais dos indivíduos contra agressões do próprio Estado.

O princípio da não intervenção tem raízes antigas. Já Grotio o defendia, estreitamente imbricado com o princípio da soberania, excepcionando as situações de guerra justa. Pufendorff, por seu turno, sustenta a inadmissibilidade de intervenção em Estado terceiro vizinho, ressalvando, contudo, a intervenção por razões de humanidade, justificada por práticas *contra natura* — sacrifícios humanos ou antropofagia. Refira-se ainda a posição de Vattel, que afirma que "nenhuma nação tem o direito de se emiscuir no governo de outra... Um Estado soberano não pode ser inquietado por outro". Este autor abre apenas uma excepção, fundada em razões de humanidade, sendo que estas, no seu entendimento, se prendem sobretudo com a preservação das crenças religiosas.[8]

Este princípio tem consagração na Carta das Nações Unidas (artigo 2º, n. 7), além de ter sido desenvolvido em várias Resoluções da Assembleia Geral.[9] Embora se admitam intervenções armadas com propósitos de legítima defesa de um terceiro Estado vítima de uma agressão ilícita, nos termos da Carta,[10] a excepção do domínio reservado continua a pontificar como último reduto da independência do Estado.

Na actualidade, porém, o âmbito do domínio reservado vem sofrendo uma redução considerável por força da preocupação internacional com o respeito e defesa dos direitos humanos (veja-se, aliás, uma manifestação desta atitude no artigo 4º, II, da Constituição brasileira). Questões como as dos curdos no Iraque (1991), da Bósnia-Herzegovina e da Somália (1992), levaram a Assembleia Geral e o Conselho de Segurança a aceitar formalmente aquilo a que cautelosamente chamaram de um "direito de assistência humanitária" — "um direito, se não mesmo um dever, de ingerência da Organização ou da comunidade internacional na esfera interna dos Estados em de-

8. Cfr. Paulo Canelas de Castro, "Da não intervenção à intervenção: o movimento do pêndulo jurídico perante as necessidades da comunidade internacional", in *Boletim da Faculdade de Direito da Universidade de Coimbra*, v. LXXI, 1995, pp. 287 e ss.

9. V., entre outras, a Resolução 2.131, de 20 de dezembro de 1965 (*Declaração sobre a inadmissibilidade de intervenção nos assuntos domésticos dos Estados e a protecção da sua independência e soberania*) e a Resolução 36/103, de 9 de dezembro de 1981 (*Declaração geral sobre a intervenção e ingerência nos assuntos internos dos Estados*).

Estas Resoluções tiveram eco na jurisprudência do Tribunal Internacional de Justiça, que, especialmente no caso Nicarágua, frisou que a intervenção militar num Estado, sem propósito de legítima defesa (de terceiro), constitui um ataque armado, condenado pela Carta e proibido pelo princípio de não intervenção.

10. Lembre-se a proibição do recurso à força, consagrada no artigo 2º, n. 4, da Carta.

fesa dos direitos fundamentais dos indivíduos".[11]

A legitimação do princípio intervencionista assenta, de acordo com Gomes Canotilho,[12] em três premissas:

"1. As violações dos direitos humanos por parte de um Estado, mesmo contra seu povo, constituem uma violação do direito internacional que os outros Estados devem impedir, recorrendo, se necessário, a meios militares;

"2. A violação grave dos direitos humanos é susceptível de constituir um problema de ameaça à paz, sobretudo quando essa violação origina o envolvimento de outros países (exemplo: fuga para países vizinhos) pela violação de suas fronteiras;

"3. A ingerência humanitária constitui o prolongamento natural do direito à vida e de outros direitos básicos consagrados nos actos normativos internacionais."

Conforme referem Gonçalves Pereira e Fausto de Quadros, o tratamento do princípio de ingerência no âmbito da ONU tem como base os trabalhos do Conselho de Interação, em especial a sua *Declaração de Lisboa*, de 11 de março de 1990. Nesse documento afirma-se que "a incorporação do Direito Internacional do direito de assistência humanitária, ou seja, o direito de as Organizações humanitárias auxiliarem, e o direito de solicitar auxílio e de o receber" constituem medidas a tomar no sentido da definição de uma Nova Ordem Mundial.

A figura dos *corredores humanitários*, importada do Direito do Mar (mais concretamente, por analogia com o direito de passagem inofensiva, hoje expressamente previsto no artigo 17º da Convenção de Montego Bay), vai servir para enquadrar juridicamente o direito de auxílio às populações carenciadas, ainda que contra a vontade do Estado do qual são nacionais. Esta transposição foi acolhida pela Resolução da Assembleia Geral 45/100, de 16 de dezembro de 1990, onde se estabelecem limites aos corredores humanitários, nomeadamente quanto à duração temporal (o exercício do direito de trânsito é medido em função do tempo indispensável ao socorro), quanto à extensão espacial (o trânsito deve verificar-se apenas nos espaços de acesso às zonas necessitadas), quanto ao objecto (restringe-se à prestação de auxílio médico e alimentar) e quanto à imparcialidade do seu exercício (não deve haver discriminação entre sectores populacionais a socorrer, fundada, concretamente, em razões políticas).[13]

A necessidade de análise cuidada da situação de facto que motiva a pretensa intervenção humanitária é um dado especial para evitar abusos. Como nota Gomes Canotilho, uma qualificação meramente política de uma situação de "ameaça à paz ou da urgência humanitária sem que se verifiquem os pressupostos materiais legitimadores das intervenções militares ou humanitárias, revelar-se-ia aos olhos da comunidade internacional como carecendo de justificação e como subversora dos princípios estruturantes do direito internacional (soberania, não intervenção)".[14]

A conclusão do autor, que subscrevemos, vai no sentido da exigência da verificação rigorosa dos pressupostos materiais da intervenção por parte da entidade que a autoriza, ou seja, o Conselho de Segurança da ONU. Apelando mais uma vez às suas palavras, a "dimensão puramente formal da autorização para a ingerência — humanitária ou militar — não é fundamento suficiente para assegurar a legitimidade da mesma. Mesmo que não haja um guardião último da legalidade das deliberações do Con-

11. A. Gonçalves Pereira e Fausto de Quadros, *Manual de Direito Internacional Público*, 3ª ed., Coimbra, 1997, p. 479.

12. J. J. Gomes Canotilho, "Nova ordem mundial e ingerência humanitária (claros-escuros de um novo paradigma internacional)", in *Boletim da Faculdade de Direito da Universidade de Coimbra*, v. LXXI, 1995, pp. 1 e ss. e 8.

13. A. Gonçalves Pereira e Fausto de Quadros, ob. cit., p. 479.

14. J. J. Gomes Canotilho, *Nova ordem mundial...*, cit., p. 14.

selho de Segurança, existe pelo menos a racionalidade material que a comunidade internacional exige às acções dos seus órgãos. Uma 'crise humanitária' não se inventa: é necessário existirem situações colectivas onde não seja possível manter o *'standard' mínimo humanitário*".[15]

Estabelecida a necessidade fáctica da intervenção humanitária, há que encontrar o seu fundamento jurídico. Não podendo reconduzir ao princípio de cooperação entre os Estados, previstos nos arts. 55º e 56º da Carta, a solução será ancorá-lo na Resolução 43/131, de 1988 (sobre o papel da ONG em situações de catástrofes naturais), na Resolução 45/100, de 14 de dezembro de 1990, da Assembleia Geral, e porventura na Resolução 688 do Conselho de Segurança, de 5 de abril de 1991, sobre a viabilização da operação humanitária no norte e Sul do Iraque, ou mesmo abrangê-lo no seio do *ius cogens*, em nome da transcendental importância que assume hoje a protecção dos direitos humanos, alçada a valor universal.[16]

Aliada a este movimento de "constitucionalização global do ordenamento jurídico internacional em torno do valor universal dos direitos humanos",[17] vai despontando na comunidade internacional uma outra preocupação, em torno de um outro bem, fundamental para a sobrevivência da Humanidade: o ambiente. Em face da escassez dos recursos naturais no globo terrestre, não será demasiado ousado supor que o próximo passo no domínio do direito de ingerência irá no sentido da admissibilidade de um direito de "intervenção ambiental".

Como se pode concluir desta rápida incursão pelos meandros do conceito de soberania, estamos hoje a viver como que um regresso às origens. Isto na medida em que, aceitando as limitações — jurídicas e fácticas — que o seu conteúdo sofre, acabamos por reencontrar a doutrina aquiliniana do poder limitado da *civitas*, como entidade autónoma mas integrada na comunidade universal da Humanidade, subordinada aos Direitos divino e natural. E bem assim no que concerne à problemática da protecção dos direitos fundamentais dos indivíduos, quando a barreira do domínio reservado cede perante a dignidade da pessoa humana: a admissibilidade de um direito de ingerência humanitária mais não é do que a confirmação das excepções ao princípio da não intervenção, já aceites por autores como Grotio ou Vattel.

A visão moderna da soberania não é, assim, mais do que uma reafirmação do vigor do Direito Internacional, como ordem reguladora das relações entre sujeitos no plano internacional. Extremar o conceito de soberania, entendendo-o como ilimitado é, em última análise, negar a própria existência do Direito Internacional. É que, como refere sugestivamente Gomes Canotilho, a soberania é por natureza um conceito relativo, na medida em que existe sempre o *alter ego* soberano de outro Estado.[18]

4. Como tivemos já oportunidade de observar, no princípio do século pontificava a noção de que a soberania era uma síntese de poderes de que os Estados — sobretudo europeus — gozavam, concretizada nos poderes de enviar e receber delegações diplomáticas, de firmar tratados e de fazer a guerra, na linha da clássica lição de Bodin. Em nenhuma destas vertentes o Estado se encontrava limitado, salvo pelo respeito pela independência e igualdade dos Estados que considerava seus pares. A soberania era tendencialmente absoluta, por isso indivisível e inalienável.

Contudo, ao longo deste século, a percepção de que as relações internacionais

15. J. J. Gomes Canotilho, *Nova ordem mundial...*, cit., p. 14.

16. Adoptando esta última solução, J. J. Gomes Canotilho, *Nova ordem mundial...*, cit., p. 6.

17. J. J. Gomes Canotilho, *Nova ordem mundial...*, cit., p. 6.

18. J. J. Gomes Canotilho, *Direito Constitucional e Teoria do Estado*, Coimbra, 1998.

não se podem pautar pela fórmula do "orgulhosamente sós" — perfilhada principalmente pelos Estados europeus, os quais, bem fornecidos pelas suas colónias e praticantes militantes do proteccionismo económico —, mas antes se devem orientar por uma ideia de interdependência e solidariedade, foi determinante para a renovação do conceito de soberania. Em 1931, Bourquin, descreveu assim a progressiva extensão desta solidariedade:

"Há cem anos não havia nem telefone, nem cabos submarinos, nem aeronáutica, nem comunicações telefónicas. Havia diligências, barcos de madeira, viagens intermináveis cheias de dificuldades e por vezes de perigos... a indústria ainda estava na infância, a máquina só introduzida recentemente; havia pequenos estabelecimentos de fornecimento modesto que serviam um público local ou regional cujas necessidades, limitadas e bem conhecidas, determinavam a produção; a indústria exigia pequeno investimento de capital, ocupando, geralmente, apenas um lugar secundário na economia dos países, de que a agricultura era, então, a base principal.

"A vida internacional era ainda rudimentar e, de um modo geral, de importância secundária. Mais ou menos, cada Estado podia prover as suas necessidades essenciais; em caso de necessidade absoluta, podia viver dos seus próprios recursos, sem levar a existência à bancarrota. Assim, para resolver os principais problemas que o cercavam, não necessitava, em geral, mais do que aconselhar-se consigo mesmo, guiado apenas pelos seus interesses. A máquina do Estado tinha força suficiente para satisfazer as exigências da vida da comunidade e a noção de 'soberania' (absoluta, quer o autor significar) encontrou um apoio considerável na independência que cada entidade nacional usufruía.

"Hoje, no campo social e económico não há questão, qualquer que seja a sua importância, que possa ser resolvida fora da esfera internacional. Foi aqui que surgiu uma *civitas maxima*, o que é um facto inegável... Esta 'comunidade da humanidade' que na obra de Grotio não tinha, afinal, se não uma existência ideal, tornou-se uma realidade tangível, viva, irrefragável... Mas teria ela sido sempre uma realidade! Certamente, não: pois a organização política do mundo continuou a basear-se no particularismo dos Estados; e daí é que resultou o desequilíbrio que sofremos, a má adaptação que a moderna sociedade tem sentido cada vez mais. Temos uma estrutura económica em escala internacional e uma estrutura política de tipo principalmente nacional".[19]

É curioso que este estado de dependência fáctica já fora notado por Bodin, aquele que ficou para a História como o grande doutrinador da soberania. Bodin apresenta uma base económica para a comunidade universal, escrevendo que "um certo número de pessoas importantes... crê que se pode viver feliz e com um mercado farto sem exportar nem importar nada. Mas na minha opinião estão enganados, pois nós temos que lidar com os estrangeiros e não podemos passar sem eles. (...) Deus distribui as suas dádivas de tal maneira que não há um só país em todo o mundo, por mais ricamente dotado, a que não falte muita coisa. Parece que Deus fez as coisas assim para manter unidos todos os súditos da sua república ou, de qualquer modo, para evitar que eles estivessem em guerra uns com os outros".[20] Hoje, estas palavras surgem com um inegável sentido premonitório.

Parafraseando Van Kleffens, "novas necessidades e novas realidades requerem novas fórmulas e instituições. O rápido desenvolvimento da interdependência pôs os Estados perante problemas que eles, ou não podiam resolver sozinhos, ou resolveriam melhor pela cooperação. É elucidativo ver o aumento do número de tratados feitos todos os anos, a partir, digamos, de 1870, e ainda mais depois da primeira Guerra

19. *Apud* Van Kleffens, ob. cit., p. 131.
20. *Apud* Van Kleffens, ob. cit., p. 63.

Mundial — aumento que reflecte a solidariedade crescente dos dias de hoje".[21]

De uma primeira fase, em que a cooperação interestatal se fazia a níveis muito específicos visando resolver problemas relacionados com a navegação em rios internacionais, com as comunicações via postal, com a protecção da propriedade intelectual —, passou-se, no pós-I Guerra, para uma cooperação em termos muito abrangentes, de carácter mundial mesmo. Basta pensar no objectivo da preservação da paz — subjacente à criação da ONU — e em que, no seu seio, se alberga todo um conjunto de sub-objectivos — se assim se lhe quiser chamar — que contribuem para a sua manutenção: o desenvolvimento económico, a cooperação internacional, o desarmamento, o respeito pelos direitos humanos.

O alargamento de objectivos das experiências de cooperação internacional, a pretexto da manutenção da paz, estendeu-se naturalmente ao domínio económico, uma vez que se enraizava a ideia de que pacificação das relações internacionais, regional e mundial, depende primordialmente da melhoria das condições de vida das populações. Promover o crescimento económico é gerar qualidade de vida — em todas as suas inúmeras concretizações — e, por sua vez, é contribuir para que se atinjam graus de satisfação existencial essenciais à convivência pacífica.

Esta extensão afectou em primeiro lugar o comércio internacional. A globalização da economia — bem como a perda das fontes de abastecimento coloniais — obrigou os Estados europeus a abdicar gradualmente dos instrumentos de políticas proteccionistas (tais como barreiras alfandegárias e restrições de efeito equivalente) para iniciarem experiências de integração económica. O simples modelo de cooperação consubstanciado na Organização Europeia de Cooperação Económica (OECE), nascida em 1948, cedo foi ultrapassado.

Com efeito, os dezesseis Estados que deveriam se beneficiar do *Plano Marshall* (Áustria, Bélgica, Dinamarca, França, Grécia, Irlanda, Islândia, Luxemburgo, Noruega, Holanda, Portugal, Reino Unido, Suécia, Suíça e Turquia), obrigaram-se a praticar uma estreita cooperação nas suas relações económicas mútuas, a aumentar as suas produções, a desenvolver e modernizar os seus equipamentos industrial e agrícola, a fazer crescer as suas trocas, a reduzir progressivamente os entraves ao comércio, a favorecer o pleno emprego, a restaurar ou manter a estabilidade das suas economias, bem como a confiança nas respectivas divisas nacionais.

Estes objectivos almejavam promover o estabelecimento e execução de um programa comum de recuperação orientado no sentido de permitir às partes contratantes alcançar tão rapidamente quanto possível e de manter, depois, sem ajuda exterior de carácter excepcional, um satisfatório nível de actividade económica.

A actividade da OECE limitava-se, assim, a estabelecer directrizes de desenvolvimento das economias dos Estados europeus, sem prever regras expressas no sentido de qualquer forma de integração económica. A partir de 1950, contudo, tendeu a reservar-se a expressão "integração económica" para as soluções mais radicais, que pressupõem certa união dos Estados no plano político, e a atribuir-se a designação "cooperação" aos métodos maleáveis e pragmáticos de aproximação económica, que se desenvolveram no âmbito da OECE e de outras organizações intergovernamentais.

Paradoxalmente, assim, o termo "integração económica", surgido a propósito da OECE, veio depois a ser imputado a experiências de aglutinação das economias europeias, que reagem contra a mera cooperação entre Estados.[22] O primeiro exem-

21. Van Kleffens, ob. cit., pp. 132 e 133.

22. Cfr. Pitta e Cunha, "Conceito de integração económica internacional", in *Integração Económica*, Lisboa, 1993, pp. 65 e ss.

plo de integração económica vertical, tradução do modelo funcionalista preconizado por Schuman, seria a Comunidade Europeia do Carvão e do Aço (1951), seguindo-se-lhe a Comunidade Europeia da Energia Atómica e, a um nível mais abrangente, a Comunidade Económica Europeia (ambas de 1957).

A integração caracterizava-se pela previsão de instituição, numa primeira fase, de uma união aduaneira e, numa segunda fase, de um mercado comum, dentro do qual os operadores económicos gozariam de liberdade de circulação. As quatro liberdades — de mercadorias, de trabalhadores, de capitais, e de prestação de serviços —, aliadas à concertação em torno de políticas comuns, que cedo viram o seu número alargado em relação às três que constavam do texto original do Tratado (políticas comercial, de transportes e política agrícola comum) foram a imagem de marca de um primeiro estádio de integração que, em virtude do seu sucesso, gradualmente atraiu para a sua órbita a maioria dos Estados da Europa.

Assim, a pretexto de instituir relações económicas mais intensas entre os seis Estados fundadores das Comunidades (Alemanha, França, Itália, Holanda, Luxemburgo, Bélgica), que permitissem a plena recuperação das suas economias abaladas pela Guerra, o principal objectivo era garantir a manutenção da paz no *Velho Continente*. E curiosamente, a integração económica, que começou por ser o pretexto, passou rapidamente a motivo determinante da vida e do desenvolvimento das novas entidades e hoje encontra-se mesmo ultrapassado por um novo objectivo, sempre presente, aliás, na história da construção europeia: a integração política.

A comunitarização de atribuições dos Estados implica a perda de autonomia decisória nessas áreas, quer interna, quer internacional. O respeito pelos compromissos internacionais vincula o Estado, não só a não prosseguir políticas que inviabilizem o pleno cumprimento dos objectivos da organização em que voluntariamente se integrou, como também e sobretudo a dar o seu contributo positivo para que essas políticas tenham concretização global no espaço comunitário. A solidariedade comunitária a tanto obriga.

Ora, tais limitações à tradicional independência do Estado, ainda que somente verificadas a um nível económico, são a gota de água que faz transbordar o copo da clássica concepção de soberania. A sua consideração como um conjunto de poderes, como um todo compacto, indivisível e inalienável, cai definitivamente por terra com a irrupção das experiências de integração económica. É forçoso, por isso, abandonar a noção de soberania quantitativa, para abraçar uma ideia de soberania qualitativa.

Com efeito, a enorme rarefacção que a soberania — entendida na sua fórmula tradicional e equivocada, como vimos — actualmente sofre, é explicada por Fausto de Quadros através das fórmulas de *soberania qualitativa* e *quantitativa*. Nas suas palavras, "o primeiro aspecto é o da soberania como susceptibilidade, como *aptidão* para se afirmar como poder supremo e independente, como raiz, como *fundamento*, como *essência* ou *conteúdo essencial* ("*Wesengehalt*") (...). Surge-nos aí um conceito *qualitativo* de soberania — qualitativo porque, repetimos, exprime uma mera *susceptibilidade* e é alheia a qualquer quantificação.

"(...) O outro aspecto é o da soberania como soma de *poderes soberanos*, isto é, como medida, como *quantum* de todas as faculdades em que se traduz o poder supremo e independente. Por aqui chegamos ao conceito quantitativo de soberania".[23]

Como já tivemos oportunidade de escrever noutro local, "esta distinção permite superar o dogma da indivisibilidade da soberania e aceitar como facto natural a participação dos Estados em organizações

23. Fausto de Quadros, *Direito das Comunidades Europeias e Direito Internacional Público*, Coimbra, 1991, pp. 338 e 339.

internacionais. A independência — no sentido de auto-suficiência do Estado — não deve ser encarada como sinónimo de soberania. Ser independente é não ter relações de dependência; ser soberano é ter a capacidade de utilizar a sua independência para tomar as decisões que mais interessam ao seu corpo social, se necessário com limitações de independência".[24]

A soberania surge então como divisível e parcialmente alienável, pois já não é de um conjunto rígido de poderes que estamos a falar, mas antes de uma qualidade intrínseca do Estado, da sua possibilidade de optar nos aspectos mais relevantes da sua vida interna, da sua organização política, das grandes directrizes da governação, enfim, da preservação da sua identidade como organismo autónomo. Aliás, além da perda parcial do seu *ius tractum*, um outro aspecto — mais flagrante, até, para as clássicas concepções de soberania — desta mutação é aquele que diz respeito ao *ius belli*: a integração de um Estado na ONU força-o a abdicar do seu "direito" de intervenção armada, da possibilidade indiscriminada de resolver os conflitos pela via bélica.[25]

Os padrões actuais forçam a repensar o conteúdo dos conceitos e mesmo a sua utilidade. As experiências de integração — económica, mas sobretudo política — demonstram-no. A adopção de uma noção qualitativa de soberania resolve-nos, porém, somente metade do problema, na medida em que dizer que um Estado conserva a susceptibilidade de exercer a sua individualidade, a sua independência, a sua qualidade de soberana, resulta numa fórmula vazia, carente de critérios de concretização.

O preenchimento desta fórmula passaria, em nossa opinião, pela análise de vários factores, a saber:[26]

• do *objecto da cessão*;

• da *natureza da cessão dos poderes transferidos*;

• do *modo de formação da vontade institucional*;

• da *força vinculante das deliberações*.

Do cruzamento destes critérios resultará um maior ou menor grau de integração. A qualidade soberana do Estado, o reduto de atribuições que marca a sua identificabilidade, ficará restringido se à comunitarização da política comercial se aliar a política de asilo, ou de defesa; se a natureza do vínculo estabelecido for uma transferência de poderes e não uma mera delegação; se o procedimento decisório adoptado se bastar com a maioria — ainda que qualificada —, em vez da unanimidade; se, finalmente, os actos produzidos pela organização tiverem carácter vinculativo ou se traduzirem em meras recomendações.

Apliquemos agora estes critérios à experiência da União Europeia, afim de tentarmos concluir até que ponto ela representa uma perda de soberania para os Estados que a integram.

5. A União Europeia nasceu em 1993, com a entrada em vigor do Tratado de Maastricht. A falta de personalidade jurídica internacional de que padece, a insuficiência da sua estrutura orgânica (apelando ao quadro institucional único... da Comunidade Europeia), a indefinição da sua natureza jurídica, transformam-na num *monstro de pés de barro*. O temor dos *eurocépticos* não é tanto provocado pelo ser da União Europeia (o que quer que ele seja), mas mais por aquilo que ela representa, como etapa de uma "união mais estreita entre os povos da Europa".

24. Carla Amado Gomes, *A natureza constitucional...*, cit., p. 49.

25. De acordo com K. Schmitt, o núcleo essencial da soberania do Estado ficaria afectado somente se este abdicasse do direito de legítima defesa, pois isso significaria que renunciava à sua existência. Para este autor, o conteúdo da soberania altera-se consoante o contexto internacional em que se vive. Ora, na actualidade, a valorização da paz leva a que o *ius belli* perca a sua qualidade de expoente mais significativo da soberania — *Teoría de la Constitución*, Madrid, 1992.

26. Seguimos parcialmente a exposição de Van Kleffens, ob. cit., pp. 145 e 146.

As modificações mais sensíveis desencadeadas pelo Tratado da União Europeia (=TUE) verificaram-se ao nível de um dos seus três "pilares",[27] aquele que aproveita totalmente o *acquis communautaire*: a Comunidade Europeia.[28] A introdução do princípio da subsidiariedade (típico instrumento de optimização do exercício das competências em Estados federais) no âmbito das atribuições concorrentes, a criação da cidadania da União como vínculo de sobreposição que tem por destinatários os cidadãos dos Estados-membros da Comunidade, o aumento de atribuições comunitárias a sectores tais como a saúde, o ensino, a protecção dos consumidores, a energia, o turismo, são factos que levam a concluir que o estádio da integração económica está ultrapassado. Até porque, com a consolidação do objectivo da União Económica e Monetária no Tratado da União, o topo, a esse nível, já foi atingido.

Resta então indagar se e em que medida a Comunidade Europeia, que até agora constitui o pilar com um nível de integração mais elevado (uma vez que nos outros dois há meras estruturas de cooperação intergovernamental), representa uma perda de soberania qualitativa dos Estados-membros, em termos de lhes retirar as características mínimas de identificabilidade como sujeitos de Direito Internacional. Há pois, que proceder a um cruzamento dos critérios referidos *supra*.

Atendendo ao objecto da cessão, dele consta um vasto número de atribuições traduzidas para o âmbito comunitário. No entanto, não nos parece que a comunitarização de qualquer delas contunda com a identidade do Estado. A perda de autonomia decisória em domínios como o ambiente, a investigação científica, o ensino, só denota o desejo de uniformização de critérios num espaço cada vez mais integrado, em que as populações se aproximam crescentemente. No entanto, o Estado não desaparece como referência aglutinadora de um povo em torne de um projecto político claramente identificável e na sua essência modificado, antes se apresenta como um gestor de interesses que, mais do que nunca, importa tratar em conjunto.

Quanto à natureza da cessão, a inexistência de previsão de um direito de denúncia no Tratado de Roma, seria motivo para atestar a perda irreversível da autonomia decisória em relação a todas as atribuições comunitarizadas, *maxime* daquelas que envolvam a mutação da identidade do Estado, o que, consequentemente, levaria a concluir no sentido da negação da soberania qualitativa daquele (como susceptibilidade de conservar, em última análise, a liberdade de opção). O princípio da solidariedade comunitária seria o fundamento desta solução, que inviabiliza a retirada do Estado — em termos jurídicos, claro — sem incorrer em responsabilidade internacional.

Tendo em consideração, contudo, que a revisão dos Tratados só pode ser feita por decisão unânime dos Estados (cfr. artigo N do TUE, que revogou o artigo 236º do Tratado de Roma), não parece que o avanço da integração para formas de aniquilação da autonomia política possa ser levado a cabo sem o seu assentamento. Até aí, pelo menos, a sua liberdade de opção será respeitada. A partir daí, só, a invocação da cláusula *rebus sic stantibus* poderá legitimar juridicamente o seu abandono.[29]

27. Sobre a estranha opção estrutural implantada pelo TUE, com a existência de duas formas de cooperação intergovernamental (Política Externa e de Segurança Comum e Cooperação Judiciária e em matéria de assuntos internos) aliadas à integração comunitária, v. Ana Maria Martins, *O Tratado da União Europeia — Contributo para a sua compreensão*, Lisboa, 1993, e F. Loureiro Bastos, *A União Europeia. Fins, objectivos e estrutura orgânica*, Lisboa, 1993.

28. O TUE procedeu a um rebaptismo da Comunidade Europeia, retirando-lhe o qualificativo "económica", num claro desejo de afirmação de um projecto muito mais vasto do que o da mera integração económica, de resto plenamente alcançada.

29. E sabe-se como a sua invocação foi rodeada de cautelas pelo artigo 62º da Convenção de Viena de 1969 — cfr. A. Gonçalves Pereira e Fausto de Quadros, *Manual*..., cit., pp. 254 e ss.

No que concerne ao modo de formação do direito derivado, a regra vigente na Comunidade Europeia é a da maioria, embora haja matérias em relação às quais vigora a unanimidade (*v.g.*, harmonização de legislações em matéria fiscal, de liberdade de circulação de pessoas e de estatuto laboral de trabalhadores dependentes).[30] O factor perturbador introduzido pelos *Acordos do Luxemburgo*, de 1966, é ainda hoje um assunto mal resolvido, que denota as resistências dos Estados quanto à regra da maioria. Esta é um sinal da prevalência do interesse comunitário na decisão das questões relacionadas com as atribuições que os Estados concordaram em comunitarizar.

Por último, o efeito vinculante do Direito Comunitário inegável, quer do Direito originário — Tratado de Roma e todos os tratados que procederam à sua revisão —, quer do Direito derivado (com excepção de recomendações e pareceres). O Direito Comunitário constitui um ordenamento de subordinação, em que regulamentos, directivas e decisões, sempre que gozem de efeito directo, podem ser invocados pelos cidadãos *contra* ou *em vez de* normas de Direito nacional, junto dos tribunais nacionais, a fim de verem reconhecidos a seu favor determinadas situações jurídicas subjectivas, no que representa uma inovação em face da tradicional excepcionalidade que revestiam as normas *self-executing* dos tratados internacionais.

Para além do efeito directo, característica fundamental de uma Comunidade de Direito que serve sobretudo as pessoas e não os Estados, a Corte de Justiça das Comunidades Europeias tem desde o início da construção comunitária afirmado a primazia do Direito Comunitário, originário e derivado, sobre as normas dos ordenamentos nacionais, mesmo que de nível constitucional. O primado do Direito Comunitário — *exigência existencial* do ordenamento comunitário, por força da necessidade de assegurar a uniformidade da sua aplicação — é, assim, mais um factor que marca o forte condicionamento da acção do Estado em virtude da sua participação na empresa da integração europeia.

Desta breve análise, pode apreender-se que, embora a actuação, interna e internacional do Estado-membro da União Europeia esteja fortemente condicionada num número considerável de domínios — em virtude do alto grau de comunitarização de atribuições já alcançado —, não se chegou ainda ao *point of no return* em termos de modificação substancial da estrutura dos Estados-membros, ou de alteração dos seus projectos políticos de modo a torná-los irreconhecíveis na sua essência. E deve notar-se que o que importa não é tanto a reversibilidade da opção, uma vez que, pelo menos de facto, a este nível, não há escolhas irreversíveis, mas sim a consideração da manutenção — ou não — de um núcleo de atribuições que define o Estado enquanto comunidade de pessoas organizadas em torno de uma ideia de Direito, que concretiza no seu território.

Aquilo a que o *Conseil Constitutionnel* francês chamou, na sua decisão sobre a conformidade constitucional do Tratado de Maastricht, bem como na recente sentença sobre o Tratado de Amsterdão, "les conditions essenciels pour l'exercice de la souveraineté", identifica-se com o reduto essencial da soberania do Estado, com a sua reconhecibilidade como entidade autónoma. Em última análise, a predominância vai para o critério do objecto da cessão de direitos, aliado ao do procedimento de formação da vontade no seio da organização internacional (pois, ainda que a atribuição comunitarizada integre o núcleo duro da soberania em termos qualitativos, se as decisões tiverem que ser tomadas por consenso, a posição do Estado estará sempre salvaguardada).

Assim, já no fim do percurso, seremos colocados perante a questão funda-

30. Cfr. artigo 100ºA do TCE (95º, n. 1, na renumeração introduzida pelo Tratado de Amsterdão).

mental e incontornável: quais são as atribuições que definem o Estado na sua essência?, ou, na formulação negativa, quais as atribuições sem as quais o Estado deixa de ser reconhecível na sua identidade histórica, social e política? A pergunta é de árdua resolução, mas a nossa opinião é de que a identificação destas atribuições poderá buscar-se, por um lado, em normas tais como a do artigo 60, § 4º da Constituição brasileira, ou como a do artigo 288º da Constituição portuguesa, que consagram as chamadas "cláusulas pétreas" ou limites materiais de revisão constitucional. Ou seja, o Estado perderá a sua qualidade soberana, a sua identidade histórica e política, caso abdique da possibilidade de decisão em relação a alguma das matérias aí previstas.

Por outro lado, e como complemento, poder-se-iam referir as matérias ligadas à definição do Estado em qualquer um dos seus dois elementos, ressalvada a soberania: atribuições de defesa, bem como de estabelecimento de critérios de entrada e de saída do território — marca fundamental da identidade do Estado —; atribuições ligadas à identificação dos seus nacionais, ou pelo menos do estabelecimento dos critérios de reconhecimento e concessão do vínculo de cidadania — pois o povo constitui a razão de ser da existência do Estado, enquanto modelo institucionalizado de promover a realização pessoal do indivíduo.

No âmbito da União Europeia, questões como a condução da política externa e a defesa comum não estão comunitarizadas, encontrando-se no âmbito da cooperação intergovemamental.[31] Mas, se e quando o Tratado de Amsterdão entrar em vigor, haverá um aprofundamento da cooperação policial e judiciária em matéria penal, no âmbito da qual se procedeu a uma comunitarização das competência relativas à concessão de vistos, do direito de asilo, do estabelecimento de regras sobre a imigração e outras políticas relativas à livre circulação de pessoas (Título IV do TCE).

Neste domínio, as alterações mais relevantes são, sem dúvida, a colocação destas matérias sob a alçada da jurisdição do Tribunal de Justiça — embora com limitações relativas às medidas de matéria de manutenção da ordem pública e da segurança interna (artigo 68º, n. 2, do TCE) e com os limites decorrentes do artigo 35º do TUE —, e a transição da competência sobre a passagem de vistos e do visto uniforme, por decisão do Conselho tomada por unanimidade, num prazo de cinco anos, para o âmbito do processo de co-decisão, nos termos do artigo 67º, n. 2, do TCE.

O "caso europeu" é um caso claro de solidarização dos Estados europeus em torno de um projecto político que ultrapassa os esquemas técnicos tradicionais de integração. A soberania tende a diluir-se de forma crescente, é medida da comunitarização de atribuições, cada vez mais vasta e com implicações em domínios cada vez mais sensíveis da identidade dos Estados. A perspectiva de constituição de um Estado federal na Europa, unificando um espaço que guerras de séculos quiseram separar, mas no âmbito do qual vigora uma tradição comum de democracia e de liberdade, inspira o temor dos mais ciosos de uma ideia de independência que, em nossa opinião, faz cada vez menos sentido. Necessário é que, se essa opinião for tomada, os povos sejam consultados, em referendo constituinte, pois aí estaremos perante uma alteração radical no modelo de

31. Refira-se que a Política Externa e de Segurança Comum sofrerá alterações sensíveis com a entrada em vigor do Tratado de Amsterdão. Os seus objectivos foram especificados (artigo 11º, n. 1, do TUE), e foi introduzida uma cláusula de solidariedade política (artigo 11º, n. 2, do TUE), tendo-se consagrada a regra de que as abstenções (salvo se excederem 2/3 dos votos) não impedem a tomada das decisões (embora eximam do seu cumprimento os Estados que adoptem essa atitude — artigo 23º, n. 1, do TUE). Para contrabalançar este avanço, previu-se a possibilidade de um Estado bloquear o processo de decisão através da invocação de "importantes e expressas razões de política nacional" (artigo 23º, n. 2, do TUE).

organização política dos Estados e, em última análise, estará em causa a identificabilidade do Estado enquanto projecto histórico temporalmente demarcado.[32]

6. Como notam Gonçalves Pereira e Fausto de Quadros, a evolução do Direito Internacional para um Direito federal, numa óptica de crescente solidariedade e tendo como base fundamental o princípio da subsidiariedade,[33] é uma nota marcante do nosso século. Esta solução torna-se patente em fenómenos de integração tais como a Comunidade Europeia, em que a partilha de objectivos de carácter político é cada vez maior. Essencial é assegurar a participação das partes na formação da vontade do todo, construindo um esquema adequado de representação dos Estados e dos povos, e respeitando as tradições históricas de cada uma das comunidades integrantes.

Nas palavras de Gomes Canotilho, "é preciso ter em conta que os fins do Estado não são imutáveis. Se ontem a conquista territorial, a colonização, o espaço vital, o interesse nacional, a razão de Estado surgiam sempre como categorias quase ontológicas, hoje os fins do Estado podem e devem ser os da construção de Estados de Direito Democráticos sociais e ambientais, no plano interno e Estados abertos e internacionalmente amigos e cooperantes no plano externo".[34]

Na década de 70, já o malogrado Professor Lucas Pires se questionava sobre se poderia ainda falar-se "de uma só e última instância, imaculável por qualquer traço de responsabilidade política, capaz de personificar o penhor desse tipo de soberania e de unidade absolutas de que o Estado se reclamou até muito tarde". A esta pergunta respondia então "que a sede da autoridade suprema do Estado, ou soberania real, parece ter deixado de ser fixa e permanente".[35]

A soberania encontra-se hoje, sem dúvida, *à deriva.* O parentesco natural entre o Estado, na sua dimensão actual e com a permanente mutabilidade dos seus fins, e os fenómenos de integração, levam a que a ideia de soberania se flexibilize, um pouco ao saber da evolução das circunstâncias. Escreveu o nosso imortal poeta Luis de Camões

Mudam-se os tempos, mudam-se as vontades
Muda-se o ser, muda-se a confiança
Todo o mundo é composto de mudança e dotado de novas qualidades.

Estas palavras traduzem bem a necessidade de readaptação dos conceitos à realidade em mutação. Também a variação do conteúdo da noção de soberania não deve ser vista como uma perda do vector último da figura do Estado — a sua identidade histórica e cultural —, mas antes como um sinal dos tempos.

32. Já o afirmamos no nosso *A natureza constitucional...*, cit., p. 72.

33. A. Gonçalves Pereira e Fausto de Quadros, *Manual...*, cit., pp. 669 e ss.

34. J. J. Gomes Canotilho, *Nova ordem mundial...*, cit., p. 6.

35. F. Lucas Pires, "Soberania e autonomia", in *Boletim da Faculdade de Direito da Universidade de Coimbra*, 1974, pp. 105 e ss.

Atualidades

REFORMA DAS S.A. E DIREITO DE RECESSO

NELSON EIZIRIK

a) Objetivos da reforma — b) Recesso nas hipóteses de fusão, incorporação e participação em grupo de sociedades — c) Supressão do direito de recesso nos casos de dissolução da companhia, cessação do estado de liquidação e cisão — d) Incorporação, fusão e cisão de companhia aberta — e) Recesso para os acionistas prejudicados — f) Valor do reembolso — g) Eliminação da "indústria do recesso".

a) Objetivos da reforma

A Lei 9.457, promulgada em 5 de maio de 1997, promoveu algumas alterações relevantes referentemente ao exercício do direito de recesso por parte dos acionistas dissidentes de determinadas decisões adotadas pelas companhias.

Objetivou a reforma, no que toca ao instituto do direito de recesso, impedir o seu uso, por parte dos acionistas minoritários, com o fim de obstaculizar ou onerar excessivamente processos de reestruturação societária implementados mediante operações de fusão, cisão, incorporação ou formação de grupo de sociedades.[1]

Ademais, visou a reforma, manifestamente, reduzir os custos, para o Governo, da privatização de empresas estatais concessionárias de serviços públicos, especialmente nos setores de telecomunicações e de geração ou distribuição de energia elétrica. No modelo idealizado, tal como vem sendo noticiado pelo Governo, deverão tais companhias ser cindidas *antes* de sua privatização;[2] como a cisão, no regime da Lei 6.404/76, conferia ao acionista dissidente o direito de recesso, com o reembolso do valor patrimonial de suas ações, extingue-se, com a "minirreforma" implementada mediante a Lei n. 9.457/97, o direito de recesso na cisão.

O reembolso das ações do acionista dissidente era necessariamente calculado, no regime original da Lei das S.A., com base no seu valor patrimonial; tal valor é normalmente muito superior ao valor econômico ou ao valor de mercado das ações. Visou a reforma, no particular, compatibilizar o direito de recesso com a real situação econômico-financeira da companhia, permitindo que o Estatuto estabeleça critérios de cálculo do preço de reembolso não vinculados necessariamente ao valor do patrimônio líquido das ações.

Finalmente, objetivou a Lei eliminar a "indústria do recesso", impedindo a aquisição de ações para o fim específico de exercer o direito de recesso com relação a decisões empresariais já divulgadas pela administração da companhia.

b) Recesso nas hipóteses de fusão, incorporação e participação em grupo de sociedades

A Lei 9.457/97, ao dar nova redação aos arts. 136 e 137, manteve o direito de

1. Analisamos mais longamente os objetivos e alcance da reforma em *Reforma das S.A. e do Mercado de Capitais*, Rio de Janeiro, Ed. Renovar, 1997.

2. *Revista ABAMEC Mercado de Capitais* 68, mai./jul.-1997, pp. 22 e ss.

recesso ao acionista dissidente da deliberação de: a) fusão da companhia; b) incorporação da companhia em outra; e c) participação em grupo de sociedades.

A *incorporação*, nos termos do art. 227 da Lei das S.A., constitui a operação mediante a qual uma ou mais sociedades são absorvidas por outra, que lhes sucede em todos os direitos e obrigações.

Na incorporação desaparece a companhia incorporada, permanecendo íntegra a sociedade incorporadora, sem qualquer alteração em sua personalidade jurídica.

Os acionistas da sociedade incorporada que discordam da operação podem exercer o direito de recesso, o qual se justifica pelo fato de resultar, tal ato, na extinção da companhia da qual eram sócios.

Já os acionistas da companhia incorporadora *não* têm direito de recesso; a lei não lhes confere tal prerrogativa pelo fato de não ocasionar a operação qualquer alteração estrutural na sociedade incorporadora.

A *fusão*, conforme o art. 228 da Lei das S.A., é aquela operação em que unem-se duas ou mais companhias para formar uma nova, que lhes sucederá em todos os direitos e obrigações; desaparecem, pois, as sociedades envolvidas na operação. Daí cabe aos acionistas de todas as companhias envolvidas o direito de recesso, já que as sociedades das quais eram sócios resultarão extintas com a operação.

Os grupos de sociedades são aqueles formados por companhias que, embora mantendo íntegras suas personalidades jurídicas, associam-se para atuar em conjunto visando um fim comum. (art. 265 da Lei das S.A.)

Como há perda de autonomia empresarial das sociedades participantes do grupo, posto que prevalece o interesse do grupo sobre o interesse de cada um de seus integrantes, justifica-se o exercício do direito de recesso por parte dos acionistas dissidentes da deliberação de aprovar a convenção de grupo (art. 270, parágrafo único).

A Lei 7.958/89 — "Lei Lobão"— ao dar nova redação ao *caput* do art. 137 da Lei das S.A. e ao excluir os incisos VI e VIII do art. 136 como hipóteses ensejadoras do direito de recesso, provocou alguma discussão doutrinária sobre a eventual eliminação do recesso para as hipóteses de incorporação, fusão, cisão e participação em grupo de sociedades.[3]

Como a "Lei Lobão" *não* revogou o art. 230, que prevê o direito de recesso na incorporação, na fusão e na cisão, nem o art. 270, parágrafo único, que o disciplina no caso de deliberação de se associar a grupo de sociedades, *não* houve, em tais casos, a supressão do direito para os acionistas dissidentes. Conforme doutrinariamente demonstrado, não existe qualquer incompatibilidade lógica entre a Lei 7.958/89 e os arts. 230 e 270, parágrafo único, da Lei das S.A. que possa amparar a tese da revogação tácita de tais dispositivos legais.[4]

3. No sentido de que não teria sido eliminado o direito de recesso em tais hipóteses: Rubens Aprobato Machado, "Sociedades por Ações — Incorporação, Fusão e Cisão — Direito de Retirada", *RDM* 82/46. Mauro Rodrigues Penteado, "A Lei 7.958/89 e a pretensa modificação do direito de retirada dos acionistas: uma discussão inócua", *RDM* 77/47, Ed. RT, São Paulo; Modesto Carvalhosa, "A Lei 7.958, de 20.12.89, e o direito de retirada dos acionistas dissidentes", *RDM* 36/21; Paulo Salvador Frontini, "Sociedade Anônima — Direito de Retirada — Recesso de Dissidente — Lei Lobão: um precedente judicial", *RDM* 86/71; Maria Lúcia de Araújo Cintra, "Lei 7.958, de 20.12.89 (Lei Lobão)", *RDM* 98/80; Norma Jonssen Parente, "O direito de recesso na incorporação, fusão ou cisão de sociedades", *RDM* 97/67; Renata Brandão Moritz, "As hipóteses de recesso na Lei das Sociedades Anônimas", *RDM* 101.

Por outro lado, entendendo que teria sido suprimido o direito de recesso: Waldirio Bulgarelli, *Fusões, Incorporações e Cisões de Sociedades*, São Paulo, Atlas, 1996, p. 237; Jorge Lobo, "Direito de retirada nos casos de fusão, incorporação, cisão e participação em grupos de sociedades", *RT* 664/44; Luiz Leonardo Cantidiano, *Direito Societário e Mercado da Capitais*, Rio de· Janeiro, Renovar 1996, p. 29; Alfredo Lamy Filho e José Luiz Bulhões Pedreira, *A Lei das S.A.*, Rio de Janeiro, Renovar, 1996, v. II, pp. 344 e 352.

4. Norma Parente, artigo citado, p. 72.

Com relação às companhias abertas, a CVM decidiu, em duas oportunidades, que o direito de recesso não foi suprimido pela Lei 7.958/89 na hipótese de incorporação.[5] Recentemente, porém, a CVM, alterando sua posição anterior, entendeu que estaria excluído o direito de recesso nos casos de fusão, cisão e incorporação, por ter a "Lei Lobão" suprimido o inciso VI do elenco das matérias ensejadoras do recesso do art. 173 da Lei das S.A.[6] A Jurisprudência dos Tribunais, em duas decisões, consagrou a tese de que a Lei 7.958/89 não suprimiu o direito de recesso em casos de incorporação, fusão e cisão de companhias.[7]

Visando por fim à controvérsia, a Lei 9.457/97, em seu art. 6º, revogou expressamente a Lei 7.958/89. Ademais, suprimiu o direito de recesso na cisão, ao dar nova redação ao art. 230.

A Lei 9.457/97 manteve, em princípio, o direito de recesso nas hipóteses de incorporação, fusão e participação de grupo de sociedades. Porém, abriu uma exceção à regra geral, ao negar o direito de recesso, nos casos de fusão, incorporação e formação de grupo, ao titular de ações que: a) integrem índices gerais representativos de carteiras de ações admitidas à negociação em bolsas de futuros; ou b) sejam emitidas por companhias nas quais mais da metade do total das ações emitidas encontrem-se em circulação no mercado.

Ou seja, *não* cabe o direito de recesso quando as ações da companhia tenham elevados níveis de liquidez ou quando a companhia apresente índices expressivos de dispersão de suas ações no mercado. Presume-se, em tais hipóteses, que o acionista insatisfeito pode alienar suas ações no mercado, descabendo portanto o direito de recesso frente à companhia. Atendeu-se, assim, à sugestão já apresentada pela doutrina de eliminar o recesso quando as ações são dotadas de liquidez.[8]

A extinção do direito de recesso, no caso, acarretará uma redução de custos em processos de reestruturação empresarial de companhias com estrutura "democratizada" de capital, ou porque suas ações tem elevada liquidez, ou porque apresentam níveis satisfatórios de dispersão no mercado.

A letra *a* do inciso II do art. 137 estabelece como causa de exclusão do direito de recesso por ocasião da incorporação, fusão ou constituição de grupo de sociedades o fato de integrarem as ações da companhia "índices gerais representativos de carteira de ações admitidas à negociação em bolsa de futuros". Há, no caso, uma presunção *absoluta* de que tais ações apresentam elevados níveis de liquidez.

Os "índices gerais representativos de carteira de ações" são aqueles que medem a rentabilidade média de uma carteira teórica constituída pelas ações mais negociadas na Bolsa de Valores. Cada Bolsa tem o seu índice, calculado com vistas a aferir de maneira fidedigna os níveis de retorno do investimento no mercado secundário de ações. O índice constitui uma carteira hipotética, formada pelas ações mais negociadas.

O índice, assim, constitui um indicador de lucratividade média de uma carteira teórica, integrada pelas ações mais negociadas, tendo como finalidade servir como um indicador do comportamento do mercado secundário de ações.

No processo de construção do índice são considerados os seguintes fatores: a) quanto às ações que integram o índice, devem ser selecionadas aquelas cujas oscila-

5. Decisão do Colegiado da CVM no Processo n. 90/0758-0. de 17.10.91 e no Processo n. 90/1742-9, de 18.10.91.

6. Processo n. 95/2358, decidido em 7.11.96, publicado na *Revista de Direito Renovar* 7, jan./abr.-1997, p. 118.

7. Apelação cível n. 116.737-1, publicada na *RDM* 86/71, com comentários de Paulo Salvador Frontini; Apelação cível n. 187.636-4, do Tribunal de Alçada de Minas Gerais, publicada na *RDM* 98/80, com comentários de Maria Lúcia de Araújo Cintra.

8. Rachel Sztajn, "O direito de recesso nas sociedades comerciais", *RDM* 71/54.

ções agregadas de preço reflitam, da melhor maneira possível, o movimento de preços de todas as ações; b) quanto ao tipo de média, poderá ser utilizada a aritmética ou geométrica, predominando a primeira; c) o método de ponderação para as ações que integram a carteira deve permitir ao índice refletir a importância relativa de cada uma delas, ou seja, mostrar a tendência média do mercado, atribuindo-se, em mercados concentrados, como o brasileiro, pesos proporcionais ao valor de mercado de cada ação integrante da amostra.[9]

Justifica-se a exclusão do direito de recesso apenas no caso de ações que integram índices representativos de carteiras de ações admitidas à negociação em bolsa de futuros.

A Bolsa de Mercadorias & Futuros — BM&F é a única bolsa de futuros na qual é presentemente realizada a negociação de índices, na modalidade de "Contrato Futuro de IBOVESPA"; as ações que integram o índice IBOVESPA inequivocamente são dotadas de liquidez, para os efeitos da letra *a* do inciso II do art. 137, em sua nova redação, posto que integrantes de índice representativo de carteira de ações admitida a negociação em bolsa de futuros.

Os índices gerais representativos de carteira de ações constituem, nos termos do art. 3º do DL 2.286/86, valores mobiliários; as negociações nos "mercados futuros de índices", assim, estão submetidas à fiscalização da CVM.

Há uma presunção legal de que os titulares de ações que integram tais índices detêm papéis de comprovada liquidez, daí decorrendo a legitimidade da exclusão do direito de recesso.

A segunda hipótese de negação do direito de recesso está disciplinada na letra *b* do inciso II do art. 137, com a nova redação introduzida pela Lei 9.457/97.

9. Verdi Rosa Monteiro, *O índice BOVESPA*, São Paulo, BM&F, 1992.

Na letra *b* do inciso II do art. 137 dispõe-se que somente terá direito de retirada o titular de ações "de companhias abertas das quais se encontram em circulação no mercado *menos* da metade do total das ações por elas emitidas, entendendo-se por ações em circulação no mercado todas as ações da companhia menos as de propriedade do acionista controlador" (grifamos).

A eliminação do direito de recesso, no caso, decorre da presunção de que as ações, embora não integrantes dos índices representativos de carteira de ações, estão "pulverizadas" no mercado, de sorte que o acionista insatisfeito poderá encontrar comprador para seus títulos.

É necessário que mais da metade das ações emitidas pela companhia aberta, estejam "em circulação no mercado", ainda que não admitidas à negociação em Bolsa de Valores ou em mercado de balcão organizado.

A companhia deve estar registrada na CVM como companhia aberta, já tendo procedido à uma emissão pública de ações. É inadmissível que uma companhia registrada na CVM para emissão pública de debêntures não conversíveis em ações ou outros valores mobiliários possa utilizar-se do disposto no art. 137, II, *b*, para excluir o direito de recesso do acionista dissidente. Assim, quando a Lei menciona as companhias abertas cujas ações estejam em circulação no mercado, está se referindo, inequivocamente, àquelas companhias abertas que se registraram na CVM para procederem à emissão pública de ações.

O critério de dispersão *não* se relaciona apenas às ações ordinárias, com pleno direito de voto; referindo-se a Lei ao "total das ações emitidas", fica claro que podem ser ordinárias *ou* preferenciais, sem direito de voto.

Para que seja validamente suprimido o direito de recesso é necessário que mais da metade das ações de cada classe ou espécie esteja em circulação no mercado. Por ações em circulação no mercado considera-se todas as ações da companhia *menos* as de propriedade do acionista controlador.

A propriedade das ações por parte do acionista controlador pode verificar-se direta ou indiretamente.

Não se incluem no âmbito das "ações em circulação no mercado" aquelas cuja titularidade ou poder de disposição, direta ou indiretamente, estejam, sob qualquer forma, a depender de ato do acionista controlador.

Ou seja, não se incluem entre as "ações em circulação no mercado" as de propriedade de companhias que têm o mesmo controlador final do que aquela que está sendo fundida, incorporada ou contratando sua participação em grupo de sociedades.

Mediante a aplicação analógica do art. 2º, II da Instrução CVM 229/95 devem ser excluídas do cômputo das "ações em circulação no mercado" não só as de titularidade do acionista controlador, como também as de diretores, conselheiros, assim como as ações mantidas em tesouraria.

c) Supressão do direito de recesso nos casos de dissolução da companhia, cessação do estado de liquidação e cisão

O art. 137, em sua nova redação, considerou a dissolução, cessão do estado de liquidação e cisão como hipóteses *não* ensejadoras do direito de recesso aos acionistas discordantes de tais decisões.

A nova redação dada ao art. 230 também suprime qualquer menção à cisão como causa do direito de recesso.

É inequívoco, portanto, que desapareceu o direito de recesso nas deliberações referentes à cisão, cessação do estado de liquidação ou dissolução da companhia.

Não têm os acionistas direito adquirido a exercerem o direito de recesso em tais hipóteses; tratava-se de mera expectativa de direito, extinta com a revogação das normas que disciplinavam a matéria; ademais, seria inteiramente ilegítima a eventual argumentação, por parte do minoritário, de que comprara as ações com vistas a exercer o direito de recesso contra a companhia.

Na operação de cisão, nos termos do § 5º do art. 229 da Lei das S.A., as ações integralizadas como parcelas de patrimônio de companhia cindida devem ser atribuídas a seus acionistas, em substituição às ações extintas, na mesma proporção das que possuíam.

A atribuição de ações em proporção diversa, nos termos do § 5º do art. 229, com a nova redação dada pela Lei 9.457/97, requer a aprovação de *todos* os acionistas, inclusive dos titulares de ações sem direito de voto. Sem a aprovação unânime, a deliberação assemblear é nula.

Tratando-se de cisão de companhia aberta, caso a companhia sucessora não seja também companhia aberta, pode o dissidente exercer o direito de recesso, a teor do § 3º do art. 223.

d) Incorporação, fusão e cisão de companhia aberta

A Lei 9.457/97 incluiu o § 3º ao art. 223, nos termos do qual, "se a incorporação, fusão ou cisão envolverem companhia aberta, as sociedades que a sucederem serão também abertas, devendo obter o respectivo registro e, se for o caso, promover a admissão de negociação das novas ações no mercado secundário, no prazo máximo de cento e vinte dias, contados da data de assembléia geral que aprovou a operação, observando as normas pertinentes baixadas pela Comissão de Valores Mobiliários".

O § 4º, acrescentado ao art. 223, estabelece que: "o descumprimento do previsto no parágrafo anterior dará ao acionista o direito de retirar-se da companhia, mediante reembolso do valor de suas ações (art. 45), nos trinta dias ao término do prazo nele referido, observado o disposto nos §§ 1º e 4º do art. 137".

O objetivo da norma é o de assegurar aos acionistas minoritários que passam a ser titulares de ações de outra companhia, em decorrência de incorporação, fusão ou cisão, a manutenção das *mesmas* condições de liquidez das ações das quais eram titulares *antes* da operação.

Sua situação, enquanto investidores, *não* pode ser prejudicada; não têm, por outro lado, qualquer direito a ver melhoradas as condições de liquidez de suas ações.

Ou seja, se o minoritário era acionista de uma companhia aberta que emitira debêntures e cujas ações *não* eram negociadas no mercado secundário, não pode exigir que a companhia sucessora tenha ações com liquidez no mercado de bolsa ou no mercado de balcão organizado. Daí mencionar o § 3º do art. 223 que a admissão da negociação das novas ações no mercado secundário será exigida "se for o caso".

Por outro lado, se as ações de que era titular apresentavam liquidez no mercado secundário, as ações que lhe couberem na sociedade sucessora devem apresentar a mesma situação; caso contrário, sua posição, enquanto investidor, será inequivocamente prejudicada.

O direito de recesso, no caso, *não* decorre da operação de fusão, incorporação ou cisão, mas do fato de não registrar-se a companhia sucessora como companhia aberta, junto a CVM, no prazo de cento e vinte dias contados da data da assembléia que aprovou a operação.

O fato gerador do recesso, portanto, é a omissão, por parte da companhia sucessora, de registrar-se como companhia aberta no prazo legal.

O direito de recesso não decorre de ato ilícito, constituindo mera compensação à lesão de interesses dos minoritários sacrificados em prol do interesse social. Assim, o fato de não registrar-se a sociedade sucessora como companhia aberta *não* constitui ilícito, seja na esfera civil, seja na esfera administrativa; a única conseqüência decorrente da omissão da prática de tal ato é a legitimação do minoritário dissidente ao exercício do direito de recesso.

No caso de fusão ou incorporação, o acionista pode ser privado do direito de recesso, conforme antes analisado, caso as ações das empresas fusionadas ou da incorporada apresentem elevados índices de liquidez ou de dispersão no mercado.

Caso a sucessora não seja também companhia aberta, com índices de liquidez ou de dispersão assemelhados, o dissidente tem assegurado o direito de recesso. A norma do § 3º do art. 223 visa assegurar ao minoritário a manutenção das mesmas condições de liquidez apresentadas pelas ações de que era titular antes da operação.

e) Recesso para os acionistas prejudicados

A criação de ações preferenciais ou aumento de classes existentes, sem guardar proporção com as demais espécies e classes, sem previsão estatutária, assim como a alteração nas preferências, vantagens e condições de resgate ou amortização de uma ou mais classes de ações preferenciais, ou criação de nova classe mais favorecida, constituem medidas que devem ser objeto de aprovação em assembléia geral, nos termos do art. 136, I e II, com a nova redação dada pela Lei 9.457/97.

A eficácia da deliberação, em tais casos, depende de prévia autorização ou da ratificação dos titulares das ações preferenciais *prejudicados*, reunidos em assembléia especial (art. 136, § 1º).

A nova redação dada ao inciso III do art. 136, confirmando a interpretação já consagrada pela CVM,[10] refere-se explicitamente à necessidade de criação de ações preferenciais ou aumento de classes existentes sem guardar proporção com as demais *espécies* e classes, salvo se já autorizada estatutariamente tal medida. Tal orien-

10. Parecer CVM/SJU 004/85.

tação da CVM, porém, foi objeto de críticas veementes por parte da doutrina.[11]

Nos termos do art. 137, I, em sua nova redação, a aprovação das matérias previstas nos incisos I e II do art. 136, acima mencionadas, somente dá o direito de retirada ao titular de ações de espécie ou classe *prejudicadas*.

A nova redação do inciso III do art. 136 deixa claro que o direito de recesso não decorre de qualqluer deliberação que importe "alteração no dividendo obrigatório" (como previsto no inciso IV do art. 136 em sua redação anterior), mas apenas se houver *redução* do dividendo obrigatório.

A reforma adota o princípio de que, nas hipóteses acima, somente cabe o exercício do direito de recesso se o acionista dissidente demonstrar a ocorrência de prejuízos, conforme já manifestado pela jurisprudência dos tribunais.[12]

Os prejuízos não se presumem, cabendo ao dissidente a sua comprovação, exceto no caso de redução de dividendo obrigatório.

f) Valor do reembolso

O reembolso, nos termos do art. 45 da Lei das S.A., constitui a operação mediante a qual a companhia paga aos acionistas dissidentes o valor das suas ações.

A Lei 6.404/76, no § 1º do art. 45, em sua redação original, determinava que o valor do reembolso não poderia, por definição, ser inferior ao valor de patrimônio líquido das ações, de acordo com o último balanço aprovado pela assembléia geral.

Como o valor do patrimônio líquido é, o mais das vezes, bastante superior ao valor econômico ou ao valor de Bolsa, tal dispositivo constituía um incentivo a "indústria do recesso", onerando eventuais operações de reestruturação da companhia, porém ensejadoras do direito de recesso.

Com a nova redação dada ao § 1º do art. 45 admite-se que o estatuto estipule o preço do reembolso com base no valor econômico da companhia, apurado em avaliação, nos termos dos §§ 3º e 4º do mesmo artigo.

O valor econômico corresponde à perspectiva de rentabilidade da companhia, ou seja, ao seu fluxo de caixa descontado, para os próximos anos. Trata-se de uma avaliação "dinâmica" da companhia, enquanto atividade empresarial, em contraposição à avaliação "estática", centrada no valor patrimonial.

A correta aferição dos critérios mais adequados para a avaliação econômica de uma empresa constitui matéria controversa. Há intensa discussão sobre os parâmetros de avaliação, sobre o conceito de fluxo de caixa, assim como sobre o cálculo da taxa de desconto a ser utilizada.[13]

Daí a necessidade de ser elaborado um laudo de avaliação *consistente*, por três peritos ou por empresa especializada, necessariamente independentes da companhia, no qual sejam indicados os critérios e a metodologia utilizada para a determinação do valor econômico da companhia (art. 45, § 3º).

Visando a impedir manobras opressivas aos acionistas preferencialistas, o § 4º do art. 45 determina que a escolha dos peritos ou da empresa especializada deverá ocorrer em deliberação tomada pela maioria absoluta de votos, não computados os votos em branco, cabendo a *todas* as ações, independentemente de sua classe ou espécie, o direito de voto.

A determinação do valor de reembolso com base no valor econômico da companhia deve ser prevista estatutariamente.

11. Nelson Cândido Motta, "Classe e Espécie de Ações", *RDM* 62/32.

12. *RT* 730/181.

13. Luiz Alfredo Raposo e Fernanda Maria Pontual, "Em Busca da Metodologia", in *Rumos do Desenvolvimento*, v. 93, jan./fev.-92, Associação Brasileira das Instituições Financeiras de Desenvolvimento; Raimundo A. Neiva, *Valor de Mercado da Empresa*, São Paulo, Atlas, 1991; Primo Falcini, *Avaliação Econômica de Empresas — Técnica e Prática*, São Paulo, Atlas, 1992.

Somente *após* a alteração do Estatuto estará a companhia legitimada para promover a alteração do valor patrimonial para o valor econômico. Sem previsão estatutária expressa, pois, mantém-se o cálculo do reembolso com base no valor do patrimônio líquido.

A decisão de alterar o Estatuto para a adoção do valor econômico da companhia como valor de reembolso não enseja, para os acionistas discordantes, o direito de recesso, por absoluta falta de previsão legal.

Trata-se, a promoção de tal alteração estatutária, de prerrogativa legítima da companhia, amparada por dispositivo legal expresso.

A companhia não pode, porém, alterar periodicamente o Estatuto para estabelecer o valor de reembolso, ora com base no patrimônio líquido, ora com base no valor econômico, de acordo com a sua conveniência.[14]

Uma vez alterado o Estatuto e inserida norma mandando calcular o reembolso com base no valor econômico, *não* pode a companhia voltar atrás, exceto se houver aprovação por parte de *todos* os acionistas, inclusive dos preferencialistas sem direito de voto.

14. Modesto Carvalhosa, *Comentários à Lei de Sociedades Anônimas*, v. I, São Paulo, Saraiva, 1997, p. 341.

g) Eliminação da "indústria do recesso"

A Lei 9.457/97 também visou a eliminar a "indústria do recesso", ou seja, a operação de aquisição de ações realizada com a única finalidade de dissentir de deliberações sociais e receber o reembolso das ações.

Para tanto, possibilitou, em primeiro lugar, o cálculo do valor de reembolso com base no valor econômico da companhia, conforme acima mencionado.

Em segundo lugar, alterou o § 1º do art. 137, exigindo, para a legitimação ao exercício do direito de recesso, a titularidade das ações na data da primeira publicação do edital de convocação da assembléia, ou na data da comunicação do fato relevante objeto da deliberação (no caso da companhia aberta), se anterior à publicação do edital.

Busca a Lei 9.457/97, no particular, impedir que alguém, percebendo que se deliberará matéria ensejadora do direito de recesso, passe a comprar as ações, depois da divulgação do fato, porém antes da realização da assembléia geral. Tal fato não caracteriza o *insider trading*, pois a informação não é confidencial; porém o adquirente das ações, em tal hipótese, *não* se legitima para o exercício do direito de recesso.

Atualidades

A PROPRIEDADE INDUSTRIAL NA FALÊNCIA — ALIENAÇÃO DE DIREITO DE MARCA

João Luiz Coelho da Rocha

a) A falência e a gestão dos bens do falido; b) Os direitos de propriedade industrial pertencentes à massa.

a) A falência e a gestão dos bens do falido

É conceito arcaico no direito comercial que a falência representa um estado patológico da empresa, esta como unidade produtora agregando capital, trabalho e *know how*, assim como da própria estrutura jurídica empresarial, seja ela articulada sob forma de companhia, de sociedade por cotas etc.

Nessa linha de consideração e imagística, a concordata também, pois ainda que não aparente o grave seccionamento da vida mercantil que a quebra demonstra, revela igualmente um estado moratório genérico, diferenciado da normal fisiologia da vida empresarial.

Ainda que bem distintos os dois institutos, pois que produzem efeitos diversos em contratos e obrigações da empresa, eis que lá o síndico assume a gestão do espólio empresarial (art. 59, DL 7.661) e cá o concordatário "continua com o seu negócio", administrando-o "sob fiscalização do cominário" (art. 167, DL 7.661), a jurisprudência tem concedido largamente a falência *com continuação de negócio* (um *status* semelhante ao quadro da concordata), entendendo-se aí como a operação comercial da empresa sendo mantida até o final do procedimento — compras, vendas, negociações etc. — sob o guante do síndico, mas, é claro, com estrito controle judicial.

Sim, porque é cediço que o síndico — ou liquidante — não é "dono" do negócio, senão o seu gestor temporário, e mesmo assim um gestor de limitados poderes (art. 63 e seus incisos, DL 7.661) no que tange à condução do espólio empresarial.

Particularmente lembramos que o art. 163, III impõe ao síndico, como dever de ofício, arrecadar todos os bens e direitos do falido e "tê-los sob sua guarda", e ainda, que o inciso XIV do mesmo artigo concede-lhe a obrigação de "praticar todos os atos conservatórios de direitos e ações". Só quando iniciada a liquidação (art. 114) *pode* o síndico (a expressão legal (art. 64) é incompleta, pois é mais um poder-dever), pode ele, e deve, portanto, proceder "a todos os atos e operações necessárias à realização do ativo e ao pagamento do passivo da falência...".

Mas aí, por certíssimo, só pode agir o gestor judicial, na alienação dos bens e direitos do ativo *nos moldes solenes de publicidade e apregoamento a terceiros* previstos nos arts. 117 e ss. da Lei das Quebras. Não é dado ao síndico, por exemplo, promover a venda de um imóvel da empresa falida, ainda que já na fase de liquidação — vale dizer, na fase de realização do ativo, transformação dos bens e direitos da massa em moeda de pagamento aos credores — sem a realização do leilão, da praça pública.

É claro que a demanda dessa solenidade formal, para tais alienações da massa, não é gratuita ou arbitrária, retratando, pelo contrário, um requisito de grande publicidade a todos e amplitude de possíveis ofertantes, já na busca da otimização de resultados — e proteção portanto dos créditos arrolados na quebra, já na contenção de possíveis favorecimentos ou manobras artificiosas na condução do espólio.

Decisão recente do STJ (acórdão unânime da 4ª Turma, publicado em 12.5.97, p. 18.804 do *DJU*, in *ADCOAS* 8155746) qualifica muito bem o escopo protetor da integridade dos bens (e direitos) de raiz que são enfeixados na massa falida:

"Falência — Transferência de bens integrantes do ativo — Impedimento legal.

"A lei quer impedir a desmontagem do estabelecimento do falido, em prejuízo dos credores, seja pela alienação do estabelecimento como um todo, seja pela transferência de parte substancial dele, descaracterizando-o como local de comércio ou de indústria, o que pode ocorrer com a transferência de bens integrantes do seu ativo fixo (STJ, ac. unân., 4ª T., publ. em 12.5.97, p. 18.804, REsp 33.762-SP, Rel. Min. Ruy Rosado de Aguiar, Advs.: Paulo Eduardo Cezar de Almeida, Loredana Nocito e Alfredo Luiz Kugelmas, in *ADCOAS* 8155746)."

A um ponto tal de abrangência vai a cobertura jurisprudencial, que o mesmo STJ já ali compreendera o mero direito ao uso de linha telefônica, também não permitido à livre negociação, resguardado que fica para a liquidação pública, em leilão, dos bens da massa:

"Falência — Linha telefônica — Livre negociação — Impossibilidade.

"A linha telefônica ou o direito ao uso desta insere-se no conceito de bem patrimonial, fazendo parte, portanto, da massa falida, não podendo ser destacada da mesma para livre negociação (STJ, ac. unân., 3ª T., publ. em 28.3.94, REsp 32.570-9-SP, Rel. Min. Cláudio Santos, Advs.: Dermeval dos Santos e Alfredo Luiz Kugelmas)."

b) Os direitos de propriedade industrial pertecentes à massa

Já tivemos oportunidade de nos estender mais amplamente sobre a natureza dos direitos de propriedade industrial, inclusive os direitos de uso de marca e a eficácia real de seus efeitos registrais (*Notas*, publicação do Instituto Liberal, junho de 97, "A propriedade intelectual e suas vertentes jurídicas"). Não há grandes dúvidas ou hesitações hoje quanto ao forte caráter patrimonial desses direitos, e seu assento gerador de riquezas, pelo potencial mercadológico que oferecem, e a Lei 6.404 é bem explícita ao catalogá-los de modo categórico *dentro do ativo imobilizado das companhias* (art. 179, IV).

É lógico e conseqüente pois que, tal e qual se tratasse de um bem corpóreo imobilizado, como um terreno, uma instalação fabril ou comercial, a norma de proteção, de preservação que a lei de falência reserva, deve ser aplicada aos direitos de propriedade industrial detidos pela massa.

Se o terreno e/ou o prédio da fábrica representam uma fração ponderável do acervo que se impõe preservar a bem da pública realização e conseqüente satisfação dos credores, igual e necessário raciocínio se aplica aos direitos de marca ou de patente ou de modelo industrial detidos pela empresa falida.

De outra parte, mais fácil fica se descartar ou refutar eventuais pretensões de alienação direta de um bem imóvel corpóreo, por isso que nenhum motivo de conveniência parece ser sequer adequável à justificativa de venda ou troca fora do leilão ou praceamento públicos.

É claro que surgindo um possível vizinho do terreno, proprietário do imóvel contíguo, evidente maior interessado, nem por isso se concede que os princípios legais acima sejam afastados para se permitir uma venda direta, pessoal, sob o argumento de que será mais rentável a venda ao evidente maior interessado.

A oferta pública em leilão tem a resposta contida para todas essas ponderações, por isso que, ainda ali, com toda a publicidade, a voz do suposto maior interessado há de prevalecer se efetiva, na dinâmica da oferta e procura. E a massa fica preservada, assim como a integridade de sua gestão.

Onde haverá diferença, então, se se tratar não de um imóvel corpóreo, mas de um imóvel (para fins legais tão imóvel quanto aquele) por idealização, como um direito de propriedade industrial, como um direito a uso de uma marca industrial?

Admite-se que se observe a possível personalização daquele direito, no sentido em que a massa falida fosse detentora, em razão de qualificações próprias, de uma licença longa de uso de uma marca, a si concedida por alguém, dela proprietário.

Nesse seguimento de pensar, objetar-se-ia que tal direito fosse licitado, por isso que o proprietário original poderia não aprovar o novo adquirente.

Ainda que não desprezível o argumento, será que, diante dele, haveremos que contornar todas as normas de proteção à massa e a sua correta gestão, e deferir ao síndico, ou liquidante, contra toda a clara sistemática da lei das quebras, que ele simplesmente ajustasse, com o dono da marca ou com outra empresa, a devolução ou cessão do direito de uso, que é, sem dúvida, mais uma sólida âncora patrimonial da falida? Vemos como negativa a resposta à questão acima.

Os critérios de valoração dos bens jurídicos envolvidos é sempre um indicador sério e consistente para esses aparentes conflitos. Será mais importante e convergente à proteção da massa falida e da limpidez de sua gestão, que se leve à praça pública os direitos de propriedade industrial que ela detém.

Credores, o Fisco, e a própria sociedade em geral (esta ali representada pelo MP) terão o máximo de proteção exigível como se quer nas falências.

Quanto ao arrematante, adquire ele direitos contratuais, e se acaso se vir diante de irredutível desaprovação do proprietário da marca ou da patente, mesmo assim só corre o risco de ver seu direito rescindido se sérias e fundadas razões forem produzidas para tal.

O que não se pode é delegar ao síndico o ajuste, a seu bel prazer, e mesmo sob posterior homologação judicial, de uma alienação — significando uma diminuição do importantíssimo ativo imobilizado da empresa, seu respaldo patrimonial maior — de direito de uso de marca, ou de patente, apenas para evitar a possível insatisfação do proprietário do direito licenciado.

Não é *munus* do síndico ou do juiz manter a personalização adequada àquele proprietário de licença de uso da patente ou da marca.

Sua obrigação é proteger a massa e zelar pela adequada satisfação dos credores.

De novo, e tal e qual na hipótese do bem corpóreo, o proprietário da marca, ou alguém a quem ele queria relicenciar seu direito, terá a chance de vir ao público leilão exercer seu direito de lançar livremente, e aí obter o direito, mediante concurso aberto com terceiros. O resultado disto só é proveitoso para a massa.

Temos hipótese recente, no Tribunal de Justiça do Rio de Janeiro, onde a liquidante judicial abriu mão do direito de uso de importante e conhecidíssima marca de perfumes, direito que era parte do patrimônio detido pela massa, cedendo-o ao proprietário estrangeiro da marca, que em troca concedeu-lhe um direito agora precário sem efeitos registrais *erga omnes* no uso do indicativo.

Essa foi uma hipótese um tanto oblíqua (troca de direitos), é fato, pela hábil formalização da cessão patrimonial, alienação enfim sem leilão, sem publicidade, sem livre acesso, de direito real que era parte expressa do ativo imobilizado da sociedade anônima falida.

Nessa circunstância não foram honrados as regras importantes da lei de falências e seu objetivo de proteção dos credores e da integridade da massa.

ALGUNS ASPECTOS QUE ENVOLVEM A NACIONALIDADE DAS SOCIEDADES COMERCIAIS

LEONARDO MEDEIROS RÉGNIER

Justificativa. 1.Conceito de nacionalidade. 2. A nacionalidade das pessoas físicas. 3. Teorias que negam a nacionalidade das sociedades. 4. Teorias que admitem a nacionalidade das sociedades. 5. Formas de atribuição de nacionalidade às sociedades. 6. Conseqüências da atribuição de nacionalidade.

JUSTIFICATIVA

Trata-se, o presente artigo, de parte de um estudo maior ("Os Blocos Econômicos e a Nacionalidade das Sociedades Comerciais", Capítulo Terceiro) orientado pelo Professor Doutor Fábio Ulhoa Coelho, na oportunidade em que concluíamos pós-graduação em Direito Empresarial oferecida pela Pontifícia Universidade Católica de São Paulo, em 1996. Daí que, para essa Revista, optamos tão-somente por repassar alguns conceitos e teorias relacionados com a nacionalidade das sociedades comerciais.

Da leitura, pois, dos parágrafos seguintes, anteriores à tentativa de definição do sentido de nacionalidade, ficará clara a doutrina com a qual nos identificamos, que de pronto é trazida à baila. Entretanto é de se atentar para o fato de que os capítulos, itens e subitens excluídos neste artigo — mas que fazem parte da monografia completa — que serviam para justificar e sustentar o posicionamento adotado, não prejudicam a compreensão do texto ora selecionado e adaptado.

Sobre o assunto, então, específico de nacionalidade, manifestaram-se alguns autores: *Comme l'individu est national d'un pays et sujet de droit de l'ordre juridique propre à ce pays, de même une société est rattachée à un Etat, et présuppose l'existence d'un ordre juridique qui la reconnaisse, auquel elle soit subordonnée, et qui lui permette d'invoquer des droits.*[1]

"As sociedades comerciais têm nacionalidade, cujo reconhecimento é necessário para os efeitos extraterritoriais".[2]

"No que tange à questão da nacionalidade das pessoas jurídicas, o problema, segundo nós, desdobra-se nesses dois pontos: 1º — se a natureza da pessoa jurídica comporta o atributo da nacionalidade; 2º — no caso afirmativo, qual o critério determinador dessa nacionalidade. Para nós afigura-se-nos indenegável a presença de uma nacionalidade na pessoa jurídica".[3]

1. Leite, Eduardo de Oliveira, *La Nationalité des Sociétés et le Droit International Privé Brésilien*, p. 1. Tese apresentada para o Doutorado em Direito perante a Université de Droit d'Économie et de Sciences Sociales de Paris, Paris, 1976.

2. Carvalho de Mendonça, José Xavier, em seu *Tratado de Direito Comercial Brasileiro*, v. III, Capítulo II, p. 99.

3. Serpa Lopes, Miguel Maria de, *Comentários à Lei de Introdução ao Código Civil*, v. III, n. 365, p. 36, Livraria Freitas Bastos, Rio de Janeiro, 1959.

As sociedades, portanto, como pessoas jurídicas que são (ao menos em sua maioria), e, assim, como sujeitos de direitos e obrigações, estão sempre a mercê de um ou mais ordenamentos jurídicos, e a delimitação da sua nacionalidade é que irá definir sob qual regramento estará subordinada. Com efeito, esse o centro do presente estudo.

1. CONCEITO DE NACIONALIDADE

Para, todavia, pensarmos em nacionalidade das sociedades, somos compelidos a, inicialmente, contemplar questão de essência, como seja o conceito de *nacionalidade*, que, segundo Antônio M. dos Santos,[4] é entendido "na sua acepção mais lata, como vínculo jurídico-político de pertença de um sujeito de direito a um Estado, corresponde a uma realidade sociológica, factual, que lhe está subjacente e que, por isso mesmo, é extrajurídica".

Para Villegas[5] *nacionalidad es el término que designa, hasta por antonomasia, al sujeto que pertenece a la entidad política nación; y en tal sentido expresa la idea de un vínculo jurídico que une a los miembros de un Estado.*

De modo que para ambos a nacionalidade representa o vínculo de união entre um indivíduo e sua nação de origem.

Por sua vez, Lagarde[6] atribui duas dimensões à nacionalidade em sentido amplo. A primeira seria uma dimensão vertical — também chamada por ele de dimensão jurídico-política — isto é, a ligação (o elo, o vínculo) do indivíduo com o Estado a que pertence, que, segundo Lagarde, lembra a relação do vassalo com o suserano, e que encerra, assim, uma série de obrigações para com o Estado (a exemplo do exercício militar), e deste para com o indivíduo (proteção diplomática em território estrangeiro). A segunda seria uma dimensão horizontal — ou sociológica — que faz do indivíduo membro de uma comunidade, da população que integra o Estado ao qual é nacional.

De tudo, então, pode-se concordar, ainda que de forma ligeira, que nacionalidade é uma condição ou qualidade de *quem* ou *do que* é nacional[7] (ou *nationalité*[8]).

2. A NACIONALIDADE DAS PESSOAS FÍSICAS

Outro ponto cuja abordagem é imperiosa antes de entrar na questão da nacionalidade das sociedades, é o que diz respeito às pessoas físicas ou naturais, pois, como bem colocou Guiomar de Freitas, "as normas são, na maioria das vezes, elaboradas para elas e depois aplicadas às sociedades".[9] Como exemplo citou Harry Henn:[10] *The corporation, for purposes of jurisdiction over the person, if domestic, is treated like the resident natural person.*

As pessoas físicas, portanto indivíduos, quando não apátridas, estão sempre vinculados a um país, e sua nacionalidade — de acordo com os entendimentos *supra* mencionados — é o laço jurídico de união entre eles.

4. Santos, Antônio Marques dos, *Algumas Reflexões sobre a Nacionalidade das Sociedades em Direito Internacional Privado e em Direito Internacional Público*, p. 10, Coimbra, 1985.

5. Villegas, Carlos Gilberto, *Derecho de las Sociedades Comerciales*, p. 251, Abeledo-Perrot, Buenos Aires, 1994.

6. Lagarde, Paul, *La Nationalité Française*, p. 1, *apud* Dollinger, *Direito Internacional Privado, Parte Geral*, p. 135, 4ª ed., Ed. Renovar, Rio de Janeiro, 1996.

7. Cf. Aurélio Buarque de Holanda Ferreira, *Dicionário da Língua Portuguesa*, verb. *nacionalidade*, 2ª ed., Nova Fronteira, Rio de Janeiro, 1986.

8. *Cf. Dictionnaire Robert*: nationalité n. f. 1. Groupe d'hommes unis par une communauté de territoire, de langue, de traditions, d'aspirations. 2. État d'une personne qui est membre d'une nation. *Nationalité d'origine. Nationalité acquise.*

9. Freitas, Guiomar de, *Nacionalidade de Sociedades*, p. 15. Dissertação de Mestrado apresentada na Faculdade de Direito da Universidade de São Paulo, São Paulo, 1995.

10. Henn, Harry G., *Law of Corporations*, West Publishing Co., St. Paul, Minn., 1970, *apud* Guiomar de Freitas, in ob. cit., p. 15.

Da mesma forma que existem critérios para aquisição de nacionalidade por uma sociedade, também existe com relação a essas pessoas físicas, que a adquirem através de um fato jurídico, podendo ser: o nascimento (que é a nacionalidade originária, natural, através do *jus sanguinis* ou *jus soli*); o benefício de uma lei; a naturalização; ou pela conquista e incorporação de um território por um Estado (que são nacionalidades secundárias ou derivadas).

Guiomar de Freitas, em sua dissertação, lembra ainda de outras formas de aquisição da nacionalidade, menos comuns, mas presentes em vários países, como o *jus domicilii* e o *jus laboris*:[11] "houve quem defendesse o domicílio como critério autônomo para aquisição de nacionalidade, como um usucapião aquisitivo, a favor de quem se encontrasse em um país por tempo determinado. Entretanto, o que se admite na prática é o uso do domicílio como elemento subsidiário na aquisição da nacionalidade, tanto originária como secundária". Por outro lado, "há legislações que admitem o serviço em prol do Estado como elemento favorecedor e facilitador para a consecução da naturalização".[12]

Por fim não é demais lembrar os preceitos estabelecidos na Convenção de Haia de 1930, que dispôs, em seu artigo primeiro, um princípio de competência para definir a nacionalidade, segundo o qual cabe a cada Estado determinar, por sua legislação, quais são os seus nacionais. Em seguida, no artigo segundo, completa dizendo que toda questão relativa ao ponto de saber se um indivíduo possui a nacionalidade de um Estado será resolvida de acordo com a legislação desse Estado.

De todo modo, apesar de oportunos os juízos sobre a nacionalidade das pessoas físicas, certo é que diferem bastante da nacionalidade das pessoas coletivas. Concordamos, nesse aspecto, com os ensinamentos de Yves Guyon: *il existe des différences entre la nationalité des personnes physiques et celle des sociétés .... la nationalité des sociétés est moins riche de conséquences que celle des personnes physiques. En effet, la société, même française, ne jouit pas des droits civiques et politiques. La nationalité d'une société ne produit guère d'effets que sur le plan de la jouissance ou de l'exercice des droits privés.*[13]

3. *TEORIAS QUE NEGAM A NACIONALIDADE DAS SOCIEDADES*

Quando entramos propriamente na questão sob o ponto de vista das pessoas coletivas, veremos que as teorias que admitem ou negam a nacionalidade das sociedades, de algum modo assemelham-se, *mutatis mutandis*, às teorias que admitem ou negam a personalidade jurídica.

A esse respeito, destacamos para análise algumas teorias principais que não aceitam a nacionalidade das sociedades (um tanto numerosas, mas, *par contre*, bastante menos convincentes); e, por lado diverso, outras que a consideram. Começamos, então pelas negativistas.

a) *Teoria da Ficção*[14] - Essa teoria enfatiza que a pessoa jurídica, e, portanto, a sociedade, é uma abstração criada pelo Direito, não se lhe permitindo, dessa forma, o atributo da vontade própria, e assim não podendo agir livremente.

11. Freitas, Guiomar de, in ob. cit., p. 17.

12. A esse propósito, destaca-se o caso da França, onde um estrangeiro que presta serviço militar no país tem a prerrogativa de naturalizar-se como francês sem enfrentar os usuais obstáculos impostos; o mesmo ocorrendo no Brasil, que, segundo o art. 113, III, § único, da Lei 6.815/80, o estrangeiro que prestou ou pode prestar serviços relevantes ao país, tem reduzido de quatro para um ano o prazo de residência no Brasil, como requisito para naturalização.

13. Guyon, Yves, *Droit des Affaires*, pp. 184-185, t. 1, *Droit Général et Sociétés*, 7ª ed., Económica, Paris, 1992.

14. Teoria seguida por Savigny, Windscheid, Puchta, F. Laurent, dentre outros.

Segundo esse modo de ver, compartilhado e levado às últimas conseqüências pelo jurista belga F. Laurent, as pessoas jurídicas são pura criação do Direito, que não repousam em qualquer substrato fático e não têm suporte no mundo real. São, desse modo, puros conceitos formulados que levam a simples abstrações. Elas não têm vontade nem, tampouco, existência real, visto não *viverem* além do plano das normas jurídicas que as criaram.

Desse posicionamento, o mestre português, Antônio M. dos Santos[15] concluiu que: "Para quem considera, como Laurent, que as pessoas colectivas são uma pura criação do legislador, sem qualquer ligação com a realidade, forçoso será tirar as duas conseqüências seguintes: — em primeiro lugar, visto que os entes colectivos são uma criação *ex nihilo* do legislador (ou da lei — e, como tal, acidental e arbitrária), eles têm um carácter puramente territorial e deverão ser re-criados pelos legisladores estrangeiros, sempre que as suas actividades cruzem as fronteiras do ordenamento que lhes atribuiu a sua fictícia individualidade. A segunda conseqüência, ..., é que não é sequer concebível, a esta luz, falar de nacionalidade das pessoas colectivas".

Agora, saindo da esfera teórica e pesquisando mais a fundo o lado prático da questão, veremos que existe abundante jurisprudência baseada na teoria da ficção para negar o conceito de nacionalidade às sociedades, da qual, a primeira decisão que se tem notícia foi a sentença proferida pelo juiz Marshall, da Suprema Corte dos Estados Unidos da América, em 1809, no caso *Bank of the United States v. Deveaux*.[16]

Para concluir, podemos dizer que aos adeptos da teoria da ficção, a nacionalidade é um atributo reservado exclusivamente aos indivíduos (enquanto pessoas físicas), não sendo admitida sua extensão às pessoas jurídicas.

b) *Teoria do Controle - Existe-t-il vraiment une nationalité des sociétés*? Essa a questão proposta pelo jurista francês Niboyet em artigo célebre publicado na *Revue de Droit International Privé*, no ano de 1927, dando continuação à teoria por ele formulada, que acabou sendo a grande corrente contrária à nacionalidade das sociedades, "e vai beber a sua inspiração à velha teoria da ficção, embora prossiga objectivos diversos e utilize uma argumentação diferente".[17]

Surgida no período que precedeu — e durante — a Primeira Grande Guerra, essa teoria visivelmente ostentava uma preocupação em salvaguardar os interesses da França, num clima de competição que envolvia toda Europa, e, depois, em meio a leis que disciplinavam a proibição do comércio com o inimigo, e o seqüestro de bens do inimigo.

Niboyet, na verdade, embora acreditasse que a personalidade jurídica era coisa artificial, chegou a dizer que pouco importava para ele se a pessoa jurídica era, ou não, uma ficção. Desse modo, se para Laurent, defensor mais célebre da teoria da ficção, era inaceitável o conceito de nacionalidade das sociedades, para Niboyet esse conceito passa a ser perfeitamente admissível, ainda que sob forma *disfarçada*.

Entendia, pois, o autor francês, que "o conceito de nacionalidade das sociedades

15. Ob. cit., p. 12.

16. Cf. Antônio M. dos Santos, in ob. cit., p. 14; e Guiomar de Freitas, in ob. cit., p. 23. A questão relacionava-se com o artigo III, seção 2, da Constituição Americana, que determina que os tribunais federais têm competência para dirimir os litígios entre cidadãos de diferentes Estados da União (*a diversity of citizenship* é um pressuposto da competência das jurisdições federais). O que estava sendo analisado era a personalidade de um banco, ou seja, se ele era um *citizen* do Estado da Federação onde estava estabelecido, de modo a que o Tribunal Federal fosse competente para conhecer do litígio que o opunha a um cidadão de outro Estado. Na decisão, a Suprema Corte recusou-se a reconhecer a sociedade (o Banco) como cidadã (*citizen*) de um Estado, tendo então, o juiz Marshall, na descrição que dela fez, utilizado expressões como *criatura artificial, intangível e invisível;* e *entidade jurídica*.

17. Idem, p. 16.

não pode significar outra coisa senão que a entidade colectiva tem a nacionalidade dos associados que detêm o controle,[18] quer porque possuem a maioria do capital social, quer porque ocupam maioritariamente os lugares de direcção e administração, ou nela exercem uma influência preponderante, apesar de não deterem a maioria".[19]

Em resumo, o que fomenta essa teoria é que os sócios ou acionistas emprestam sua nacionalidade à sociedade, mas esta, isoladamente, não a tem.

c) *Teoria da "Staatszugehörigkeit"* - Essa tese, essencialmente alemã, ao invés de considerar a problemática em torno do conceito de nacionalidade, prefere encarar a questão como um problema relativo ao *direito dos estrangeiros,*[20] segundo o qual, se define, para alguns efeitos e na aplicação de algumas disposições legais, se uma sociedade é alemã ou estrangeira. Nesse sentido, uma pessoa jurídica pode ser considerada nacional, sob um aspecto e por força de uma lei determinada, ou estrangeira, de acordo com preceito legal diverso, se outros forem os fins que ela visa atingir.

Conclui-se daí que, aos ditames dessa teoria, não é possível falar-se em nacionalidade das sociedades no mesmo sentido que utilizamos para as pessoas naturais, pois, enquanto para estas o conceito de nacionalidade é uno, indivisível, para aquelas é admitida a divisibilidade, conforme a lei ou interpretação usadas.

d) *Teoria de Irigoyen* - Essa teoria é legitimamente sul-americana, criada na Argentina por volta de 1877. É também conhecida, principalmente naquele país, como *Doctrina Irigoyen*, e, fora dele — no resto do mundo — como Doutrina Latino-americana.

Foi desenvolvida por Bernardo de Irigoyen, então ministro das relações exteriores da Argentina, quando respondeu a uma reclamação do governo da Inglaterra feita em virtude de um conflito havido entre a Província de Santa Fé e a sucursal estabelecida na cidade de Rosário, do *Banco de Londres y América del Sur.*

Disse Irigoyen nas suas notas de resposta:[21] *El Banco de Londres y América del Sur es una persona jurídica que sólo existe con fines determinados, debe su existencia al país que la autoriza; no hay en ella nacionales ni extranjeros, no hay individuos de existencia material. No son las personas quienes se asocian, sino los capitales bajo forma anónima, como la palabra lo indica. No hay nombres, ni personas, ni responsabilidad individual comprometida ... el hecho de que las acciones hayan sido suscriptas por individuos de una nacionalidad es eventual y no puede desnaturalizar la esencia de una sociedad anónima. Todas las acciones se transfieren, y las que hoy están en poder de los ingleses pueden pasar fácilmente a manos de los ciudadanos de otros países.*

Essa doutrina — vale ressaltar — ao negar a nacionalidade das sociedades, o faz com relação às sociedades anônimas, específica e exclusivamente. Irigoyen entendia que pela natureza essencialmente circulatória de suas ações, não poderiam as sociedades anônimas ser vinculadas nem com o Estado sob o qual foi criada, nem com o Estado ao qual fossem nacionais seus acionistas, porque estes (pela negociação dos valores mobiliários) podem facilmente mudar.

4. TEORIAS QUE ADMITEM A NACIONALIDADE DAS SOCIEDADES

Passemos à análise das teorias que admitem a nacionalidade das sociedades.

18. A esse respeito, vide o *Critério do Controle* para atribuição de nacionalidade às sociedades — número 5, letra "e", *infra.*

19. Santos, Antônio Marques dos, in ob. cit., p. 19.

20. Cf. Antônio Marques dos Santos, in ob. cit., p. 26, *Fremdenrecht.*

21. Cf. Villegas, Carlos Gilberto, in ob. cit., p. 261.

a) *A nacionalidade das sociedades é idêntica à dos indivíduos* - Os defensores da tese partem do seguinte princípio: se a personalidade jurídica é uma criação do Direito, e, assim, não existe fora dele, também o é a oposição de personalidade aos indivíduos. Fora do Direito, então, não há pessoas, e, portanto, não há que se falar em personalidade.

Mais uma vez com Antônio M. dos Santos, veremos que "se a personalidade colectiva é reconhecidamente uma criação jurídica, a personalidade singular também não deixa de o ser. Não há nenhuma necessidade lógica ou ontológica que transforme os indivíduos, só pelo facto de o serem, em sujeitos de direito, dotados de personalidade jurídica".[22] Cita como exemplo o caso dos escravos no antigo Direito Romano e dos estrangeiros na Europa medieval.

Nesse sentido manifestou-se Léon Mazeaud[23] afirmando que os seres humanos são dotados de personalidade em virtude de uma construção jurídica, e essa mesma construção jurídica é responsável por conceder personalidade às pessoas coletivas. Daí falar que tanto as pessoas físicas, como as jurídicas ou coletivas, dotadas pelo direito de personalidade, têm uma nacionalidade, pois as pessoas — e somente as pessoas — podem ter nacionalidade; esta concebida como um "laço de dependência que une uma pessoa a um Estado".[24] Assim, a nacionalidade, no que se refere às sociedades, é a mesma dos indivíduos.

Por fim, à guisa de complementação, observa Mazeaud que "a noção de nacionalidade das sociedades não só está de acordo com a concepção francesa da personalidade moral, não só é consagrada pela nossa legislação, como é ainda uma noção indispensável, que não pode afastar-se sem levantar complicações infinitas. Portanto podemos concluir que qualquer pessoa, física ou moral, tem uma nacionalidade".[25]

b) *Teoria da analogia resultante da natureza dos sujeitos de direito* - Dessa teoria surge mais uma, segundo a qual a analogia — ao invés de resultar da natureza dos sujeitos de direito — resulta da própria natureza da nacionalidade das sociedades. "O ponto de partida fundamental destas correntes é o entendimento da nacionalidade da pessoa colectiva como um conceito análogo, mas não idêntico, à nacionalidade dos indivíduos. Mas enquanto uns fundam esta analogia na própria diferença de natureza dos sujeitos de direito, outros insistem sobretudo na diferença de natureza do próprio vínculo de nacionalidade aplicado às pessoas coletivas e aos indivíduos".[26]

Dispõe a primeira corrente que a nacionalidade é um conceito que somente por analogia pode servir às pessoas jurídicas, no sentido de que, não sendo sujeitos de direito nos mesmos termos em que o são as pessoas físicas (indivíduos), também não podem as sociedades dizer-se nacionais de um determinado país, em termos idênticos aos dessas pessoas físicas, embora, de alguma forma, tenham a nacionalidade desse país.

Já a segunda tese defende a idéia de que ambas as pessoas — físicas ou jurídicas — dispõem de nacionalidade, mas o vínculo que as une a um Estado não pode ser o mesmo, ou seja, a nacionalidade das pessoas, enquanto sujeitos de direito, decorre de motivos diferentes.

5. FORMAS DE ATRIBUIÇÃO DE NACIONALIDADE ÀS SOCIEDADES

Admitida a nacionalidade das sociedades (e nós a admitimos), enfrentaremos

22. Santos, Antônio Marques dos, in ob. cit., p. 30.

23. Mazeaud, Léon, "De la Nationalité des Sociétés", *Journal du Droit International*, 1928, pp. 30-66; *apud* Antônio M. Dos Santos, in ob. cit., p. 30, nota 54.

24. Idem, p. 31, nota 55.

25. Idem, p. 32, nota 59.

26. Idem, p. 37.

agora outra questão, mais objetiva, no entanto, não menos polêmica, que são os *critérios de atribuição*[27] *da nacionalidade* a essas pessoas jurídicas, já que cada Estado utiliza-se de uma forma, em virtude de pura conveniência — certos de que não poderiam ser comparados com os critérios válidos para as pessoas naturais.

Sua compreensão é de destacada importância, pois dela resulta, por exemplo, a determinação da lei aplicável às distintas relações que surgem da atuação de uma sociedade, ou o reconhecimento e proteção diplomática de uma sociedade estrangeira.

A esse respeito, encontraremos os seguintes critérios dentro da doutrina contemporânea:

a) *Critério da Incorporação (ou da Constituição da Sociedade)* - Esse critério apareceu inicialmente na Inglaterra, na primeira parte do Século XVIII, tendo, após, estendido-se aos demais países cujo sistema jurídico é o do *Common Law*, além de Suíça, Itália, Alemanha, Espanha, e alguns países da América Latina.

Bastante simples, o critério da incorporação apenas estabelece que a sociedade terá a nacionalidade do país onde foi constituída, *incorporada*. Logo, desde que se crie uma sociedade num país, sob a égide da sua legislação, essa sociedade será nacional desse país.

Pela sua própria singeleza e pelo fato de servir à grande maioria das nações, esse um dos métodos mais utilizados para atribuir-se nacionalidade às sociedades, não obstante haja Estados que utilizem mais de um critério, de forma complementar; e outros, por sua vez, que não aceitam adotar o critério da incorporação por entenderem que pode ensejar fraude.[28]

Antônio M. dos Santos[29] menciona inclusive que nos Tratados e Convenções internacionais, e nas decisões da jurisprudência arbitral internacional, o critério da in-

27. *Critério de atribuição* não se confunde com *forma de aquisição*. O primeiro é dado pelo confrontamento de determinados fatos relativos à uma sociedade comercial com a legislação de um país, extraindo-se disso uma conclusão subjetiva, p. ex.: *... a sociedade "X" é (ou pode ser) brasileira*. O segundo, forma de aquisição, diz respeito com a maneira pela qual uma sociedade tornou-se nacional de um país, ou seja: *através do que (como) a sociedade "X" é brasileira*?

Sobre forma de aquisição, a legislação pátria prevê, tal como ocorre com as pessoas físicas, a possibilidade de nacionalização das sociedades comerciais. Essa permissão vem disciplinada originariamente no artigo 71 e §§ do Decreto-lei n. 2.627, de 26 de setembro de 1940 — antiga Lei das Sociedades por Ações, ainda vigente por força do art. 300 da Lei n. 6.404/76 — e também nos artigos 9º e 10 da Instrução Normativa n. 59/96 do Departamento Nacional de Registro do Comércio (transcrita integralmente no Anexo deste trabalho). Diz o artigo 71 do Decreto-lei n. 2.627/40:

"Art. 71. A sociedade anônima estrangeira, autorizada a funcionar no País, pode, mediante autorização do Governo Federal, nacionalizar-se, transferindo sua sede para o Brasil.

§ 1º. Para esse fim, deverá, por seus representantes habilitados, oferecer, com o requerimento, os documentos exigidos no art. 64, parágrafo único, letras "a": "b" e "c", sem a exceção admitida nesta letra, e "f", a prova da realização do capital, pela forma declarada nos estatutos, e a ata da assembléia geral em que foi resolvida a nacionalização.

"§ 2º. O Governo Federal poderá impor as condições que julgar convenientes a defesa dos interesses nacionais.

"§ 3º. Aceitas pelo representante habilitado as condições, expedirá o Governo Federal o decreto de nacionalização, observando-se, em seguida, o disposto nos §§ 3º e 4º do art. 61."

E o art. 72 disciplina o oposto, ou seja, a perda da nacionalidade, por opção da companhia:

"Art. 72. A sociedade anônima ou companhia brasileira somente poderá mudar de nacionalidade mediante o consentimento unânime dos acionistas".

28. Cf. Ricardo Balestra, *Las Sociedades en el Derecho Internacional Privado*, p. 85, *apud* Guiomar de Freitas, in ob. cit., p. 45, que diz: *la aplicación de la ley del lugar de constitución a la existencia de la sociedad puede favorecer el fraude a la ley, al otorgar validez a una sociedad constituida en un país de legislación fiscal más benévola e con requisitos de publicidad menos severos, cuando tal sociedad se propone actuar en otro país cuya legislación establece medidas fiscales o de publicidad — por ejemplo — más exigentes.* É o caso, *v. g.*, de empresas *off-shore* constituídas em paraísos fiscais, como Uruguai, Ilhas Cayman, British Virgin Islands, dentre outros.

29. Ob. cit., p. 64.

corporação surge muitas vezes, quer como critério exclusivo de atribuição da nacionalidade às sociedades, quer como critério indispensável, embora não suficiente.

Entre nós, Carvalho de Mendonça, escreveu que "a nacionalidade das pessoas jurídicas depende do lugar onde foi celebrado o ato da sua constituição, embora seja outra a nacionalidade de pessoas que as componham. Como, porém, no ato institucional das sociedades comerciais se determina a sede ou domicílio social, é este o critério seguro da sua nacionalidade".[30]

Não pretendendo, de forma alguma, contestar a autoridade de Carvalho de Mendonça, mas apenas ensaiando interpretar suas palavras; parece-nos haver algum embaraço quanto à escolha de critérios. Num primeiro momento diz o jurista que a sociedade terá a nacionalidade do lugar onde foi constituída, e, mais adiante, posiciona-se no sentido de ser a sede social o fator determinante da sua nacionalidade. Claro que podem haver situações em que se utilize mais de um critério, todavia aqui não enxergamos essa dupla atribuição.

b) *Critério da Sede Social (Siège)* - Apareceu na França, em meados do século passado, em decorrência de que seu governo percebeu um crescente número de sociedades estabelecendo-se na Inglaterra — embora com sócios não ingleses e praticamente sem vinculação econômica com aquele país — como forma de aproveitar-se de prerrogativas então oferecidas em virtude da localização.

Trazendo para atualidade esse problema, é um exemplo a instalação de empresas *off-shore* em paraísos fiscais (países em que a legislação protege o sigilo das operação praticadas) onde sabidamente as sociedades não exercem sua atividade comercial, mas mantêm endereços e contas bancárias como forma de se prevalecer de condições especiais, não encontradas no país em que efetivamente atuam. Assim, nesse último, bastaria constituir uma *filial*.

Esse critério, pois, basicamente estabelece que uma sociedade terá a nacionalidade do Estado em que tiver sua sede social. Todavia, das discussões doutrinárias em torno desse método de atribuição, surgiu novo problema: saber se a *sede social* válida para esse fim, é a sede *estatutária* ou a sede *real*.

Obviamente a sede estatutária é a que figura nos atos constitutivos da sociedade, que atribuem a esta um local de funcionamento, um local onde supostamente estarão seus órgãos de administração e, assim, onde serão as decisões tomadas. Mas nem sempre é o que ocorre, pois, por conveniência ou fraude (conforme anotado anteriormente), uma sociedade pode mencionar em seus estatutos ou no pacto social que a sede será no Estado "A", mas efetivamente a instala no Estado "B".

A jurisprudência baseada no critério da sede social vem entendendo que a sociedade terá a nacionalidade do país onde de fato exerce sua atividade, ou seja, no país onde está sua *sede real* (a esse respeito citamos jurisprudência de 1984, da Corte de Apelação de Paris, lembrada por Jacob Dolinger, in ob. cit., p. 442: "Tratava-se de apurar a lei aplicável ao Banco Ottomano, que, segundo as normas do direito francês deveria ser a lei do país de sua sede real; na hipótese esta regra indicava como aplicável a lei inglesa, eis que o centro administrativo do Banco Ottomano se situava na Inglaterra" — no entanto foi outro o desfecho do caso). A propósito Henri Batiffol[31] assenta o motivo disso ao mencionar que a sede estatutária, não raro, pode consistir numa simples caixa postal, ou num pequeno escritório onde se recebe e envia correspondência, enquanto que a sede real traduz uma ligação muito mais estreita e efetiva com um Estado.

30. Carvalho de Mendonça, in ob. cit., pp. 99-100, n. 623.

31. Batiffol, Henn, *Le Changement de Nationalité des Sociétés*, pp. 65-77; *apud* Santos, Antônio Marques, in ob. cit., p. 66, nota 170.

Na França, país que fez surgir esse critério, o ordenamento jurídico ainda se vale da sede social para atribuir nacionalidade às sociedades, e, por conseqüência, definir a lei aplicável. Philippe Merle bem asseverou a esse respeito:[32] *...deux de ces critères, celui du siège social et celui du contrôle, sont utilisés par le droit français. ... Concernant la 'loi applicable à la société, c'est le critère du siège social qui est retenu: les sociétés dont le siège social est situé en territoire français sont soumises à la loi française (art. L. 3, al. 1er; compar. Art. 1837, al. 1er C. Civ.).*

Mais adiante o autor complementa e reforça a problemática já levantada quanto à sede real: *Le siège social doit être sérieux et réel. S'il était fictif, les tiers, en particulier le fisc, auraient le choix entre le siège statutaire et le siège réel (art. L. 3, al. 2).*

c) *Critério da Autonomia da Vontade* - Bastante difundido nos países da Europa durante o século XIX — e ainda vigente, embora menos significativo que os dois critérios já analisados — esse, por sua vez, atribui aos sócios fundadores da sociedade o poder de escolha da nacionalidade, manifestando a opção nos atos constitutivos.

É uma "transposição da teoria da autonomia da vontade nos contratos; mas a possibilidade de fraude condenou esse critério" diz Guiomar de Freitas;[33] e *se fundamenta en que las partes pueden elegir la ley internacional que rige el contrato respectivo, en tanto no se vulneren principios de orden jurídico de otros países. Es la tesis que recoge el Código Bustamante*, complementa Villegas.[34]

Quanto às observações de Guiomar de Freitas, por uma face entendemos que a autonomia da vontade, muito embora seja um princípio que rege o direito contratual, não pode ser levado às últimas conseqüências, isto é, não pode ser utilizado para escolher determinada nacionalidade aleatoriamente. Ao nosso ver seria uma deturpação do princípio, que deve restringir-se ao objeto e matéria contratuais. Por mais acreditamos mesmo na real possibilidade de fraude (reportamo-nos, inclusive, ao mesmo exemplo de fraude trazido quando da análise do critério anterior).

Já quanto à observação de Villegas, não é demais comentário no sentido de que esse Código, elaborado por Bustamante, além do critério da autonomia da vontade, ainda consagra vários outros, o que o torna, por via de conseqüência, uma legislação bastante confusa.

d) *Critério do Local (ou Centro) de Exploração*[35] - Historicamente, esse critério "foi adotado pela jurisprudência francesa e seguido por uma parte da doutrina na segunda metade do século XIX, tendo sido abandonado a partir dos primeiros anos do século XX, época em que o critério da sede social triunfou definitivamente em França".[36]

Da mesma forma que ocorre com o critério da sede social, este também exige uma ligação de caráter territorial entre a sociedade e o Estado ao qual estará vinculada. Assim, segundo esse critério, *v.g.*, uma sociedade será brasileira desde que o seu centro de exploração econômica — o local onde explora suas atividades comerciais — aqui esteja estabelecido.

Duas ressalvas podem ser feitas quanto a essa forma de atribuição de nacionalidade. A primeira diz respeito às sociedades que desenvolvem atividades em vários

32. Merle, Philippe, *Droit Commercial, Sociétés Commerciales*, p. 90, 3ª ed., Précis Dalloz, Paris, 1992.

33. Freitas, Guiomar de, in ob. cit., p. 42.

34. Villegas, Carlos Gilberto, in ob. cit., p.253.

35. Também denominado *critério econômico* por Fernando Boiteux e Luiz Mélega, sendo que este último o subdivide em: a) critério do centro principal dos negócios ou centro de exploração; b) critério do país no qual se produz a maior parte de emissão de ações; c) critério do controle.

36. Cf. Yvon Loussouarn, *La Condition des Personnes Morales en Droit International Privé*, RCADI, 1959-I, t. 96, pp. 447-552; *apud* Santos, Antônio Marques, in ob. cit., p. 69, nota 190.

países (grandes grupos econômicos, tal como as companhias distribuidoras de petróleo ou montadoras de automóveis, dentre outras), situação onde se torna difícil determinar qual o seu *centro de exploração*. Nem o argumento de que o centro de exploração é o local onde há maior volume de atividade pode prosperar, visto que esse *local* também é passível de mudança por vários fatores, inclusive sociais e políticos.

Outra ressalva é no sentido de que há sociedades — que exploram atividades econômicas como construção civil ou extração mineral — que deslocam seu centro de exploração de país a país, conforme sua necessidade ou oportunidade; o que sem dúvida acarreta uma confusão no momento de atribuir-lhes a nacionalidade de um ou de outro Estado.

e) *Critério do Controle* - Teve sua difusão mais acentuada em momentos de guerra, quando se procurava estabelecer se determinada sociedade era *amiga* ou *inimiga*, conforme pertencesse a um, ou outro Estado. Considerava-se, pois, *inimiga*, segundo a nacionalidade dos indivíduos que detinham o efetivo controle da sociedade.[37] Mas, embora razões fortes, não foram as guerras as únicas que motivaram sua utilização, posto que há quem acredite ser essa a melhor forma de estabelecer a nacionalidade das sociedades.

Portanto, para os seguidores do critério do controle, o que interessa é saber efetivamente quem comanda a sociedade, e não propriamente quem são os detentores de ações ou quotas sociais (posto que, muitas vezes — ou na maioria das vezes — os sócios comuns não têm legitimidade para agir em nome da sociedade).

Daí resta claro que a atribuição da nacionalidade às sociedades, pelo critério do controle, significa que esta será *nacional* de um país desde que o *controle* (entendido como poder de decisão) da sociedade seja exercido por pessoa natural ou mesmo coletiva (assim, outra sociedade) desse país.

A seu turno, e conforme Antônio M. dos Santos,[38] "o controle pode surgir como critério exclusivo de atribuição da nacionalidade — e nesse caso só as sociedades controladas por nacionais —, ou, como ocorre mais freqüentemente, ele pode aparecer como elemento necessário, embora não suficiente, de atribuição da nacionalidade à sociedade; neste último caso, exige-se freqüentemente, para atribuição da qualidade de nacional à sociedade, além do controle por nacionais, a constituição segundo o direito do país (*incorporation*) e/ ou a localização da sede social no Estado de cuja nacionalidade se trata".

As duas últimas exigências mencionadas (critérios já comentados, letras "a" e "b", *supra*), traduzem situação, não rara, onde se faz necessário a sobreposição de dois ou mais critérios para chegar-se à nacionalidade de uma pessoa jurídica.[39]

E para concluir se determinada sociedade tem seu controle nas mãos de nacionais do Estado que pretende seja reconhecida sua nacionalidade, via de regra são examinados alguns aspectos dados como determinantes. Por vezes basta que a maioria do capital (maioria simples ou qualificada) esteja em poder de pessoas do Estado em questão; em outros casos exige-se que a maioria dos sócios ou administradores sejam desse Estado; ou ainda, há casos em que é exigida a cumulação das duas *maiorias*.[40] Vemos, assim, que essa deter-

37. Villegas, in ob. cit., p. 255, cita Le Pera e exemplifica a utilização desse critério invocando um caso concreto. Na Inglaterra, no ano de 1916, a Câmara dos Lordes, analisando o caso "*Continental Tyre Co. v. Daimler*", resolveu que uma sociedade deveria ser considerada *inimiga* se estivesse sob a influência dominante de uma pessoa física ou jurídica que, a sua vez, deveria ser classificada como *inimiga*.

38. Ob. cit., p. 73.

39. É o que ocorria na Constituição Federal que, antes da Emenda Constitucional n. 6/95 que revogou o artigo 171, adotava, além do controle, os critérios da incorporação e sede social.

40. Caso das Empresas Binacionais Brasileiro-Argentinas.

minação é um tanto subjetiva, variando de acordo com o ordenamento de cada país.

Por fim, não é demais buscar novamente o auxílio de Antônio M. dos Santos — cuja autoridade na matéria não se contesta — que diz com Yvon Loussouarn: "A teoria do controle visa assim ultrapassar o rigor das construções jurídicas, ou, pelo menos, abandonar o juridismo excessivo, para determinar quais os interesses económicos e/ou políticos reais que se perfilam — ou escondem — por detrás do ente colectivo. As suas preocupações são portanto primacialmente económicas ou político-económicas".[41]

f) *Critério do Investidor Nacional* - Considerado por alguns autores como uma variante inovadora do critério do controle, o critério do investidor nacional (também chamado de critério do Grupo Andino) tem seu mérito assentado exatamente na originalidade da noção que empresta ao "investidor".

Não é necessário que uma pessoa seja nacional de um país — e aí falamos tanto de nacionalidade da pessoa física como da jurídica — para ser *investidor nacional* desse país. O conceito de investidor nacional, portanto, está diretamente ligado ao seu domicílio legal, para tanto bastando que a pessoa, física ou jurídica, seja domiciliada em algum país para ser dele considerada um investidor.

Desse modo, segundo o critério em pauta, a sociedade tem a nacionalidade dos seus investidores (não se confunda investidor nacional com controlador), desde que esses investidores sejam detentores de uma determinada porcentagem do capital. De certa forma, é o critério, por exemplo, utilizado pelo Estatuto das Empresas Binacionais Brasileiro-Argentinas,[42] que, conforme suas disposições, assume a característica de binacionalidade desde que oitenta por cento do capital votante pertença a *investidores nacionais de um dos dois países*, respeitando um mínimo de trinta por cento para cada país.

g) *Critério do Centro de Decisão* - Concebido por Berthold Goldman,[43] esse critério empresta sua utilização aos grupos multinacionais de sociedades, que em sua maioria têm um núcleo de direção baseado em um país, não obstante possuam uma pluralidade de sociedades subordinadas a esse núcleo, distribuídas em outros países.

Há entretanto, dois motivos que autorizam uma forte rejeição a esse critério: o primeiro é por assemelhar-se muito aos critérios do controle e da sede social, embora com isso não concorde seu criador, defendendo que o critério do controle é excessivo e insuficiente. Quanto ao seu *parentesco* com o critério da sede social, assevera Goldman[44] que o país da sede social da *sociedade-mãe* do grupo multinacional, poderá não corresponder ao país da localização do centro de decisão, pelo que não há semelhança entre os dois métodos (com o que somos levados a concordar).

O segundo motivo é trazido ainda por Santos, que entende ser muito difícil determinar, na prática, o centro de decisão, uma vez que existem grupos societários com estrutura complexa, comportando filiais, e, muitas vezes, filiais de filiais. Para ilustrar seu ponto de vista, exemplifica com o seguinte raciocínio: "'A', sociedade americana, incorpora uma sociedade 'AA', sua filial, em Londres, e esta, por seu turno, controla a sociedade 'AAA', com sede em França. Qual a nacionalidade de 'AAA', ou, por outras palavras, onde se encontra o seu centro de decisão — nos Estados Unidos ou no Reino Unido?"[45]

41. Santos, Antônio Marques dos, in ob. cit., p. 75, nota 209.

42. Veja-se que o Estatuto inclusive utiliza o termo *investidor nacional*.

43. Autor de *Droit Commercial Européen*, e *La Nationalité des Sociétés dans la Communauté Economique Européenne*, cf. Antônio M. dos Santos, in ob. cit., p. 79, nota 230.

44. Goldman, Berthold, *La Nationalité des Sociétés dans la Communauté Economique e Européenne*, p. 232; *apud* Santos, Antônio Marques dos, in ob. cit., p. 80, nota 232.

45. Santos, Antônio Marques dos, in ob. cit., p. 81.

Se antes nos pusemos de acordo com a argumentação de Goldman, agora concordamos com a complexidade que envolve esse critério, lembrando também da existência de outros fatores que podem agravar ainda mais a indagação transcrita acima, que são as sociedades que ostentam participações cruzadas de capital; os consórcios (ou *pool* de empresas); as *joint ventures* etc.

Pois bem, certo que não se pode alimentar negativismo em relação à nacionalidade das sociedades — posicionamento já anteriormente manifestado — e certo que é de singular importância o critério de atribuição da nacionalidade (pois encerra diversas questões, dos pontos de vista político, econômico e jurídico, principalmente), essas as considerações que por ora entendemos pertinentes.

6. CONSEQÜÊNCIAS DA ATRIBUIÇÃO DE NACIONALIDADE

Não obstante a atribuição de nacionalidade acabe por ensejar conseqüências nas mais diversas faces da atividade empresarial, separamos cinco situações onde ela se faz sentir mais intensamente (ou, ao menos, de forma mais importante), quais sejam: lei aplicável às sociedades; reconhecimento de uma sociedade constituída no exterior; habilitação para atuar em determinado país; distinção entre sociedades nacionais e estrangeiras para o gozo de algumas prerrogativas; e, proteção diplomática das sociedades.

a) *Lei aplicável* - Como já tivemos a oportunidade de enfatizar anteriormente (e o faremos também mais adiante), talvez o principal motivo de buscar-se a nacionalidade de uma sociedade seja para saber a qual ordenamento jurídico ela estará subordinada.[46] Com efeito, muitas leis nacionais, muitos tratados e convenções, não se referem expressamente à nacionalidade das sociedades, mas sim à lei à qual estarão subordinadas. Desse modo, mais do que uma conseqüência, a determinação da *lei aplicável* às sociedades consubstancia-se em importância fundamental da determinação da nacionalidade.

A propósito, José de Oliveira Ascensão, jurista português e professor da Universidade de Lisboa, escreve em sentido um pouco diverso, dizendo que "é necessário distinguir a nacionalidade e o estatuto pessoal. A nacionalidade é um vínculo, de caráter político, entre uma pessoa e um Estado: cada Estado determina quem são os seus nacionais. O estatuto pessoal é um tema de direito internacional privado, pelo qual se determina a lei aplicável às sociedades, quando surjam conflitos de leis, podendo a lei aplicável ser a nacional ou a estrangeira".[47]

De todo modo, diante de um caso concreto, devemos sempre buscar elementos que auxiliem na determinação da lei que será aplicável, por exemplo, para reger relações internas entre os sócios, relações com terceiros, ou aspectos do funcionamento da sociedade, como formação do capital, direitos e deveres dos sócios, formação e atuação dos órgãos sociais etc. É, pois, o que acontece na maioria das questões lavadas aos tribunais internacionais.

b) *Reconhecimento de sociedade constituída no exterior* - Pela atribuição de nacionalidade a uma sociedade, chega-se a reconhecer uma sociedade estrangeira, ou seja, através da utilização de um critério de atribuição, ter-se-á uma sociedade como nacional de um país ou estrangeira em relação a este país.

46. Sobre isso, inclusive, asseverou o francês Philippe Merle (in ob. cit., p. 89), no seguinte sentido: *... de fait, il est du plus grand intérêt de determiner la nationalité d'une société pour savoir quelle loi lui est applicable afin de fixer son statut juridique (règle de constitution, de fonctionnement...). En outre, lorsque certains droits sont réservés aux nationaux français la détermination de la nationalité sera décisive.*

47. Ascensão, José de Oliveira, *Direito Comercial*, v. IV, *Sociedades Comerciais*, pp. 44-45, Lisboa, 1993.

Sobre o assunto Villegas lembra que "la doctrina de la 'incorporación' dirá que existe tal sociedad en tanto se hayan cumplido las formalidades y requisitos del lugar de constitución; mientras que la doctrina de la 'siège', dirá que se deberá tener en cuenta para saber si hay sociedad la ley del país donde la sociedad actúa o tiene el principal centro de explotación; y la doctrina del control aplicará la ley de la nacionalidad de los socios o de los administradores sociales".[48]

Registra-se ainda o posicionamento da Convenção de Haya sobre o reconhecimento da personalidade jurídica das sociedades, que adotou o princípio de que essa personalidade jurídica é reconhecida de pleno direito sempre que tenham sido cumpridas as formalidades e publicações do país de constituição.

c) *Habilitação para atuar* - É também conseqüência da nacionalidade de uma determinada sociedade a habilitação para que atue fora do seu país de origem. Não se deve, entretanto, confundir uma atuação através de atos isolados, circunstanciais, com uma atuação permanente, realizada através de sucursal ou agência, pois, aí sim, a sociedade respeitará o regime legislativo adotado pelo país onde pretende se instalar.

Da mesma forma não se deve confundir o reconhecimento da sociedade estrangeira, com a sua atuação num país estranho ao de origem. Sobre isso, aliás, escreveu Jacob Dolinger: "Já vimos que há de se distinguir entre o reconhecimento da pessoa jurídica estrangeira e o seu funcionamento em nosso território: enquanto o reconhecimento decorre exclusivamente da lei de sua nacionalidade, pelo que reconheceremos em nosso país todas as pessoas jurídicas que tenham sido registradas e/ou inscritas no país de sua constituição, diverso é o critério para que as mesmas possam funcionar em nosso país. Para tanto, deverão submeter-se às nossas leis"[49] (daí o advérbio "entretanto" do parágrafo 1º do artigo 11, da Lei de Introdução ao Código Civil).

É dizer, se uma sociedade busca atuação efetiva, *v. g.*, no Brasil, e for considerada (por qualquer critério) *estrangeira*, obrigatoriamente estará sujeita às recomendações da legislação brasileira para instalação de empresas *estrangeiras*, se assim pretender (como, por exemplo, as citadas Instruções Normativas ns. 58 e 59 do Departamento Nacional do Registro do Comércio).

d) *Distinção entre sociedades nacionais e estrangeiras para o gozo de algumas prerrogativas* - De fato, ao atribuir nacionalidade a uma sociedade, conseqüentemente estaremos incluindo-a num rol de empresas passíveis de certas vantagens oferecidas pelo Estado.

Este assunto esteve estreitamente ligado ao regime econômico imperante no mundo até o fim da *guerra fria*, especialmente durante as duas Grandes Guerras, e durante as décadas de cinqüenta e sessenta, sob o pretexto de resguardar áreas consideradas de interesse nacional, como a segurança, extração mineral, telecomunicações, dentre outras.

No Brasil, entretanto, existe ainda essa preocupação, manifestada em dispositivos constitucionais que, por um lado restringem a atuação de empresas estrangeiras em determinadas áreas, e, de outro, conferem tratamento favorecido às empresas brasileiras (art. 170, IX; e art. 176, § 1º, da Constituição Federal).

e) *Proteção diplomática de sociedades* - "La atribución de nacionalidad a las sociedades ha traído como consecuencia el problema de la protección diplomática de estos entes, como una extensión del principio admitido en el derecho internacional público que autorizaba a prestar a los súbditos dicha protección contra actos de un Estado extranjero".[50]

. Dois são os casos que exemplificam bem essa proteção diplomática, conseqüên-

48. Villegas, Carlos Gilberto, in ob. cit., p. 256.
49. Dolinger, Jacob, in ob. cit., p. 446.
50. Villegas, Carlos Gilberto, in ob. cit., p. 258.

cia da atribuição de nacionalidade a uma sociedade. O primeiro caso é o do *Banco de Londres y América del Sur*, analisado por Bernardo de Irigoyen e ponto de partida para a doutrina que leva seu nome.

Apesar, no entanto, de que a tese de Irigoyen nega a nacionalidade das pessoas coletivas, é certo que impedindo o governo da Inglaterra em interferir na questão suscitada entre aquele Banco e a Província de Santa Fé, acabou protegendo-o, até porque localizado em seu território.

Outro caso de proteção diplomática é o da sociedade *Barcelona Traction, Light and Power Company Ltd.*, muito citado pela doutrina contemporânea nacional e estrangeira ao comentar os critérios da incorporação e da sede social para atribuição de nacionalidade, em detrimento do critério do controle.

Tratava-se a *Barcelona Traction*, de uma sociedade constituída em 1911 no Canadá, em Toronto (onde fixou sua sede estatutária e estabeleceu sua sede social), que tinha quinze subsidiárias, sendo três naquele país e doze na Espanha; mas cujo capital estava, em sua maioria (oitenta e oito por cento), nas mãos de pessoas físicas ou jurídicas da Bélgica.

Em dado momento, então, a sociedade emitiu debêntures em libras esterlinas vinculadas às subsidiárias espanholas (ou seja, aquelas subsidiárias é que deveriam resgatá-las), mas, com o advento da guerra civil na Espanha e com a política restritiva aplicada pelo seu governo, foram suspensos os pagamentos, até que em 1948 um Tribunal espanhol declarou a falência da companhia.

Essa decisão gerou profundo inconformismo de alguns países e acabou resultando em reclamações diplomáticas partidas dos governos do Canadá, Inglaterra, Estados Unidos da América do Norte e Bélgica, todos sustentando ilegitimidade da declaração da falência, por não ser a Espanha o foro competente. Mais adiante, contudo, os três primeiros países retiraram suas reclamações ao reconhecerem a falta de suficiente interesse nacional, restando apenas a Bélgica, que levou a questão até a Corte Internacional de Justiça de Haia, entendendo que deveria atuar no interesse dos seus nacionais, lesados que foram.

Essa Corte proferiu julgamento apenas em 1970, e, usando de uma interpretação restritiva do direito à proteção diplomática decretou perda de causa à Bélgica, por decisão majoritária. Sustentou, inclusive, que nenhuma regra de Direito Internacional legitimava essa reclamação, pois a sociedade não era *nacional* da Bélgica; apenas seus acionistas, e, assim, somente o governo canadense teria legitimidade ativa para reivindicar.

No caso, pois, a Corte Internacional claramente mostrou seu entendimento ao utilizar os critérios da incorporação e da sede social como meio hábil a estabelecer a nacionalidade das sociedades (veja-se que a *Barcelona Traction* foi constituída no Canadá, sob as leis canadenses, e tinha sedes no Canadá e Espanha, muito embora a maioria dos sócios fosse belga). Somente o voto discordante, do juiz Gros, deu prevalência para a questão econômica, suscitando o fato de que o prejuízo fora sofrido por acionistas belgas, portanto, estaria legitimada a Bélgica para reivindicar qualquer indenização.

Pois bem, esses os aspectos que nos pareceram mais relevantes sobre a nacionalidade das sociedades, levando em conta, naturalmente, que visávamos sua publicação em uma Revista, na forma de artigo. Por isso que fica a certeza de não ter, aqui, esgotado o assunto.

Atualidades

A NOVA LEI BRASILEIRA SOBRE PROPRIEDADE INDUSTRIAL

EDUARDO GREBLER

INTRODUÇÃO — A NOVA LEI DE PROPRIEDADE INDUSTRIAL — Conceito de propriedade industrial. PATENTES — Conceito de invenção e modelo de utilidade — Patenteabilidade — Prioridade — Trâmite do pedido de patente — Duração da patente — Direitos conferidos pela patente — Nulidade da patente — Transferibilidade e licenciamento da patente — Patente de interesse da defesa nacional — Certificado de adição de invenção — Extinção da patente — Retribuição anual — Invenção ou modelo de utilidade criado por empregado. DESENHO INDUSTRIAL — Conceito de desenho industrial — Trâmite do pedido de registro de desenho industrial — Vigência do registro de desenho industrial — Direitos conferidos pelo registro de desenho industrial — Nulidade de registro de desenho industrial — Extinção do registro de desenho industrial — Retribuição qüinqüenal pelo registro de desenho industrial — Transferibilidade e licenciamento do desenho industrial — Desenho industrial criado por empregado. MARCAS — Conceito de marca registrável — Marca de alto renome e marca notória — Prioridade do pedido de registro de marca — Requerente do registro de marca — Direitos sobre a marca outorgados pelo registro — Vigência da marca registrada — Cessão do depósito ou do registro da marca — Licenciamento de uso da marca registrada — Perda do direito ao registro da marca — Marcas coletivas e de certificação — Depósito, exame e registro de marca — Nulidade do registro da marca. INDICAÇÕES GEOGRÁFICAS — CONCORRÊNCIA DESLEAL — TRANSFERÊNCIA DE TECNOLOGIA E FRANQUIA — TRÂMITES, PROCEDIMENTOS E RECURSOS. DECISÕES TRANSITÓRIAS — CONCLUSÃO.

INTRODUÇÃO

A matéria de propriedade industrial passou, nos últimos anos, por profundas modificações legislativas no Brasil. Emergindo de um período de forte nacionalismo, durante o qual chegou a ser incluída no conceito de soberania nacional, o tratamento da propriedade industrial foi modernizado por novas leis, moldadas na experiência internacional sobre o tema.

Desde o início da década de 90, discutiu-se intensamente nos meios governamental, empresarial e acadêmico sobre a necessidade de uma nova legislação sobre a propriedade industrial, compatível com o momento que o país passou a viver ao se abrir para o livre comércio mundial. Contudo, somente em 1996 surgiu esta nova legislação no Brasil, através da Lei de Propriedade Industrial (LPI),[1] que, após longa e conflituosa tramitação no Congresso Nacional, substituiu o então denominado Código de Propriedade Industrial.[2]

1. Lei n. 9.279, de 14.5.96.
2. Lei n. 5.772, de 21.12.71.

À nova legislação sobre propriedade industrial de 1996 seguiram-se outras iniciativas no campo da propriedade intelectual, editando-se em 1997 a Lei de Cultivares,[3] que possibilitou proteção à propriedade intelectual sobre a reprodução comercial de variedades vegetais superiores desenvolvidas através de gerações sucessivas; ao início de 1998, foi editada nova Lei do Software,[4] sanando imperfeições e preenchendo lacunas da legislação de 1987, bem como uma nova legislação sobre direitos autorais.[5]

O fato de que o legislador brasileiro tenha, nos últimos anos, promovido reforma de envergadura no direito de propriedade intelectual do país deveu-se não somente à obsolescência da legislação então vigente – ensejadora de críticas da comunidade internacional sobre o baixo grau de proteção que o Brasil concedia à propriedade imaterial –, mas também à especial relevância do tema, em âmbito mundial, a partir da celebração do Acordo Constitutivo da Organização Mundial do Comércio (OMC), em 1994, do qual faz parte integrante o Acordo sobre Aspectos da Propriedade Intelectual Relacionados com o Comércio (Acordo TRIPs),[6] ao qual, obrigatoriamente, aderiram os países integrantes da OMC.

A modernização normativa, impulsionada pelo Executivo Federal e promovida pelo Congresso Nacional – a quem compete legislar sobre o assunto – visou, pois, a atender aos compromissos internacionais do Brasil e, ao mesmo tempo, colocar o país no patamar em que já se encontravam os principais atores do comércio mundial.

Este é o pano de fundo da nova Lei de Propriedade Industrial brasileira, cujas características mais marcantes serão a seguir apresentadas, de forma sucinta, visando a uma percepção abrangente deste tema.

3. Lei n. 9.456, de 25.4.97.

4. Lei n. 9.609, de 19.2.98.

5. Lei n. 9.610, de 19.2.98.

6. Anexo 1C ao Acordo Constitutivo da Organização Mundial do Comércio, feito em Marraksh em 15 de abril de 1994, promulgado no Brasil pelo Decreto n. 1.355, de 30.12.94.

A NOVA LEI DE PROPRIEDADE INDUSTRIAL

Desde a Constituição de 1824 o direito de propriedade sobre as invenções foi reconhecido pelo ordenamento constitucional brasileiro, ao dispor que "Os inventores terão a propriedade de suas descobertas ou das suas produções. A lei lhes assegurará um privilégio exclusivo temporário, ou lhes remunerará em ressarcimento da perda que hajam de sofrer pela vulgarização".[7] Assimilando a noção, já então consagrada pela Constituição americana, de que a criação do espírito constituía bem apropriável, o direito brasileiro passou a atribuir-lhe foros de propriedade,[8] com predicados morais e patrimoniais, dotando-o de exclusividade.[9]

A Convenção da União de Paris para Proteção da Propriedade Industrial,[10] celebrada em 1883, identificou a expressão "propriedade industrial" como espécie do gênero "propriedade intelectual",[11] termo este que passou, desde então, a ter significado mais ou menos uniforme em âmbito mundial, abrangendo "os privilégios de invenção, os modelos de utilidade, os desenhos ou modelos industriais, as marcas de fábrica ou de comércio, as marcas de serviço, o nome comercial e as indicações de procedência ou denominação de origem,

7. Constituição do Império de 1824, art. 179, inciso 26.

8. Para uma análise da relação jurídica entre o direito de propriedade e a invenção, cf. Luiz Leonardos, "O Direito sobre a Invenção como Direito de Propriedade", in *RT* 641/72.

9. Cf. Isabel Vaz, *Direito Econômico das Propriedades*, Forense, Rio, 1993, p. 420.

10. Promulgada no Brasil, em sua última revisão, pelo Decreto n. 1.263, de 10.10.94.

11. Cf. art. 2º, inciso VIII da Convenção que institui a Organização Mundial da Propriedade Intelectual (OMPI), promulgada no Brasil pelo Decreto n. 75.541, de 31.3.75.

bem como a repressão da concorrência desleal".[12]

Conceito de propriedade industrial

No direito positivo brasileiro, a propriedade industrial situa-se na categoria da propriedade intelectual, ao lado do direito de autor – e, mais recentemente, do direito à nova cultivar – como bem jurídico passível de proteção, de natureza essencialmente mercantil, por servir à produção e comercialização de mercadorias.

Acompanhando a tradição, a LPI dispensou-se de definir o conteúdo do termo "propriedade industrial", limitando-se a elencar os direitos a ele relativos – a invenção e o modelo de utilidade patenteados, a marca e o desenho industrial registrados. Além destes direitos, de conteúdo positivo, a LPI cuidou também da repressão das condutas de conteúdo negativo, quais sejam, a falsa indicação geográfica e a concorrência desleal, cobrindo assim as demais matérias contempladas na Convenção de Paris – exceção feita à proteção do nome comercial, que, no Brasil, é outorgada pela legislação de registro de comércio.

O rol de direitos de propriedade industrial contemplados na LPI não apresenta grande inovação em relação ao antigo Código de Propriedade Industrial. Além de alterações de terminologia e na taxonomia, nota-se a eliminação da proteção antes concedida pelo Código à "expressão ou sinal de propaganda", que deixou agora de existir.[13]

Também no que respeita ao campo de aplicação, a LPI reproduziu, embora com outra linguagem, parte das normas do antigo Código, considerando aplicáveis suas disposições ao pedido de patente ou de registro proveniente do exterior e depositado no Brasil, que tenha proteção assegurada por tratado ou convenção em vigor no país. A LPI estendeu a aplicabilidade de suas normas também a nacionais ou pessoas domiciliadas em país que assegure reciprocidade de direitos a brasileiros ou pessoas domiciliadas no Brasil.

PATENTES

A LPI outorga direito a patente ao autor de *invenção* e de *modelo de utilidade*, com a qual seu titular tem garantida a respectiva propriedade. Não mais se cogita de patente de *modelo industrial* – categoria que o antigo Código identificava como sendo "a forma plástica que possa servir de tipo de fabricação de um produto industrial e ainda se caracterize por nova configuração ornamental". A patente de *desenho industrial*, prevista na legislação anterior, passou na LPI à categoria de direito registrável.[14]

Conceito de invenção e modelo de utilidade

O termo *invenção* não é definido na LPI, nem tampouco nos textos normativos internacionais anteriores ao Acordo TRIPs. Entretanto, seu sentido se depreende do conteúdo exigido para que a invenção seja patenteável: a concomitante presença de *novidade*, *atividade inventiva* e *aplicação industrial*. *Novidade* é tudo aquilo que não esteja compreendido no estado da técnica – isto é, que já fosse acessível ao público, no Brasil ou no exterior, antes do pedido de patente; *atividade inventiva* é o atributo que, aos olhos de um técnico no assunto, permite concluir que a idéia não decorre, de maneira evidente ou óbvia, do estado da técnica; *aplicação industrial*, por sua vez, traduz a possibilidade de utilização ou produção em qualquer tipo de indústria.[15-16]

12. Convenção de Paris, art. I, 2º par.
13. LPI, art. 233.
14. Idem, art. 236.
15. LPI, arts. 13 e 15.
16. Estas expressões, por serem passíveis de diferentes interpretações, tiveram seu sentido explicitado em nota ao art. 27 do Acordo TRIPs, segundo

Já o *modelo de utilidade* tem conceito específico na LPI, que o define como "o objeto de uso prático, ou parte deste, suscetível de aplicação industrial, que apresente nova forma ou disposição, envolvendo ato inventivo, que resulte em melhoria funcional no seu uso ou em sua fabricação".[17] Isto é, o objeto ou parte dele que, embora não sendo uma invenção por inteiro, seja dotado de *ato inventivo*, como tal entendida a qualidade que permita a um técnico reconhecer que não decorre, de maneira comum ou vulgar, do estado da técnica.[18]

Patenteabilidade

O aspecto em que a LPI mais inovou em relação ao antigo Código está nas exceções ao que se considera como invenção ou modelo de utilidade. Na sistemática do antigo Código, consideravam-se como *invenções não privilegiáveis*, entre outras, as substâncias, matérias ou produtos obtidos por meios ou processos químicos, bem como as substâncias, matérias, misturas ou produtos alimentícios, químico-farmacêuticos e medicamentos de qualquer espécie e os respectivos processos de obtenção ou modificação.[19]

Na LPI, já não se impede a concessão de patente às criações acima mencionadas, mas nela também se encontra uma lista daquilo que não é patenteável (o que for contrário à moral, aos bons costumes e à segurança, à ordem e à saúde públicas, as substâncias, matérias, misturas, elementos ou produtos resultantes da transformação do núcleo atômico, o todo ou parte dos seres vivos), assim como o elenco daquilo que não se pode considerar invenção ou modelo de utilidade (descobertas, teorias científicas e métodos matemáticos, concepções abstratas, esquemas, planos, princípios ou métodos comerciais, contábeis, financeiros, educativos, publicitários, de sorteio e de fiscalização, obras literárias, arquitetônicas, artísticas e científicas ou qualquer criação estética, programas de computador em si, apresentação de informações, regras de jogo, técnicas e métodos operatórios e cirúrgicos e métodos terapêuticos ou de diagnóstico para aplicação no corpo humano ou animal, o todo ou parte dos seres vivos naturais e materiais biológicos encontrados na natureza ou ainda que dela isolados).[20]

A conseqüência mais notável desta modificação foi a patenteabilidade, a partir da LPI, de produtos e processos farmacêuticos e medicamentos em geral, alterando regras que vigoraram no país desde 1945. Esta mudança de rota na legislação brasileira sobre propriedade industrial veio resolver o contencioso que se instalara entre o Brasil e os Estados Unidos da América, em decorrência do qual chegaram a ser impostas sanções comerciais contra o Brasil, ao fundamento de práticas desleais de comércio.[21]

Merece referência o fato de que, embora a LPI negue patenteabilidade a seres vivos, excluiu desta vedação os microorganismos transgênicos, como tal entendidos os organismos que expressem, mediante intervenção humana direta em sua composição genética, uma característica normalmente não alcançável pela espécie em condições naturais.[22]

Prioridade

Tendo em vista que a proteção à propriedade industrial tem caráter territorial, verifica-se a constante presença dos aspectos de internacionalidade sempre que se

a qual, para os fins desse artigo, os termos atividade inventiva e aplicação industrial podem ser entendidos como sinônimos, respectivamente, de "não óbvio" e "utilizável".

17. LPI, art. 9º.

18. Idem, art. 14.

19. Código de Propriedade Industrial, art. 9º, alíneas "b" e "c".

20. LPI, arts. 10 e 18.

21. Cf. o histórico deste contencioso em Di Biasi, Garcia e Mendes, *A Propriedade Industrial*, Forense, Rio, 1997, pp. 8 e ss.

22. LPI, art. 18, inciso III, e parágrafo único.

busca a proteção patentária. Desde os primórdios se constatou que, ao depositar o pedido de patente em determinado país, o inventor se arriscava a perder um dos requisitos para a patenteabilidade em outros países, qual seja, o caráter de novidade da invenção. Assim, desenvolveu-se no sistema patentário internacional o mecanismo da *prioridade* para o pedido de patente, mediante o qual se evitava que a divulgação do invento decorrente do depósito da patente em um país prejudicasse a patenteabilidade em outro país.[23]

Já prevista na Convenção de Paris[24] e reconhecida pelo antigo Código, a prioridade foi consagrada na LPI,[25] que a concede ao pedido de patente depositado em país que mantenha acordo com o Brasil, ou em organização internacional, nos prazos estabelecidos no Acordo (segundo a Convenção de Paris, doze meses para patentes e modelos de utilidade, seis meses para desenhos industriais e marcas).

O efeito prático desta norma se traduz em que, sendo reivindicada a prioridade por ocasião do depósito do pedido em país signatário da Convenção de Paris, ou quando do depósito realizado na forma do Tratado de Cooperação em Matéria de Patentes (PCT),[26] o depósito não será invalidado ou prejudicado por fatos ocorridos dentro do mencionado prazo – como, por exemplo, pedido de patente da mesma invenção ou modelo de utilidade por outrem, no mesmo ou em outro país.

Trâmite do pedido de patente

A LPI contém disposições detalhadas sobre o trâmite do pedido de patente, estabelecendo com minúcia suas condições e as do respectivo processamento, exame, concessão e vigência.[27] De relevante, cabe destacar que o pedido de patente será mantido em sigilo por dezoito meses, a contar da data de seu depósito, quando, então, será publicado. O exame poderá ser iniciado após sessenta dias se, dentro de trinta e seis meses, contados do depósito, isto for requerido pelo depositante ou por qualquer interessado. Efetuado o exame técnico, será elaborado o parecer, seguindo-se a decisão, deferindo ou não o pedido de patente. Se deferido, deverá ser comprovado o pagamento da correspondente contribuição, reputando-se concedida a patente na data da publicação do respectivo ato. Ao contrário do que previa o antigo Código, não cabe recurso da decisão que deferir a patente, ou daquela que determinar seu arquivamento definitivo.[28]

Duração da patente

A patente vigorará por vinte anos, quando se tratar de invenção, ou por quinze anos, quando modelo de utilidade, ambos os prazos contados da data do depósito. Contudo, estes prazos não serão inferiores a dez e a sete anos, respectivamente, contados da data da concessão, salvo se o Instituto Nacional da Propriedade Industrial (INPI) estiver impedido de proceder ao exame de mérito do pedido por pendência judicial comprovada ou por motivo de força maior. Estes prazos são mais longos do que os previstos no antigo Código (quinze anos para a invenção, e dez para o modelo de utilidade), tendo-se conformado aos prazos mínimos estabelecidos pelo Acordo TRIPs.

Direitos conferidos pela patente

A proteção patentária da LPI confere a seu titular o direito de impedir terceiro

23. Cf. João da Gama Cerqueira, *Tratado da Propriedade Industrial*, 2ª ed., Ed. RT, SP, 1982, p. 1.322.

24. Convenção de Paris, art. 4º.

25. LPI, art. 16.

26. Tratado de Cooperação em Matéria de Patentes, celebrado em Washington em 19 de junho de 1970, promulgado para viger no Brasil pelo Decreto n. 81.742, de 31.5.78.

27. Idem, arts. 19 a 40.

28. Idem, art. 212, § 2º.

de produzir, usar, colocar à venda, vender ou importar, sem o seu consentimento, o produto objeto da patente, ou o processo ou produto obtido diretamente por processo patenteado.[29] Esta regra, contudo, admite temperamento nas exceções previstas na própria LPI, entre as quais se encontram os atos praticados por terceiros, em caráter privado e sem finalidade comercial, com objetivo experimental, relacionados a estudos ou pesquisas científicas ou tecnológicas, ou quando o produto patenteado houver sido introduzido no mercado pelo detentor da patente ou da respectiva licença.[30] Excepciona-se, ainda, a preparação de medicamento de acordo com prescrição médica para casos individuais, executada por profissional habilitado, bem como o medicamento assim preparado, exceção esta que se tornou necessária em face da patenteabilidade de produtos farmacêuticos e medicamentos.

Suprindo lacuna do Código anterior, a LPI estabelece com explicitude que a exploração indevida do objeto da patente gera, para seu titular, direito a indenização – mesmo quando tal exploração tenha ocorrido entre a publicação do pedido e a concessão da patente.[31] Quando a patente se referir a material biológico, contudo, tal indenização somente será devida se este se tiver tornado acessível ao público. Observe-se que a indenização prevista na LPI não exclui a utilização de outros direitos nela contemplados, pelo titular da patente concedida ou do pedido depositado, se se caracterizar a prática de concorrência desleal.[32]

Não incorre nas sanções legais, contudo, aquele que, de boa-fé, explorava no país o objeto da patente antes da data do depósito ou da prioridade do respectivo pedido, a quem a lei outorga o direito de continuar a exploração, sem ônus, na forma e condições anteriores.[33] Contudo, este direito não poderá ser cedido, senão juntamente com o negócio ou empresa que o detiver, ou da parte desta que tiver relação direta com o objeto da patente, por alienação ou arrendamento. Além desta restrição, a lei não confere o direito a tal exploração a quem tenha tomado conhecimento do objeto da patente por meio de divulgação ocorrida nos doze meses precedentes à data do depósito ou da prioridade do respectivo pedido, quando a divulgação houver sido promovida pelo inventor, pelo INPI ou por terceiros com base em informações obtidas direta ou indiretamente do inventor.[34]

Nulidade da patente

A patente concedida contrariando as disposições da LPI é tida como nula, total ou parcialmente, conforme incida sobre todas ou sobre parte das reivindicações, e produz efeitos a partir da data do depósito do pedido respectivo.[35]

A nulidade pode ser declarada tanto administrativa como judicialmente. Na primeira hipótese, o processo pode ser instaurado de ofício pelo INPI ou a requerimento de qualquer pessoa com legítimo interesse, no prazo de seis meses, contados da concessão da patente, em face de desatendimento de qualquer dos requisitos legais, e será decidido pelo presidente do INPI, após ouvir o titular da patente.[36]

A ação judicial de nulidade de patente pode ser proposta a qualquer tempo, pelo

29. Idem, art. 42.
30. Idem, art. 43.
31. Idem, art. 44 e seus §§.
32. Cf. José Carlos Tinoco Soares, *Lei de Patentes, Marcas e Direitos Conexos*, Ed. RT, 1997, p. 44.

33. LPI, art. 45.
34. Idem, art. 45, §§ 1º e 2º. Tinoco Soares critica o dispositivo do § 2º, ao fundamento de que a anterior exploração do objeto da patente no país excluiria *ipso facto* a respectiva patenteabilidade, por falta do requisito de novidade, estando seu objeto no estado da técnica. Ob. cit., p. 45. Não obstante, igual direito é concedido em países industrializados, como a Alemanha e a França, como informa Tavares Paes em *Nova Lei da Propriedade Industrial*, Ed. RT, 1996, p. 61.
35. LPI, arts. 46, 47 e 48.
36. LPI, arts. 52 a 54.

próprio INPI ou por qualquer pessoa com legítimo interesse, no foro da Justiça Federal, devendo o INPI, quando não for o seu autor, obrigatoriamente intervir no feito. A nulidade da patente pode, ainda, ser argüída como matéria de defesa.[37]

Em cotejo com o antigo Código, as disposições da LPI sobre nulidade da patente traduzem alterações de caráter mais formal do que de substância. Embora no antigo Código a argüição de nulidade só pudesse ser apreciada judicialmente,[38] admitia-se nele o cancelamento administrativo,[39] cujo resultado era semelhante ao que agora se obtém com a declaração administrativa de nulidade prevista na nova lei.

Transferibilidade e licenciamento da Patente

Como direito de propriedade que é, o pedido de patente depositado e a patente concedida são passíveis de cessão e transferência, por ato *inter vivos* ou *causa mortis*. O INPI efetuará as anotações correspondentes em seus registros, que produzirão efeitos em relação a terceiros a partir de sua publicação.[40]

Pode ainda o titular da patente, ou o depositante do pedido, licenciar a respectiva exploração, mediante contrato que deverá ser averbado no INPI, para que produza efeitos perante terceiros.[41] O contrato de licença para exploração de patente, como instrumento definidor dos direitos e obrigações das partes que nele intervêm, deve conter, entre outros, os dispositivos necessários para a exata definição de seu objeto, prazo de vigência, exclusividade ou não, preço, forma de pagamento, casos e conseqüências de inadimplência, foro e, quando internacional, também a lei aplicável. Por expressa disposição da LPI, o aperfeiçoamento introduzido em patente licenciada pertence a quem o fizer, assegurada à outra parte preferência para o seu licenciamento.[42]

Prevê a LPI, ainda, que o titular da patente poderá colocá-la em oferta para exploração, por intermédio do INPI. Este publicará a oferta e, se assim ajustarem as partes, poderá também arbitrar o preço a pagar pelo licenciamento, que será revisável após 1 ano de sua fixação.[43] Como estímulo ao ofertante, a anuidade devida ao INPI pela patente será reduzida à metade até a concessão da primeira licença. Caso o licenciado deixe de dar início à exploração dentro de um ano, ou se a interromper por prazo superior a este, ou, ainda, se infringir as condições da exploração, o titular da patente poderá requerer o cancelamento da respectiva licença.[44]

A patente é passível de licenciamento compulsório, quando seu titular exercer os direitos dela decorrentes de forma abusiva, ou praticar abuso de poder econômico. Além destas hipóteses, poderá haver licença compulsória também pela não exploração do objeto da patente no Brasil, salvo no caso de inviabilidade econômica, ou quando a comercialização não satisfizer as necessidades do mercado,[45] ou, ainda, no caso de patente dependente de outra e que constitua substancial progresso técnico sobre a primeira, e não houver acordo para sua exploração com o titular da patente anterior.[46] Por último, a licença compulsória aplica-se, em caráter temporário e não exclusivo, nos casos de emergência nacional ou interesse público, declarados em ato do Poder Executivo Federal, quando o titular ou seu licenciado não atenda a essa necessidade.[47]

Para requerer a licença compulsória, é necessário que tenham decorridos três anos da respectiva concessão e que o requerente

37. Idem, arts. 50 a 57.
38. Código de Propriedade Industrial, art. 56.
39. Idem, art. 58.
40. LPI, arts. 58 e 59.
41. Idem, arts. 61 e 62.
42. Idem, art. 63.
43. Idem, arts. 64 e 65.
44. Idem, arts. 66 e 67.
45. Idem, art. 68 e seus §§.
46. Idem, art. 70.
47. Idem, art. 71.

possua capacidade técnica e econômica para realizar sua exploração eficiente. As condições devem ser ofertadas ao titular da patente, devendo o requerente comprovar os fatos alegados – salvo se o pedido tiver por fundamento a falta de exploração, caso em que inverte-se o ônus da prova. Cabe ao INPI arbitrar o valor da remuneração a pagar ao titular, consideradas as circunstâncias de cada caso (entre elas o valor econômico da licença concedida), no prazo de 60 dias da instrução do processo. A decisão do INPI concessiva da licença compulsória é passível de recurso, porém sem efeito suspensivo.[48]

A licença compulsória não se aplicará quando ficar demonstrado que a patente não está em uso por razões legítimas, ou se comprovar a realização de preparativos sérios e efetivos para a sua exploração, ou, ainda, se a fabricação ou comercialização do objeto da patente for obstada por motivo de ordem legal.[49]

A longa e minuciosa regulamentação que se encontra na LPI sobre a licença compulsória parece destinar-se a situações excepcionais. Com efeito, normas de caráter semelhante existiam no antigo Código, que chegava a contemplar a possibilidade de "desapropriação do privilégio", quando considerado de interesse da segurança nacional ou quando o interesse nacional o exigisse.[50] Contudo, em 25 anos de vigência do Código, apenas três casos de licença obrigatória foram registrados no INPI – todos eles referentes à mesma patente —,[51] a demonstrar a pouca aplicabilidade deste mecanismo, cujo maior efeito é de caráter dissuasório.

Patente de interesse da defesa nacional

A LPI foi mais comedida do que o antigo Código no que concerne ao interesse direto do Estado brasileiro sobre patentes. Limitou-se a determinar o caráter sigiloso de seu processamento, caso o Poder Executivo manifeste haver interesse da defesa nacional no objeto do pedido de patente originário do Brasil. Nesta hipótese, o pedido de patente não poderá ser depositado no exterior, sendo vedada qualquer divulgação sem a autorização do órgão competente do poder público. Além disto, a exploração e a cessão do pedido ou da patente de interesse da defesa nacional estarão condicionados à prévia autorização do referido órgão, mas as eventuais restrições ao direito do depositante ou titular estarão sujeitas a indenização correspondente.[52]

Certificado de adição de invenção

O certificado de adição constitui inovação da LPI em relação ao antigo Código. Sua introdução na legislação patentária brasileira teve origem na Convenção de Paris, cuja revisão de 1967, promulgada no Brasil em 1992, refere-se aos certificados de adição como espécie de patentes industriais vigentes nos países-membros da União de Paris.[53]

Por este mecanismo, o aperfeiçoamento ou desenvolvimento introduzido no objeto da patente por seu depositante ou titular, ainda que seja, em si mesmo, desprovido de atividade inventiva, pode dar ensejo a um pedido de certificado de adição ao INPI. Para tanto é indispensável que o objeto do pedido de certificado de adição apresente o mesmo conceito inventivo, revelando sua acessoriedade à invenção original. O certificado de adição é, pois, acessório da patente, acompanhando-a para todos os efeitos legais, inclusive quanto à data de vigência.[54]

Extinção da patente

A patente se extingue (a) pela expiração de seu prazo de vigência, (b) pela re-

48. Idem, art. 73.

49. Idem, art. 69.

50. Código de Propriedade Industrial, arts. 33 a 39.

51. Patente da vacina contra febre aftosa, requerida por Laboratório Valée.

52. LPI, art. 75.

53. Cf. J. C. Tinoco Soares, ob. cit., p. 77.

54. Idem, arts. 76 e 77.

núncia de seu titular, (c) pela caducidade, (d) pela falta de pagamento da retribuição anual e (e) no caso de pessoa domiciliada no exterior, pela não manutenção de procurador no Brasil com poderes para representá-la administrativa e judicialmente, inclusive para receber citação. Ocorrendo a extinção da patente, segue-se o caimento de seu objeto no domínio público.[55]

A renúncia do titular da patente só se admite se não prejudicar direitos de terceiros.[56] A caducidade, por seu turno, ocorrerá se, decorridos dois anos da concessão da primeira licença compulsória, não se tiver, neste prazo, prevenido ou sanado o abuso ou o desuso da patente – ressalvados, sempre, os "motivos justificáveis". A patente caducará, então, na data do requerimento da caducidade ou da instauração de ofício do respectivo processo, cabendo a seu titular provar o início da exploração.[57]

Retribuição anual

A retribuição anual, cuja falta de pagamento constitui um dos motivos de extinção da patente ou de arquivamento do pedido de depósito, é devida a partir do terceiro ano da data do depósito, devendo ser recolhida dentro dos primeiros três meses de cada período anual, ou, no máximo, nos seis meses subseqüentes, neste último caso, mediante pagamento de retribuição adicional.[58] Todavia, o depositante ou o titular poderá, ainda, restaurar o pedido ou a patente, desde que o requeira nos três meses que se seguirem à notificação do arquivamento do pedido ou da extinção da patente, pagando-se retribuição específica para este fim – além, naturalmente, da retribuição ordinária ainda não recolhida.[59]

Invenção ou modelo de utilidade criado por empregado

Sem maiores inovações em relação ao antigo Código,[60] a LPI dispôs que a invenção e o modelo de utilidade pertencem exclusivamente ao empregador, quando decorrerem de contrato de trabalho cuja execução ocorra no Brasil e que tenha por objeto a pesquisa ou a atividade inventiva, ou que esta resulte da natureza dos serviços para os quais o empregado foi contratado. A patente que for requerida até um ano após a extinção do vínculo empregatício presume-se relativa a invenção ou a modelo de utilidade desenvolvido na vigência do contrato de trabalho.[61] Caso o empregador decida conceder ao empregado autor do invento uma participação nos ganhos da exploração da patente, poderá fazê-lo mediante negociação com o interessado, sem que o valor desta participação se incorpore, para qualquer efeito, ao salário do empregado.[62]

Por outro lado, ao empregado pertencerá, com exclusividade, a invenção ou o modelo de utilidade que for por ele desenvolvido desvinculadamente do contrato de trabalho, sem a utilização de recursos, meios, dados, materiais, instalações ou equipamentos do empregador.[63] Embora possa parecer óbvia, esta norma visa a prevenir que qualquer das partes na relação empregatícia tente se apropriar de criação para cujo desenvolvimento tenha havido contribuição também da outra parte, ainda que não estritamente vinculada ao contrato de trabalho. Nesta eventualidade, a solução da LPI é a da propriedade comum, em partes iguais, ressalvada disposição contratual em contrário, com a equânime divisão dos benefícios oriundos da patente entre seus co-titulares.[64]

55. LPI, art. 78 e seu parágrafo único.
56. Idem, art. 79.
57. Idem, art. 80.
58. Idem, art. 84 e seus §§.
59. Idem, art. 87.
60. Código de Propriedade Industrial, arts. 40 a 43.
61. LPI, art. 88.
62. Idem, art. 89.
63. Idem, art. 90.
64. Idem, art. 91 e seus §§.

DESENHO INDUSTRIAL

Ao contrário do antigo Código, que colocava o desenho industrial na categoria dos bens patenteáveis,[65] a LPI passou a considerá-lo passível de registro.[66] Este fato não implicou, entretanto, retirar-lhe benefícios, pois também pelo registro se confere a respectiva propriedade ao titular do desenho industrial. Além disto, o registro do desenho industrial permite três sucessivas renovações, após o vencimento do prazo do registro inicial, o que não ocorre com a patente, cuja duração jamais pode ser prorrogada.

Conceito de desenho industrial

O conceito de desenho industrial na LPI se diferencia do adotado no antigo Código. Foram reunidos numa só categoria aquilo que anteriormente se denominava *modelo industrial*, que se caracterizava por uma forma plástica ornamental, e o que antes se chamava *desenho industrial* propriamente dito, que constituía um conjunto novo de linhas e cores passível de aplicação à ornamentação de um produto.[67] Sob a nova lei, desenho industrial tanto é a forma plástica ornamental de um objeto, como o conjunto ornamental de linhas e cores que possa ser aplicado a um produto, proporcionando resultado visual novo e original na sua configuração externa, servindo de tipo de fabricação industrial.[68]

Assim como no caso da invenção e do modelo de utilidade, para ser registrado o desenho industrial deve possuir o requisito de novidade – isto é, não estar ainda compreendido no estado da técnica, entendendo-se como tal tudo aquilo tornado acessível ao público antes do depósito do pedido, no Brasil ou no exterior.[69] A originalidade, por sua vez, verifica-se quando do desenho industrial resultar uma configuração visual distintiva em relação a outros objetos anteriores.[70]

Para os fins da LPI, obra de caráter puramente artístico não se considera desenho industrial. Tampouco é registrável como desenho industrial a forma necessária, comum ou vulgar do objeto, nem aquela determinada essencialmente por considerações técnicas ou funcionais.[71]

Trâmite do pedido de registro de desenho industrial

O trâmite de pedido de registro de desenho industrial guarda semelhança com aquele aplicável ao depósito do pedido de patente, inclusive no tocante à prioridade, com menores exigências e prazos mais curtos.[72]

Vigência do registro de desenho industrial

É de dez anos o prazo de vigência do registro de desenho industrial, contado a partir do depósito. Este prazo pode, no entanto, ser prorrogado por três períodos sucessivos de cinco anos cada, desde que seja formulado o respectivo pedido durante o último ano de vigência do registro. Excepcionalmente, a prorrogação poderá ser requerida nos cento e oitenta dias seguintes ao vencimento do prazo de vigência.[73]

Direitos conferidos pelo registro de desenho industrial

A LPI aplica ao desenho industrial, no que couber, as disposições concernentes à proteção conferida pela patente, inclusive as exceções destinadas a ressalvar à pessoa

65. Código de Propriedade Industrial, art. 6º.
66. LPI, art. 94.
67. Código de Propriedade Industrial, arts. 11 e 12.
68. LPI, art. 95.
69. Idem, art. 96 e seus §§.
70. Idem, art. 97.
71. Idem, arts. 98 e 99.
72. Idem, arts. 100 a 107.
73. Idem, arts. 108 e 109.

de boa-fé o direito de prosseguir na exploração do desenho industrial que se houver iniciado antes do respectivo depósito ou da prioridade do pedido de registro.[74]

Nulidade do registro de desenho industrial

As hipóteses de nulidade do registro de desenho industrial são, *mutatis mutandis*, as mesmas que se aplicam às patentes.[75] Admite-se a declaração administrativa ou judicial de nulidade do registro, com procedimentos em tudo iguais aos previstos para a patente, ressalvadas modificações nos prazos.[76]

Extinção do registro de desenho industrial

Extingue-se o registro do desenho industrial em circunstâncias análogas às de extinção da patente.[77]

Retribuição qüinqüenal pelo registro de desenho industrial

Também no caso do desenho industrial é necessário o pagamento de retribuição, que, entretanto, é de periodicidade qüinqüenal, a partir do segundo qüinqüênio do depósito.[78]

Transferibilidade e licenciamento do desenho industrial

Por expressa disposição da LPI, aplicam-se ao desenho industrial as disposições relativas à cessão e transferência de patentes, bem como sobre seu licenciamento.[79]

Desenho industrial criado por empregado

Também as regras relativas à criação do desenho industrial por empregado reproduzem aquelas estabelecidas para a invenção e modelo de utilidade.

MARCAS

Conceito de marca registrável

Marca registrável é o sinal distintivo visualmente perceptível,[80] que tanto pode ser figurativa, nominativa ou mero sinal gráfico, plana ou até mesmo tridimensional.

A LPI adotou nova sistemática para a classificação das marcas registráveis, deixando de diferenciar a marca de indústria, a de comércio e a de serviço, para distingui-las como *marca de produto ou serviço*, quando usada para identificar um produto ou serviço de outro semelhante ou afim, *marca de certificação*, quando se destinar a atestar a conformidade de um produto ou serviço a normas ou especificações técnicas, e *marca coletiva*, quando usada para identificar produtos ou serviços de membros de determinada entidade.[81]

No Brasil, registra-se a marca em cada classe de produto ou serviço a que se referir a atividade do depositante, conforme classificação estabelecida pelo INPI, quando não fixada em tratado ou acordo internacional aqui vigente.[82] Desde o regime do antigo Código, o INPI instituiu norma administrativa[83] distribuindo os produtos e serviços em 41 classes, a maioria das quais se subdivide em diferentes itens.

Os sinais não registráveis como marca encontram-se relacionados na LPI,[84] em 23 diferentes itens, em termos que repro-

74. Idem, art. 110.
75. Idem, art. 112.
76. Idem, arts. 113 a 118.
77. Idem, art. 119.
78. Idem, art. 120 e seus §§.
79. Idem, art. 121.
80. Idem, art. 122.
81. Idem, art. 123.
82. Idem, art. 227.
83. Ato Normativo n. 51, de 27.1.81 e posteriores alterações.
84. Idem, art. 124.

duzem, na essência, o que a respeito dispunha o antigo Código.[85] Merece notar que entre os sinais não registráveis encontra-se aquele que imite ou reproduza, no todo ou em parte, marca que o requerente, evidentemente, não poderia desconhecer em razão de sua atividade, caso a marca se destine a distinguir produto ou serviço idêntico, semelhante ou afim, suscetível de causar confusão ou associação com a marca de outro titular.[86] Da mesma forma, não mais se permite o registro do sinal ou expressão empregada apenas como meio de propaganda,[87] que no regime anterior era expressamente admitido, ao lado do registro de marca.

Marca de alto renome e marca notória

A LPI introduziu uma nova categoria de marca, a de alto renome, à qual passou a ser assegurada proteção especial, em todos os ramos de atividade, desde que registrada no Brasil.[88] A marca de alto renome não se confunde com a denominada *marca notória*, esta última já prevista na Convenção de Paris e no antigo Código,[89] à qual a LPI também passou a dispensar proteção especial, no respectivo ramo de atividade, independentemente de estar previamente depositada ou registrada no Brasil.[90] Esta proteção implica que possa o INPI indeferir de ofício o pedido de registro de marca que reproduza ou imite, no todo ou em parte, a marca notoriamente conhecida.[91]

Prioridade do pedido de registro de marca

Gozará do direito de prioridade o pedido de registro de marca depositado em país que mantenha acordo com o Brasil ou em organização internacional, que produza efeito de depósito nacional, quando o depositante o solicitar no ato do depósito no Brasil. Esta prioridade implica em que o depósito não será invalidado nem prejudicado por fatos ocorridos nos prazos estabelecidos nos respectivos acordos.[92]

A prioridade será concedida, no Brasil, ao pedido de marca depositada em país que seja signatário da Convenção de Paris, porquanto nesta se prevê que "aquele que tiver apresentado pedido de registro de marca de fábrica ou de comércio num dos países da União, gozará, para apresentar o pedido nos outros países, do direito de prioridade."[93] O prazo da prioridade será, neste caso, de seis meses, contados da data de apresentação do primeiro pedido, como estabelece a Convenção de Paris.

Requerente do registro da marca

O registro da marca pode ser requerido por quem quer que o pretenda – pessoa física, pessoa jurídica de direito público ou pessoa jurídica de direito privado, nacional ou estrangeira. No caso de pessoa jurídica de direito privado, a marca deverá relacionar-se com a atividade que a mesma licitamente exercer, em caráter efetivo, diretamente ou através de empresas sob seu controle direto ou indireto.

Tratando-se de registro de marca coletiva, seu requerente deve representar a coletividade, podendo, entretanto, exercer atividade diferente daquela exercida por seus membros.

Já os que pretenderem registrar marca de certificação não poderão ter interesse

85. Código de Propriedade Industrial, art. 65.
86. LPI, art. 124, inciso XXIII.
87. Idem, art. 124, inciso VII.
88. Idem, art. 125.
89. Código de Propriedade Industrial, art. 67.
90. LPI, art. 126.
91. Idem, art. 126, § 2º.
92. Idem, art. 127.
93. Convenção de Paris, art. 4º, alínea A, parágrafo 1. Notar que, como informa J. C. Tinoco Soares, pelo fato de ter o Brasil denunciado o Acordo de Madri, relativo à proteção das marcas internacionais, "qualquer depósito feito nesse sentido perante a OMPI-Organização Mundial da Propriedade Intelectual ou organização equivalente não terá nenhum efeito no Brasil", ob. cit., p. 207.

industrial ou comercial direto no produto ou serviço a ser atestado.[94]

Direitos sobre a marca outorgados pelo registro

O registro da marca implica atribuição de sua propriedade ao respectivo titular, a quem fica assegurado, a partir de então, o uso exclusivo no território nacional.[95]

Obtido o registro ou efetuado o depósito, o respectivo titular poderá cedê-lo, licenciar seu uso e zelar por sua integridade material ou reputação.[96] Não poderá, contudo, impedir a utilização da marca por comerciantes ou distribuidores na produção e comercialização do produto respectivo, nem que fabricantes de acessórios a utilizem para indicar a destinação de seus produtos, nem que ocorra a livre circulação de produto colocado no mercado interno, nem, tampouco, que seja ela citada em discurso, ou publicação sem conotação comercial.[97]

É concedida precedência ao registro a quem, na data da prioridade do depósito, usava no país, há pelo menos seis meses, de boa-fé, marca idêntica ou semelhante àquela que constitui seu objeto.[98] Esta precedência, no entanto, só pode ser cedida a terceiros juntamente com o negócio da empresa que estiver relacionado ao uso da mesma marca.[99]

Vigência da marca registrada

Reproduzindo o que a respeito dispunha o antigo Código,[100] a LPI fixou em dez anos o prazo inicial de vigência da marca registrada, contado da concessão do registro, sujeito a prorrogação por períodos iguais e sucessivos.[101] A prorrogação deve ser formulada durante o último ano de vigência do registro; contudo, em importante modificação da norma anterior, passou-se a admitir que a prorrogação seja requerida até seis meses após o termo final de vigência, desde que mediante o pagamento de retribuição adicional.[102]

Cessão do depósito ou do registro da marca

O depósito e o registro da marca podem ser objeto de cessão, pelo respectivo titular, a terceiros que satisfaçam as exigências legais para requerer o registro.[103] Como já previa a anterior legislação,[104] havendo marcas iguais ou semelhantes relativas a produto ou serviço idêntico, semelhante ou afim depositadas ou registradas pelo cedente, deverão elas ser cedidas conjuntamente, sob pena de seu cancelamento.[105]

Caberá ao INPI efetuar a anotação da cessão, que, entretanto, só produzirá efeitos em relação a terceiros a partir da data da respectiva publicação.[106] Eventual indeferimento de anotação da cessão, ou cancelamento ou arquivamento de pedido de cessão, poderá ser objeto de recurso.[107]

Licenciamento de uso da marca registrada

O depósito e o registro da marca podem, ainda, ter seu uso cedido a terceiros pelo respectivo titular, mediante contrato de licença. Embora a simples celebração do contrato de licença seja suficiente para pro-

94. LPI, art. 128 e seus §§.
95. Idem, art. 129.
96. LPI, art. 130.
97. Idem, art. 132.
98. Idem, art. 129, §§ 1º e 2º.
99. Alguma crítica tem sido feita ao dispositivo da LPI que concede precedência ao usuário de boa-fé que já usava a marca há mais de seis meses, ao fundamento de que colidiria com o sistema adotado no Brasil e consagrado na própria LPI, segundo o qual o registro é, por si só, atributivo de propriedade sobre a marca. Cf. J. C. Tinoco Soares, ob. cit., p. 214.
100. Código de Propriedade Industrial, art. 85.
101. Idem, art. 133.
102. LPI, art. 133, §§ 1º e 2º.
103. Idem, art. 134.
104. Código de Propriedade Industrial, art. 89.
105. Idem, art. 135.
106. LPI, arts. 136 e 137.
107. Idem, art. 138.

duzir efeitos entre as partes, o instrumento deverá ser averbado no INPI, para que produza efeitos perante terceiros, a partir de sua publicação. Eventual indeferimento da averbação admite recurso do interessado.[108]

O licenciamento de uso da marca não impede que seu titular ou depositante exerça controle efetivo sobre as especificações, natureza e qualidade dos respectivos produtos e serviços – circunstância especialmente relevante no caso dos contratos de franquia, que, por natureza, abarcam a licença de uso de marca. A exemplo do que acima se disse sobre o licenciamento da exploração de patentes, o licenciamento do uso de marca deve ter suas condições devidamente reguladas.

Não mais se encontra no texto legal o impedimento que se achava no antigo Código,[109] de que o contrato de licença de uso de marca imponha restrições à industrialização ou à comercialização, inclusive exportação, do produto por ela designado. O legislador suprimiu, ainda, qualquer referência a limites ou condições de remuneração, bem como aos efeitos do registro sobre o pagamento de *royalties*, que, anteriormente, eram contemplados na lei com caráter nitidamente intervencionista.[110]

Perda do direito ao registro da marca

As hipóteses de extinção do registro da marca são (a) a expiração do prazo de vigência, (b) a renúncia, total ou parcial, em relação aos produtos ou serviços assinalados pela marca, (c) a caducidade, e (d) a não manutenção, por pessoa domiciliada no exterior, de procurador domiciliado no país com poderes para representá-la administrativa e judicialmente, inclusive com poderes para receber citação.[111]

Na primeira situação, perderá o direito à marca aquele que deixar expirar o prazo de vigência – dez anos – sem requerer a devida prorrogação, seja dentro do último ano de vigência, seja até seis meses após o respectivo termo final; na segunda situação, a perda ocorrerá por ato de vontade expressa; na terceira, se for assim requerido por qualquer pessoa com legítimo interesse, em face do não se ter iniciado o uso da marca no Brasil por cinco anos após sua concessão ou, após o decurso de igual período, ter-se interrompido por mais de cinco anos consecutivos sem justificativa de razão legítima;[112] na quarta hipótese, por incúria do titular em tomar medida que a lei considera indispensável para a preservação do direito, qual seja a manutenção de procurador no Brasil munido dos poderes suficientes de representação.[113] O direito à marca poderá caducar parcialmente, isto é, em relação aos produtos ou serviços não semelhantes ou afins daqueles para os quais a marca foi efetivamente usada.[114]

Os dispositivos da LPI a respeito da caducidade do registro da marca em muito se assemelham aos do antigo Código.[115] Merecem ser apontadas, entretanto, diferenças importantes no que concerne ao prazo de desuso da marca (anteriormente de dois anos, agora de cinco anos), o qual passou a ajustar-se à Convenção de Paris (Revisão de Estocolmo),[116] e ao direito de iniciativa (anteriormente do próprio INPI, agora somente a requerimento de pessoa com legítimo interesse).

Marcas coletivas e de certificação

A marca coletiva designa produto ou serviço pertinente a um agrupamento profissional, a um espaço territorial ou a uma

108. Idem, arts. 139 a 141.

109. Código de Propriedade Industrial, art. 90, § 2º.

110. Idem, art. 90, §§ 1º e 4º. O antigo Código chegava a vedar efeito quanto ao pagamento de *royalties* ao registro cuja vigência tivesse sido prorrogada.

111. LPI, art. 142.

112. Idem, art. 143.

113. Idem, art. 217.

114. Idem, art. 144.

115. Código de Propriedade Industrial, arts. 93 a 97.

116. Convenção de Paris, art. 6 *bis*.

reunião qualquer de singularidades, cujo uso denote qualidade, processo de fabricação ou outra característica especial. Seu uso é reservado exclusivamente aos membros da respectiva coletividade, segundo um regulamento de utilização que deve dispor sobre as condições e proibições de uso, a ser protocolizado no INPI dentro de sessenta dias do respectivo depósito.[117]

Já a marca de certificação requer, para seu registro, que o respectivo pedido descreva as características do produto ou serviço que constitui o objeto da certificação, bem como as medidas de controle que serão adotadas pelo titular para certificar o produto ou serviço em causa.[118]

A marca coletiva e a marca de certificação são inovações da LPI em relação ao antigo Código, nada existindo na legislação brasileira anterior a respeito delas. Tampouco no Acordo TRIPs encontra-se menção a estas categorias de marcas, mas a primeira delas acha-se expressamente contemplada na Convenção de Paris como passível de registro e proteção.[119]

Independe de licença o uso da marca coletiva – obviamente por membro da coletividade titular de seu registro –, desde que a respectiva autorização se encontre no regulamento de utilização.[120] Quanto à marca de certificação, embora sua natureza se ajuste melhor ao uso da própria entidade certificante, nada obsta que seja ela licenciada.

O registro da marca coletiva e de certificação é passível de extinção pelas mesmas causas a que se sujeita a marca comum e, além delas, quando deixar de existir a entidade ou quando for utilizada fora das condições previstas no regulamento.[121] A renúncia, contudo, somente é admitida quando feita nos termos do contrato social ou estatuto da entidade renunciante.[122] A caducidade, por outro lado, aplicar-se-á no caso de a marca não ser utilizada por mais de um dos membros da coletividade.[123]

Depósito, exame e registro da marca

A LPI disciplina, com riqueza de detalhe, o procedimento de depósito, exame e expedição do certificado de registro da marca. Protocolizado o pedido e efetuado seu exame formal preliminar, será ele publicado para apresentação de oposição por terceiros, no prazo de sessenta dias, após o que o depositante poderá, em igual prazo, manifestar-se.[124] Em subseqüente período de sessenta dias, deverão ser respondidas eventuais exigências formuladas pelo INPI,[125] seguindo-se a conclusão do exame e a decisão, deferindo ou não o pedido, a qual será irrecorrível na esfera administrativa.[126]

Se for deferido o pedido, o INPI concederá o certificado de registro, desde que comprovado o pagamento das retribuições correspondentes no prazo de sessenta dias ou, no máximo, nos trinta dias subseqüentes.[127] Constarão do certificado a marca, o número e data do registro, nome, nacionalidade e domicílio do titular, os produtos ou serviços a que se referir, as características do registro e, sendo o caso, a prioridade estrangeira.[128]

Nulidade do registro da marca

A LPI, enunciando ser nulo o registro concedido em desacordo com suas disposições, contempla a possibilidade de nulidade apenas parcial do registro da marca – hipótese aplicável, por exemplo, ao caso de

117. LPI, art. 147.
118. Idem, art. 148.
119. Convenção de Paris, art. 7 *bis*.
120. LPI, art. 150.
121. Idem, art. 151.
122. Idem, art. 152.
123. Idem, art. 153.
124. Idem, art. 158.
125. Idem, art. 159.
126. Idem, art. 160.
127. Idem, arts. 161 e 162.
128. Idem, art. 164.

registro concedido em diferentes classes, sendo nulo em uma ou algumas delas, mas válido em outra ou outras.[129]

A esta norma segue-se, em posição algo deslocada, dispositivo que autoriza ao titular de marca registrada em país signatário da Convenção de Paris, alternativamente (ao pedido de nulidade, entenda-se), reivindicar em ação judicial a adjudicação do registro da marca diretamente para si, como previsto no art. 6º-*septies* daquela Convenção.[130]

Inovando em relação ao Código anterior,[131] a LPI admite que a nulidade do registro seja declarada no âmbito administrativo, em processo que pode ser instaurado, tanto de ofício como por iniciativa de qualquer pessoa com legítimo interesse, no prazo de cento e oitenta dias da data de expedição do certificado de registro. A este processo poderá acorrer o titular do registro, para se manifestar em sessenta dias, após o que decidirá o presidente do INPI, em instância administrativa única.[132]

A exemplo do que dispunha o Código anterior,[133] a ação judicial de nulidade do registro da marca é facultada ao próprio INPI ou a qualquer pessoa com legítimo interesse, observado o prazo prescricional de cinco anos, contados da data da concessão. O foro competente para o julgamento da ação é o da Justiça Federal, com obrigatória intervenção do INPI, dispondo o réu de sessenta dias para contestá-la. A lei admite a suspensão liminar dos efeitos do registro e do uso da marca, em decisão que o juiz do feito poderá proferir nos próprios autos da ação de nulidade.[134]

INDICAÇÕES GEOGRÁFICAS

A indicação geográfica – designação da procedência ou denominação de origem de produto ou de serviço – também recebeu proteção da LPI.[135] A indicação de procedência consiste na menção a nome geográfico que tenha adquirido notoriedade como centro de produção, extração ou fabricação de certo produto ou prestação de certo serviço. Por denominação de origem entende-se o nome geográfico que designe produto ou serviço caracterizado por qualidades derivadas da localidade correspondente.[136]

Em consonância com a Convenção de Paris, na qual se previu que os países signatários adotariam a repressão à falsa indicação de procedência,[137] o Código anterior fazia referência a esta indicação.[138] Já a denominação de origem, à qual não há menção na Convenção de Paris, somente veio encontrar guarida na LPI, em obediência às regras do Acordo TRIPs, no qual se determinou que os países-membros estabeleceriam meios legais para reprimir a falsa indicação de procedência ou origem.[139]

Nos termos da LPI, a proteção à indicação geográfica de procedência consiste em restringir seu uso apenas aos produtores e prestadores de serviço estabelecidos no local geográfico designado. Quanto à denominação de origem, a lei impõe o atendimento aos requisitos de qualidade correspondentes, para que possa ser utilizada.[140]

CONCORRÊNCIA DESLEAL

Encerrando o elenco de direitos relativos à propriedade industrial protegidos

129. Idem, art. 165.
130. Idem, art. 166.
131. Código de Propriedade Industrial, art. 99.
132. LPI, arts. 167 a 172. No regime do anterior Código de Propriedade Industrial previa-se a *revisão administrativa* da concessão do registro (art. 101), cujo efeito acabava por equivaler à atual declaração administrativa de nulidade. A decisão administrativa, no entanto, era recorrível ao Ministro da Indústria e do Comércio (art. 101, § 3º c/c art. 108).
133. Código de Propriedade Industrial, art. 100.
134. LPI, arts. 173 a 175.
135. Idem, art. 176.
136. Idem, arts. 177 e 178.
137. Convenção de Paris, art. 10.
138. Código de Propriedade Industrial, art. 70.
139. Acordo TRIPs, art. 22.
140. LPI, arts. 179 a 182.

pela LPI, encontra-se a repressão à concorrência desleal.[141] São normas de caráter predominantemente penal e de processo penal, nas quais se encontram a definição de quatorze tipos de *crime de concorrência desleal* e as respectivas penas,[142] bem como os procedimentos para a busca e apreensão e para a correspondente ação penal. Além disto, são também previstos os tipos penais relativos a cada uma das categorias de propriedade industrial – patentes, desenhos industriais, marcas e indicações geográficas – e fixadas as respectivas penas.[143]

Algumas das condutas contempladas na LPI como crimes de concorrência desleal não se subsumem estritamente no conceito de propriedade industrial; são, na realidade, condutas que acarretam prejuízo ao exercício da atividade econômica de pessoa ou empresa concorrente.[144] Assim é, também, na Convenção de Paris – onde se acha prevista a repressão à concorrência desleal como modalidade de proteção da propriedade industrial –,[145] e no Acordo TRIPs – ao determinar aos Estados-membros a proteção da informação confidencial, incluindo segredos comerciais que não se caracterizam como propriedade industrial *stricto sensu*.[146]

A indenização dos danos causados em decorrência de violação de direitos de propriedade industrial e atos de concorrência desleal, previstos ou não na LPI, situa-se também na categoria da repressão à concorrência desleal.[147]

141. Idem, art. 2º e seus incisos I a V.

142. Idem, art. 195, incisos I a XIV.

143. Idem, arts. 183 a 194.

144. Exemplo de condutas ilícitas não relacionadas com a propriedade industrial encontram-se nos incisos I e II (informação falsa a respeito de concorrente), III (desvio de clientela), IX e X (falta ao dever de emprego em troca de paga ou recompensa do concorrente).

145. Convenção de Paris, art. 1, numeral 2), e art. 10 *bis*.

146. Acordo TRIPs, art. 39.

147. LPI, arts. 207 a 210.

TRANSFERÊNCIA DE TECNOLOGIA E FRANQUIA

Em dispositivo lacônico da LPI, atribui-se ao INPI o registro de contratos que impliquem transferência de tecnologia, contratos de franquia e similares, a fim de produzirem efeitos em relação a terceiros.[148]

Na doutrina da propriedade industrial, a expressão "tecnologia" engloba todos os conhecimentos industriais, compreendendo os frutos da pesquisa científica de laboratório, trabalhos de elaboração necessários para transformar uma invenção experimental em processo industrial, assim como conhecimentos e a arte adquiridos na exploração de instalações de fabricação. Segue-se disto que o conceito de tecnologia alcança tanto aqueles conhecimentos protegidos como propriedade industrial – patente de invenção ou de modelo de utilidade, desenho industrial e marca de produto ou serviço devidamente registrados –, como, também, outros que, por não terem sido patenteados ou registrados, não se acham legalmente protegidos.

Em face disto, os contratos de transferência de tecnologia abrangidos pela LPI tanto podem ter como objeto o licenciamento de direitos protegidos, como a aquisição de conhecimentos tecnológicos não protegidos. Na primeira categoria, encontram-se o contrato de licença de exploração de patente, o contrato de licença de uso de desenho industrial e o contrato de licença de uso de marca; na segunda, estão o contrato de fornecimento de tecnologia, o contrato de prestação de assistência técnica e científica e o contrato de franquia.[149]

O registro dos contratos de transferência de tecnologia no INPI é condição para que os mesmos produzam efeitos em relação a terceiros.[150] Isto quer dizer que con-

148. Idem, art. 211.

149. A classificação dos contratos de transferência de tecnologia acha-se contemplada no Ato Normativo n. 135, de 15.4.97, do INPI.

150. LPI, art. 211.

tratos não registrados, embora obriguem a seus signatários, não autorizam ao adquirente da tecnologia ou da licença efetuar pagamentos em moeda estrangeira, nem lançar o respectivo valor como despesa da pessoa jurídica pagadora, para fins de apuração do lucro sujeito ao imposto de renda devido no Brasil, mesmo que o pagamento tenha sido efetuado em moeda nacional.

No regime do Código anterior, os contratos de transferência de tecnologia submetidos ao INPI sujeitavam-se a exigências extremamente rigorosas, muitas das quais denotavam flagrante intervencionismo do Estado, em prejuízo da autonomia da empresa para estabelecer seus negócios.[151] Esta situação não mais prevalece, podendo as partes, agora, negociar livremente as condições contratuais que desejarem, ressalvadas poucas exceções: a existência ou não do direito de propriedade industrial, o prazo de licenciamento e os limites de remuneração a ser remetida ao exterior e deduzida como despesa da pessoa jurídica.[152]

No que concerne à franquia, o registro do respectivo contrato é, também, condição para que produza efeitos em relação a terceiros.[153] Tratando-se de modalidade contratual complexa, onde se mesclam transferência de tecnologia e exploração de marca,[154] desde 1992 foram estabelecidos critérios para permitir seu registro junto ao INPI.[155]

TRÂMITES, PROCEDIMENTOS E RECURSOS

Em seu título penúltimo, a LPI contém disposições relativas a trâmites, procedimentos e recursos cabíveis. Ali são regulados a forma dos atos das partes e de seus procuradores,[156] o modo de contagem dos prazos e de sua eventual prorrogação,[157] o prazo de prescrição da ação de reparação de dano causado ao direito de propriedade industrial,[158] a publicidade dos atos do INPI nos processos administrativos,[159] a competência para estabelecer a classificação de patentes, desenhos industriais e marcas[160] e para a fixação de valor dos serviços do INPI.[161]

No concernente a recursos, são recorríveis os atos decisórios do INPI, no prazo de sessenta dias. O recurso interposto tem efeito suspensivo e devolutivo e será decidido pelo presidente do órgão, em caráter final e irrecorrível, após apresentação das contra-razões do interessado. Entretanto, não comportam recurso as decisões do INPI que determinem o arquivamento definitivo do pedido de patente ou de registro, nem aquelas que defiram o pedido de patente, de certificado de adição ou de registro de marca[162] – além de outras hipóteses que a lei preveja expressamente não serem recorríveis.[163]

DISPOSIÇÕES TRANSITÓRIAS

As disposições transitórias e finais da LPI objetivaram, principalmente, regular os efeitos da transição do regime do antigo Código para a nova legislação.

Embora publicada em 15 de maio de 1996, somente um ano mais tarde a LPI passou a viger na sua totalidade, porquanto apenas os dispositivos sobre pedido de patente para matérias antes não patenteáveis e sobre a reestruturação do INPI entraram em vigência imediata.[164]

151. Cf. o revogado Ato Normativo n. 15, de 11.8.75, que dispunha minuciosamente sobre as cláusulas que os contratos de transferência de tecnologia deveriam conter, e as condições que não poderiam constar deles.
152. Portaria MF n. 436, de 30.12.58.
153. LPI, art. 211.
154. Lei n. 8.955, de 15.12.94.
155. Resolução n. 35, de 29.6.92, e Ato Normativo 115, de 30.9.93.
156. LPI, arts. 216 a 220.
157. Idem, arts. 221 a 224.
158. Idem, art. 225.
159. Idem, art. 226.
160. Idem, art. 227.
161. Idem, art. 228.
162. Idem, arts. 212 e §§, e 215.
163. Cf. arts. 54, 117 e 171.
164. Idem, art. 244.

As novas regras legais passaram a ser aplicáveis aos pedidos em andamento imediatamente após sua vigência, salvo no tocante a substâncias, matérias ou produtos obtidos por meios ou processos químicos, e substâncias, matérias, misturas ou produtos alimentícios, químico-farmacêuticos e medicamentos de qualquer espécie, bem como os respectivos processos de obtenção ou modificação – que anteriormente não eram patenteáveis, mas passaram a sê-lo –, para cuja patenteabilidade foram estabelecidos procedimentos especiais.[165]

Com relação ao elenco de substâncias, matérias ou produtos não patenteáveis no regime anterior, reconheceu-se a possibilidade de depósito do respectivo pedido de patente, por aquele que tivesse proteção garantida em tratado ou convenção em vigor no Brasil, assegurando-se a data do primeiro depósito no exterior, desde que (a) seu titular ou terceiro por ele autorizado não tivesse colocado o objeto do pedido ou da patente em qualquer mercado no país, e (b) não tivessem sido realizados por terceiros, no Brasil, preparativos sérios e efetivos para a exploração do objeto do pedido ou da patente.[166] Para se valer deste permissivo, o interessado deveria fazer com que o depósito no Brasil se realizasse dentro de um ano da publicação da lei – isto é, até 14 de maio de 1997 – e, comprovada a concessão da patente no país de origem, esta seria concedida também no Brasil, com validade pelo prazo remanescente de proteção no país onde foi depositado o primeiro pedido, mas contado a partir da data do depósito no Brasil – observado, por óbvio, que seu objeto fosse patenteável e, ainda, os limites de vinte anos para a patente de invenção e de quinze anos para a de modelo de utilidade.[167]

Por outro lado, assegurou-se também a possibilidade de depósito de pedido de patente relativo às mesmas matérias antes não privilegiáveis, por nacional ou pessoa domiciliada no Brasil, desde que (a) seu objeto não tivesse sido colocado em qualquer mercado, por iniciativa direta do titular ou por terceiro com seu consentimento, e (b) não tivessem sido realizados por terceiros, no Brasil, preparativos sérios e efetivos para a exploração do objeto do pedido ou da patente.[168]

Este dispositivo da LPI, conhecido pelo cognome de *pipeline*,[169] gerou intensa polêmica na fase de tramitação da lei, sendo visto por alguns como um indevido privilégio às patentes estrangeiras de produtos ou processos antes não patenteáveis no Brasil, sem lhes exigir o requisito da novidade.[170] Pelo mecanismo do *pipeline*, assegurou-se patenteabilidade no Brasil pelo prazo remanescente ao da patente estrangeira, contado da data do depósito no exterior – desde que, contudo, os produtos ou processos que constituíssem seu objeto não estivessem no mercado interno e que nenhum fabricante nacional estivesse a explorá-los, ou a ponto de fazê-lo.

A polêmica a respeito do *pipeline* perdeu atualidade a partir de 15 de maio de 1997, data em que se encerrou o prazo para o depósito de todo e qualquer pedido com base no permissivo excepcional.

Ainda entre as disposições transitórias, encontra-se a recomendação para que o Poder Executivo submeta ao Congresso Nacional projeto de lei destinado a promover a harmonização com a política de propriedade industrial adotada pelos demais países integrantes do Mercado Comum do Sul–Mercosul.[171]

165. LPI, art. 229.
166. Idem, art. 230.
167. Idem, art. 230, §§ 1º a 4º.

168. Idem, art. 231.
169. Cf. Di Biasi, Garcia e Mendes, para quem "o termo *pipeline* – cuja tradução para o português seria *tubulação* – refere-se, no sentido figurado, aos produtos em fase de desenvolvimento e, portanto, ainda na tubulação que liga a bancada de pesquisa ao mercado consumidor e, por isso, ainda poderão ser protegidos", ob. cit., p. 159.
170. Cf. Parecer do Deputado Ney Lopes, relator do Projeto de Lei n. 824-D, de 1991.
171. LPI, art. 242.

CONCLUSÃO

A LPI representou indiscutível avanço no tratamento dispensado à propriedade industrial no Brasil. Embora nela se encontrem algumas normas de cunho meramente procedimental, que melhor estariam em texto regulamentar, é certo que a LPI foi redigida com melhor técnica legislativa que a do antigo Código, permitindo adequada compreensão de seus comandos e das categorias nela contempladas.

No seu conteúdo material, a LPI teve o mérito de atualizar os conceitos de propriedade industrial utilizados em diferentes países, fruto da harmonização que a matéria vem sofrendo em nível mundial. Assim, embora continue a ter características de lei nacional, a LPI adotou terminologia, taxonomia, prazos e tratamento jurídico similares aos encontrados em diversas legislações, bem como nos tratados e convenções internacionais mais recentes sobre o tema.

Entre todas as alterações introduzidas pela LPI no direito brasileiro da propriedade industrial, destaca-se, a nosso ver, a ideológica. Reduzindo a intervenção da burocracia estatal na autonomia dos agentes econômicos, a nova legislação pretendeu tornar-se instrumento de estímulo da atividade industrial e comercial, em lugar de representar um entrave à sua realização, como se verificava na vigência do Código anterior.

Embora seja, ainda, demasiado cedo para concluir sobre o real efeito do novo quadro normativo, é razoável prever que será benéfico. Contudo, será necessário, para tanto, que o órgão governamental incumbido de lhe dar cumprimento – o INPI – aja de modo consentâneo com esta nova ideologia, assegurando a consecução dos benefícios que a LPI pode proporcionar.

Atualidades

A SECURITIZAÇÃO DE RECEBÍVEIS DE CRÉDITOS GERADOS EM OPERAÇÕES DOS BANCOS — A RESOLUÇÃO N. 2.493 EM SUA PERSPECTIVA JURÍDICA

CASSIO MARTINS C. PENTEADO JR.

OS PRINCÍPIOS BÁSICOS DA SECURITIZAÇÃO. OS TÓPICOS ESSENCIAIS DA RESOLUÇÃO N. 2.493: Da natureza dos créditos cedidos — Das características da securitizadora — Das condições dos créditos cedidos — Pagamento de rendimentos e amortização das debêntures.

Configurada na resolução n. 2.493 de 7.5.98, após intensa ação de associações e de entidades do mercado financeiro, a *ampliação* das possibilidades de *cessão de créditos*, originados de financiamentos bancários e de arrendamento mercantil, a *terceiros* — sob forma de *securitização de recebíveis* — dá forma a produto de captação de recursos para os bancos, que pode ser extremamente eficaz.

Integrando as instituições financeiras aos mecanismos e modos de *securitização*, que já se encontravam disponíveis para os segmentos comercial, industrial, de serviços e de crédito imobiliário, a Resolução em destaque, que será complementada por ato normativo da CVM, esperado para breve, possibilitará que os bancos alavanquem recursos de suas operações de crédito, acrescentando-as aos meios usuais de captação.

Seguem comentários de índole jurídica, ainda que preliminares sobre o teor da Resolução n. 2.493, enfatizando os principais aspectos:

OS PRINCÍPIOS BÁSICOS DA SECURITIZAÇÃO

1. A proposta essencial das chamadas operações de *securitização* fica algo encoberta, de certo modo, sob a denominação comum, que tem recebido no mercado financeiro, embora não albergada no texto da Resolução n. 2.493, prestando-se a confusões terminológicas com as atividades de seguro, usualmente chamadas de *securitárias*.

2. Provém a designação do aportuguesamento, infeliz como todos que são comuns nos dias de hoje *(v.g. deletar, formatar)* da expressão *securities*, que em inglês se refere a valores mobiliários, de tal forma que *securitizar* tem o significado de *converter* os *créditos bancários* ou de outra natureza em *lastro* para a emissão posterior de *títulos* ou *valores mobiliários*.

3. Logo, *securitizar* não significa, como se poderia pensar, *conversão* direta de créditos em títulos mobiliários, mas, tê-los (os créditos) como:

a) *suporte* da emissão; e,

b) *origem* das receitas (advindas da liquidação dos créditos) que *remuneram* os valores mobiliários subscritos pelos *investidores*.

4. Em essência, portanto, a *securitização* completará três etapas distintas, a saber:

a) *cessão* de créditos pela *instituição financeira cedente* (que se designará, também, como *originadora*) à empresa *securitizadora concessionária*, que formará com os créditos, o adequado *lastro* da emissão de valores mobiliários; e,

b) *colocação* junto aos *investidores* desses *valores mobiliários*, disponibilizando *recursos* para *liquidar* com a *cedente*, a operação da etapa anterior.

c) *recebimento* pela *securitizadora* (e *cessionária*) das prestações referidas aos empréstimos, financiamentos e operações de arrendamento mercantil (*créditos cedidos*), transferindo esses montantes aos *investidores*, na proporção dos valores mobiliários subscritos.

4. Os títulos ou valores mobiliários, nessa espécie de operação, seguem necessariamente — quanto aos *rendimentos* que prevêem — o *destino* dos créditos que lastreiam a emissão, ou seja, somente serão percebidos pelos investidores à medida que liquidados pelos respectivos devedores ou financiados.

5. Portanto, o *resultado* do investimento nesses títulos ou valores mobiliários partilha o *risco* das operações de crédito *cedidas*, nada obstante a *securitização*, na forma normatizada pela resolução em tela, *admita* que *terceiros*, que não a própria instituição *originadora*, se *coobriguem* com os devedores principais (prestamistas) pela boa liquidação dos créditos.

6. Outro princípio essencial da *securitização* repousa na perspectiva de *segregação* do *risco* empresarial e negocial da *originadora*, em face dos créditos que cede, no sentido de que, uma vez cedido o lastro para a securitizadora, não deve remanescer nenhum *vínculo jurídico* entre a *securitizadora* e a *originadora*, em relação aos créditos cedidos; a Resolução, entrementes, não obsta que a *securitizadora* seja *controlada* ou *relacionada societariamente* com a instituição financeira, detentora dos créditos, com a ressalva de que, nesta hipótese, a *securitizadora* não pode efetivar a *aquisição a prazo* de créditos. (art. 2º, § 1º, I).

7. Essa separação entre *securitizadora* e *originadora*, na verdade, é de ordem *patrimonial* e de risco da *própria atividade* da instituição, vale dizer, os investidores, titulares dos valores mobiliários, lastreados nos créditos, não se sujeitam — em tese — aos eventos que se relacionem a aspectos ligados a oscilações do patrimônio da originadora e nem de intervenções ou liquidações; nesse sentido, deflui da legislação que cuida desses atos interventivos do Banco Central, bem assim da *praxis*, em relação aos casos concretos, que as empresas não financeiras, associadas a grupos financeiros não são *atingidas ou comprometidas*, diretamente, por essas ações.

8. O derradeiro princípio, poderíamos dizer, da operação de securitização integra-se pela peculiaridade de ser a *companhia securitizadora*, uma empresa de *caixa zero*, isto é, efetua recebimento de créditos e faz pagamentos de remunerações e despesas correspondentes, sem *margem de lucratividade*, como objetivo, destinando-se, prioritariamente, a desempenhar o papel da chamada *van*, isto é, *meio de transporte* entre a originadora que deseja captar recursos e os investidores que pretendam aplicá-los; logo, o fluxo de caixa da *securitizadora* deve, usualmente, tender a zero, equilibrando suas *receitas* (originadas dos créditos recebidos e aplicações de seu capital próprio) e *despesas* (pagamento de remuneração aos investidores, despesas administrativas e gastos com a cobrança dos créditos).

9. Como decorrência desse pressuposto poder-se-ia dizer que a existência da *securitizadora* e o objetivo da operação de *securitização* vinculam-se à *antecipação* em favor da instituição *originadora* dos montantes correspondentes aos *recebíveis* de que esta dispõe, não sendo concebida a *securitizadora* como um fim em si mesmo.

OS TÓPICOS ESSENCIAIS DA RESOLUÇÃO N. 2.493

Da natureza dos créditos cedidos

10. Resumindo as notas principais da Resolução n. 2.493, cuidando da *securiti-*

zação de *recebíveis*, cabe referência ao art. 1º que cuida dos créditos que podem ser objeto da operação, definindo-os, *estritamente*, como os originados de empréstimos, financiamentos e arrendamento mercantil.

11. Nesse sentido, não tem curso, a nosso ver, interpretações *ampliativas* desse rol de créditos para incluir, *v. g.*, outras operações, facultadas às instituições financeiras, como a aquisição de créditos provenientes de vendas a prazo, como os recebíveis de cartões de crédito.

12. Tem-se como *numerus clausus* e não exemplificativa, a relação das espécies de créditos, insertas no art. 1º da Resolução, como *habilitadas* à securitização.

Das características da securitizadora

13. A empresa, que se dedicará a operacionalizar a securitização será, necessariamente, constituída sob a forma de *sociedade anônima*, constando de sua denominação, a expressão *Companhia Securitizadora de Créditos Financeiros*, tendo objeto social *exclusivo*, isto é, dedicado apenas aos procedimentos, aqui comentados, nos moldes das *Special Purpose Companies* (SPC) do direito norte-americano.

14. As *securitizadoras*, mais, somente podem captar *recursos* no País pala *emissão pública ou privada de ações*, representativas de seu Capital Social, e pela *emissão pública de debêntures*, e no Exterior pela *emissão e colocação de títulos e valores mobiliários*, na forma da legislação vigente.

15. Assim, é vedado à *securitizadora* transacionar com bancos, em termos de empréstimos ou financiamentos, ou mútuos de modo geral, restringindo-se suas fontes de recursos à capitalização e à emissão de debêntures ou títulos no Exterior.

16. Observa-se, também, que os instrumentos de securitização em relação aos créditos que a securitizadora adquirir estão restritos às debêntures e às *ações resgatáveis*, em face da disciplina imposta pela Resolução n. 2.493.

17. Outra característica peculiar das securitizadoras é a *vedação*, constante no inciso III do § 1º do art. 1º, relativamente à prática de certos atos societários e sobre cessão de crédito, até que corra o *pagamento integral* dos valores mobiliários, emitidos em operação de securitização, quais sejam:

a) transferência do controle acionário da sociedade;

b) redução do capital, incorporação, fusão, cisão ou dissolução; e,

c) cessão dos créditos, que lastreiam a emissão de debêntures, ou atribuição de direitos sobre eles, em favor do controlador ou a qualquer pessoa a ele ligada, em condições distintas das previstas nos instrumentos de emissão.

18. Contudo, os §§ 2º e 3º do art. 1º da Resolução criam exceções à *vedação*, descrita na letra *c* supra, considerando-se *possíveis* os atos ali elencados, quando autorizados por detentores de *50% do valor nominal* das debêntures ou títulos, emitidos no Exterior, sem se computar aqueles pertencentes ao controlador da securitizadora ou por sociedade a ele coligada (§ 2º).

19. A cessão de créditos é permitida, excepcionalmente, na hipótese de se dar por valor *igual ou superior* ao *valor nominal* dos créditos, deduzidos os *juros* ainda não incorridos e os *encargos financeiros*, incorporados ao referido valor nominal; obviamente, aqui a idéia é que a securitizadora, nessa hipótese, se capitalizará suficientemente para pagar a remuneração devida aos debenturistas (§ 3º).

Das condições dos créditos cedidos

20. Tratando dos créditos, que serão objeto de cessão, o normativo admite que possam abranger os de *curso anormal* (art. 2º, I) porém não admite, como já se disse, a prestação de coobrigação de parte da instituição cedente (inciso II).

21. Proíbe-se no atinente à cessão de créditos, consoante dispõe a Resolução, ora examinada, o seguinte:

a) *cessão* de créditos *a prazo* para securitizadora com a qual a cedente mantenha *ligações*, nos termos da Lei 4.595 e Lei 7.492, sendo que esta vedação, em essência fundada nas restrições de relacionamento entre as instituições financeiras e pessoas ligadas, cria a necessidade eventual de que, nessas hipóteses, a securitizadora esteja *capitalizada*, antes de proceder à aquisição dos créditos, medida em que, pelo menos teoricamente, a emissão de debêntures, fonte primordial de recursos, como vimos, se dará *a posteriori* da cessão de créditos, esta presumidamente efetuada *a prazo*; o que se pode anotar, nesta passagem, é a possibilidade de que a operação de cessão com instituição ligada à securitizadora, para efeitos de viabilizar a emissão de debêntures, seja feita *com prazo para pagamento* do valor da cessão, o que difere de cessão para *pagamento a prazo*; e,

b) *recompra*, pela instituição cedente, de créditos cedidos; *aquisição*, pela instituição cedente, das debêntures emitidas com lastro nos créditos que ela cedeu; ou a *realização* de qualquer transação que implique, ainda que indiretamente, no retorno do mesmo risco de crédito a cedente.

Pagamento de rendimentos e amortização das debêntures

22. Como já se enfatizou e agora dispõe a Resolução, o *rendimento* e a *amortização* das debêntures, emitidas pela securitizadora, terão sua liquidação, em qualquer caso, *condicionada* à *realização* dos créditos (*lastro*) especificados nos instrumentos de emissão, havendo a possibilidade da prestação de *garantias adicionais* quanto a essa liquidação, exceto parte da instituição cedente.

23. Sobre esse tópico, convém notar, as debêntures, com a natureza jurídica de *título de crédito*, *ex vi* da Lei 6.404/76, não conferem, todavia, ao *investidor* debenturista direitos de crédito *genéricos* contra a emissora, vale dizer, que apenas e tão-somente o *lastro* (recebíveis adquiridos por via de cessão) responde pela *liquidação* das debêntures e/ou o coobrigado, se existir.

24. O aspecto talvez mais saliente, em termos jurídicos, nos procedimentos de securitização, ora normatizados, diz com a aguda questão de transferência, na cessão, da instituição cedente à securitizadora, das garantias e privilégios atinentes aos recebíveis, envolvidos na operação.

25. O disposto no inciso III do art. 2º da Resolução, em exame, parece bastante claro e específico nesse sentido *verbis*:

"Art. 2º. A cessão referida no art. 1º:

"I - ... *omissis* ...

"II - ... *omissis*...

"III - implica a *transferência a cessionária*, dos *contratos, títulos, instrumentos* e *garantias necessárias à sua execução*".

26. Com base nesse supedâneo regulamentar, dir-se-ia que a securitizadora ou até o investidor, em caso de nova cessão dos créditos, estarão habilitados — ainda que não revistam a condição jurídica de instituições financeiras — a compelir o devedor, inclusive pela via *constritiva* jurisdicional, a adimplir o crédito, excutindo as garantias constituídas.

27. Contudo, sem embargo do propósito regulamentar, expresso na Resolução 2.493, dúvidas podem ser opostas a essa espécie de sub-rogação, decorrente da cessão, vez que o cessionário ao adquirir os créditos junto ao cedente, quitou-os nessa operação, observações essas nascidas, genericamente, da consideração de que a garantia de alienação fiduciária; a imposição da cobrança de comissão de permanência; e a aplicação de taxas de juros, desobrigadas da Lei de Usura, são próprios das instituições financeiras.

28.Em comentários ao instituto da garantia da alienação, o ilustre Ministro Moreira Alves (*Da Alienação Fiduciária em Garantia*) observa que, em decorrência do previsto no art. 6º do DL 911/69, dá-se a figura de *sub-rogação legal* no *crédito e na garantia constituída pela alienação fiduciária*, desde que o fiador, avalista ou terceiro interessado liquidem a dívida pelo devedor principal; todavia, em seguida, anota o jurista que, em se tratando de *terceiro não interessado* (aqui, o *cessionário* na operação de securitização), a sub-rogação será de espécie *convencional*, o que permite — especialmente — *que esse terceiro possa ser qualquer pessoa, e não apenas as legitimadas a celebrar, originariamente, a alienação fiduciária em garantia* (...), conforme transcrição na nota 84ª, p. 152.

29. No v. acórdão do E. Tribunal de Justiça do Rio de Janeiro (Ap. Civ. 1.509/97) colhe-se que: "A cessão (...) não pode, de modo algum, causar *qualquer enfraquecimento no vinculum juris, piorando a situação do credor*" (grifos).

30. E, em continuação, ainda nesse *decisum* a importante remissão ao reconhecido Carvalho de Mendonça (*Doutrina e Prática das Obrigações*) realça, com absoluta propriedade: "O que parece, porém, fora de dúvida é que o que constitui a *essência da obrigação* é o seu *conteúdo* — a prestação e o modo dela — que pode ser considerado *independentemente do sujeito*" (grifos).

31. O renomado Paulo Restiffe Neto na sua clássica obra *Garantia Fiduciária*, todavia, parece repudiar a extensão do entendimento sobre a aplicação genérica da sub rogação *convencional*, em matéria de créditos garantidos por alienação, opondo-se, aqui, ao pensamento do ministro Moreira Alves, antes citado, observando que a disposição do art. 6º do DL 911/69 é *restrita* em termos de sub-rogação ao avalista, fiador e terceiro interessado, aplicando-se ao pagamento efetuado por *terceiro não interessado* (simples *cessionário*) as normas dos arts. 930, § único e 931 do Código Civil, ou seja, ocorre na espécie, *o pagamento de dívida em nome e por conta do interessado, ou em nome próprio, mas nunca com sub rogação nos direitos do credor* (p. 279).

32. A questão, suscitada aqui em caráter preliminar, deve merecer especial atenção dos operadores da securitização, ainda que ao nosso ver somente possa ser solucionada concretamente perante o Judiciário, pois que é *essencial* para o êxito da operação, tanto para as ações de cobrança de parte da securitizadora, como de parte dos investidores.

33. Nesse sentido, a própria disposição da Resolução 2.493, atinente à sub-rogação do cessionário dos créditos, ainda que de natureza ancilar, *incapaz* por isso de *derrogar* previsão legal, há de ser realçada pois que implica, no mínimo, em *indicação* da intenção da autoridade monetária em facultar — na linha defendida pelo Ministro Moreira Alves — o amplo alcance da sub-rogação *convencional*.

Atualidades

A PRESCRIÇÃO ADMINISTRATIVA NO ÂMBITO DO BANCO CENTRAL DO BRASIL

HAROLDO MALHEIROS DUCLERC VERÇOSA

1. A analogia da doutrina jurídica. 2. O recurso à eqüidade. 3. O regramento legal da prescrição administrativa. A utilização da analogia e da eqüidade. Conclusão.

A alegação da prescrição administrativa nos processos instaurados pelo Banco Central do Brasil tem sido objeto de inúmeras impugnações, interpostas junto ao Conselho de Recursos do Sistema Financeiro Nacional. O pensamento daqueles órgãos — no sentido do reconhecimento, apenas, da prescrição ordinária do Código Civil — está consubstanciado em longo trabalho da lavra de Carlos Augusto dos Santos Faias,[1] à época de sua publicação procurador do primeiro e membro integrante do segundo. No entanto, mister se faz voltar à análise do tema para uma análise crítica do estudo acima mencionado, tendo em vista as considerações ali expendidas, principalmente à luz de recente modificação legislativa ocorrida nessa área.

Resumidamente, são os seguintes os argumentos indicados por Faias em seu minucioso levantamento da doutrina e da jurisprudência no campo da prescrição dos ilícitos administrativos verificados na órbita do Banco Central do Brasil:

a) Baseado em Carlos Maximiliano e Alípio Silveira, ele diz que não haveria que se aplicar a analogia nos casos de *direito excepcional*, justamente aquele sob cuja égide atuaria o Banco Central do Brasil;

b) A prescrição administrativa somente teria lugar, nos processos instaurados pelo Banco Central do Brasil — *direito excepcional* — diante de lei especial (que nunca foi editada), devendo aplicar-se, em sua falta, a regra do art. 177 do Código Civil brasileiro;

c) Diversos textos legais respeitantes à prescrição administrativa representariam soluções de *direito excepcional*, não extensivas a situações por eles não expressamente previstas, mesmo semelhantes entre si;

d) Embora a prescrição ordinária do Código Civil possa ser considerada longa em demasia para os casos de ilícitos administrativos na esfera do Banco Central do Brasil, esta circunstância não levaria à caracterizá-la como ilegal, nem determinaria a redução daquele prazo.

1. A ANALOGIA NA DOUTRINA JURÍDICA

Examinando a doutrina, verificamos que, no pensamento de Caio Tácito, todas as sanções jurídicas, entre as quais claramente se incluem as sanções administrati-

1. Prescrição no "Direito Administrativo", in *Revista de Informação Legislativa* 126, out./dez.-95.

vas, estão sujeitas ao instituto da prescrição. Para aquele ilustre autor, a perpetuidade da pretensão punitiva estatal, tanto na esfera penal quanto na administrativa, tenderia, de um lado, a prolongar indefinidamente situações litigiosas e, de outro, a abalar a estabilidade da ordem jurídica ("Prescrição Administrativa — Comissão de Valores Mobiliários — Inquérito Administrativo", *Revista de Direito Administrativo* 196, abr.-jun./1994, pp. 285 e ss.).

Reforçando essa noção, aduz Nelson Eizirick que, tratando-se a prescrição de instituto comum a todos os ramos do Direito, não pode ser questionada a sua aplicação no campo do direito administrativo. Se a Administração remanesce inerte, decorrido determinado prazo prescricional, ela perde o direito de punir ("Regime Jurídico do Mercado de Capitais — Modificações Introduzidas pela Lei n. 9.457/97", *Revista do Advogado* 52, fev./98, pp. 32 e ss.).

Há exceções, sim, à regra geral da prescrição. Mas a *imprescritibilidade ocorre no expresso plano da Constituição Federal exclusivamente para dois casos*, tendo em vista a natureza dos bens jurídicos assim protegidos: *a prática do racismo*, de um lado, e *a ação de grupos armados, civis ou militares, contra a ordem constitucional e o Estado de Direito*, do outro (art. 5º, XLII e XLIV).

Esse é o entendimento predominante no seio da mais expressiva doutrina nacional, reconhecendo Luiz Vicente Cernicchiaro e Paulo José da Costa Jr. que esses dois são os únicos casos em que o Estado jamais perde o direito de punir (*Direito Penal na Constituição*, São Paulo, Ed. RT, 1991, p. 169).

Visto que a prescrição é a regra, não se pode, absolutamente, concordar com a posição do Banco Central do Brasil, seguida pelo Conselho de Recursos do Sistema Financeiro Nacional, no sentido de que somente lei específica poderia estabelecer a prescrição dos inquéritos por aquele órgão instaurados. O reconhecimento dessa posição levaria a resultados absurdos e à conseqüente quebra dos princípios mais fundamentais do direito e da justiça.

Ora, a regra é, indubitavelmente, a da prescrição, conforme visto acima, e deve o aplicador da lei buscar a sua fonte para cada caso que estiver diante do seu exame, devendo forçosamente encontrá-la, seja diretamente — diante de norma que expressamente a preveja —, seja pelo recurso a meios indiretos, como são os casos da analogia e da eqüidade.

Quanto à analogia, como qualquer estudante de direito logo aprende, ela não fica simplesmente no plano da faculdade do juiz, mas impõe-se como regra de obediência obrigatória, pois, quando a lei for omissa, ele *decidirá o caso de acordo com a analogia*, os costumes e os princípios gerais de direito (Lei de Introdução ao Código Civil, art. 4º). O termo *decidirá*, tal como está colocado naquele texto, implica claramente em *uma ordem e não em uma mera faculdade.*

A questão da utilização da analogia quanto aos ilícitos observados no campo de atuação do Banco Central do Brasil deve ser analisada, inicialmente, quanto à alegada proibição de sua incidência nos casos de *direito excepcional*, conforme reportado acima.

Entende-se, tradicionalmente, a partir de Paulo (1, 3, D, *de leg.*, 14 e 16) como *lei excepcional* (criadora, portanto, de um direito da mesma índole), aquela que derroga uma norma geral ou, ainda, aquela que regula um determinado comportamento de uma maneira nova, diferente do que teria lugar caso a norma excepcional não existisse. Por outras palavras, a norma excepcional subtrai em determinadas circunstâncias ou por determinado período de tempo um comportamento que seria normalmente tratado pela regra geral. Tomando um exemplo do nosso ordenamento jurídico, a norma geral sobre prescrição corresponde ao art. 177 do Código Civil, enquanto todas as demais reguladoras desse instituto teriam o caráter de normas excepcionais, quanto às quais seria proibido o recurso à analogia.

A proibição em tela apresentaria como explicação, segundo Norberto Bobbio, o diferente fundamento da lei comum (baseada na *ratio*, por conseguinte, sujeita a uma interpretação que se utilize logicamente de todos os seus elementos implícitos) e da lei excepcional (instituto *propter aliquam utilitatem*, acolhido pelo ordenamento jurídico não por uma razão que o justifique, mas tão-somente pela autoridade que o impôs, do que decorre não poder ser interpretada racionalmente, mas obedecida pela força da autoridade).[2]

Para Bobbio, no entanto, a explicação acima não convence, pois existem leis comuns, criadas a partir de uma determinada utilidade, enquanto, ao mesmo tempo, apresentam-se normas excepcionais fincadas sobre uma razão. Recorrendo à autoridade da doutrina germânica, aquele autor lembra o ensinamento de Windscheid, segundo o qual se tem duvidado que a proibição da solução analógica quanto às leis excepcionais apresente a mesma razão de plausibilidade do correspondente impedimento da utilização da analogia com relação às leis penais incriminadoras. Nesse sentido, tendo em conta que a lei excepcional está fundada em uma *ratio* particular, é razoável que possa ser estendida a casos não previstos, *desde que enquadráveis no âmbito da mesma ratio*, ou seja, aplicando-se a analogia para hipóteses não previstas na lei excepcional, pelo mesmo motivo da excepcionalidade que levou à edição do texto especial.[3]

O direito italiano contém uma proibição expressa da utilização da analogia no campo das leis penais e daquelas que excepcionem uma regra geral (art. 14, D. Gen). Mas, segundo Bobbio, mesmo assim tem sido unânime a opinião no sentido de que o aludido art. 14 exclui a interpretação analógica, mas não a extensiva, notando-se, ainda, que sob este último nome tem sido aplicada, freqüente e verdadeiramente, a integração analógica.[4]

Analisando o problema por outro ângulo, verifica-se estar na *ratio legis* a razão suficiente do reconhecimento de uma norma jurídica.[5] Dessa maneira, a validade da solução pela via analógica está na extensão do tema regulado para o não regulado, quando ambos apresentem a mesma *ratio legis*: *ubi eadem ratio, ibi eadem iuris dispositio.*

Tomando-se a *ratio legis* da prescrição dos ilícitos administrativos como aquela relacionada com o objetivo de não se deixar o administrado sujeito a uma inércia da Administração por prazo excessivamente longo, em conseqüente prejuízo para a segurança e para a certeza do direito, tem-se que reconhecer a validade da analogia diante de uma lacuna legislativa que apresenta a mesma *ratio legis*.

Esta breve análise do instituto da analogia também pode incluir o exame de sua função, qual seja, a de dar ao juiz um instrumento para preencher as lacunas legislativas, tendo em vista a preservação da unidade do direito. No caso em tela, trata-se de uma lacuna relacionada com a falta de uma norma especial estabelecedora de uma regra de prescrição mais favorável ao eventual indiciado do que a presente na regra geral do art. 177 do Código Civil, tendo-se em conta que diversas normas nesse sentido foram baixadas pelo legislador, excetuando-se o caso do Banco Central do Brasil, para o qual ainda não existe norma especial. E aqui entra, conseqüentemente, a discussão do tema da *eqüidade*.

2. Verbete "Analogia", do *Novissimo Digesto Italiano*, p. 606.

3. Ob. e p. cits.

4. Ob. e p. cits.

5. A *ratio legis* exprime-se pela fórmula *id propter quod lex lata est, et sine quo lata non esset*. Daí se conclui que *cessante ratione legis, cessat et ipsa lex* (Donellus, *Commentari*, v. I, cap. 13, a. 9).

2. *O RECURSO À EQÜIDADE*

A esse respeito, observa Renato Vecchione, com muita propriedade, recorrendo às lições de Forti, Resta e Scavonetti no direito italiano, que: "Ao contrario il concetto di equità, poichè il potere eqüitativo si inserisce naturalmente nella discrezionalità, ricorre frequentemente negli istituti del diritto ammnistrativo, tanto che, mentre da taluno si è identificata la violazione dei principi di equità con l'eccesso di potere, il considetto "onere di buona amministrazione", concepito anche como equita amministrativa e come limite della discrezionlità è stato ravvicinato all'obligo del giudice di equità di fare uso in un determinato modo e per il conseguimento di determinati fini del proprio potere di libero giudizio".[6]

O *dever da boa administração* incluiria, necessariamente, a diligência da administração no sentido da apuração e penalização dos ilícitos verificados em sua área, cujo descumprimento seria punido com a prescrição.

Na sua *Ética a Nicômaco*, Aristóteles defende a utilização da eqüidade nos caos em que o legislador, tendo tratado certo tema de forma geral, no entanto refere-se a casos particulares. Em tais situações o aplicador da lei deveria agir pelo recurso à solução que o legislador teria adotado, no caso em que tivesse se voltado para o particular, buscando ser justo. A aplicação da eqüidade levaria a uma situação de justiça do caso concreto, na ausência da regra que a estabeleceria de forma absoluta.[7]

O recurso à eqüidade tem sido estabelecido segundo dois diversos critérios. O primeiro corresponderia ao meio de superamento da ausência ou da insuficiência de uma determinada norma jurídica. Neste sentido, o juiz seria o intérprete da *consciência social,* ou estaria atendendo as aspirações de um povo em um determinado sistema jurídico. O segundo toma a eqüidade como "la ragione ed il contenuto del potere discrezionale del giudice, tale potere ravvicinando a quelo del legislatore in quanto tende a completarne l'opera".[8]

O mesmo Vecchione reproduz preciosa lição de Calamandrei (*Diritto ed equità nell'arbitrato*), segundo o qual: "Il diritto positivo e l'equità costituiscono due ordinamenti giuridici, coesistenti e in parte coincidenti, como due sfere concentriche di diverso volume, di cui la piú grande, che contiene in sè la più piccola, è l'equità. Il giudice, che è el centro del due ordinamenti, ha al di sopra di sè, quasi firmamento giuridico, queste due grandi volte poste una dentro l'altra; ma se egli è giudice di puro diritto, la sua vista si ferma alla più bassa e vicina; se invece egli è giudice di equità, la volta più basa è per lui trasparente, e la sua vista può spaziare al di là, fino a scoprire, sulla più alta ed esterna, costellazioni che il giudice di diritto non vede. Insomma, per uscir della dalla barócca similitudine, si vuoi dire com questo che il giudice di equità ha sempre il potere di verificare se il diritto positivo corrisponde all'equità e quidi di applicarlo secondoché vi scorga o non vi scorga una tale coincidenza; mentre il giudice di diritto non ha altro potere che quello di applicare il diritto com'è, ed ogni suo tentativo de guardare più oltre costituisce un eccesso di potere".[9]

Pode-se dizer que o recurso à eqüidade está expressamente previsto no plano constitucional, sob o manto da isonomia, segundo a qual, as mesmas situações devem ser regidas pelo mesmo direito.

6. Verbete "Equità", do *Novissimo Digesto Italiano*, p. 630.

7. Livro V, cap. X, 5-6.

8. Cf. Vecchione, ob. cit., p. 627. A esse respeito, como destaca o próprio Vecchione, não pode deixar de ser lembrada a posição de Biondi, segundo o qual, ao contrário, a eqüidade tem o propósito de restringir o poder discricionário do juiz e não de ampliá-lo.

9. Ob. cit., p. 631.

3. *O REGRAMENTO LEGAL DA PRESCRIÇÃO ADMINISTRATIVA. A UTILIZAÇÃO DA ANALOGIA E DA EQÜIDADE*

No âmbito dos mercados financeiro e de capitais ressentiam-se os participantes da existência de norma expressa sobre a prescrição dos ilícitos administrativos neles praticados, como forma de se dar segurança, certeza e estabilidade às relações operacionais e jurídicas neles presentes. A prescrição dos ilícitos administrativos evidentemente existia, conforme demonstrado nas linhas anteriores. Apenas não havia segurança quanto à lei aplicável, diante de diversos textos legais aos quais se podia recorrer.

A própria CVM, conforme bem anotado por Carlos Augusto dos Santos Faias no trabalho sob comentário, na falta de norma específica havia reconhecido, por analogia, a aplicação do prazo prescricional de cinco anos no julgamento de inquérito administrativo por ela instaurado (*Revista CVM*, jan.-abr./95, pp. 21 a 23).

Para o mercado de capitais, veio a ser recentemente estabelecida de forma expressa a prescrição, verificada em oito anos, quanto à infração das normas legais cujo cumprimento incumba à Comissão de Valores Mobiliários fiscalizar, ocorrida no mercado de valores mobiliários, no âmbito de sua competência, contado esse prazo da prática do ilícito, ou no caso de infração permanente ou continuada, do dia em que tiver cessado (Lei n. 6.385, art. 33, com a nova redação que lhe foi dada pela Lei n. 9.457, de 5.5.97).

No caso dos processos administrativos instaurados pelo Banco Central do Brasil, continua não existindo norma específica. Por isto o prazo prescricional deve ser buscado alhures. Ora, não há qualquer dúvida no sentido de que a Lei n. 6.385/76, com as modificações introduzidas pelo texto supramencionado, deveria ser a fonte legal na qual se buscasse a solução do problema, a ser utilizada analogicamente para o estabelecimento das regras de prescrição relacionadas com os procedimentos administrativos acima referidos. Isto porque aquela regra prescricional, referenciada ao mercado de capitais, revela-se a norma mais próxima do mercado financeiro, dentre todas as outras existentes sobre o mesmo tema, abaixo consideradas.

O § 2º do dispositivo supracitado determinou que *a prescrição em causa aplica-se a todo o inquérito paralisado por mais de quatro anos, pendente de despacho ou julgamento, devendo ser arquivado de ofício ou a requerimento da parte interessada*, sem prejuízo de serem apuradas as responsabilidades pela paralisação, se for o caso.

A última parte da norma em causa é de suma importância, pois obriga a Administração Pública a ser diligente no andamento dos processos administrativos, sujeitando os responsáveis por retardamentos não justificados (capazes aqueles, por sua vez, de tomarem medidas destinadas a interromper a prescrição) às penalidades cabíveis.

Quanto aos processos em curso ao tempo da reforma da Lei n. 6.385/76, anota-se a existência da regra do art. 4º do novo texto, segundo a qual, *para os inquéritos administrativos pendentes ou fatos já ocorridos, os prazos de prescrição previstos no art. 33 da primeira lei começariam a fluir apenas a partir da data da vigência da primeira, ou seja, 5.5.97.*

No entanto, deve ser obedecida a norma geral de prescrição insculpida no *caput* do art. 33 da Lei n. 6.385/76, não se aceitando a restrição acima mencionada por dois motivos que se somam:

Primeiro, porque o art. 4º da Lei n. 9.457/97 é claramente inconstitucional, uma vez que lei nova relativa a sanções penais (ou administrativas) somente pode ser imediatamente aplicada quando suas regras forem mais benéficas para os seus destinatários do que a norma anterior (cf. Nelson Eizirick, ob. cit., p. 37).

Em segundo lugar, tendo em vista que, *na qualidade de norma processual penal*, a regra do art. 33 da Lei n. 6.385/76, em sua nova redação, *tem aplicação imediata*, nos termos do art. 2º do Código de Processo Penal (Dec.-lei n. 3.689, de 3.10.41).

Ainda que se aceitasse que aos inquéritos instaurados pelo Banco Central do Brasil não se aplicaria a norma supra, mesmo assim a prescrição daqueles procedimentos indubitavelmente ocorreria, a partir do recurso a outras fontes normativas. O único problema estaria em encontrar-se o texto legal mais adequado ao caso presente, dentre as diversas possibilidades existentes.

A esse respeito, deve-se reportar ao magistério de Hely Lopes Meirelles, em seu *Direito Administrativo Brasileiro*, 19ª ed., Malheiros Editores, 1994, p. 585, segundo o qual: "Mesmo na falta de lei fixadora do prazo prescricional, não pode o servidor público ou o particular ficar perpetuamente sujeito à sanção administrativa por ato ou fato praticado há muito tempo. A esse propósito, o STF já decidiu que a "regra é a da prescritibilidade" (nota 22: *RDA* 135/78, CF, art. 37, § 5º). Entendemos que, quando a lei não fixa o prazo da prescrição administrativa, esta deve ocorrer em cinco anos, à semelhança da prescrição das ações contra a Fazenda Pública (Dec. 20.910/32), das punições dos profissionais liberais (Lei 6.830/80) e para cobrança do crédito tributário (CTN, art. 174). Para os servidores federais a prescrição é de cinco anos, dois anos e cento e oitenta dias, conforme a gravidade da pena (Lei 8.112/90, art. 142)".

Essa tese foi esposada pela Advocacia Geral da União no Parecer GQ-10, de 6.10.93, portanto, de cumprimento obrigatório para toda a Administração Pública Federal, em obediência ao disposto no art. 40 da Lei Complementar n. 73, de 10.2.93, onde se lê: "É o instituto da prescrição administrativa elemento fundamental e indispensável à estabilidade das relações entre o administrado e a administração e entre esta e seus servidores.

"Vale dizer: é fundamental e indispensável à estabilidade das relações jurídicas o instituto da prescrição administrativa, quer no âmbito do direito disciplinar propriamente dito (relações entre a administração e seus servidores), quer no âmbito do direito sancionador ou do poder de polícia (relações entre a administração e o administrado).

"A chamada prescrição administrativa, na esfera do poder disciplinar, significa impossibilidade de ser aplicada punição por parte da Administração Pública, após o decurso de certo lapso de tempo, vigorando, portanto, no universo da estrutura organizacional do Estado, o princípio da prescritibilidade da sua pretensão punitiva.

"Não importa se o ato punitivo esteja eivado de nulidade por defeito de competência, de finalidade, de forma, de motivo e defeito do objeto: o certo é que ocorre a prescrição, que a Administração não pode relevar. (...)

"... se a lei fundamental, no art. 37, § 5º, adota a regra da prescritibilidade de ilícitos que acarretem danos ao erário, evidentemente prescrevem, do mesmo modo, os demais ilícitos que sejam prejudiciais ao bom desempenho dos serviços administrativos."

Ora, na esfera do Banco Central do Brasil, dentro das possibilidades aventadas por Hely Lopes Meirelles, cabe entender que seria de cinco anos a prescrição dos ilícitos administrativos, recorrendo-se para essa conclusão, analogicamente, ao art. 174 do Código Tributário Nacional.

Isto porque, de acordo com o art. 50 da Lei n. 4.595, de 31.12.64, o Conselho Monetário Nacional e o Banco Central do Brasil — entre outras entidades — gozam dos favores, isenções e privilégios, inclusive fiscais, que são próprios da Fazenda Nacional. Assim sendo, os créditos do Banco Central do Brasil, originados das multas por ele aplicadas em processos administrativos, terão o mesmo tratamento do crédito tributário, uma vez inscritas como Dívida Ativa da União.

Outra fonte de utilização da analogia é encontrada na Lei n. 8.884, de 11.6.94, sobre a prevenção e repressão às infrações da ordem econômica, as quais incumbe ao Conselho Administrativo de Defesa Econômica-CADE apurar. O art. 25 do texto legal em apreço estabelece em cinco anos o prazo de prescrição das aludidas infrações, contados da prática do ilícito ou, no caso se infração permanente ou continuada, do dia em que tiver cessado.

Observe-se estar minuciosa e expressamente regulado na lei acima o regramento do processo administrativo na esfera do CADE — arts. 30 e ss., sujeito à regra da prescrição —, fato não observado na Lei Bancária, cuja reforma, objeto da futura regulamentação do art. 192 da Constituição Federal não poderá omitir essa matéria.

E mesmo que ainda assim não se aceite a prescrição baseada nas fontes já aqui referidas, outra solução estaria na aplicação das normas relativas ao Estatuto dos Funcionários Civis da União, considerando-se que, nas relações que as instituições financeiras mantêm com a sociedade, elas estão prestando *serviço de natureza pública*.

A qualidade de serviço de natureza pública claramente se manifesta na medida em que os bancos dependem de autorização do Banco Central do Brasil para funcionamento e estão sujeitos à sua permanente fiscalização, conforme estipulado no art. 192, I, da Lei Fundamental e nos arts. 10, IX e X e 22, da Lei n. 4.595/64.

Esta última norma espanca qualquer dúvida que pudesse existir sobre a condição de serviço público àquele exercido pelas instituições financeiras, na medida em que textualmente declara *serem elas órgãos auxiliares da execução da política de crédito do Governo Federal.*

Conseqüentemente, a atuação das instituições financeiras no mercado poderia ser facilmente entendida como sujeita, nas faltas disciplinares, ao Estatuto dos Funcionários Civis da União. E a respeito do problema da prescrição a elas aplicável, assim se manifestou o Supremo Tribunal Federal pelo voto do Ministro Cordeiro Guerra no MS 20.069, Relator o Ministro Moreira Alves, *RDA* 135/64: "O Ministro Moreira Alves reconhece, invocando o parecer da Procuradoria-Geral da República, que a prescrição das faltas administrativas foi erigida como regra vigente no Estatuto dos Funcionários Públicos Civis da União, e admite que *as faltas que não estão previstas na literalidade do art. 213, não constituem exceção ao princípio geral da prescritibilidade* e após minuciosa análise doutrinária, da lei e de seus antecedentes legislativos, conclui: 'Na espécie, há expressa disposição de lei (o inciso II, letra *a*, do artigo 213 do Estatuto vigente), cujo espírito é mais amplo do que a letra, e abarca, em limitação por omissão, todas as faltas, que não crimes, sujeitas à pena de demissão'".

CONCLUSÃO

Dessa forma não pode haver qualquer dúvida de que:

1) o instituto da prescrição é aplicável aos processos administrativos instaurados pelo Banco Central do Brasil;

2) inexistindo lei expressa para tanto, recorrer-se-á a texto legal sobre a matéria, pela aplicação dos princípios da analogia ou da eqüidade;

3) o texto aplicável será aquele que mais afinidade apresente com o caso, a exemplo do que ocorre com a Lei n. 6.385/76, com a nova redação que lhe deu a recente reforma e tendo-se em conta a inconstitucionalidade da disposição transitória do art. 4º da Lei n. 9.457/97;

4) em não se aceitando a validade da solução do item acima, há várias outras fontes normativas que encerram o princípio da prescrição.

São Paulo, junho de 1998

Mercosul

EL TRANSPORTE DE MERCANCIAS PELIGROSAS EN EL MERCOSUR*

Roberto Bloch

El nivel de desarrollo de las sociedades modernas exige la utilización de gran cantidad de mercancías en las que se conjugan características benéficas con otras de elevada peligrosidad. Los diversos medios de transporte se hallan directamente afectados por las consecuencias dañosas que supone la aceptación de elementos peligrosos, tanto para el medio en sí como para el ámbito alejado por las consecuencias de un eventual siniestro, dado el alto efecto expansivo contaminante de esta clase de mercaderías.

Por ello, los diversos sectores intervinientes han prestado especial atención al problema, sancionándose en los planos internacional, regional y nacional, normas e prescripciones complejas y detalladas. No debe olvidarse que en la práctica han ocurrido catástrofes de sensibles resultados debido precisamente al transporte de mercancías que, actualmente, en las indicadas disposiciones, se clasifican como peligrosas y que, en gran medida, han sido elaboradas a partir de la lección de dicha práctica y con el objetivo de evitar, com la adopción de las precauciones en ellas estabelecidas, la repetición de los desastres.

Estos siniestros, además de las pérdidas humanas y naturales que ocasionan, traen aparejada una importante responsabilidad para los sujetos intervinientes, en términos de sanciones indemnizatorias civiles y penales al determinarse las causas humanas originarias del suceso, si ellas se deben al incumplimiento de las reglas aplicables.

El acondicionamiento, el almacenamiento y el transporte de mercancías peligrosas exigen una serie de precauciones tendientes a reducir los factores de riesgo que originan. Hay que considerar que los materiales peligrosos pueden serlo en sí mismos o que el peligro puede resultar de la combinación de dos o más materiales, sin ser ninguno de ellos considerado peligroso en forma aislada; asimismo, una mercancía puede ser simultáneamente corrosiva y venenosa, inflamable y tóxica, etc., lo que ha originado los conceptos de "riesgo principal" y "riesgo subsidiario". Otro tipo de riesgo producido por la contaminación de las cargas lo constituye aquélla en particular que, por sus fuertes emanaciones, por malos cierres de sus envases o embalajes o por pobre barrera material de los mismos, logra entrar en contacto con otras mercaderías, en carga compartida, cambiándoles el sabor, el aroma o sus propiedades; esta alteración, además del eventual daño a la salud humana o elementos naturales, constituye una pérdida desde el punto de vista comercial, al desnaturalizarse el producto contaminado.

* Publicado na *Revista de Jurisprudência Argentina* 6.052/13-18, de 27.8.97.

La clara indentificación de una mercadería o de una combinación de ellas como peligrosa y el estricto cumplimiento de las normas estabelecidas para su tratamiento, permiten la plena vigencia del valor seguridad en el transporte, manipuleo y depósito, tal como lo han propiciado las Naciones Unidas y los diversos organismos internacionales, regionales y nacionales que han estudiado el tema.

Con fecha 26.4.57, el Comité de Expertos de la ONU sobre Transporte de Mercancías Peligrosas elaboró una serie de Recomendaciones, que luego fueron modificándose, actualizándose e incorporándose a las diversas legislaciones.

La clasificación de mercancías peligrosas se originó en la Convención de Londres de 1960 para la Seguridad de la Vida Humana en el Mar. Actualmente, encontramos en el orden internacional, además de las Recomendaciones de la ONU, el Código Marítimo de la *International Maritime Organization* (IMO) para Mercancías Peligrosas, el Reglamento de Seguridad de la Vida Humana en el Mar (SEVIMAR), el Anexo n. 18 de la Convención de Chicago sobre Aviación Civil Internacional, el Reglamento sobre Mercaderías Peligrosas de la *Internacional Air Traffic Association* (IATA), el Acuerdo Europeo sobre Transporte Internacional de Mercaderías Peligrosas por Carretera (ADR) y el Reglamento Internacional sobre Transporte de Mercaderías Peligrosas por Ferrocarril en Europa (RID).

En los Estados Unidos de Norteamérica rige la *Hazardous Materials Transportation Act of 1974*.

La clasificación de mercaderías peligrosas que efectúan los cuerpos normativos citados es la siguiente:

Clase 1 - Explosivos: solamente son aceptados para el transporte aéreo aquellos que explotan cuando son expuestos al calor.

Clase 2 - Gases (comprimidos, licuados, disueltos bajo presión o muy refrigerados): los gases pueden ser no inflamables pero pueden provocar sofocación en un espacio confinado debido a la ausencia de oxígeno, e inflamables, los que mezclados con el aporte en cualquier proporción pueden inflamarse y arder al ser expuestos a una llama o chispa. La mayoría de los gases venenosos tienien prohibición para su transporte vía aérea.

Clase 3 - Líquidos inflamables: son los que exhalan vapor a una temperatura mayor de 60 grados centígrados, pudiendo inflamarse cuando son expuestos a una fuente de ignición.

Clase 4 - Sólidos inflamables: son sustancias factibles de producir combustión espontánea y en contacto con el agua emiten gases inflamables.

Clase 5 - Sustancias oxidantes y peróxidos orgánicos: son sustancias que causan o contribuyen a la combustión de outro material y estimulan el fuego, ya que producen una liberación de oxígeno.

Clase 6 - Venenos y sustancias infecciosas: los venenos son sustancias capaces de producir la muerte o daños a la salud si son ingeridas, inhaladas o puestas en contacto com la piel; las sustancias infecciosas son aquellas que contienen microorganismos y son tóxicas, sospechándose o conociéndose que causan enfermedades a seres humanos o a animales; aquí deben ubicarse las substancias químicas y afines a las anteriormente conceptuadas.

Clase 7 - Material radioactivo: son aquellos materiales o sustancias que espontáneamente y en forma continua emiten ciertos tipos de radiaciones que pueden ser perjudiciables para la salud pero que no pueden ser detectados por los sentidos.

Clase 8 - Corrosivos: son líquidos que pueden causar severos daños si tienen contacto com la piel y pueden corroer metales u otros materiales o productos. Por ejemplo, ciertos productos químicos y ciertos productos diluyentes.

Clase 9 - Otras mercaderías peligrosas: son aquellas sustancias que durante el transporte pueden presentar riesgos no incluidos en las otras clases. Incluyen material magnetizado (amplificadores, elementos de comunicación, motores eléctricos, radios) y también sustancias que pueden provocar disturbios e incomodidades a los miembros de una tripulación y que pueden interferir en el correcto desempeño de los mismos, por ejemplo: abestos, hielo seco, elementos de salvatage (pilas, transmisores, etc.), colchones de polietileno, vehículos autopropulsados.

Por otra parte, algunas mercaderías, si bien son de uso común, poseen propiedades inherentes que las convierten en peligrosas durante el transporte aéreo; la pintura, por ejemplo, com el cambio de présion y temperatura atmosférica, expele un vapor altamente infamable; muchos productos químicos tienen propiedades naturales venenosas, corrosivas o explosivas.

Algunas de las principales medidas para el tratamiento de mercaderías peligrosas en todos os medios de transporte son las seguientes: a) normas estrictas para el uso de envases y embalajes para mercaderías peligrosas, cuyo cumplimiento permite el transporte seguro de tales productos; b) normas de identificación, colocación de marcas y etiquetas especiales para mercaderías peligrosas de tal manera que las personas en presencia del producto reconozcan su peligrosidad; c) manipuleo de carga, estiba y descarga efectuado por expertos en mercaderías peligrosas; d) normas de segregación y estiba que indican la situación de los productos, distancias o barreras a establecer com otros productos, etc.; e) características de los vehículos; por ejemplo, cisternas, buques para transporte de gases, etc.; f) descripción clara y detallada de las mercaderías peligrosas en los documentos de transporte; es especialmente importante la llamada "Declaración del Cargador", en la cual indica no solamente las principales características del producto peligroso, sino también sus riesgos y formas de actuar en caso de accidente, incluso los antídotos correspondientes y asimismo, la manifestación que indique su adecuado acondicionamiento para el transporte.

Sin perjuicio de las medidas especiales que se deben tomar para transportar mercaderías peligrosas, habrá que considerar que existen ciertas mercancías cuyo transporte está prohibido, principalmente en el modo aéreo.

Dentro del proceso de integración regional Mercosur se ha elaborado el "Acuerdo sobre Transporte de Mercaderías Peligrosas en el Mercosur", instrumentado por la Decisión n. 2.194 del Consejo Mercado Común, complementado por la Decisión 14/94 del Consejo Mercado Común.

Como antecedentes regionales del Acuerdo mencionado, se citan el art. 13 del Tratado de Asunción, la Decisión n. 4/91 del Consejo Mercado Común, la Resolución n. 39/94 del Grupo Mercado Común y la Recomendación n. 1/94 del Subgrupo de Trabajo n. 5 del Grupo Mercado Común.

El Acuerdo establece que el transporte de mercancías peligrosas deberá realizarse al amparo de las normas que garanticen la seguridad de las personas, sus bienes y el medio ambiente.

Se ha considerado para ello que la ampliación de las actuales dimensiones de los mercados nacionales através de la integración genera el aumento del intercambio de mercancías que presentan riesgos para la salud humana, vías y equipamiento de transporte y para el medio ambiente. Asimismo, se ha considerado para elaborar el Acuerdo que la existencia de diferentes reglamentaciones nacionales puede dificultar el intercambio internacional de las mercancías que presentan riesgos para la salud humana, vías y equipamiento de transporte y para el medio ambiente. Asimismo, se ha considerado por elaborar el Acuerdo que la existencia de diferentes reglamentaciones nacionales puede dificultar el intercambio internacional de las mercancías peligrosas, y la tendencia mundial de adoptar las Recomendaciones para el Transporte de Mercancías Peligrosas de las Naciones

Unidas como base para las reglamentaciones nacionales.

El Acuerdo y sus anexos reglamentan el transporte de mercancías peligrosas entre los Estados Parte del Mercosur. El transporte de las mercancías peligrosas de las clases 1 (material explosivo) y 7 (material radioactivo) y los residuos peligrosos se regirá por las disposiciones del Acuerdo y por las normas específicas establecidas por los organismos competentes de cada uno de los Estados Parte. Cada Estado Parte se reserva el derecho de prohibir la entrada a su territorio de cualquier mercancía peligrosa previa comunicación a los demás Estados Parte.

Asimismo, se considera que el ingreso o egreso de mercancías peligrosas efectuados conforme a las exigencias establecidas por la OMI o la OACI serán aceptadas por los Estados Parte.

Con referencia al acondicionamiento de las mercancías peligrosas, los embalajes o equipamientos deberán cumplir con los requisitos estabalecidos en las Recomendaciones de las Naciones Unidas para el Transporte de Mercancías Peligrosas, estar marcados e identificados y tener en cuenta los procedimientos nacionales que respondan a tales requisitos.

Por otra parte, los transportes de mercancías peligrosas solamente podrán ser realizados por vehículos cuyas características técnicas y estado de conservación garanticen la seguridad, compatible con el riesgo correspondiente a la mercancía transportada. Durante las operaciones de carga, transporte, descarga, trasbordo de mercancías peligrosas o de limpieza y descontaminación, los vehículos llevarán los elementos identificatorios del riesgo y los paneles de seguridad identificatorias de las mercancías y de los riesgos a ellas asociados.

Además, la documentación para el transporte de mercancías peligrosas deberá incluir información que indentifique perfectamente el material e indique los procedimientos a adoptar en caso de emergencia.

Todo el personal involucrado en el transporte y manipuleo de mercancías peligrosas deberá recibir entrenamiento específico para las funciones que les competen y disponer del equipamiento de protección adecuado.

Las certificaciones y los informes de ensayo expedidos en un Estado Parte serán aceptados por los demás cuando se exija en el contexto del presente Acuerdo.

A la vez, mediante la Decisión n. 14/94 del Consejo Mercado Común, se agrega una nueva norma al Acuerdo que dispone que a los efectos de la formulación, revisión y actualización de los Anexos que conforman el Acuerdo, serán establecidas Comisiones de especialistas, que se reunirán con intervalos no superiores a dos años, designándose, en cada caso, a uno de los Estados Parte como coordinador.

Corresponde señalar también que los Estados Parte del Mercosur aprobaron por Decisión n. 15/94 del Consejo Mercado Común el Acuerdo de Transporte Multimodal Internacional del Mercosur, que en su art. 31 establece que el Transporte Multimodal de mercancías peligrosas se rige por lo dispuesto en el Acuerdo sobre Transporte de Mercancías peligrosas en el Mercosur y también por lo dispuesto por los Reglamentos Internacionales de ICAO y de IMO, relativos a los transportes aéreos y marítimos respectivamente. La calificación de mercancías peligrosas tendrá como base las Recomendaciones de la ONU al respecto.

Asimismo dispone el Acuerdo sobre Transporte Multimodal que el Expedidor está obligado a grantizar al Operador de Transporte Multimodal la ex-actitud, en el momento en que él toma las mercancías bajo su custodia, de todos los datos relativos a la naturaleza general de las mercancías, sus marcas, número, peso, volumen y cantidad y, si procede, su carácter peligroso conforme se consigna en el Documento de Transporte Multimodal. El Expedidor deberá indemnizar por los perjuicios resultantes de la inexactitud o insuficiencia de esos datos.

Asimismo, se halla vigente el Acuerdo de Transporte Fluvial por la Hidrovía Paraguay-Paraná, firmado por la Argentina, Bolivia, Brasil, Paraguay y Uruguay (incorporado a la legislación argentina por ley 24.835), que en un Protocolo Adicional sobre Navegación y Seguridad, en su Título VII, Capítulo II trata la normativa especial aplicable al transporte de hidrocarburos, sustancias nocivas líquidas, sustancias perjudiciales y mercancías peligrosas por en hidrovía; en su Capítulo III se prohíbe el transporte por agua en la hidrovía de desechos peligrosos, como así también el vertimiento de todo tipo de desechos u otros materiales; en su Capítulo IV trata el régimen de descarga de hidrocarburos y sustancias nocivas y en su Capítulo V se refiere a los procedimientos para la lucha contra incidentes de contaminación.

Señálase que la República Argentina, por ley 24.292, aprobó el Convenio Internacional sobre Cooperación, Preparación y Lucha contra la Contaminación por Hidrocarburos, de 1990.

Cabe consignar que, en el ámbito del Derecho Marítimo, recogiendo un principio similar al establecido por la Convención de Bruselas de 1924 en su art. 4 ap. 6º, las legislaciones respectivas de los países del Mercosur establecen que el transportador que no conociera las características peligrosas de la carga, estará facultado para desembarcarla en cualquier momento, forma o lugar, antes de su arribo a destino, e incluso a destruirla o transformala en inofensiva, sin indemnización alguna a su propietario. En cambio, si la mercadería fue embarcada con conocimiento y consentimiento del transportador, podrá éste también proceder de igual manera — descargarla, destruirla o tornarla inofensiva — en la medida en que llegue a constituir peligro para la seguridad de la navegación, si bien quedando a salvo los derechos u obligaciones de los interesados en caso de avería gruesa. Ambas soluciones se inspiran en el valor seguridad de la navegación.

Asimismo, el transportador marítimo no será responsable por daños o pérdidas causados por mercaderás peligrosas, si el carácter de éstas no le fue comunicado por el cargador o si la información fue inexacta o insuficiente o si existieron fallas en el embalaje especial o si el daño o pérdida proviene de vicio propio de la mercadería transportada u otros hechos que impliquen culpa del cargador (además de los clásicos eximentes por fuerza mayor). El carácter peligroso de la mercadería transportada debe asentarse claramente en el Conocimiento de Embarque (*Bill of Lading*).

En el Derecho Aeronáutico, el transportador aéreo puede negarse al traslado de mercaderías peligrosas si considera que el riesgo es muy grande; no responderá por daños o pérdidas con respecto a mercaderías peligrosas en los mismos casos que el conjunto de ejemplos mencionados para el transporte marítimo y además, si prueba que él y sus dependientes han tomado todas medidas necesarias para evitar el daño o que les fue imposible tomarlas. El expedidor de las mercaderías peligrosas deberá acompañar a la Guía Aérea (*Air Waybill*) un documento especial llamado "Declaración de Mercaderías Peligrosas del Expedidor" que debe ser emitido por duplicado y firmado por el responsable del envío de la mercadería peligrosa.

En el transporte terrestre rigen también los mismos casos de exención de responsabilidad por daños para el transportador de mercaderías peligrosas relativos a la causa del evento dañoso si obedece a fuerza mayor, vicio própio de la cosa o culpa del cargador (por ejemplo, embalaje inadecuado o inexacta declaración del carácter peligroso de las mercaderías). La Carta de Porte Terrestre debe expresar la índole peligrosa de la mercadería por declaración hecha por el cargador. Habitualmente, el transporte terrestre de esta clase de mercaderías requiere autorización especial de autoridades públicas y los vehículos deben seguir una ruta indicada y aprobada y le está prohibido, por lo general, estacionar dentro de centros urbanos o poblados.

Por último, com relación al seguro, la clase y naturaleza de la mercancía constituye unfactor de vital importancia en orden a la correcta estimación del riesgo. Depende de la natureza de las mercancías que ésta pueda verse afectada por una u otra clase de riesgos y que las consecuencias de un determinado evento revistan mayor o menor gravedad; por ello, resulta fundamental para el asegurador disponer de más completo y exacto conocimiento sobre la clase y naturaleza del bien asegurable. Es así que la declaración a formular por el asegurado al asegurador con relación a las circunstancias que concurren en el riesgo que, en su caso, la empresa aseguradora estará dispuesta a cubrir, condicionan absolutamente la eficacia del seguro, tanto en lo referente a su operatividad como a su validez. La reticencia o falsa declaración efectuada por el asegurado, aun hechas de buena fe, pueden ocasionar la nulidad del contrato del seguro. En consecuencia, la información que el asegurado debe brindar al asegurador cuando se transportan mercancías peligrosas debe ser eshaustiva y exacta en grado sumo.

BIBLIOGRAFÍA

Arboleya, Bernadino, "Economía del transporte" - Contenedorización de cargas y transporte multimodal en la República Argentina - Consultor n. 22, CITI.

Arboleya, Bernadino y Destéfano, Roberto, "Contenedores", CITI.

Beltrán Montiel, Luis, *Curso de Derecho de la Navegación*, Ed. Astrea.

Bloch, Roberto D., *Transporte Multimodal*, Ed. Ad-Hoc.

Bloch, Roberto D., "Puertos Latinoamericanos", *Revista XM de Comercio Exterior*, oct./dic. 1994.

Bloch, Roberto D., "Hidrovia Paraguay-Paraná", *Revista XM de Comercio Exterior*, set. 1994.

Bloch, Roberto D., "Consejo de usuarios en el Mercosur". Ponencia presentada en las XV Jornadas de Derecho Civil, Mar del Plata, 1995.

Bonet Armengol, F., *Los seguros de mercancías en el Comercio Internacional*, Cocin, Barcelona.

Código Aeronáutico anotado (Foglia-Mercado), EUDEBA.

Di Gioia, Miguel A., *Envases y embalajes*, Macchi.

Dromi-Ekmekjian-Rivera, *Derecho Comunitario*, Ed. Ciudad Argentina.

Enríquez de Dios, J. J., "Transporte internacional de mercancías", EIRC-ICEX, España.

Huntley, Agnew, *Container Stowage: Practical Aproach - Container Publication*, Ltd. Dover.

IATA (Asociación de Transporte Aéreo Internacional), Reglamentación sobre Mercancías Peligrosas, Edición 32A, 1991.

Ledesma, C. y Zapata, C. (compiladores), *Negocios y Comercialización Internacional - Comercio Exterior*, Macchi.

Ley de la navegación n. 20.094 (Dirección y notas: José D. Ray), Ed. Abeledo-Perrot.

Mercosur: documentación suministrada por Fundación Exportar de Argentina.

Organización Marítima Internacional (OMI), "Reglamentación sobre Mercaderías Peligrosas".

Servicios para la Comercialización Internacional - Cámara de Exportadores de la República Argentina, H. Cortina Editor.

Soler Aleu, Amadeo, *Transporte terrestre*, Ed. Astrea.

U.S. Departament of Tranportation - Maritime Administration - Stowage of Cargo in Marine Containers.

Zuidwijk, Antonio, *Guía Práctica para operar com contenedores*.

Temas em Debate

A DISCIPLINA DA REORGANIZAÇÃO DA EMPRESA EM CRISE ECONÔMICA NO PROJETO DE LEI CONCURSAL

FREDERICO SIMIONATO

1. Introdução. 2. Considerações sobre a subemenda substitutiva: 2.1 Sujeitos do processo concursal — 2.2 Dissociação empresa-empresário 2.3 Demonstração de viabilidade da reorganização — 2.4 Mecanismos de alerta sobre a crise econômica —2.5 Meios de reorganização — 2.6 Interferência judicial — 2.7 Comitê de administração — 2.8 Administrador judicial — 2.9 Responsabilização dos administradores e controladores. 3. Presunção favorável ao devedor para a abertura do processo. 4. Prazo do plano de reorganização. 5. Crédito trabalhista. 6. Crédito tributário. 7. Fundamento da liquidação. Conclusão.

1. INTRODUÇÃO

Como é de todos conhecido, a atual legislação falimentar brasileira se mostra completamente inviável para disciplinar os processos de reorganização econômica no âmbito concursal, tanto que há muito se propõe a sua reformulação mediante um sistema mais ágil com atenção à preservação da empresa economicamente viável.

O Decreto-lei n. 7.661/45, pela sua própria característica temporal, é uma legislação que mantém os postulados do processualismo e do caráter liquidatário do instituto falimentar, servindo apenas como um extremo meio de cobrança.[1]

Com o surgimento de uma nova perspectiva sobre a importância da atividade empresarial para toda a coletividade, representando uma verdadeira instituição, foram alçadas novas tendências conceituais para que a falência fosse deixada apenas para os casos em que o comprometimento financeiro da empresa atingisse patamares que impossibilitassem o seu salvamento, e por conseguinte, sua manutenção como ente produtivo.

É evidente a importância que a empresa possui para a economia da sociedade, sendo a grande geradora de empregos e riqueza, tanto que sua administração não repercute somente sobre os seus sócios, mas, muito pelo contrário, incide na generalidade dos segmentos que a circundam.

Esta revolução de perspectiva alcançou maior difusão no Direito Francês, quando pela Lei n. 67/563 e a Ordenação n. 67/820, foram modificadas as estruturas primordiais da legislação falimentar. Toda esta

1. "É imperdoável que o legislador do Século XX se deixe deslumbrar pelos ouropéis da moderna processualística, olvidando os problemas especificamente econômicos que a insolvência não deixa de suscitar, mormente quando atinge as grandes empresas". Fábio Konder Comparato, *Aspectos jurídicos da macroempresa*, São Paulo, Ed. RT, 1970, p. 108.

alteração normativa foi motivada pela famosa Comunicação de Roger Houin, quando estabeleceu os principais aspectos a serem observados por uma nova legislação, vale dizer, a separação empresa-empresário, o aumento dos poderes jurisdicionais e a diminuição da intervenção dos credores dentro do processo reorganizatório.

Posteriormente, surgiram na França as Leis de 1984 e 1985, que organizaram um conjunto de medidas obrigando que os administradores declarassem o mais cedo possível as dificuldades existentes na exploração da atividade empresarial, prevenindo o seu agravamento através de medidas societárias apropriadas.[2] Com a nova legislação de 1994, o sistema francês de salvamento empresarial encontra-se plenamente desenvolvido.

Nesta esteira, o plano de reorganização, ao lado das características publicistas que norteiam o processo reorganizatório, representam inequívocos instrumentos para a tentativa de salvamento da empresa em crise econômica.[3]

Portanto, na atualidade, o denominado Direito da empresa em crise econômica possui como pilares fundamentais de validade: a manutenção da atividade empresarial, o plano de reorganização, as restrições ao individualismo (diminuição da interferência dos credores), crescimento da participação jurisdicional e a intervenção do administrador judicial.[4]

O plano reorganizatório é composto por duas partes distintas: a primeira, consiste na apresentação das medidas de reorganização econômica e financeira da gestão empresarial; a segunda, corresponde à apuração do passivo, e seu pagamento.[5]

Por sua vez, a dissociação entre empresa-empresário é o ponto fundamental do Direito Concursal haja vista que é desta distinção que se possibilitará o afastamento dos administradores sem, contudo, corresponder à cessação da atividade funcional da empresa. O conceito de empresa sobreleva ao do empresário.

Como estabelecia o artigo 6º do então substitutivo ao Projeto de Lei n. 4.376/93, a recuperação judicial é o processo judicial de gestão dos interesses do devedor, com ou sem a sua atuação, e o conjunto de institutos e procedimentos adotados com o objetivo de superar as condições e circunstâncias que caracterizam a crise econômica. Veremos que o referido Substitutivo foi alterado pela atual Subemenda Substitutiva, em tramitação na Câmara dos Deputados.

Como se percebe, era um artigo que possuía a preocupação de aclarar o novo posicionamento da legislação, ou seja, a tentativa da composição dos vários segmentos que estão jungidos à atividade empresarial. Dessume-se, também, a preocupação com a manutenção da organização do sistema capitalista e estatal, mesmo que não afirmada expressamente.[6]

2. Georges Ripert e René Roblot, *Traité de Droit Commercial*, Paris, LGDJ, 1988, p. 719.

3. O novo procedimento de recuperação se inspira no processo de suspensão provisória das execuções. Ele se inicia com um período de observação, em princípio curto. Depois, durante a fase de tratamento, ele consagra a diminuição dos direitos dos credores em proveito de um reforço dos poderes do tribunal. Esforça-se igualmente em associar os empregados ao desenvolvimento do procedimento". Yves Guyon, *Droit des Affaires*, Paris, Economica, 1992, t. 2, p. 28.

4. Comentando a restrita participação dos credores, assevera Anne-Marie Baudron: "Com efeito, o juiz lhes impõe prorrogações de pagamento, quando ele admite o plano de apuramento coletivo do passivo. Este não tem a necessidade do consentimento dos credores. Deste fato, a ruptura com as concordatas judiciais, simples ou preventivas é extremamente profunda. Em nossa matéria, não é a maioria que submete à sua lei a minoria, sob o controle e com a participação do tribunal; é este último que dita sua vontade aos credores". *La suspension provisoire des poursuites et l'apurement collectif du passif selon l'ordonnance du 23 septembre 1967*, Paris, LGDJ, 1972, p. 228.

5. Nelson Abrão, *O Novo Direito Falimentar: Nova disciplina jurídica da crise econômica da empresa*, São Paulo, RT, 1985, p. 119.

6. "La verità é dunque che in uno stato assistenziale, come è stato il nostro, in uno stato in cui il lavorro è stato privilegiato in funzione del mantenimento di posti offerti come scambio per la conser-

Sendo assim, vejamos como o novo Projeto de Lei se comporta diante desta forma de analisar as questões concursais, verificando se os instrumentos normativos por ele consagrados serão suficientes para outorgar seriedade ao processo reorganizatório, bem como de sua viabilidade operacional.

2. *CONSIDERAÇÕES SOBRE A SUBEMENDA SUBSTITUTIVA*

2.1 Sujeitos do processo concursal

Analisar-se-á aqui a Subemenda ao Substitutivo do Projeto n. 4.376/93, até então o último texto apresentado pela Câmara dos Deputados, o qual sofreu várias alterações nos seus dispositivos, e não possui correlação estrutural ou mesmo técnica com o Projeto (4.376/93), sendo desenvolvido e apreciado o Substitutivo. Ressalta-se que assim o fazendo, a Comissão Especial agiu com acerto haja vista a precariedade do Projeto original.[7] Posteriormente, foi elaborada a Subemenda ao Substitutivo, retirando uma série de preceitos que disciplinavam a reorganização, incluindo outros, como o Procedimento Especial para a Recuperação e Liquidação de micros e pequenas empresas.

O artigo 1º da referida Subemenda determina que a recuperação e liquidação serão aplicada às *sociedades comerciais e civis de fins econômicos e às pessoas físicas que exerçam atividades econômicas em nome próprio e de maneira organizada, com objetivo de lucro*, excetuando-se os agricultores que explorem propriedade rural para fins de subsistência familiar e as sociedades civis de prestação de serviços profissionais referentes ao exercício de profissão legalmente regulamentada, e aos que realizem serviços ou exerçam atividade profissional autônoma, quer sejam individual ou organizada. As empresas públicas, as de economia mista, instituições financeiras públicas ou privadas, seguradoras, cooperativas de crédito e sociedades de previdência privada, sujeitam-se a recuperação e a liquidação decretadas nos termos de leis especiais.

O Relator, Dep. Osvaldo Biolchi, votou: "Com referência ao art. 2º da Subemenda, decidimos manter a determinação de se elaborar uma lei especial para regular a recuperação e a liquidação de *empresas públicas, sociedades de economia mista que explorem atividade econômica, as instituições financeiras públicas e privadas, as cooperativas de crédito, as sociedades seguradoras de capitalização e de previdência privada*, por entendermos que a própria Constituição Federal assim o impõe, além da especificidade que caracteriza estes setores tão complexos da economia brasileira" (grifos do original).

Quanto às instituições financeiras, parece que o legislador esqueceu que já existem normas que tratam dos processos de intervenção e liquidação destas entidades, inclusive com poderes próprios conferidos à Administração Federal (artigo 132 da CF de 1988; Lei n. 6.024/74 e RAET; e o Programa de Estímulo à Reestruturação e ao Fortalecimento do Sistema Financeiro Nacional).[8]

vazione del sistema e quindi delle grandi imprese che hanno consentito la sopravvivenza del sistema, la lege sull'amministrazione straordinaria, rivolta alle grandi concentrazioni industriali e commerciali non può che essere una legge di salvataggio." Giuseppe R. Maggiore, *Instituzione di Diritto Fallimentare*, Padova, CEDAM, 1994, p. 766.

7. "A Comissão especial destinada a proferir sobre o Projeto de Lei n. 4.376, de 1993, do Poder Executivo, que "regula a falência, a concordata preventiva e a recuperação das empresas que exercem atividade econômica regida pelas leis comerciais, e dá outras providências", em reunião ordinária realizada hoje, opinou unanimemente pela constitucionalidade, juridicidade e, no mérito, pela aprovação, *como substitutivo*, do Projeto de Lei n. 4.376/93". Parecer da Comissão em 4 de dezembro de 1996. É importante notar uma alteração quanto à epígrafe do Substitutivo adotado pela Comissão, que dispõe: "Regula a recuperação e a liquidação judicial de empresas e pessoas físicas que exercem atividades econômicas e dá outras providências". Portanto, houve uma modificação quanto à estrutura do projeto.

8. O Professor Marcos Paulo de Almeida Salles, assevera: "Somos pela supressão das instituições financeiras seguradoras e assemelhadas pois elas são

Sobre as cooperativas, existe legislação própria, ou seja, a Lei n. 5.764/71 que em seu artigo 4º as isenta da falência, e o artigo 76, parágrafo único, que estabelece norma suspendendo as ações movidas contra as cooperativas que estejam em processo de liquidação, possibilitando que elas possam fazer frente aos seus compromissos.[9] Na França, a legislação de 1967 já estabelecia a suspensão das execuções, que se destina a conceder um prazo, no qual será elaborado o plano de reorganização, quer do devedor, quer do administrador judicial.[10]

Com efeito, deveriam estar sob a égide da Subemenda somente aqueles que exerçam atividade empresarial, com a separação de disciplinação entre as instituições financeiras, cooperativas e seguradoras.

2.2 Dissociação empresa-empresário

A recuperação judicial é a ação judicial destinada a sanear a situação de crise econômica do devedor, salvaguardando e mantendo a fonte produtiva, do emprego e os interesses dos credores, viabilizando desta forma a realização da fusão social da empresa. Considera-se em estado de crise econômica: o devedor que está em dificuldades temporárias na condução da sua atividade, com iliquidez, insolvência, e situação patrimonial a merecer readequação planejada (art. 37).

Isto representa uma tentativa de romper com a tradição do Direito Falimentar brasileiro, no tocante à impontualidade. Com a Subemenda, as sociedades estarão autorizadas, *quando em situação de crise econômica*, a requerer a abertura do processo reorganizatório. É importante salientar que este processo não se confunde com a concordata preventiva da atualidade.

Entretanto, o Substitutivo original era muito mais desenvolvido neste aspecto, tanto que em seu artigo 6º, inciso II, definia a recuperação judicial como o processo judicial de gestão dos interesses do devedor, *com ou sem atuação do titular* da empresa, bem como o conjunto de institutos e procedimentos adotados com o objetivo de superar as condições e circunstâncias que o caracterizam em situação de crise econômica.

É bem verdade que na Subemenda ainda se permite o afastamento do controlador e dos administradores, mas com uma ausência de sistematização que certamente dificultará sua implementação pelos tribunais. Com efeito, não há qualquer procedimento para que este afastamento se realize, parecendo, inclusive, que foi deixado de lado por razões de política legislativa.[11]

O artigo 52 da Subemenda determina que o devedor manterá a administração dos seus bens e continuará com seu negócio no procedimento de recuperação judicial, salvo se for condenado, anteriormente, por sentença transitada em julgado por crime cometido em outro processo de recuperação ou liquidação, houver *indícios suficientes* da prática de crime previsto na Subemenda, existir prova suficiente de dolo,

organizações empresariais decorrentes de legislação excepcional que compõem microssistemas jurídicos próprios, intimamente vinculadas à competência administrativa do Poder Executivo, dotadas de disposição constitucional própria e procedimentos de intervenção e liquidação extrajudicial disciplinados por leis especiais. Apenas para os casos em que a previsão das leis especiais possam vir a fazer a crise redundar em falência, é que se estaria remetendo todas aquelas instituições ao disposto neste projeto, sobre a liquidação judicial".

9. Waldirio Bulgarelli, *Sociedades Comerciais*, São Paulo, Atlas, 1996. p. 262.

10. Roger Houin, *Idées nouvelles dans le droit de la faillite*, Bruxelles, 1969, p. 133.

11. Voto do Dep. Osvaldo Biolchi: "É importante compreender que durante o procedimento de recuperação judicial, o devedor manterá a administração de seus bens e continuará com seu negócio, sempre sujeito à fiscalização de um comitê, formado pelas diversas classes de credores, ou do administrador judicial. Haverá algumas exceções, como, por exemplo, quando o devedor houver sido condenado anteriormente por crime em outra recuperação ou liquidação judicial ou quando, a critério do juiz, o afastamento se fizer necessário em benefício dos credores e demais interessados".

simulação ou fraude e ficar demonstrado que o devedor efetuou gastos pessoais manifestamente excessivos, com despesas injustificáveis na administração da empresa. Nestes casos, o devedor será afastado.

Outro requisito para o afastamento está previsto no inciso VI, do mesmo artigo 52, que o impõe no caso do devedor colocar empecilhos ao cumprimento do *plano de reorganização apresentado pelos credores*.

Nota-se, claramente, as dificuldades que surgiriam, próprias da realização de um plano apresentado pelos credores, que poderão, intencionalmente, pretender a total ruína do credor.

Cabe ao devedor a apresentação do plano de reorganização, elaborado com ou sem o auxílio de especialistas. Todavia, a Subemenda regrediu diante da disciplinação do Substitutivo, que em nenhum momento condicionava diretamente aos credores a aprovação do plano elaborado pelo devedor.

Desta feita, através da Subemenda, o juiz, ao deferir o processamento da recuperação, abrirá prazo de trinta dias para que os credores se manifestem sobre o pedido do devedor, com especial atenção sobre o plano de recuperação apresentado. A sua impugnação poderá ser total, parcial, bem como apresentar plano alternativo, ou simplesmente impugná-lo, e pedir a liquidação judicial (art. 44).

É excessiva, aqui, a forma minuciosa que a Subemenda trata da impugnação, tanto que em um dos casos permite apenas a impugnação, total ou parcial, e em outro, legitima a mesma impugnação, com o pedido de liquidação.

Esta postura encontra sua explicação no próprio voto do Dep. Relator, que considera: "O grande avanço que a recuperação traz diz respeito exatamente *à nova concepção de um amplo acordo*, que será firmado entre o devedor e *todos* os credores e que será viabilizado por intermédio do plano de recuperação econômico-financeira da empresa... No plano de recuperação da empresa em crise, teremos, sim, um *grande contrato*, com a importante fiscalização do Poder Judiciário, sem que isto se confunda absolutamente com qualquer favor legal" (grifamos).

Todavia, esta pretensa novidade, como um grande contrato, data, na verdade, do início deste século, quando a concordata — e o seu nome indica bem — já representava um contrato judicial.

Obviamente, todos os equívocos e problemas que surgiram na condução destes processos concordatários, frutos do individualismo e do liberalismo, fizeram que esta perspectiva perdesse espaço para o trato publicístico da matéria. Isto ocorreu nos EUA e na França.

O erro em que o legislador brasileiro incorre está em misturar conceitos diversos — ou seja, o plano de reorganização e o voluntarismo dos credores — pretendendo obter uma possível conciliação, através de uma soma algébrica dos interesses em conflito, esquecendo que deve disciplinar forças sociais.

Por isso, a opção deve ser inteira, e o ordenamento jurídico não deve pender para a insegurança das relações, que existirá neste caso, principalmente pela forças de determinados credores, vale dizer, os bancos. Nenhum sistema normativo conseguiu, com êxito institucional, limitar a autonomia dos contratantes, tanto que deve ficar aberta as duas vias de salvamento da empresa.

Assim, se o devedor possui condições de pactuar novas formas e prazos de pagamento com os credores, evidentemente não lhe será vedado; mas, se ao revés, encontra-se em situação tal, que mesmo a sua atividade sendo viável, não possui meios para lidar com os credores, somente resta a via judicial.

Esta via, que possui todos os alicerces bem desenvolvidos na prática norte-americana e na legislação francesa, consagra a plena proteção à empresa, relegando a participação dos credores. Em poucas palavras, não há contrato algum. Nos EUA, inclusive, existe a figura do *cramdown*, que tem lugar para *forçar* judicialmente os credores dissidentes a aceitarem um plano de reorganização razoável.

Na França, o atual sistema estabelecido pela legislação de 1994 se resume fundamentalmente nos meios de reorganização, quase sempre resolvidos pela cessação das participações sociais. Para apreciar o valor das planos de reorganização, os juízes devem ter a noção econômica da atividade; os magistrados precisam verificar se os planos são *razoáveis*, e se eles podem ser cumpridos no prazo de três anos.[12] O termo "razoável" possui grande significado no Direito norte-americano, e permite maior discricionariedade ao magistrado, o que influenciou o atual Direito francês.

Toda norma que envolve aspectos societários deveria consagrar o interesse da empresa em si, considerando-a como uma verdadeira instituição social, mitigando as relações intra-societárias. Como dizem Maurice Cozian e Alain Viandier, o artigo 23 da legislação concursal francesa é um exemplo característico da exclusão judicial de um sócio ou acionista.[13]

No entender de Yves Guyon, esta situação sobre a transferência das participações sociais traz uma moralização para os processos coletivos em razão das conseqüências responsabilizatórias dos dirigentes pela cessação dos pagamentos, pela qual eles são, freqüentemente, os responsáveis; porém, sua eficácia econômica é duvidosa, pela possível diminuição do valor destas mesmas participações.[14]

Com efeito, é importante que exista esta forma de disciplinação permitindo a alteração na administração da empresa, tendo como função primordial evitar que os antigos controladores pratiquem atos prejudiciais à empresa.

Quanto à Subemenda, se os credores apresentarem impugnação, o perito designado para elaborar o laudo acerca do estado econômico do devedor, apresentará *laudo complementar* que, considerando as informações contidas no laudo anterior, analisará a possibilidade do devedor executar o plano alternativo ou da procedência das impugnações. Não *havendo consenso* entre as partes, o juiz designará audiência de conciliação, com a presença de todos os envolvidos, homologando a conciliação obtida (arts. 48 e 49).

Esta situação é equivocada, haja vista a guerra de laudos, tirados às vésperas da abertura do processo, cada qual servindo aos seus propósitos. Ainda, pretende-se uma conciliação extrajudicial, e depois, judicial, dando pouca importância à participação do magistrado para resolver sobre a melhor implementação da reorganização.

Ocorrendo a rejeição e impugnação pelos credores ou pelo Comitê, o juiz poderá conceder a recuperação, desde que esta não ocasione aos credores sacrifício *exageradamente* maior que o resultante da liquidação judicial, ou que o pagamento não desobedeça a classificação dos créditos.

Obviamente, o plano realizado pelo Comitê nunca será colocado a efeito; e se fosse, quem seria responsabilizado pela sua implementação? O que seria feito com a participação social do sócio nesta hipótese! A empresa, depois de reerguida, seria "devolvida" ao devedor, que sequer participou do plano elaborado pelo Comitê! Infelizmente, estas perguntas não mereceram tratamento pelo Legislador.

No tocante ao salvamento da empresa o Legislador brasileiro tem apenas um caminho a seguir. É o da publicização das questões concursais. Qualquer outra medida, oscilando em adotar por completo esta tendência, somente dificultará o bom funcionamento do processo concursal. Mesmo que na França os resultados econômicos não foram os melhores, se não fosse esta mudança de postura, o efeito da insolvência seria muito maior na economia deste país.

12. Anne-Marie Baudron, ob. cit., p. 216.
13. *Droit des Sociétés*, Paris, Litec, 1996, p. 169.
14. Ob. cit., pp. 222-223.

Esta perspectiva não proíbe que sejam realizados acordos extrajudiciais, bem mais céleres e com menor custo. Entretanto, em casos específicos, quando somente a intervenção judicial pode diminuir as pressões dos credores, e mesmo impor a responsabilização dos administradores, não há como infirmar a supremacia da entidade produtiva.

A dissociação empresa-empresário é a junção última destes fatores, e serviria como um fator de mudança na gestão empresarial, que se mantém no cenário mundial, a custa de muita exploração e desajustes sociais, sobre os pilares de um sistema que prima pela desigualdade, fomentador dos maiores conflitos que o homem já presenciou. Somente a mudança na administração das empresas, quer em estado concursal, mas principalmente quando estão em pleno funcionamento, também mudará as condições humanas e atenderá aos dignos clamores coletivos.

2.3. Demonstração de viabilidade da reorganização

A Subemenda, seguindo o Direito Francês, determina que serão considerados para a concessão da reorganização: a importância social e econômica da atividade empresarial, no contexto local, regional e nacional; a mão-de-obra e tecnologia; volume do ativo e passivo; tempo de constituição e de funcionamento do negócio; faturamento anual e nível de endividamento (art. 38)

O requisito que se refere ao tempo de constituição e funcionamento da empresa deveria ser suprimido, por não existir justificação desta diferenciação, quando, p. ex., um empreendimento novo pode conter enorme soma de capitais, com grande número de empregados e tecnologia, e vice-versa. Não deve haver diferenciação quanto à idade da atividade.

Na França, a Lei de 1985 já determinava que na demonstração de viabilidade da reorganização deverão ser observadas: a importância social e econômica da atividade empresarial no contexto regional e nacional, a situação dos trabalhadores, tecnologia e volume do passivo.

No requerimento de abertura do processo, deverão constar: a exposição das causas e razões da situação patrimonial do devedor; as demonstrações financeiras referentes ao último exercício social e as levantadas especialmente para instruir o pedido; o balanço patrimonial; demonstração dos lucros, prejuízos e resultados desde o último exercício social; relação nominal dos credores, com a indicação dos seus endereços, natureza, classificação e atualização do crédito, bem como sua origem e a indicação dos registros contábeis de cada transação; a relação dos empregados, seus salários e encargos devidos; o contrato social atualizado; plano de reorganização e o respectivo resumo, *com a estimativa do prazo necessário para o seu cumprimento*; relação dos bens particulares dos acionistas controladores e dos administradores (art. 43).

Destes requisitos, destacam-se o balanço a ser levantado na época da abertura do processo, e a estimativa do prazo para o cumprimento do plano de reorganização.

As condicionantes para o deferimento da abertura da reorganização foram colocadas no Capítulo da Liquidação (art. 82), e deveriam ser reavaliadas. Há uma excessiva preocupação com a conduta do empresário, quando dever-se-ia atentar para a situação econômica da empresa.

A Subemenda adotou um termo que causaria debates, ao dizer que será decretada a liquidação judicial do *agente econômico*. Esta terminologia esbarra na própria Subemenda, que ora fala em "devedor", "negócio", "atividade", "intuito de lucro", e emprega "agente econômico" sem maior cuidado. Por agente econômico, nos moldes apresentados, entenda-se: sociedades comerciais, civis e pessoas físicas, com as exceções dos arts. 1º e 2º.

Desta forma, decreta-se a liquidação: quando o devedor não paga, sem relevante razão de direito, no vencimento, dívida líquida em título executivo que alcance a soma de 5.000 UFIR; executado, não paga, deposita ou nomeia bens; procede com meios fraudulentos com o objetivo de prejudicar os credores; transfere ou tenta transferir o seu estabelecimento sem o consentimento de todos os credores, salvo se restar bens suficientes; simula a transferência do estabelecimento; favorece algum credor, outorgando garantia real; ou abandonando o estabelecimento. São todas hipóteses tradicionais.

O artigo 194 estabelece que a ação penal não pode iniciar-se antes de decretada a liquidação judicial do devedor, e se extingue quando revogada a sentença que a tiver decretado (art. 205). É um absurdo, consagrador da impunidade da elite econômica.

Deve existir uma completa diversificação destas matérias. Esta distinção proporciona que a empresa ainda viável seja melhor administrada, porque o dirigente que concorreu para esta situação de insolvência será privado das suas funções. O objetivo desta distinção, diz o Professor Fábio Konder Comparato, está em impedir que o mal procedimento de empresário acarrete a dissolução da empresa, separando, assim, a sanção pessoal punitiva e o afastamento do administrador faltoso.[15]

Com esta moderna tendência, a sorte de inúmeras pessoas não pode ficar sujeita aos atos lesivos praticados pelos administradores ou sócios. Assim, deve ser aplicada a respectiva punição àqueles que cometeram condutas criminosas na condução das empresas, sem contudo inviabilizar a sua reorganização. É neste cenário que surge o corolário da expropriação dos administradores e dos controladores, com a dissociação empresa-empresário.

2.4 *Mecanismos de alerta sobre a crise econômica*

A Subemenda não contém nenhum instrumento que permite aos órgãos sociais responsáveis pela fiscalização da administração de exercerem e implementarem qualquer forma suficiente em denunciar a difícil situação financeira da empresa.

Conforme bem estabelece a Lei n. 6.404/76, esta fiscalização cabe ao Conselho Fiscal, em comunicar à Assembléia Geral a análise dos problemas da empresa. Entretanto, como a Assembléia é um órgão que nitidamente reflete a vontade administrativa do controlador, o controle da gestão se torna um tanto quanto inviável, salvo no que diz respeito a responsabilização que o controlador incidirá no caso de manobrar a Assembléia, desconsiderando a opinião do Conselho Fiscal, ou mesmo do conselheiro individualmente.

Ademais, como o Conselho Fiscal não tem funcionamento em muitas companhias, o controle das contas permanece incompleto, facilitando o encobrimento das condutas fraudulentas, com o aumento do comprometimento patrimonial. As auditorias não se prestam a realizar este serviço de denúncia.

Com efeito, quanto aos mecanismos de alerta e de efetivação das medidas a serem realizados para exteriorizar a situação econômica da empresa, tanto a Subemenda como a Lei n. 6.404/76 se mostram ineficazes para cumprir tal mister — a primeira, por completa ausência de disciplinação; a segunda, por conceituar a Assembléia como órgão soberano, e portanto apta em aprovar a soberania do controlador, quando mais nos conglomerados econômicos.

As atuais legislações societárias e de reorganização em vigor na França possuem instrumentos de controle suficientes em verificar como está sendo colocada a efeito a administração, permitindo que os órgãos encarregados da fiscalização denunciem, nas épocas oportunas, os problemas financeiros por eles detectados. Aqui está a importância do mecanismo de alerta, que deve ser implementado quando as dificuldades ainda não são de grande vulto, mas poderão causar futuramente a inviabilidade financeira da empresa.

15. Ob. cit., p. 122.

Na França, os comissários podem declarar o alerta sobre fatos significativos e suficientemente preocupantes, tendo em conta o contexto particular da empresa, suscetíveis de impedir a permanência da atividade em um futuro próximo, como empréstimos a curto prazo para financiar investimentos de retorno demorado, duração de greves etc.[16]

Seria oportuno que esta forma de manifestação do Conselho Fiscal fosse adotada pela legislação brasileira, representando um limite aos desmandos do controlador na administração. Na França, inclusive, a responsabilização dos comissários fica atenuada se eles declaram o alerta quando a situação da empresa ainda não está verdadeiramente comprometida, desde que não cometam abusos,[17] o que é natural para não cercear a fiscalização.

Portanto, as funções cometidas ao Conselho Fiscal pelo artigo 163, IV-VII da Lei das Sociedades por Ações deveriam possuir um reflexo na futura legislação concursal, deferindo ao Conselho Fiscal a competência para declarar o alerta, com todos os efeitos que deste ato surjam para a companhia, e da sua responsabilização (art. 165). Outra solução, seria incluir dentro da própria lei acionária esta competência, o que poderia ter sido realizado recentemente.

2.5 Meios de reorganização

O artigo 42 da Subemenda enumera as formas de proceder a recuperação. Entre eles estão: concessão de prazos e condições especiais para pagamento das obrigações *vencidas*; cisão, incorporação, fusão ou cessão de quotas ou ações da sociedade; substituição total ou parcial dos administradores; aumento de capital (que não poderá causar diluição injustificada da participação dos antigos sócios, art. 42 parágrafo único); arrendamento; celebração de acordo coletivo de trabalho, inclusive para reduzir salário, aumentar ou reduzir a jornada de trabalho; *equalização* dos encargos financeiros relativos a débitos bancários, aplicando-se aos contratos de crédito rural o disposto na Lei n. 9.138 de 1995; e aos demais contratos o disposto na Lei n. 8.078 de 1990, arts. 6º, V, e 51, IV e na Lei n. 1.521 de 1951, art. 4º, alíneas "a" e "b"; administração compartilhada.

Vários destes mecanismos causam espécie. O primeiro é a falta, em toda a Subemenda, da estipulação de um prazo final e fatal para o cumprimento do plano. O artigo 43 determina que do requerimento de abertura deverá constar o plano de reorganização, *com a estimativa de prazo necessário* para o seu cumprimento. Isto talvez tenha ocorrido com a mudança de perspectiva em relação ao anterior Substitutivo, considerando, agora, a recuperação como um "grande contrato", que obviamente fica aberto à autonomia dos contratantes. É uma posição extremada.

No referido Substitutivo, o prazo de duração do plano de reorganização era de 3 anos, podendo, em casos especiais, alcançar o limite máximo de 5 anos.

Na Subemenda, os únicos prazos que surgem são para as relações de trabalho, que deverão ser resolvidas pelo valor integral em até 1 ano, *atendendo às disponibilidades financeiras do devedor*. Se os recursos disponíveis não forem suficientes para a total quitação destes créditos, o juiz poderá prorrogar este prazo (art. 41). Vale ressaltar que não há um limite máximo, o que implica na pressão sobre os trabalhadores, ameaçados pelo desemprego. A outra exceção é para o crédito tributário, que deverá ser regularizado em até 120 meses (arts. 40 e 55).

O Legislador não compreendeu em sua totalidade para que serve o processo de reorganização. Se fosse o contrário, não teria colocado que a concessão de prazos e

16. Jaques Mestre e Alfred Jauffret, *Droit Commercial*, Paris, LGDJ, 1989, p. 519.

17. Georges Ripert e René Roblot, ob. cit., pp. 722-723.

condições especiais de pagamento se referem às *obrigações vencidas*. Cabe perguntar, como ficam as obrigações vencidas!? Há, nitidamente, uma reminiscência da concordata prevista no Decreto-lei n. 7.661/45. Esta perspectiva deve ser rompida, e o plano de reorganização deve conter novas formas de pagamento para todas as obrigações, sem o que dificilmente a empresa conseguirá ser reorganizada economicamente.

Os meios tradicionais de reorganização e a cessão das participações sociais são temas em debate nos dias atuais, principalmente pelas alterações colocadas pela Lei n. 9.457 de 1997.

Como a empresa se tornou um verdadeiro ente social, a tendência que observaria a melhor doutrina seria a redução das hipóteses ensejadoras de recesso, possibilitando que a sociedade não se descapitalize, ou no caso concursal, que não ocorra um aumento significativo dos valores a serem colocados pelas empresas que assumiriam o controle. Tudo isto se impõe nos países com elevada dispersão acionária, o que não ocorre no Brasil. Todavia, a insolvência, e os seus reflexos, merecem um tratamento consentâneo com a magnitude do problema, e as formas reorganizatórias talvez sejam um dos únicos meios de evitar o desaparecimento da entidade produtiva. No Brasil, o que causou grande perplexidade foi a indecente participação de fundos públicos na promoção de fusões no setor financeiro, e o privilégio concedido aos seus inescrupulosos controladores, que adoram se esconder atrás do Estado, quando lhes é vantajoso.

A substituição dos administradores é uma medida que pode ser realizada a qualquer momento, e no processo concursal torna-se a regra. Isso ocorre porque, muitas vezes, são os administradores os responsáveis pela situação financeira da empresa, e a sua substituição torna mais flexível a futura administração. Obviamente, o correto seria a substituição do controlador, mas a Subemenda é muito tradicional no que diz respeito a tendência de privá-lo judicialmente de suas funções e prerrogativas, merecendo reparos.

A equalização das dívidas bancárias possui complexo significado jurídico. Deve se entendido como a operação em tornar justo aquilo que foi combinado, pacto este que tivera a sobreposição excessiva da vontade de uma das partes.

O artigo 6º, V do Código de Defesa do Consumidor, determina que são direitos fundamentais do consumidor a modificação das cláusulas contratuais que estabeleçam prestações desproporcionais ou sua revisão em razão de fatos supervenientes que as tornem excessivamente onerosas. O artigo 51, IV, considera nula as cláusulas que estabeleçam obrigações iníquas, abusivas, e que coloquem o consumidor em desvantagem exagerada, ou sejam incompatíveis com a boa-fé ou a eqüidade.

Por motivo de política legislativa, estas referências não precisariam ser feitas pela Subemenda, juntamente com as Leis n. 1.521/51 e n. 9.138/35, porque devem ser dirigidas ao Poder Judiciário. Parece que o Legislador temendo a aplicação da Lei, "explica" ao magistrado como fazê-la. Deveria ser suprimida esta medida impositiva, a menos que não se confie em nossos tribunais, demais formalistas.

2.6 Interferência judicial

Um dos princípios do processo é a sua celeridade. Para isto, uma lei concursal deverá conter dispositivos que não impeçam a tomada de decisões dentro da companhia em reorganização, evitando os tradicionais excessos do processualismo brasileiro.

A Subemenda não atende ao reclamo da doutrina, mantendo a estrutura processual da atual Lei de Falências. Permite uma série de interposição de recursos, que tumultuam o bom funcionamento da empresa, e, por conseguinte, retiram eficácia das decisões administrativas. Copila, em muitos casos, a atual legislação falimentar.

O grande equívoco está em que o Projeto não tomou partida em prol da reorganização. Fica titubiando entre o salvamento da empresa e a sua liquidação. É evidente que no moderno Direito Concursal há somente duas vias de solução. Deferida a reorganização, nada adianta permitir excesso de recursos sobre a decisão do magistrado, o qual está atuando perto dos fatos, levando a questão aos frios tribunais superiores.

É a situação econômica da empresa que merece atenção. A sua administração ordinária deve continuar, seja com o devedor, seja com o administrador judicial. Para os atos de natureza complexa, como empréstimos, deve anteriormente ser demonstrada a sua viabilidade, o que somente a qualidade da empresa dentro do mercado e o plano de reorganização podem comprovar. Permanecer naquelas velhas perlengas processuais, em nada resolve para os verdadeiros envolvidos na empresa, vale dizer, credores, empregados e a coletividade.

Ao lado das indispensáveis alterações legislativas, também deveria haver uma reformulação da estrutura do Poder Judiciário. Claro é que isto não é uma exclusividade da matéria concursal. As varas especializadas, o aumento do número de juízes, e sua melhoria qualitativa, são importantes formas para o seu desenvolvimento como instituição.

O que não pode ser feito é a solução encontrada pela Argentina, que através da sua recente Lei de Falências (Lei n. 24.522/95) suprimiu, em grande parte, a atuação do magistrado na condução dos processos concursais. Isto nasceu em virtude do seu governo excessivamente liberal. Com a referida Lei, o devedor fica entregue à sorte dos credores, voltando à antiga noção privatística e contratual da concordata existente no começo do século. O juiz, como afirmam os redatores da Lei n. 24.522/95, é um mero espectador, que deve homologar aquilo que credor e devedor "pactuarem" dentro do concordata. É uma legislação que protege credores específicos, como os bancos, com a ausência de preceitos sobre o plano de reorganização. Osvaldo Maffia, autor argentino, afirmou com veemência que o atual processo concursal previsto na Lei de Falências é mais que privatístico, é talvez clandestino.

A Subemenda se inclina para esta tendência. Assim o faz não pela falta de preceitos sobre a condução do processo, ou seja, sobre o juiz, Comitê e administrador judicial, mas por colocar normas de difícil observação prática, muito semelhante com o atual sistema da concordata preventiva.

Neste cenário, várias normas encartadas na Subemenda deveriam ser alteradas, estabelecendo poderes mais determinantes *no aumento da interferência do juiz sobre a conclusão das propostas de reerguimento*. O juiz não deve ser considerado como um administrador. Por outro lado, ele deve ter o conhecimento da situação da empresa, o que somente ocorrerá dentro do próprio processo, munido das informações necessárias. Estabelecer figuras descabidas, como o Comitê, apenas dificultam a reorganização, e servem para que alguns retirem proveito da situação.

2.7 Comitê de administração

Em nada adianta estabelecer dentro da Subemenda a figura do Comitê. É um órgão desnecessário. O que realmente deveria existir era a participação dos órgãos sociais, principalmente o Conselho Fiscal, e órgãos semelhantes aos existentes no Direito Francês e Alemão que exercem o controle e a vigilância da administração. Portanto, caberia à legislação acionária adotar este sistema, que teria funcionamento na gestão normal da empresa, como dentro dos processos reorganizatórios.

O artigo 59, da Subemenda, determina que os credores que pertençam obrigatoriamente a três classes distintas e que detenham em conjunto no mínimo 30% do passivo, poderão requerer a realização de assembléia que deliberará sobre a instalação do Comitê.

Na decisão que autorizar a convocação da assembléia de credores para a criação do Comitê, o juiz definirá a pauta desta assembléia. É necessária a aprovação de credores que representem, no mínimo, metade do valor dos créditos declarados pelo devedor, para a criação do Comitê. As deliberações da assembléia de credores são realizadas por votos que representem mais de 50% do valor dos créditos presentes em cada assembléia, e a deliberação dos empregados, que deve observar o voto da maioria dos presentes (arts. 62-63; 67, § 3º).

O Comitê é composto de três membros, com representantes indicados pelos empregados, pelos credores com privilégio, e outro pelos credores quirografários. Caberá aos integrantes do Comitê indicar aquele que dentre eles o presidirá (art. 64). Esta disciplinação deve ser alterada.

Os membros do Comitê e o administrador judicial assumem suas funções mediante compromisso nos autos do processo, e exercerão a fiscalização da administração sempre sob a superintendência judicial. Com a instituição do Comitê, o administrador é dispensado das suas funções.

O devedor, o representante de Ministério Público ou qualquer interessado podem requerer a dissolução do Comitê, ou a destituição de qualquer dos seus membros, por omissão, negligência ou prática de ato prejudicial à administração da companhia. A Subemenda permite que, no caso de destituição do devedor que praticar atos contrários à administração e à reorganização, o juiz poderá decretar a prisão administrativa do devedor, por até sessenta dias. Tal medida em nada favorece a reorganização, e contraria preceitos constitucionais. Deve ser suprimida da Subemenda.

Assim como disciplinado, o Comitê terá poucas possibilidades de ser um órgão realmente fiscalizador. Sua composição é altamente conflituosa. São colocados, sem maior atenção, dentro do Comitê, tanto representantes dos credores, devedor e empregados, almejando-se que exista um bom funcionamento decisório a respeito da reorganização.

Novamente, presenciamos um discurso retórico do legislador, sem qualquer preocupação com o resultado. É demagogia legislativa convidar os trabalhadores para integrarem este Comitê, quando os mesmos trabalhadores são "proibidos" de atuarem na gestão da empresa quando está em boas condições econômicas. Assim, os empregados não possuem voz dentro do Conselho Fiscal, nas Assembléias e nos Conselhos de Administração. Ficam despidos de quaisquer "convite", e o único a imperar é o controlador.

Ora, quando a empresa está próxima da ruína total, o legislador, com um toque de remórcio, os convida para "fiscalizar" a administração. É de perguntar por que a Lei n. 6.404/76 não consagra a participação de todos os envolvidos na atividade empresarial para fiscalizarem a gestão? Ela, por sua vez, entrega todo o poder ao controlador, e torce, efetivamente (art. 116), para que este cumpra aquilo que ela mesma lhe determinou.

Nos termos da Subemenda, compete ao Comitê: elaborar laudo técnico, com auxílio de auditoria, apresentando um diagnóstico da situação econômico-financeira do devedor, analisando os aspectos de natureza contábil e negocial; fiscalizar a administração do devedor; verificar irregularidades; fiscalizar a execução do plano de recuperação; e elaborar um plano de recuperação alternativo, mediante estudo fundamentado que *comprove a inviabilidade econômica do plano de recuperação apresentado pelo devedor.*

Note que já seria estranho o Comitê apresentar um laudo favorável sobre o plano do devedor; mas determinar que o Comitê apresente um outro plano que "comprove a inviabilidade econômico e financeira do plano de recuperação apresentado pelo devedor" é muito mais estranho ainda. Ou seja, serão despendidos enormes gastos com auditorias, e por conseguinte para os envolvidos, para que estes falem que a empresa é inviável...

2.8 Administrador judicial

Não havendo a constituição do Comitê, a fiscalização da gestão será exercida pelo administrador judicial, nomeado na abertura do processo e, na hipótese de afastamento do devedor, exercerá a própria administração da empresa em reorganização, sempre sob a fiscalização do juiz.[18]

Cabe ao administrador judicial realizar todas as funções cometidas ao Comitê. Sua remuneração será fixada pelo juiz, *não podendo exceder a 2% do valor pago aos credores*. É muito alto este valor, que em determinadas reorganizações alcançará quantias vultosíssimas. Deve ser fixado um valor desconectado do percentual da dívida paga.

Cumpre ao devedor efetuar este pagamento ao administrador judicial, bem como das despesas referentes às pessoas contratadas para assessorar a sua atuação (art. 73). Aqui fica bem demonstrada a inviabilidade da figura do administrador judicial elaborada nos moldes da Subemenda, tratando-o como um paladino apto a resolver tudo que envolva a reorganização. É um erro conceber o administrador judicial como um auxiliar do devedor. Na verdade, o administrador deve ser quem analisará a situação do devedor, devendo ser uma pessoa completamente alheia, e sem qualquer relação com o devedor. Entre estas relações, encontra-se a econômica. O melhor sistema é que a remuneração seja paga com os recursos em caixa, sem a interferência do devedor, e em épocas determinadas na abertura da reorganização.

O artigo 44 da Subemenda determina que o juiz, na abertura do processo de reorganização, deverá nomear o administrador judicial. Na hipótese do artigo 52, o administrador assumirá a administração, sem o devedor.

Entretanto, a Subemenda nada estabelece sobre o que seria feito com as participações sociais, se seriam alienadas, ou, ao contrário, vedaria esta alienação a terceiros. Ela também é omissa no que diz respeito ao controle externo.

A Subemenda cometeu o sério erro de entregar a sorte da reorganização ao Comitê, conferindo uma série de poderes que não poderão ser cumpridos, em virtude de que demandam conhecimentos técnicos e de natureza financeira. Ela tenta remediar esta situação permitindo que o Comitê contrate auditorias para assessorá-lo, o que será oneroso.

Assim agiu o legislador porque confundiu a figura do administrador judicial, invertendo-a com o Comitê.

No caso de afastamento de devedor, percebe-se o extremo do legislador, que determina competir ao Comitê a indicação do administrador judicial que exercerá o poder dentro da sociedade (art. 52, § 3º).

Ao lado do administrador, também poderá atuar um perito, a ser designado pelo juiz. Assim, todo aquele que for interessado na elaboração de laudo pericial e na avaliação dos bens do devedor, apresentará sua proposta contendo: a qualificação profissional e experiência; a metodologia a ser empregada na elaboração dos laudos; a proposta dos honorários e a sua forma de pagamento (art. 45).

O juiz escolherá os profissionais para a elaboração do laudo pericial sobre a situação econômica e financeira do devedor, e para a avaliação dos bens do devedor. Este deverá entregar o seu laudo em até sessenta dias. O Comitê, o devedor ou qualquer credor poderá indicar assistente técnico

18. "Ainsi, les actes les plus importants sont soumis à l'autorisation du juge-comissaire (natissement de fonds de commerce, constitution d'hypothèques sur les immeubles sociaux...). Quant à l'administrateur, se pouvoirs sont modelés, sur mesure, par le tribunal: tantôt l'administrateur surveille seulement la gestion, tantôt il assure seul la direction de la société, les dirigeants étant mis sur la touche". Maurice Cozian e Alain Viandier, ob. cit., p. 169.

para acompanhar a perícia, suportando as suas custas.

O perito designado para elaborar a análise econômica do devedor possui o prazo de noventa dias para apresentar o seu laudo. O referido laudo deve determinar: o estado "econômico, financeiro, administrativo, técnico, tecnológico, operacional e mercadológico, em especial da qualificação da força de trabalho, métodos de produção, localização, planta física, logística, capacidade e grau de endividamento" (art. 47, I). A feitura deste laudo ficará muito onerosa para o processo, já desgastado economicamente.

Nos termos do citado artigo 47, o laudo ainda terá que estabelecer: o fluxo de caixa e a rentabilidade prevista;[19] a perspectiva para o setor econômico em que se insere o devedor; o posicionamento da empresa dentro do segmento que explora; a origem e gravidade das dificuldades financeiras; as razões que justificam a aprovação ou não do plano de reorganização.

É preciso lembrar que é de competência do Comitê elaborar plano de reorganização alternativo ao do devedor. Se isto ocorrer, o perito, diante deste plano, deverá elaborar "laudo complementar", analisando as possibilidades que o devedor possui para cumpri-lo, como todos os efeitos sobre a situação financeira e econômica. Se não houver consenso entre devedor, administrador ou Comitê, o juiz designará audiência de "conciliação". Obtida a conciliação, o juiz a homologa, com as alterações acordadas.

Com todo respeito, é uma solução completamente esdrúxula. Diante desta situação, existirá uma enorme disputa de "laudos", sem qualquer relevância objetiva. Esta audiência de conciliação tem tudo para não dar em nada, e pior, no caso de falta de consenso, a Subemenda remete ao artigo 50, § 2º, incisos I e II, que estabelece condicionantes inexpressivas para determinar a viabilidade da empresa. Então, elaboram-se vários planos, gastam-se enormes quantias, para, no caso de conflito, apenas verificar se o plano de recuperação não impõe aos credores sacrifício maior do que o resultante da liquidação, ou inverte a preferência no pagamento (artigo 50, § 2º).

Tudo isto deveria ser reanalisado, mediante um sistema mais ágil, que atendesse a preservação da empresa, não possibilitando que os credores interfiram sobre o plano apresentado, quer diretamente, quer indiretamente pelo Comitê.

Um ajuste poderia ser feito: se o plano apresentado pelo devedor for inviável, deve ser deferido o do administrador judicial. Se o devedor não cumpri-lo, será afastado, mas não será responsabilizado pela nova administração. Caberá ao juiz verificar a seriedade do plano. A cessão das participações sociais, por decisão judicial, funcionaria com um contrapeso, incidindo sobre o devedor. A alteração dos administradores também pode ser uma solução razoável.

2.9 Responsabilização dos administradores e controladores

A Subemenda é conservadora sobre a responsabilização dos administradores e controladores por atos realizados na gestão. O maior incremento responsabilizatório deveria ser a expropriação dos poderes e prerrogativas, mas isto não mereceu a devida atenção do legislador, ficando sem uma sistematização completa.

Quando a Constituição Federal de 1988 faz uma declaração em proteção à li-

19. Este método, muito em voga na atualidade, pode ser empregado para fixar o "valor" da companhia, e não apenas para determinar o seu estado financeiro para fins de reorganização. Assim, uma companhia deficitária hoje, pode ter uma perspectiva de rentabilidade ótima, que a torna especialmente atrativa, e com alto valor no caso de alienação. O importante para a reorganização é a auditoria sobre o balanço, que descobrirá todas as possíveis irregularidades, nível do passivo e a viabilidade do reerguimento. O legislador, parece, colocou esta exigência para "preparar a venda da empresa".

vre iniciativa,[20] com a propriedade alçada em nível de *status* quase sagrado, erigindo um discurso retórico da função social, que na verdade é fomentador do individualismo contratual, relega toda sorte da população a uma atividade empresarial volvida, em muitos casos, à exploração do consumidor, com preços predeterminados pelos monopólios públicos ou privados sem uma maior preocupação com todos os setores que envolvem a empresa.

O atual Governo Federal assiste a tudo isto impassível, e parece que ainda promove a desigualdade com uma retórica social, mas com uma prática desumana, a serviço das pretensões bem definidas dos conglomerados econômicos internacionais e nacionais. Obviamente, toda esta situação repercute na elaboração dos textos legislativos, e a Subemenda não contrariou tal tendência. Desta feita, a responsabilização dos administradores e controladores, que deveria ser o ponto de partida da reforma, continua aquela da legislação societária, conseqüência maior de um controle sobre a gestão realizado em momento inadequado, suscetível de manobras financeiras e desvio de recursos.

3. PRESUNÇÃO FAVORÁVEL AO DEVEDOR PARA A ABERTURA DO PROCESSO

A Subemenda deveria ter consagrado com maior ênfase esta presunção, tão importante para os fins da reorganização.

O Professor Fábio Konder Comparato, com precisão, já questionava se o magistrado terá, na fase inicial do processo, condições de avaliar a real situação econômica da empresa e suas possibilidades de reerguimento! O mesmo Professor, de tantas lições, responde que tem-se a impressão que os Tribunais tenderão para a concessão da abertura da reorganização como princípio, deixando para convertê-la em liquidação somente quando forem produzidas provas inequívocas de inviabilidade.[21]

Como a Subemenda seguiu aquela confusa técnica da elaboração de laudos, o processo seria o seguinte: o devedor requer a abertura do processo, após, o juiz a concede, e manda citar os credores para impugnar o plano. Suspendem-se as execuções e ações contra o devedor. Abre prazo para os peritos avaliarem e realizarem a auditoria da empresa, e verificar a situação econômica. Se houver impugnação, abre-se prazo para o devedor se manifestar. Audiência de Conciliação. Se não estiverem presentes as condicionantes mencionadas no artigo 50, o juiz concederá a recuperação. Cabe apelação (art. 103).

A única salvação do devedor está no artigo 44, quando o juiz deverá decretar a suspensão das execuções e ações com o simples recebimento do pedido de processamento da recuperação. Será deste prazo, até a possível Audiência de Conciliação, que ocorreram os embates entre credores, devedor e Comitê. Então, o que o devedor precisa fazer é apresentar um plano que tenha, no mínimo, a observância ao artigo 50 § 2º, incisos I e II, porque neste caso o juiz estará obrigado a conceder a reorganização, com todos os efeitos, somente podendo ser revogada nos expressos casos do artigo 75. Estes casos são: demonstrar, no curso do processo, a inviabilidade econômica e financeira do devedor, pelo administrador judicial ou Comitê; ocorrer prejuízos continuados, com a redução do ativo e aumento do passivo; o devedor não demonstrar condições para cumprir o plano, *e de suas eventuais modificações* não tiver cumprido com qualquer etapa do plano. O juiz deve estar convencido destes acontecimentos.

É de ressaltar o caso das "eventuais modificações". Quais modificações seriam! O plano não é nada mais que uma proposta que foi considerada razoável. Porém, se os credores, posteriormente, quiserem confe-

20. Se é verdade que esta liberdade ainda exista, ou se existiu algum dia.

21. Ob. cit., p. 116.

rir prorrogações ou reduções dos créditos, sem nenhuma vantagem que altere a hierarquia de pagamento (p. ex. concessão de uma hipoteca), eles estão autorizados, e ninguém poderá impedir.

Desta feita, nos termos da Subemenda, para que seja concedida a reorganização, o devedor não pode estar em uma condição econômica deplorável, ou deixar de atender ao artigo 50.

4. PRAZO DO PLANO DE REORGANIZAÇÃO

Não há preceito estabelecendo prazo final para o prazo da reorganização. Somente cabe ao devedor, no plano de reorganização, apresentar uma *estimativa do prazo necessário para o seu cumprimento* (art. 43, VII).

Dentro da Subemenda pode ser notada uma diversificação quanto aos prazos de pagamento. Para os credores comerciais, fica aberta a negociação. No que diz respeito aos créditos trabalhistas e tributários, houve uma outra forma de solução.

Assim, os créditos trabalhistas deverão ser pagos, integralmente, dentro de 1 ano. Mas, se os recursos disponíveis não forem suficientes para total quitação destes créditos, o juiz poderá *prorrogar o prazo de 1 ano, mantida a preferência em relação aos demais credores* (art. 41).

Para os créditos tributários, o pagamento pode ser efetuado em até 120 meses.

Como a Subemenda tomou partida da noção contratual do processo de reorganização — contrariando a melhor doutrina — a conseqüência seria mesmo que ficasse em aberto o prazo sobre o qual devedor e credores pactuariam o acordo da reorganização.

Esta posição não pode imperar. O Substitutivo, sobre o qual foi apresentada a presente Subemenda, estabelecia o prazo de 3 anos para o cumprimento do plano, prorrogáveis, em casos especiais, por mais 2 anos.

Contudo, modificando esta disciplinação, a Subemenda estabelece prazo somente para o procedimento especial de recuperação e liquidação de micros e pequenas empresas. Nesta hipótese, o devedor formulará o plano de reorganização, que deve ser cumprido em até 2 anos, prorrogáveis por igual período (art. 181, § 1º).

O referido procedimento especial é uma concordata, pouco melhor detalhada. Existe disciplinação sobre os créditos trabalhistas, determinando que os mesmos não podem comprometer mais do que 40% do ativo circulante da empresa, e o saldo remanescente integra o plano (art. 181, § 2º).

Os prazos e as formas de pagamento do débitos existentes para as micros e pequenas empresas, são os seguintes:

a) à vista, com desconto de 20%, em relação a todas as classes de credores;

b) em 12 meses, com desconto de 10%;

c) em 24 meses, sem qualquer desconto sobre o valor original.

Homologado o plano, ou seja, quem resolve são os credores, o devedor terá o prazo de 2 anos, prorrogáveis, para viabilizar sua atividade, *sem que possa aumentar gastos ou despesas e contratar empregados, exceto com a concordância do juiz e dos credores* (art. 184). Isto deveria ser revisto, ficando estes atos sujeitos apenas às condições de sua própria viabilidade econômica.

De toda esta sistematização, parece que o legislador aderiu a uma perspectiva que redundaria em inúmeros problemas de ordem prática. Todos sabem que os credores, principalmente os grandes, se cercam de várias garantias, e não só garantias, mas de mecanismos jurídicos que os isentam de concorrer no processo falimentar. Isto facilita a sua pressão, que impedirá a realização do "acordo". Outros, por muitas vezes, querem mesmo a falência da empresa, até para tomarem o seu lugar. Nos dias atuais, com as rápidas técnicas de distribuição dos produtos, uma empresa declarada falida pode ser suplantada em poucas horas pelas concorrentes, mas isto não inibe os efeitos que o seu desaparecimento causa sobre a coletividade, como o desemprego.

Na verdade a discussão do prazo do plano é apenas o pano de fundo, porque o grande diferencial está em que o juiz deveria ter não uma atuação homologatória, mas, ao revés, lhe caberia uma função de imposição discricionária, fazendo cumprir o plano razoável sobre os credores dissidentes. A existência expressa de prazo serviria como uma proteção ao devedor, que proporia o pagamento, já desenvolvido em condições temporais determinadas.

5. CRÉDITO TRABALHISTA

O credor trabalhista possui uma situação complexa dentro do plano. A natureza alimentar de seu crédito o diversifica dos demais. A Subemenda permite uma flexibilização na sua forma de pagamento, tanto que é considerado um dos meios de reorganização (art. 42, VI).

Nos termos do artigo 41, os créditos trabalhistas devem ser pagos em até 1 ano. Se não houver recursos, poderão ser prorrogados, conforme o plano estabelecer a este respeito, ou através de negociação entre trabalhadores e devedor.

O importante a notar é que o crédito trabalhista integra o plano, mudando completamente a sistemática atual. As formas de parcelamento, quantias e todos os demais encargos envolvidos na relação de trabalho fazem parte do plano geral de reorganização. É uma medida acertada, mas merece análise cuidadosa, em cada caso.

6. CRÉDITO TRIBUTÁRIO

Há alteração sobre a forma de pagamento do crédito tributário. Todavia, sua classificação continua a mesma.

A Subemenda foi expressa, quando estabelece que estão sujeitos aos efeitos da reorganização todos os credores anteriores ao pedido, inclusive a Fazenda Pública, seja qual for a natureza do crédito (art. 40).

Os créditos fiscais poderão ser objeto de parcelamento, mesmo que não oferecida garantia, sempre que o juiz deferir a abertura da reorganização. Este parcelamento alcança o prazo de até 120 meses, com incidência de correção monetária e juros, mas sem a cobrança de multa. Desta forma, o devedor poderá oferecer, dentro do seu plano, novas formas de pagamento. A Subemenda consagra uma tendência atual, que deve ser mantida.

7. FUNDAMENTO DA LIQUIDAÇÃO

Este é um ponto importante, e cumpre fazer rápido comentário. A Subemenda manteve, no seu artigo 82, os mesmos requisitos existentes no Decreto-lei n. 7.661/45 para a decretação da falência. Conforme este texto, será decretada a liquidação judicial do *agente econômico*, quando: a) sem relevante razão de direito, não paga, no vencimento, dívida líquida constante de título executivo que alcance a soma correspondente a 5.000 UFIR; b) executado, não paga, deposita ou nomeia bens à penhora; c) atua com fraude, simulação, através de atos ruinosos e prejudiciais aos credores, todos expressamente previstos.

Deveria ser suprimido o termo "agente econômico", substituindo-o pela frase "Será decretada a liquidação judicial do devedor:". Todos sabem que a Subemenda somente seria aplicada às entidades previstas nos artigos 1º e 2º.

Os itens "a" e "b", acima mencionados, demandam interpretação sistemática. No primeiro caso, o devedor, no prazo da contestação, poderá pleitear a reorganização judicial, com todo os efeitos (arts. 83 e 84, V). Feito isto, o que o juiz deve fazer? Ele deve observar todo o procedimento existente quando o devedor requer a abertura do processo, ou seja, nomear perito, administrador judicial, Comitê etc. Por sua vez, cabe ao devedor, dentro da contestação, apresentar o plano. Depois, decide-se em Audiência. Desta feita, apenas há uma alteração quanto ao momento processual de pedir a abertura, ou seja, em petição inicial ou em contestação. O juiz não pode, sem todo este procedimento, decretar a liquidação, porque contrariaria o objetivo da reforma.

É óbvio que o devedor mais atento deveria, logo que percebe a existência da crise econômica, demandar a abertura da reorganização. Se ele tem receio de agir, os resultados poderão ser drásticos principalmente com o aumento do comprometimento patrimonial. Por outro lado, o que é regra, o devedor deixará para requerer a reorganização somente em contestação, prolongando, um pouco mais, a sua permanência.

São notórios os efeitos jurídicos e financeiros do pedido de reorganização. Mas esta posição deve ser alterada, e o processo de reorganização não deve ter aquele sentido punitivo, ou vexatório, comum outrora. A premissa é a seguinte: o prolongamento temporal do pedido de reorganização apenas retira possibilidades de seu êxito.

Mesmo no segundo caso, ou seja, quando em execução o devedor não paga, deposita, ou nomeia bens à penhora, há medidas tradicionais para evitar a decretação da liquidação.

De tudo isto, deve ficar claro que mesmo diante de um procedimento essencialmente inconveniente, fica impedida a decretação da liquidação sem cumprir tudo aquilo que a Subemenda estabelece. O credor, em hipótese alguma, pode conseguir a liquidação, sem que se permita ao devedor comprovar ou não a *inviabilidade econômica da atividade*. Aqui ressurge aquela presunção favorável ao devedor, que determina a abertura da reorganização, para dentro dela detectar a sua seriedade, com o menor dispêndio para o credores.

As hipóteses previstas no artigo 82, I e II da Subemenda são apenas formas de exteriorização da situação econômica, situação esta que pode ser revertida com o processo. É importante notar que se o devedor estiver em dificuldade econômica sem ocorrer a impontualidade, também poderá se servir das providências do processo de reorganização. Com isto, há uma ruptura entre o conceito de impontualidade e a de crise econômica de natureza eventual e superável (art. 37). Na verdade, os processos concursais devem ser aplicados quando o comprometimento patrimonial é restrito, sem grandes repercussões para a atividade da empresa. Medidas tardias, ou de natureza suspensiva, em nada resolvem para evitar o desaparecimento da entidade produtiva.

CONCLUSÃO

Inúmeros outros aspectos da Subemenda merecem atenção, principalmente sobre os contratos para construção de bem imóvel (art. 122), hierarquia creditória e verificação dos créditos. A Subemenda traz pouquíssimos pontos novos, e volta a noção contratual do concurso. Merece, portanto, ser reformulada.

A sugestão que pode ser feita é alterar os dispositivos que permitem excessiva interferência dos credores, como o Comitê, passando o administrador a atuar diretamente com o juiz, lhe conferindo todas as informações financeiras necessárias. Assim agindo, evitaria a participação dos peritos nomeados, que iriam onerar ainda mais a reorganização. O Legislador deve tomar posição sobre qual fórmula adotará no que diz respeito ao afastamento do devedor, determinando, com precisão, o que será feito com as participações sociais, e a responsabilização daqueles que gerirem a sociedade neste caso.

É imprescindível que o Legislador estabeleça entre as obrigações funcionais do Conselho Fiscal a de declarar o alerta sobre a situação financeira da sociedade. O melhor lugar para esta estipulação é na lei das sociedades por ações, mas dever-se-ia aproveitar o ensejo, e discipliná-lo mesmo na lei concursal. Aspectos de política legislativa também devem ser revistos, principalmente na distribuição das matérias encartadas no texto da Subemenda apresentado. Deve haver redução não apenas na quantidade de recursos, mas nos casos que os possibilitam, como a excessiva interferência do Comitê e do Ministério Público, que não devem interferir sobre a parte econômica do plano.

Os meios de reorganização presentes na Subemenda repercutem sobre relevantes problemas societários, quando mais nos casos de cisão, fusão e incorporação, reflexos sobre o recesso, valor das participações sociais e sua alienação, poder de controle, e de origem tributária.

Ponto que não pode ser olvidado é a situação econômica do país. É um erro acreditar que uma nova legislação seria suficiente para remediar todos os males da insolvência, quando, ao mesmo tempo, estas empresas estão inseridas dentro de um sistema com política econômica profundamente mal trabalhada pelos agentes políticos. A reforma é também de natureza estrutural.

Enfim, a construção de uma nova sistemática jurídica no âmbito concursal requer um crescimento gradual das suas formas de aplicação e interpretação. A atual sociedade capitalista e industrial, profundamente diversa daquela existente nos anos 40, requer um aparato legislativo e jurisprudencial compatível com os seus elementos estruturais, dando guarida às novas formas sociais, bem como a sua melhor disciplinação. O debate se impõe sobre estas questões, ademais em determinar os caminhos a serem seguidos para o desenvolvimento dos institutos concursais.

Bibliografia

ABRÃO, Nelson. *O novo Direito Falimentar: nova disciplina jurídica da crise econômica da empresa*, São Paulo, Ed. RT, 1985.

BAUDRON, Anne-Marie. *La suspension provisoire des poursuites et l'apurement collectif du passif selon l'ordonnance du 23 septembre 1967*, Paris, LGDJ, 1972.

BULGARELLI, Waldirio. *Sociedades Comerciais*, São Paulo, Atlas, 1996.

COMPARATO, Fábio Konder. *Aspectos jurídicos da macroempresa*, São Paulo, Ed. RT, 1970.

COZIAN, Maurice e VIANDIER, Alain. *Droit des Sociétés*, Paris, Litec, 1996.

GUYON, Yves. *Droit des Affaires*, Paris, Economica, 1992, t. 2.

HOUIN, Roger. *Idées nouvelles dans le Droit de Faillite*, Bruxelles, 1969.

MAGGIORE, Giuseppe R. *Istituzioni di Diritto Fallimentare*, Padova, CEDAM, 1994.

MESTRE, Jaques e JAUFFRET, Alfred. *Droit Commercial*, Paris, LGDJ, 1989.

RIPERT, Georges e ROBLOT René. *Traité de Droit Commercial*, Paris, LGDJ, 1988.

Pareceres

DIVIDENDOS MÍNIMOS CUMULATIVOS E PARTICIPANTES

LUIZ GASTÃO PAES DE BARROS LEÃES

I — Exposição e consulta. II — Correção monetária do capital. III — Base de cálculo dos dividendos das ações preferenciais. IV — Dividendos mínimos cumulativos e participantes. V — Ação anulatória de deliberação assemblear e ação para haver dividendos.

I — EXPOSIÇÃO E CONSULTA

1.1 A (...) emitiu ações preferenciais Classe "A", com as seguintes características, conforme disposto no § 2º do art. 5º do Estatuto Social, *verbis*: "são irresgatáveis, não podendo ser convertidas em ações ordinárias, não terão direito de voto, gozando de prioridade no reembolso do capital em caso de liquidação da Companhia, na distribuição de um dividendo de 7% (sete por cento) do valor nominal das ações, participando, daí por diante, dos lucros em igualdade de condições com as ações ordinárias: até 3,5% (três e meio por cento) do referido valor nominal, esse dividendo será cumulativo".

1.2 Em 1º de abril de 1996, acionistas da (...) detentoras das ações preferenciais Classe "A", propuseram junto ao MM. Juízo da 4ª Vara Cível da Comarca de Serra, no Espírito Santo, ação ordinária contra a sociedade emitente, postulando, entre outras coisas:

a) o recebimento de dividendos mínimos e cumulativos devidos às ações preferenciais da Classe "A", de que são titulares, sempre calculados com base no valor nominal das ações, já considerando a incorporação da correção monetária ao capital social, relativo ao mesmo exercício findo, o que a (...) não teria obedecido;

b) o recebimento dos dividendos das ações preferenciais da Classe "A" de sua propriedade, relativamente à parte concorrente (i.e. à parte que vier a exceder o dividendo mínimo preferencial de 7% sobre o valor nominal das ações corrigido) com os titulares das demais ações de emissão da companhia, ao mesmo tempo e em montante igual ao dessas, sem e independentemente de ter sido assegurado a essas outras ações dividendo igual ao preferencial de 7% sobre o valor nominal das ações recebido pelos titulares de ações preferenciais da Classe "A", como tem feito a (...);

c) o recebimento, para cada ação preferencial da Classe "A" de que são titulares, da diferença devida de correção monetária calculada em 31 de dezembro de cada ano, a partir de 31 de dezembro de 1987, para os dividendos mínimos e cumulativos, e, ainda, a parte concorrente dos dividendos para aqueles relativos ao exercício social de 1994, calculada na forma postulada no no item b acima, que teria sido distribuída pela (...) em desacordo com o estatuto social.

1.3 Somos consultados sobre os temas de direito societário em discussão na lide, notadamente aqueles, objeto desses pedidos, a saber:

a) as questões preliminares de inexistência de interesse de agir e de prescrição, suscitadas na contestação e na tréplica, relativas a essa ação de cobrança;

b) as questões de mérito sobre a base de cálculo dos dividendos prioritários mínimos, inclusive cumulativos, e sobre os critérios de cálculo dos dividendos participantes, acima identificadas.

1.4 Para melhor desenvolvimento do parecer, veremos, primeiramente, as questões de mérito. A resposta a essas questões impõe a fixação de alguns conceitos preliminares relativos à correção monetária do capital social, o que faremos no primeiro bloco. Ao final, voltaremos às questões preliminares.

II — CORREÇÃO MONETÁRIA DO CAPITAL

2.1 As demonstrações financeiras são instrumentos de conhecimento dos aspectos financeiros do patrimônio empresarial, e, obviamente, se tornam imprestáveis para as suas funções quando distorcidas por inflação aguda. Daí a introdução do procedimento legal da correção monetária do balanço e da demonstração do resultado de exercício, com o objetivo de restaurar a sua exatidão, eliminando as distorções causadas pelo processo inflacionário. A indexação dessas peças contábeis foi adotada através de uma lenta evolução legislativa, de índole marcadamente tributária que, de forma estruturada, se iniciou em 1958, culminando em 1976, com a promulgação da Lei n. 6.404.

2.2 Até então corrigia-se apenas o ativo imobilizado, de resto de forma episódica e mesmo assim dentro de certos limites. Em 1958, a Lei n 3.470 instituiu o primeiro sistema permanente de atualização dos valores do ativo imobilizado, a cada dois anos, consoante coeficientes oficiais calculados de forma a traduzir a variação do poder aquisitivo da moeda. E sempre sujeito a tributação. Em 1963, a Lei n. 4.242 autorizava que a correção monetária do imobilizado se efetuasse anualmente. Em 1964, a Lei n. 4.357 tornou-a obrigatória, sujeitando o resultado da correção à incidência do imposto a uma alíquota reduzida (que seria abolida a partir de 1º de janeiro de 1967). Em 1965, a Lei n. 4.728 permitiu a incorporação ao capital social do resultado da correção monetária (art. 68).

2.3 Ainda em 1965, as Leis ns. 4.663 e 4.862 voltaram-se para os efeitos da inflação sobre o capital de giro próprio das empresas, admitindo fossem as correções abatidas do lucro tributável, a título de estímulo de natureza fiscal às empresas que mantivessem determinado índice mínimo de aumento de preço, conjugado a um aumento de produtividade. (Esse tratamento fiscal ao capital de giro próprio seria reformulado em 1968 pelo Decreto-lei n. 401, que não mais condicionaria o abatimento citado a um determinado comportamento nos preços, nem a índices de produtividade.)

2.4 Em 1967, o Decreto-lei n. 62 estabeleceu normas para a correção monetária dos *balanços*, estendendo-a tanto para as contas do ativo imobilizado, quanto para as contas do patrimônio líquido, mas sua aplicação ficou na dependência de ato regulamentar posterior, que jamais foi baixado, razão pela qual essas regras não entraram em vigor.

2.5 Em 1973, o Decreto-lei n. 1.302 deu nova guinada à correção monetária do ativo imobilizado das empresas. A partir desse diploma, o ativo e as provisões para depreciação passaram a ser corrigidos aos mesmos coeficientes, já que até então corrigia-se o ativo pelo coeficiente do ano de aquisição e as provisões pelo coeficiente dos anos de sua constituição. Em 1974, o Decreto-lei n. 1.338 reformulou o tratamento fiscal dado aos efeitos da inflação nos resultados das empresas. A partir desse Decreto-lei, o capital de giro próprio passou a ser determinado tomando-se o saldo no início do exercício social das contas que compõem o patrimônio líquido, menos as contas do ativo imobilizado.

2.6 Em 1976, a Lei n. 6.404, que veio dispor sobre as sociedades por ações, completou o arco dessa evolução legislativa, dando ênfase ao aspecto *contábil* da correção monetária das demonstrações financeiras, e não apenas aos aspectos fiscais. Na Exposição Justificativa das Principais Inovações do Projeto, que acompanhou a Exposição de Motivos encaminhada com a Mensagem do Poder Executivo ao Congresso Nacional, são destacadas as diferenças entre o regime da correção monetária das demonstrações financeiras, instituído pela lei, e o regime da legislação anterior sobre a correção do ativo imobilizado e a manutenção do capital de giro próprio, nos seguintes termos: "O artigo 186 (atual 185) prescreve a correção monetária do ativo permanente e do patrimônio líquido afim de eliminar das demonstrações financeiras as distorções introduzidas pela modificação do poder de compra da moeda nacional, que serve de padrão para avaliar os elementos do ativo e do passivo. A correção prevista no Projeto conduz aos mesmos resultados das correções do ativo imobilizado e do capital de giro próprio, atualmente reguladas pela legislação do imposto sobre a renda, e delas difere apenas no *método de atualização dos saldos das contas do patrimônio líquido* que substitui a correção do capital de giro próprio. *Essa modificação é necessária para que as contas do patrimônio líquido, especialmente o capital social, sejam atualizadas separadamente, evitando-se o aumento exagerado do capital social,* a que conduz o procedimento dotado pela legislação tributária, de obrigar a capitalização da atualização de todo o patrimônio líquido, *e não apenas do capital social realizado*".

2.7 Quer dizer, a correção do ativo permanente, introduzida pela Lei n. 6.404, é conceitualmente a mesma do imobilizado da legislação anterior, mas com mais amplo espectro e com distinto tratamento. A legislação anterior previa apenas a correção das contas do imobilizado e respectivos encargos. As de investimentos em outras sociedades eram corrigidas através do registro do valor nominal de ações e quotas bonificadas, processo que conduzia a distorções. Ademais a jurisprudência administrativa recusava a correção do ativo diferido. O novo procedimento legal prevê a correção de *todas*, as contas do ativo permanente, inclusive investimentos e ativo diferido, e respectivas contas de regularização (art. 185, § 1º, "a").

2.8 As principais inovações introduzidas pela Lei n. 6.404 residem, porém, na correção das contas do patrimônio líquido. Na legislação anterior, a correção do não-exigível resultava de triplo procedimento: (i) a correção do capital próprio aplicado no imobilizado era obtida mediante a contrapartida da correção deste; (ii) a do capital aplicado em investimentos, através da contrapartida das ações ou das quotas bonificadas; e (iii) a do capital de giro próprio mercê a contrapartida do débito feito às contas do resultado de exercício. Todas essas contrapartidas constituíam reservas especiais, que iam aumentar o não-exigível. Em suma, a correção do patrimônio líquido não era baseada nos saldos das contas que registram o capital próprio, mas "conseqüência" de outras correções concentradas em reservas especiais.[1]

2.9 No procedimento introduzido pela Lei n. 6.404, pelo contrário, a correção é feita *diretamente* em cada uma das contas do patrimônio líquido, pelo mesmo processo adotado na correção do ativo permanente, ou

1. Cf. Julian Chacel, Mário Henrique Simonsen e Arnoldo Wald, *Correção Monetária*, 1976, pp. 67 e ss.; José Luiz Bulhões Pedreira e Manoel Ribeiro da Cruz Filho, *Manual da Correção Monetária das Demonstrações Financeiras*, Ed. Esplanada, 1978; Sergio Terzani, *Introduzione al bilancio di esercizio*, Pádua, 1985, pp. 169 e ss., capítulo quinto, "Il bilancio di esercizio in periodo di inlazione".

seja, acrescendo a variação aos saldos das diversas contas do patrimônio líquido (art. 185, § 2º). Faz-se mister, portanto, a correção simultânea — porém separada — das contas do ativo permanente e do patrimônio líquido, de tal sorte que as contrapartidas dos lançamentos de ajuste de todas essas contas se compensem em conta especial, transitória, cujo saldo deverá ser transferido para o resultado de exercício (art. 185, § 3º).

2.10 A lei, no entanto, excepciona, expressamente, desse método "correção direta dos saldos", aplicável às contas do patrimônio líquido, a correção do capital social *realizado* (pois é esse o capital social corrigido), esclarecendo outrossim que o valor da correção será creditado à reserva especial de que trata o § 2º do art. 182, ou seja, a "reserva de correção monetária do capital realizado", até que seja capitalizado por deliberação da assembléia geral que vier a aprovar o balanço, no quadrimestre do exercício seguinte.

É o que diz com todas as suas letras o § 2º do art. 185 da Lei n. 6.404, na seção relativa à correção monetária do balanço, *verbis*: "Art. 185. (...) § 2º. A avaliação das contas do patrimônio líquido decorrente da correção monetária será acrescida aos respectivos saldos, *com exceção da correção monetária do capital realizado, que constituirá a reserva de capital de que trata o § 2º do art. 182*"

E o art. 182, *caput* e § 2º, reza: "Art. 182. A conta do capital social discriminará o montante *subscrito* e, por dedução, a parcela não *realizada*: (...) § 2º. Será registrado como reserva de capital o resultado da correção monetária do capital *realizado*, enquanto não capitalizado".

2.11 Essa exclusão expressa e excepcional da correção do capital social da regra geral, que determina o registro direto da indexação dos saldos das contas do patrimônio líquido, no final do exercício social, se justifica por duas razões:

1ª) porque a Lei n. 6.404 adota o *princípio da fixidez do capital social*, ou seja, o capital social encarado como uma cifra fixa, inscrita no passivo, significando, de um lado, a responsabilidade virtual ou potencial da sociedade em face da contribuição dos acionistas, e, de outro lado, como índice, nominal e abstrato, do patrimônio real, que constitui a garantia dos credores da companhia;

2ª) porque a correção monetária da conta do capital social só alcança o seu valor integralizado, ou seja, a parcela de recursos próprios que efetivamente entrou na sociedade e foi aplicada no ativo social, já que, no curso da inflação, é essa parcela realizada que deve acompanhar a sorte da atualização dos ativos em que se acha aplicada.

2.12 Fosse utilizado também o método de correção direta e cumulativa do salda na conta do capital social, e poderíamos ter — tal como se o adverte na Exposição Justificativa atrás produzida — "um aumento exagerado — e indevido — do capital social", caso se registre uma significativa distância entre o capital subscrito e o capital realizado. O que comprometeria a função básica do capital fixo que, como frisado, é a de ser a expressão contábil da garantia patrimonial com que contam os credores da companhia.

2.13 Como está dito na referida Exposição Justificativa, o Projeto, que se transformou na Lei n. 6.404, "mantém, na plenitude, a função do capital social, de garantir os credores da companhia, conciliando a responsabilidade limitada dos acionistas (indispensável para que se possam associar, na mesma empresa, centenas ou milhares de sócios) com a proteção do crédito, necessária ao funcionamento do sistema econômico. Procura, além disso, completar e aperfeiçoar o regime legal que visa a preservar *sua realidade e integridade*".

2.14 Quer dizer: o capital social aparece na lei como uma verba fixa, inscrita no balanço, para servir de *garantia indireta* dos credores. Dizemos "indireta" porque sendo uma cifra fixa, constante do passivo, em contraposição aos ativos em permanente mutação, é mera "expressão contábil" do "patrimônio real", que efetivamente garante os credores da sociedade.[2] Daí as medidas introduzidas pela lei para dotar o capital — que tem uma mera dimensão abstrata — de um regime legal que preserve "sua realidade e integridade". Inscreve-se entre essas medidas o método diferenciado de correção da conta do capital social, cujo objetivo precípuo é o de assegurar que essa linha ideal e fixa não se distancie dos ativos reais, em que foram aplicados.

2.15 Assim, ao prescrever a correção anual da expressão do capital social, o parágrafo único do art. 5º da Lei n. 6.404 significativamente ressalva que o capital sujeito à correção monetária é apenas o capital "realizado", reportando-se, *in fine*, ao art. 167, que dispõe: "Art. 167. A reserva de capital, constituída por ocasião do balanço de encerramento do exercício social e resultante da correção monetária do capital realizado (art. 182, § 2º) será capitalizada por deliberação da assembléia geral ordinária que aprovar o balanço".

2.16 Sintetizando o que até agora foi dito:

1º) a conta do capital social, ao contrário das demais contas do patrimônio líquido, não é corrigida diretamente no balanço, ao final do exercício social. Dispondo de método especial de indexação, sua correção se opera com a elevação de sua cifra fixa mediante o acréscimo da reserva resultante do capital realizado, constante do balanço, por ocasião da assembléia que vier a aprová-lo, em princípio a se realizar no quadrimestre seguinte ao encerramento do exercício social (art. 132, inc. IV);

2º) a fim de preservar a "sua realidade e integridade", a lei afasta, assim, a conta do capital social da aplicação do método de correção monetária direta dos saldos ao final do exercício, válida para as outras contas do patrimônio líquido, impondo a indexação apenas do capital realizado, cuja variação será registrada no balanço como reserva de capital (art. 182, § 2º), no final de exercício, para, ulteriormente, por ocasião da assembléia geral ordinária que vier a aprovar o balanço (art. 167, *caput*), majorar o capital social fixo.

2.17 Essa correção monetária efetivada no quadrimestre subseqüente ao exercício que lhe é pertinente, que a adoção desse método especial para operar a indexação da conta de capital social conduz, se explica pela sistemática da própria lei do anonimato:

1º) segundo a Lei n. 6.404, o capital social somente poderá ser modificado por deliberação da assembléia geral dos acionistas (arts. 6º, 132, inc. IV e 166 *usque* 174), na medida em que essa modificação importa em reforma do dispositivo estatutário pertinente, matéria que, como se sabe, é da competência privativa do conclave dos sócios (art. 122, inc. I);

2º) dessa regra, não se furta o aumento de capital por correção monetária, estabelecendo a lei que esse aumento é atribuição exclusiva da assembléia geral ordinária que aprovar o balanço (arts. 132, inc. IV, 166, inc. I e 167);

3º) o aumento de capital é, de acordo com a lei, um procedimento de formação sucessiva, que somente se aperfeiçoa mediante a verificação de todos os atos jurídicos intercorrentes, cujos efeitos reciprocamente se integram, a culminar com as formalidades complementares de arquivamento ou averbação na Junta Comercial e publicação da ata da assembléia que o aprovou (art. 166, § 1º);

4º) dessa regra também não escapa o aumento de capital por incorporação da reserva de correção, de sorte que a indexa-

2. Rodrigo Uria, in *Derecho Mercantil*, 1966, pp. 180, 271 e 289: "la sociedad viene obligada a llevar al balance, como primera partida del pasivo, el importe nominal de capital y de este modo el capital constituye una dimensión contable (invariable en tanto no se aumente o se reduzca legalmente) que actúa de *garantia indirecta* de los acredores sociales".

ção somente começa a produzir os seus efeitos quando todos esses atos houverem sido praticados, sendo certo ainda que eles retroagirão à data da assembléia que o aprovou, juntamente com o balanço de exercício, não retrotraindo, porém, obviamente, a 31 de dezembro, data do levantamento do balanço de exercício, data em que somente constava o registro, como reserva de capital, da reserva resultante da correção monetária do capital "realizado".

2.18 Nenhuma valia tem, assim, o argumento de que a indexação do valor do capital social é mera operação gráfica, sendo a única função da assembléia "declarar" a indexação, e não propriamente a de deliberar, já que não lhe restaria nenhuma margem para não aprová-la, salvo se houver argüição de erro no cálculo da correção. Ainda que mero ato declaratório de um fato, não deixa a deliberação da assembléia geral de constituir a premissa necessária à constituição do aumento do valor monetário do capital, mercê a conversão da reserva da correção do capital realizado em capital social *sensu proprio*.

2.19 A reserva de correção monetária do realizado, como reserva de capital, que é, não passa, técnica e legalmente falando, de uma "proposta" dos administradores à assembléia (art. 133, inc. II), que só dá lugar à capitalização almejada por ocasião e por força da assembléia que, em a aprovando, reforma também o estatuto. Pois somente aos acionistas, titulares das ações da sociedade, é que cabe o poder de reformar o estatuto da mesma.

2.20 Não é, portanto, verdadeiro afirmar que todo esse procedimento não passa de um mero artifício para a conservação de um preconceito legal, como já se sustentou. Artificial (além de ser *contra legem*) seria considerar a conta de capital já acrescida no final de exercício, em que foi escriturado o lançamento contábil da conta de reserva de correção do capital realizado, antes de esta ser apropriada ao capital social por força da capitalização respectiva, através do pronunciamento dos acionistas no conclave ordinário, decidindo inclusive — ao menos, nas companhias fechadas (art. 167, § 1º) — se, em decorrência do aumento, haverá majoração do valor nominal das ações, ou bonificação (art. 169).

III — BASE DE CÁLCULO DOS DIVIDENDOS DAS AÇÕES PREFERENCIAIS

3.1 E aqui chegamos à primeira questão da consulta que nos foi formulada. Conforme faculta o art. 202, § 1º, da Lei n. 6.404, o estatuto da companhia poderá adotar o valor nominal das ações ou do capital social como referência para a fixação do dividendo. Nesse caso, tendo em vista o reajuste anual do capital social (art. 5º, parágrafo único), haverá sempre, como conseqüência natural, um ajuste anual do dividendo.

Daí a pergunta: estabelecido o dividendo das ações preferenciais com base num percentual do capital social ou do valor nominal das ações, essa atualização ano a ano do dividendo está vinculada à atualização anual do capital social ou do valor nominal das ações do mesmo exercício a que se refere? Ou seja, sendo o dividendo estipulado com fundamento nesses percentuais, a sua base de cálculo deverá incluir a correção do capital, e do valor nominal das ações, realizadas no exercício seguinte, por força da assembléia que aprovar o balanço?

3.2 Evidentemente, a resposta só pode ser no sentido de que não se incorpora à base de cálculo dos dividendos a correção do capital realizado efetuada no mesmo exercício, pela simples e óbvia razão de que, mantida em reserva especial no balanço, só será capitalizada no exercício seguinte, ao ensejo da assembléia que o aprovar. Lógica e cronologicamente, a apropriação ao capital social da reserva de correção monetária do capital realizado se faz num momento ulterior à deliberação sobre a destinação do lucro líquido e a distribuição dos dividendos do exercício findo. Essa ordem de deliberação vem refletida no próprio texto do art. 132 da Lei n. 6.404, onde a deliberação sobre o balanço do exercício e a distribuição de dividendos, na assembléia geral ordinária, *precede* a aprovação da correção monetária do capital social, *verbis*: "Art. 132. Anualmente, nos 4 (quatro) primeiros meses seguintes ao término do exercício social, deverá haver uma assembléia geral para:

"I — tomar as contas dos administradores, examinar, discutir e *votar as demonstrações financeiras*;

"II — *deliberar sobre a destinação dos lucros do exercício e a distribuição dos dividendos*;

"III — eleger os administradores e os membros do conselho fiscal, quando for o caso;

"IV — *aprovar a correção da expressão monetária do capital social (art. 167).*"

3.3 Nem poderia ser de outra forma. Mesmo que a "proposta" da destinação dos lucros e distribuição dos dividendos, a ser registrada nas demonstrações financeiras, seja feita *no pressuposto* de sua aprovação pela assembléia geral (como reza o art. 176, § 3º da Lei), não poderia considerar outro senão o capital social, ainda sem a incorporação da reserva de correção monetária, ali também registrada, pena de estar computando como parte integrante do capital aquilo que até então não o era.

3.4 Ao teor do dispositivo legal acima reproduzido, as deliberações da assembléia geral são seqüenciais e consecutivas, ou seja, uma decorre da outra.

Em primeiro lugar, os acionistas aprovam no conclave as demonstrações financeiras, onde consta o capital social segundo o valor existente no dia 31 de dezembro. *Em segundo lugar*, deliberam sobre a destinação do lucro do exercício e a distribuição de dividendos, obviamente calculados com base na cifra do capital constante do balanço que aprovaram anteriormente, ainda não alterado. Somente *em terceiro e último lugar* é que irão aprovar a correção da expressão monetária do capital social, capitalizando a reserva de capital realizado, registrada no balanço adrede aprovado.

3.5 Por via de conseqüência, a base de cálculo desses dividendos não poderá levar em consideração o valor até então mantido na reserva de correção monetária do capital realizado, e que só será levado à conta do capital social, no quadrimestre subseqüente. Nessas condições, a (...) agiu em absoluta conformidade com a lei, ao não concluir na base de cálculo dos dividendos das suas ações preferenciais Classe "A", estabelecidos na forma de um percentual fixo do valor nominal das ações, a correção monetária do capital social realizado, creditada à referida reserva. A rigor, estaria agindo de maneira incorreta se procedesse de maneira diferente, incluindo, para efeito do cálculo dos dividendos, a correção do capital realizado do exercício, majorando-os, ao arrepio do texto expresso da lei.

3.6 De resto, essa discussão sobre se a reserva de correção deve ou não integrar a base de cálculo do dividendo fixo ou mínimo só tem lugar se esse dividendo tiver sido estabelecido no estatuto como porcentagem do valor nominal das ações, e da capitalização da reserva de correção resulte aumento do valor nominal das ações. Se do aumento do capital social mediante capitalização dessa reserva decorrer, não alteração do valor nominal das ações, mas distribuição de ações novas, bonificações, embora tenha havido modificação do número de ações, não se alterará obviamente a base de cálculo dos dividendos.

3.7 Esse fato é extremamente significativo para o caso em exame. De 1987 a 1990 (inclusive), a (...) ainda uma companhia fechada, sempre promoveu a capitalização de lucros e reservas, *sem alteração do valor nominal das ações*, distribuindo ações bonificadas, correspondentes ao aumento, entre os acionistas, na proporção do número de ações que possuíssem (nos termos do art. 169 da Lei n. 6.404). Somente a partir do exercício de 1991, em função de sua privatização e da abertura do capital, é que a (...) passou a corrigir o valor nominal das ações, na AGO realizada no exercício subseqüente, em decorrência da capitalização da reserva de correção monetária, por força do § 1º do art. 167 da Lei n. 6.404, que torna obrigatória para as *companhias abertas* a capitalização "sem modificação do número de ações emitidas e com aumento do valor nominal das ações". Assim, parte do pleito dos autores da ação judicial comentada perde a sua razão de ser, pois só a partir de 1991 é que a (...) majorou o valor nominal de suas ações, e, por conseqüência, somente nos exercícios posteriores poderia cogitar-se de uma eventual expansão na base de cálculo dos dividendos. Antes, nunca.

3.8 Valeria abordar, nesta altura, o entendimento manifestado pela Comissão de Valores Mobiliários a respeito do assunto. A primeira manifestação da CVM, consubstanciada no Parecer-CVM/SJU n. 081/79, da lavra do então Gerente do órgão jurídico da entidade, Dr. Paulo Cezar Aragão, foi veemente, discordando de opinião externada por uma sua subordinada: "Vários argumentos existem para fazer com que o dividendo obrigatório estatutariamente apurado sobre o valor nominal seja calculado à vista o valor nominal das ações na data do levantamento do balanço, sem o cômputo da atualização desse valor nominal pela assembléia geral ordinária, ao ensejo da assembléia, de acordo com o art. 176 da Lei n. 6.404".

Endossando esse parecer, o então titular da Superintendência Jurídica da CVM, o Dr. Paulo Henrique Teixeira, em adendo conclusivo, acentuou: "O dividendo, qualquer que seja o seu critério de cálculo, deve sempre ser fixado com base nos dados existentes ao término do exercício em que se verificaram os lucros distribuíveis. Correspondem por isto, quando calculados sobre o valor nominal das ações, àquele valor que resulta da deliberação tomada na AGO realizada no curso do exercício em que verificaram os lucros a ser distribuídos, mas sem a inclusão da correção monetária registrada nas demonstrações financeiras levantadas ao término do mesmo exercício".

3.9 Essas conclusões seriam contestadas pelos Pareceres CVM/SJU ns. 032/84, de 4.4.84, e 013/85, de 28.3.85, sem, no entanto, convencer ninguém.

Nem mesmo a própria administração da CVM, que, em 30.11.87, baixou a Instrução CVM n. 72, para esclarecer que às companhias abertas (pois a sua competência se limita às companhias de mercado, como dispõe o art. 20 da Lei n. 6.385/76) *não era vedado* escolher outra base de cálculo para o dividendo fixado como percentual do capital social, admitindo-se se incluísse nela a reserva de correção monetária do capital realizado. Mas para que isso fosse válido, imprescindível se torna preveja o estatuto expressamente esse fato, como aliás dispõe o art. 202, § 1º, da Lei n. 6.404.

Pois esse dispositivo da lei estabelece que ao estatuto cabe estabelecer o dividendo, com base em percentual dos lucros ou do capital, assim como em "outros critérios", "desde que sejam regulados com precisão e minúcia e não sujeitem os acionistas minoritários ao arbítrio dos órgãos da administração ou da maioria". Mas evidentemente se não existir essa previsão estatutária, não se pode cogitar de incluir na base de cálculo do capital a cifra da correção do capital realizado que ainda não foi agregada ao capital social.

3.10 Nesse sentido, a autarquia ainda esclarecia na referida Instrução: "Art. 3º. Para cálculo do dividendo relativo ao resultado do exercício social findo, a companhia aberta *poderá considerar* o dividendo distribuído antecipadamente pelo seu valor monetário até o mês de encerramento do exercício. Art. 4º. A companhia aberta *poderá pagar* com correção monetária o dividendo relativo ao resultado do exercício findo, ou o seu complemento caso tenha havido antecipação".

Tudo, como se vê, como *faculdade* ("poderá...") mas não como obrigação, faculdade essa sujeita, nos termos da lei, à previsão estatutária, aprovada por assembléia, para ter validade e eficácia.

3.11 Eis que, datado de 17.11.88, a CVM baixou o Parecer de Orientação-CVM n. 16, procurando transformar aquilo que era faculdade em obrigação. Segundo esse parecer, na hipótese em que o dividendo das ações preferenciais da companhia aberta é estabelecido como um percentual sobre o valor nominal das ações (ou do capital social), a sua base de cálculo deverá necessariamente incluir a correção do capital social pelo seguinte motivo: "Em termos jurídicos, para afastar dúvidas que possam originar-se da sistemática legal que considera reserva de capital o resultado da correção monetária do capital realizado, deve-se lembrar que: a) a referida conta já integra o capital social, uma vez que tem caráter transitório e não lhe pode ser dada destinação diversa. O Parecer de Orientação-CVM n. 2 afirma a própria criação da reserva de capital acima referida já representa, aliás, um artifício destinado a preservar a pureza do sistema legal, segundo o qual o capital social só pode ser modificado por deliberação ou mediante autorização da assembléia geral".

3.12 Ora, com a devida vênia, se esta é toda a justificativa para a inclusão do acréscimo da correção monetária do capital realizado, lançado a crédito da conta de reserva, para efeito do cálculo de dividendo de exercício, devemos convir que é muito pouco e que a opinião da CVM é, para dizer o mínimo, inconsistente. Em primeiro lugar, está longe de corresponder à verdade a afirmação de que a "referida conta já integra o capital social" no final de exercício. Nem contábil, nem juridicamente isso é correto.

3.13 Com efeito, ninguém nega que os lançamentos contábeis nem sempre correspondem a uma realização financeira, como também nem sempre reproduzem um ato jurídico. Mas o acréscimo da correção monetária feito no saldo da conta de reserva do capital realizado não corresponde a um paralelo ou concomitante lançamento contábil feito na conta do capital social. Embora pertencendo ao mesmo subgrupo, e assim apresentando afinidades, as contas de capital nominal e de reserva de correção monetária do capital efetivo são contas diferenciais perfeitamente *individualizadas*.

3.14 Além do mais, no caso específico da conta de capital, o acréscimo contábil, por força de expressa disposição da lei, deve reproduzir os atos jurídicos representativos do processo de aumento do capital. Ou seja, o registro contábil da mutação patrimonial e o fato jurídico do aumento de capital caminham aí *pari passu*. A menos que consideremos artificial toda a contabilização — também imposta por lei — dos fatos administrativos das empresas, nada vemos de "artificial" no fato de a lei submeter a correção da conta do capital nominal ao processo de aumento de capital por incorporação da correção do capital realizado.

3.15 Importa ainda registrar que não altera em nada a questão o caráter transitório da conta de reserva de correção (afinal, todas as contas são "transitórias", dada a dinâmica patrimonial), ou o fato de não poder ter destinação diferente, a não ser converter-se em capital social (outras contas são também vinculadas).

3.16 Na realidade, a CVM sabe perfeitamente que não pode atribuir caráter obrigatório ao que a lei imprime caráter facultativo. Tanto é assim que, no próprio corpo do citado Parecer, faz-se a seguinte recomendação: "*Recomenda-se* às companhias, embora a sistemática da Lei n. 6.404/76 já imponha a mencionada correção, que, para melhor explicitação, incluam no estatuto a expressa previsão de que o dividendo estipulado em percentual do capital seja atribuído com este percentual incidindo sobre o valor do capital, após a correção anual, aprovada pela assembléia geral ordinária".

3.17 A convicção de que a CVM, ao proferir esse Parecer de Orientação, não estava plenamente convencida de que a lei autorizava essa inteligência do texto legal, se revela no Anteprojeto de Reformulação da Lei n. 6.404, de 1976, elaborado pela autarquia, através de uma Comissão especial (de que tivemos a honra de participar), conforme se pode verificar no Ofício CVM/PTE n. 344, de 28.11.93. Nele se constata que, através de várias alterações, procurou-se possibilitar a variação monetária do capital social durante o próprio exercício, a fim de que os dividendos pudessem ser calculados com base no capital corrigido. Não haveria necessidade de alterar a lei, se a lei já contemplasse a hipótese. E esse projeto, advirta-se, nunca foi convertido em lei.

IV — DIVIDENDOS MÍNIMOS CUMULATIVOS E PARTICIPANTES

4.1 Passemos agora ao segundo tópico da consulta. As ações preferenciais são as que dão ao proprietário certas preferências ou vantagens sobre as ordinárias, podendo, em contrapartida, ser privadas do direito de voto, como um meio de compensar as vantagens pecuniárias auferidas pelos seus titulares (Lei n. 6.404, art. 111). Registre-se que o art. 18 da Lei n. 6.404 inovou ao autorizar a existência de preferenciais com vantagens de natureza política. Nos termos do art. 17, as vantagens de ordem pecuniária que podem ser atribuídas às ações preferenciais podem consistir em: a) em prioridade na distribuição de dividendos; b) em prioridade no reembolso do capital, com prêmio ou sem ele; e c) na acumulação dessas duas vantagens.

4.2 No concernente às ações, com prioridade na distribuição dos dividendos, a lei vigente introduziu algumas novidades. Essa vantagem gera para o titular da ação preferencial o direito de receber sua parcela nos lucros da companhia *antes e independentemente* da concessão do mesmo direito aos titulares de quaisquer outras ações. Ou seja, a ação preferencial como dividendo prioritário cria uma *ordem de preferência* na repartição dos lucros: em primeiro lugar, os lucros são atribuídos entre as ações preferenciais, até o montante do dividendo prioritário, que lhes é assegurado, a partir do qual tem início a repartição dos lucros entre as ordinárias, e as preferenciais participantes, se houver, mas agora despidas do privilégio que possuíam e que já foi satisfeito.

4.3 No tratamento dado a esse dividendo prioritário, a Lei n. 6.404 não discrepa substancialmente daquele contido na antiga Lei das Sociedades por Ações. Nesse sentido, prevalece o entendimento de que ao estatuto cabe definir a prioridade atribuída às ações preferenciais. Inovando porém a legislação, o § 2º do art. 17 da Lei n. 6.404, "contém normas supletivas de interpretação de disposições estatutárias", para, segundo a Exposição de Motivos, "evitar o induzimento em erro de subscritores ou acionistas pela omissão ou má redação do estatuto".

4.4 Assim, o aludido parágrafo (§ 2º) faz uma nítida distinção entre o *dividendo prioritário fixo* e o *dividendo prioritário mínimo*. No primeiro caso, fica entendido que os titulares de ações com essa prioridade têm direito de receber um dividendo certo e determinado, de tal maneira que, atingido o valor fixado, não mais participam dos lucros remanescentes. Quer dizer, são *não-participantes*. Na segunda hipótese, atingido esse valor mínimo estipulado, a ação "participa dos lucros distribuídos em igualdade de condições com as ordinárias, *depois de a estas ter assegurado dividendo igual ao mínimo*". Quer dizer, são *participantes*.[3]

4.5 Em outras palavras: o direito prioritário das ações pode ser fixo ou mínimo, sendo que o fixo representa um teto, após o qual o acionista não participa dos lucros

3. Cf. Harry G. Henn e John R. Alexander, *Law of Corporations*, 3ª ed., 1983, verbete "Participating; Nonparticipating", p. 288.

remanescentes, e o mínimo, um piso, participando dos lucros remanescentes. Esses dividendos fixos ou mínimos podem ainda ser, por disposição estatutária, cumulativos ou não. Sendo cumulativos, e não podendo a sociedade pagar em um exercício o dividendo mínimo ou fixo, eles serão acumulados aos dividendos do exercício seguinte.

4.6 Ora, essas três hipóteses de dividendo prioritário admitem solução contrária por norma estatutária, segundo dispõe o citado § 2º do art. 17. Assim, as ações preferenciais, que gozam da precedência na distribuição dos dividendos em relação às ordinárias, não são cumulativas, mas essa regra pode ceder a disposição estatutária em contrário, podendo o estatuto decidir que o dividendo prioritário é cumulativo. Da mesma forma, os dividendos fixos e mínimos — distinção aliás que não havia no regime do Decreto-lei n. 2.627, que em seu art. 10 apenas se referia a dividendos fixos — admitem disposição em contrário nos estatutos.

4.7 Mas aqui essa possibilidade de ceder a disposição estatutária em contrário deve ser encarada com ressalva, relativamente apenas a tópicos determinados, nunca estabelecendo, por exemplo, que o dividendo fixo é participante, ou o dividendo mínimo é não-participante. Esses conceitos — dividendo fixo e dividendo mínimo — são, entre si, excludentes. O dividendo fixo se define justamente por não ser participante, de modo que, pago o valor fixado, o acionista nada mais tem a haver; e o dividendo mínimo se define por ser participante, de modo que, uma vez satisfeito, participa do lucro remanescente. Estabelecer o contrário, será transformar o fixo em mínimo, e o mínimo, em fixo, emprestando-lhes os regimes respectivos.

4.8 Na hipótese em exame, o estatuto da (...) (art. 5º, § 2º) estabeleceu para os portadores das ações preferenciais Classe "A" um *dividendo mínimo* de 7% do valor nominal das ações, o qual será cumulativo até 3,5% do referido valor nominal das ações. "Participando, daí por diante, dos lucros em igualdade de condições."

4.9 Teria havido aí uma "disposição em contrário" do estatuto, na medida em que não repete integralmente a regra constante do § 2º do art. 17 da Lei para os dividendos prioritários mínimos, que diz: "a ação com dividendo mínimo participa dos lucros distribuídos em igualdade de condições com as ordinárias, *depois de a estas ter assegurado dividendo igual ao mínimo*"?

Ou seja, teria o estatuto da (...) querido dizer que, para essas ações preferenciais, com dividendo mínimo, cumulativo e participante, não haveria esse patamar intermediário de equalização das ações ordinárias às preferenciais participantes?

4.10 Nada autoriza essa interpretação. Se, como esclarece a Exposição de Motivos, esse artigo 17 da lei "contém normas supletivas de interpretação das disposições estatutárias", essa disposição do estatuto deve ser entendida à luz da regra legal relativa aos dividendos mínimos participantes, que, como visto, determina expressamente que as ações com dividendo mínimo participante "participa dos lucros distribuídos em igualdade de condições com as ordinárias, depois de a estas estar assegurado dividendo igual ao mínimo". Fora a idéia eliminar essa etapa equalizadora, o estatuto deveria ter disposto expressamente nesse sentido, "para evitar o induzimento em erro de subscritores ou acionistas pela omissão ou má redação do estatuto". A interpretação sustentada pelos autores despreza a função interpretativa do texto legal, procurando imprimir ao artigo do estatuto um significado que expressamente não contém. Ora, no caso, é de rigor uma interpretação restritiva, uma vez que, como se sabe, *privilegia "sunt stricti iuris"*.

4.11 Essa operação prévia de equalização das ações preferenciais participantes às ações ordinárias, determinada pela lei, tem uma razão lógica: uma vez satisfeita a prioridade — no caso, cumulativa — na participação nos lucros remanescentes, as ações preferenciais despem-se do seu privilégio (pois o dividendo participante não tem o caráter de dividendo prioritário), e, em sendo participantes, colocam-se em "igualdade de condições com as ações ordinárias", devendo ser pagas na mesma ordem destas, após as reservas de contingência (art. 195) e de lucros a realizar (art. 197), como todos os dividendos sujeitos à regra do dividendo obrigatório (art. 203).

4.12 Pois no sistema da lei, o *dividendo prioritário* das ações preferenciais se contrapõe ao *dividendo obrigatório* das demais ações da companhia que não dispõem de preferências no recebimento de dividendo. Assim, as ações preferenciais, com prioridade apenas no reembolso do capital, se submetem às normas sobre dividendo obrigatório, na medida em que não desfrutam da precedência na percepção de dividendo, equiparando-se, dessa forma, às ordinárias. O mesmo ocorre com as ações preferenciais *participantes*: uma vez satisfeitas em seus dividendos prioritários, passam a sujeitar-se às regras do dividendo mínimo obrigatório, concorrendo com as ordinárias.

4.13 Com efeito, a igualdade de tratamento entre acionistas da mesma classe, imposta pela Lei n. 6.404 (art. 109, § 1º), nos conduz necessariamente a duas conclusões: (1ª) que a lei admite sejam as ações preferenciais e ordinárias diferentemente remuneradas a título de dividendo, já que as ações preferenciais prioritárias, ao contrário das ordinárias, não estão sujeitas ao dividendo obrigatório (a Exposição de Motivos assinala, aliás, que "as disposições sobre dividendo fixo obrigatório são do interesse precípuo das ações ordinárias"); (2ª) que, no entanto, se se tratar de ações preferenciais *participantes*, uma vez satisfeito o dividendo prioritário, as preferenciais passam a ter direito à "mesma classe de dividendos" das ações ordinárias, beneficiando-se, daí por diante, "em condições de igualdade", das regras do dividendo obrigatório.[4]

V — AÇÃO ANULATÓRIA DE DELIBERAÇÃO ASSEMBLEAR E AÇÃO PARA HAVER DIVIDENDOS

5.1 Passemos agora ao terceiro tópico da consulta. A Lei n. 6.404 prevê prazos de prescrição distintos (a) para a ação anulatória de deliberação tomada em assembléia (art. 286), inclusive aquela relativa à "destinação do lucro líquido do exercício e a distribuição de dividendos" (art. 132, II), e (b) para a ação de cobrança de dividendos já deliberados "que tenham sido postos à disposição do acionista" (art. 287, II, "a"). No primeiro caso, o prazo de prescrição é de 2 (dois) anos; no segundo, é de 3 (três) anos.

5.2 O prazo de prescrição da ação anulatória de deliberação assemblear foi reduzido pela lei vigente de 3 (três) — como dispunha o Decreto-lei n. 2.627, art. 156 — para 2 (dois) anos. O art. 286 não só reduz o prazo de prescrição do direito anterior, como também antecipa seu termo inicial, contado da deliberação, e não mais da publicação da ata. O prazo de prescrição para a cobrança de dividendos, já deliberados em assembléia, foi fixado pela lei vigente em 3 (três) anos, o que representa uma inovação, já que no império do Decreto-lei transato não havia previsão especial, prevalecendo o prazo prescritivo da lei civil (de 5 (cinco) anos para uns, de 20 (vinte) anos, para outros). Essas duas inovações do diploma de 1976 se inscrevem na orientação dominante que se observa nas legislações do anonimato, no sentido de estabelecer prazos de prescrição extintiva *reduzidos*, nas ações contra a sociedade.

5.3 Com efeito, essa tendência é particularmente visível no regime das invalidades na Lei das Sociedades Anônimas. Uma vez que é através da assembléia geral dos acio-

4. Cf. Maria Thereza Weneck Mello, "Estudos da Superintendência da CVM — Dividendo Obrigatório", in *LegisBanco — Informativo CVM*, v. II, 1978/79, pp. 1 e ss.; republicado em *Estudo* n. 17, Resenha Universitária, 1979, com parecer de Pedro Henrique Teixeira.

nistas que a vontade da sociedade se manifesta, as deliberações assembleares podem ressentir-se de imperfeições chamadas de vícios de deliberação, que as tornam ineficazes. Nesse sentido, reza o art. 286 da lei que "a ação para anular as deliberações tomadas em assembléia geral ou especial, irregularmente convocada ou instalada, violadoras da lei e do estatuto, ou eivadas de erro, dolo, fraude ou simulação, prescreve em 2 (dois) anos, contados da deliberação".

5.4 Como se vê, o legislador alinhou com *vícios de deliberação* suscetíveis de *anulação* tanto a manifestação de vontade efetivada com violação da lei (e dos estatutos, lei entre partes), por ser contrária à ordem pública e aos bons costumes, ou porque não observou a forma legal, quanto a manifestação de vontade social enferma de vícios de consentimento (erro, dolo e coação) e de vícios sociais (fraude ou simulação). A Lei das Sociedades Anônimas afastou-se, assim, nitidamente, do regime comum das invalidades.

5.5 De resto, já o Decreto-lei regulamentador de 1940 revelava essa inclinação. Segundo Trajano de Miranda Valverde, em escólio ao art. 156 do Decreto-lei n. 2.627, a lei do anonimato comentada se afastara do regime comum de invalidades, tornando hipóteses de anulabilidade casos de nulidade, com prazos de prescrição determinados. "O regime comum das nulidades — dizia — não se ajusta, sem graves desvios, aos organismos que, sob denominação de sociedades, associações, corporações, fundações, surgem por obra da energia dos homens e atuam como sujeitos de direito, na vida social". Gudesteu Pires salientou que essa era a tendência do direito societário, de "cercar de maior segurança a vida das sociedades anônimas, pelas inúmeras ligações com que elas se entrosam na vida econômica de cada país e pelos múltiplos interesses que transitam dentro da órbita da vida social".[5]

5. Citados por nós in *Estudos e Pareceres sobre Sociedades Anônimas*, Ed. RT, 1989, pp. 162 e ss.

5.6 Da mesma forma, ao prever expressamente prazo reduzido de prescrição para a ação de cobrança dos acionistas, para haver dividendos já deliberados, a Lei n. 6.404 almeja limitar a área de incerteza das sociedades comerciais, que dá lugar a intensos prejuízos à sua vida econômica. O direito anterior não previa prazo de prescrição especial para haver dividendos, havendo uma corrente que sustentava que seria de 5 (cinco) anos, com base no art. 177, § 10, III, do Código Civil, relativo ao prazo de prescrição das "prestações acessórias pagáveis anualmente", e outra corrente que, inexistindo prazo específico, sustentava que caberia adotar-se o genérico fixado pelo *caput* do art. 177, ou seja, 20 (vinte) anos.

5.7 Ora, essas duas ações — a *anulatória* da deliberação assemblear sobre a destinação dos lucros líquidos e a distribuição de dividendos e a ação de *cobrança* para haver dividendos já declarados pela assembléia — têm pressupostos e objetivos distintos: a primeira visa à anulação de deliberação assemblear sobre os dividendos; e, a segunda, à cobrança dos dividendos declarados pela assembléia geral e colocados à disposição dos acionistas.

5.8 Se o acionista pretende receber dividendos diferentes dos partilhados na assembléia, curial é que, *a priori*, precisa promover a anulação dela, no ponto concernente à distribuição. Salvo no caso de nulidade absoluta, as deliberações assembleares prevalecem, enquanto não forem formalmente desconstituídas. Daí que não cabe pleitear dividendos, contrariamente à deliberação da assembléia, através de simples ação de cobrança, sem antes promover a anulação da assembléia. Trata-se de via processual inidônea, deixando insatisfeito o requisito da *adequação* que é um dos elementos constitutivos do *interesse processual de agir* (em cuja ausência impõe-se a extinção do feito sem o julgamento do mérito, nos termos do art. 267, VI, do CPC).

5.9 Do exame da petição inicial da ação proposta contra a (...) observa-se que se trata de simples ação de cobrança, de dividendos segundo critérios divergentes daqueles aprovados por assembléia geral, sem que os autores tenham formulado qualquer pedido relativo à anulação das decisões tomadas nas assembléias da (...) realizadas de 1988 a 1995. Ao adotarem via inadequada para desconstituir decisão assemblear, eis que a ação de cobrança a tanto não presta, os autores tornaram-se desenganadamente carecedores do interesse de agir.

5.10 E por que não propuseram anulatória de decisões assembleares? Porque tal tipo de ação estaria irremediavelmente prescrita em relação ao menos a seis assembléias gerais. Para escapar do prazo prescricional de 2 (dois) anos impeditivo de grande parte do pleito, os autores recorreram indevidamente à simples ação de cobrança dos dividendos, formulando pedido cuja acolhida importa, todavia, como *prius* inafastável, a prévia anulação das deliberações das assembléias, para haver dividendos diversos daqueles que lhes foram atribuídos nos conclaves. Não fora assim e não haveria razão para a Lei n. 6.404 expressamente distinguir os dois tipos de ação civil, assinando-lhes prazos prescritivos distintos.

5.11 Com essas observações finais, esperamos ter respondido às perguntas que nos foram formuladas.

Sub censura.

São Paulo, 19 de novembro de 1996

Espaço Discente

LIBERDADE DE IMPRENSA E RESPONSABILIDADE CIVIL DOS MEIOS DE COMUNICAÇÃO

MARCOS BARBOSA PINTO

I — Introdução. II — A liberdade de informação jornalística e a política democrática. III — Liberdade de imprensa e responsabilidade civil: A responsabilidade civil e a Lei de Imprensa; As conseqüências da imposição de responsabilidade civil. IV — Direito norte-americano: "libel law". Apontamentos finais e conclusões.

"A imprensa livre é o olhar onipotente do povo, a confiança personalizada do povo nele mesmo, o vínculo articulado que une o indivíduo ao Estado e ao mundo, a cultura que transforma as lutas materiais em lutas intelectuais, e idealiza suas formas brutas. É a franca confissão do povo a si mesmo, e sabemos que o poder da confissão é o de redimir. A imprensa livre é o espelho intelectual no qual o povo se vê, e a visão de si mesmo é a primeira sabedoria." (Karl Marx)[1]

I — INTRODUÇÃO

Há alguns anos a imprensa brasileira denunciou com alarde um caso que escandalizou o país, envolvendo diretores e proprietários de um colégio em São Paulo. O caso Escola Base, como ficou conhecido, permaneceu nos noticiários por semanas, alcançando grande repercussão.

A atuação da imprensa neste caso foi, no mínimo, imprudente. Os acusados foram tratados como criminosos pelos maiores meios de comunicação do país, que os condenaram publicamente antes mesmo da conclusão do inquérito policial instaurado para apurar os fatos.

Posteriormente, verificou-se que não havia qualquer indício que pudesse sustentar a condenação dos acusados. Não obstante, os erros e abusos cometidos pela imprensa no caso fizeram com que estas pessoas permanecessem como criminosos perante a sociedade.

Cientes da inocência dos acusados, os meios de comunicação limitaram-se a divulgar o trancamento do inquérito policial, sem maiores explicações ou destaque – como se não fossem responsáveis pelo acontecido – enquanto indivíduos inocentes tiveram seus negócios arruinados, sua honra irremediavelmente ferida, numa afronta direta a direitos constitucionalmente garantidos.

Caso recorressem ao Poder Judiciário para obter indenização pelos danos causados pela imprensa, teriam que contentar-se com valores não superiores a duzentos salários mínimos, que é o limite imposto pela

1. Cf. "Debate sobre a liberdade de imprensa e comunicação", in Marx, K., *A Liberdade de Imprensa*, Porto Alegre, L&PM Editores, 1980, p. 42; citado em Silva, J.A., *Curso de Direito Constitucional Positivo*, São Paulo, Ed. RT, 1990.

atual legislação. De forma alguma estes valores seriam suficientes para reparar os danos sofridos.

Casos como este, infelizmente freqüentes, reacenderam no Brasil o debate sobre os limites da liberdade de imprensa. Trata-se de um debate corrente nos meios acadêmicos e políticos internacionais, e na esteira do qual situa-se o presente trabalho.

Não temos, é claro, pretensão de esgotar o tema, tarefa por demais grandiosa e complexa. Enfocamos somente a questão da responsabilidade civil dos meios de comunicação e a sua relação com a liberdade de imprensa, sem deixar de tecer algumas considerações sobre sua importância para a política democrática.

Por motivos de clareza e para facilitar a compreensão, dividimos o presente trabalho em quatro partes. Na primeira parte tratamos do papel desempenhado pela imprensa e pela liberdade de expressão nas sociedades contemporâneas, sobretudo no que diz respeito à democracia e ao exercício político. Em seguida, abordamos especificamente o tema da responsabilidade civil dos meios de comunicação e suas conseqüências para a liberdade de informação jornalística. Na terceira parte, buscando as contribuições do Direito comparado, analisamos o tratamento dado à imprensa pelo Direito norte-americano. Por fim, na última parte, expomos nossas opiniões pessoais através de algumas sugestões e apontamentos.

II — A LIBERDADE DE INFORMAÇÃO JORNALÍSTICA E A POLÍTICA DEMOCRÁTICA

A idéia de liberdade de imprensa ou liberdade de informação jornalística foi concebida inicialmente como corolário do direito subjetivo que se convencionou chamar genericamente de *liberdade de expressão*. Encontrava-se prevista já na Declaração dos Direitos do Homem e do Cidadão, de 1789, que da seguinte forma dispunha sobre o tema: "A livre comunicação das idéias e das opiniões é um dos mais preciosos direitos do homem; todo homem pode, portanto, falar, escrever, *imprimir livremente*, respondendo, todavia, pelos abusos desta liberdade nos termos previstos na lei" (grifamos).[2] A Constituição brasileira de 1988 prevê a liberdade de imprensa no rol dos direitos e garantias individuais estipulados em seu art. 5º, bem como em seu art. 220, *caput* e § 1º.[3]

Em princípio, a liberdade de imprensa foi concebida como um direito individual do cidadão de manifestar-se livremente através dos meios de comunicação; como uma liberdade individual semelhante aos demais direitos fundamentais de primeira geração. Porém, já nesta época, sua conotação política não passou despercebida, estando sempre presente no pensamento moderno a consciência de que uma imprensa livre era necessária para que a democracia pudesse ser consolidada.

No presente, porém, a liberdade de imprensa é concebida sob duas perspectivas: além de seu aspecto de direito individual e de liberdade pública, há também a sua face de direito social, na qual enfatiza-se o direito da sociedade de obter informação. Antes que um direito dos jornalistas de manifestarem-se livremente, a liberdade de imprensa deve ser encarada como um direito do cidadão de ser informado e de ter acesso a diferentes pontos de vista sobre os fatos de seu interesse.[4] Além disso,

2. Cf. "Declaração dos Direitos do Homem e do Cidadão", anexo in Ferreira Filho, M. G., *Direitos Humanos Fundamentais*, São Paulo, Saraiva, 1995, p. 160.

3. O inc. IX do art. 5º da CF assim dispõe: "é livre a expressão da atividade intelectual, artística, científica e de comunicação, independente de censura ou licença"; o teor do *caput* do art. 220 é o seguinte: "A manifestação de pensamento, a criação, a expressão e a informação, sob qualquer forma, processo ou veículo não sofrerão qualquer restrição, observado o disposto nesta Constituição".

4. É neste sentido que a Constituição assegura, no art. 5º, XIV, o acesso à informação.

a importância dos meios de comunicação no atual cenário social permite-nos dizer, sem exageros, que a imprensa tem sobre si uma verdadeira função social a cumprir, da qual advém não só direitos mas também pesadas responsabilidades.[5]

É a relevância social da imprensa escrita, falada e televisionada que justifica, nos dias atuais, a concessão de uma ampla liberdade aos meios de comunicação. As funções exercidas pela imprensa são muitas, que vão desde a simples difusão de notícias até a formação da opinião pública. Em todas está sempre presente seu caráter eminentemente político.

É na política que a imprensa realiza sua tarefa fundamental. Ao trazer a discussão dos assuntos públicos a todos do povo, a imprensa se interpõe entre os fatos e os cidadãos de maneira decisiva, que lhe permite influir diretamente na esfera pública.

Essa participação da imprensa na política assume várias feições. Em primeiro lugar, a informação jornalística permite que os cidadãos atuem na esfera pública de modo consciente, porque fornece-lhes condições para exercer seus direitos, entre os quais o direito de voto. Sem a imprensa, dificilmente os indivíduos teriam condições de votar com convicção, muito menos de exercer sua cidadania de forma participativa. Este papel do jornalismo, que funciona como o elo de ligação entre o povo e os fatos políticos, está na base da concepção e do ideal da liberdade de imprensa, pois, sem que os cidadãos possam obter informações precisas e independentes — o que só é possível quando os meios de comunicação são livres — não pode existir uma democracia representativa verdadeira.

Mas a imprensa não se limita apenas a relatar acontecimentos; ela funciona como um poderoso instrumento de persuasão, convencimento e formação de opiniões. Isto porque divulga o debate político e dá voz aos governantes, candidatos e partidos, que dela se utilizam como meio para expressar suas idéias e comunicar-se com o povo. Além disso, os próprios jornalistas, no presente, atuam como verdadeiros políticos, interpretando fatos, criticando, formulando idéias próprias e propondo caminhos a serem seguidos.[6]

É importante ressaltar, ainda, a força dos jornais, periódicos, noticiários radiofônicos ou televisivos como porta-vozes dos anseios e vontades da população. A imprensa tem a oportunidade e o poder de estabelecer uma relação muito importante com a sociedade já que, ao mesmo tempo que contribui na formação da opinião pública, em certa medida, também tem de se submeter a ela, sem poder ignorar o pensamento e as posições de seus leitores, ouvintes ou telespectadores. Portanto, a imprensa participa de uma série de relações de influência recíproca e de convencimento, tanto com governantes e políticos como com governados, posto que atua informando, convencendo e mesmo representando o povo.

Outra importante função exercida pela imprensa atualmente é a de fiscalização dos atos do Poder Público, do bom funcionamento das instituições democráticas e da honestidade dos funcionários públicos e governantes. Neste contexto destaca-se a capacidade da imprensa de combater a corrupção, através da investigação e de denúncias que informam o cidadão e permitem ao Poder Judiciário apurar irregularidades e punir culpados.[7]

5. Cf. Silva, J.A., *Curso de Direito Constitucional Positivo*, São Paulo, Ed. RT, 1990, p. 219.

6. Como observa Hanna Arendt, na Grécia clássica os políticos eram chamados *rhetor*, palavra ligada ao discurso (*rhetorike*), entendido aqui como meio de persuasão pela palavra. Ora, nas sociedades modernas, utilizando tanto a palavra escrita como a oral, são os jornalistas que dominam a persuasão, exercendo um papel fundamental no convencimento da população sobre assuntos públicos, daí a denominação formadores de opinião. Cf. Arendt, H., *A Condição Humana*, Rio de Janeiro, Forense Universitária, 1995, p. 35.

7. Cf. Ventura, A. R., *La función de la prensa en el control de la corrupción*.

Esta função de fiscalização, assim como as demais funções dos meios de comunicação, não pode ser exercida sem ampla liberdade de imprensa. Os cidadãos não estarão aptos a posicionar-se coerentemente ante os fatos políticos a menos que obtenham notícias jornalísticas corretas e que possam ter acesso a diferentes fontes de informação. Se notícias incorretas e parciais não puderem ser contrabalançadas pelos demais meios de comunicação, ou se fatos relevantes para o público não puderem ser publicados, a capacidade de decisão da sociedade fica mutilada e a democracia perde sua força. O mesmo ocorre se não houver espaço na imprensa para opiniões divergentes, ou se a imprensa, de qualquer modo, for impedida de fiscalizar o poder público e de expressar os anseios populares.

É a imprensa, em última instância, que possibilita o exercício político no atual cenário social. A respeito dessa afirmação, cabe recordar aqui algumas interessantes considerações de Hanna Arendt sobre a política. Para essa autora, a ação da política só pode desenvolver-se onde existe uma esfera pública, isto é, onde está presente aquela instância em que os cidadãos agem em conjunto, conversam entre si, discutindo assuntos de interesse geral com vistas a formações de convicções comuns. A concepção de política de Hanna Arendt é dominada pela palavra e pelo discurso — pela comunicação — por um agir em conjunto em função do interesse comum. É precisamente a ação política que, na opinião dos antigos, compartilhada por Hanna Arendt, leva à dignificação do homem, pois é através dela que o ser humano pode mostrar-se, revelar-se, ser visto e ouvido.

Nestas condições de Hanna Arendt, subjaz uma concepção comunicacional de ação política.[8] Enfatiza-se a comunicação entre os cidadãos, o debate, a reflexão conjunta sobre os assuntos públicos e o caráter persuasivo do discurso e da prática política como aspectos centrais da esfera pública.[9]

Contudo, Hanna Arendt constata que a esfera pública, vale dizer, o espaço para a política, vem desaparecendo nas sociedades modernas. A troca de opiniões, o debate, e a busca de consenso sobre os assuntos de interesse geral são cada vez mais raros.

Neste ambiente de declínio da política, vê-se aumentado o papel da imprensa. Não fossem os meios de comunicação (e a liberdade de imprensa), que atualmente nos garantem um mínimo de informação e de discussão, a esfera pública estaria totalmente excluída das sociedades contemporâneas e a política já tinha perdido totalmente a sua dignidade. Na verdade, atualmente, o próprio espaço público é em grande parte criado e sustentado pela imprensa. Pois são os meios de comunicação que levam o debate político ao povo e que debatem sobre assuntos de interesse geral buscando o convencimento. Sem liberdade de imprensa o pouco espaço para a política que nos resta estaria acabado, já que não há propriamente política quando o intercâmbio de opiniões e de informações não é verdadeiramente livre.

III — LIBERDADE DE IMPRENSA E RESPONSABILIDADE CIVIL

Como dissemos anteriormente, a liberdade de imprensa é condição essencial para o livre exercício político e para a democracia. Contudo, apesar de seu indispensável papel social, a liberdade dos meios de comunicação deve encontrar seu limite nos direitos fundamentais dos indivíduos, igualmente essenciais ao Estado de Direito.

Existe uma tensão natural entre a liberdade concedida aos meios de comunicação de noticiar acontecimentos e de expressar opiniões e o direito dos cidadãos à honra e à imagem. Esta tensão entre dois

8. Cf. Rouanet, S. P., Freitag, B., "Introdução dos organizadores", in *Sociologia — Habermas*, São Paulo, Ática, 1980.

9. Cf. ob. cit., p. 11.

direitos fundamentais assegurados pela Constituição[10] deve ser adequadamente balanceada pelo Direito positivo de modo que ambos possam ser protegidos satisfatoriamente.

Na prática, esta tensão traduz-se em conflitos judiciais sempre que um indivíduo sente-se ofendido por uma notícia ou opinião veiculada na imprensa a seu respeito. No Direito brasileiro, estes conflitos podem ser solucionados de duas formas distintas.

De um lado, há a possibilidade de responsabilização criminal dos indivíduos responsáveis pela publicação da notícia na imprensa. De outro lado, há a responsabilização civil dos jornalistas e dos proprietários de meios de comunicação, da qual tratamos neste trabalho.

A responsabilidade civil e a Lei de Imprensa

A possibilidade de responsabilização civil por atos que violem a honra, a vida privada e a imagem dos indivíduos está prevista genericamente na Constituição da República, em seu art. 5º, inc. X, cujo teor é o que segue: "são invioláveis a intimidade, a vida privada, a honra e a imagem das pessoas, *assegurado o direito à indenização pelo dano material ou moral decorrente de sua violação*".

Aplicam-se os meios de comunicação, além desta disposição constitucional, as regras gerais do Código Civil sobre atos ilícitos, sobretudo o art. 159, preceito básico da responsabilidade extracontratual no Direito brasileiro.

Ademais, a responsabilidade civil das empresas jornalísticas está prevista em lei especial, qual seja, a Lei 5.250, de 9 de fevereiro de 1967, conhecida como Lei de Imprensa, que não trata só da responsabilidade civil, mas também — e ainda com maior ênfase — da responsabilidade criminal dos meios de comunicação.

10. Constituição Federal, art. 5º, incs. IX e X.

O art. 49 desta lei contém a regra geral a respeito da responsabilidade civil dos meios de comunicação: "Aquele que no exercício da liberdade de manifestação de pensamento e de informação, com dolo ou culpa, viola direito, ou causa prejuízo a outrem, fica obrigado a reparar: I — os danos morais e materiais, nos casos previstos no artigo 16, incs. II e IV, no artigo 18 e de calúnia, difamação e injúria; II — os danos materiais nos demais casos".

Desta forma, a lei limita a responsabilidade das empresas jornalísticas, por danos morais, aos casos de injúria, calúnia ou difamação, além de outros crimes específicos.[11] Isto não exclui, é claro, a possibilidade de condenação pela prática de outros atos ilícitos, não previstos na Lei de Imprensa. Lembre-se sempre que, em se tratando de violação de honra, imagem e vida privada, a reparação por dano moral é assegurada constitucionalmente.

Além disso, ressalte-se, a indenização por danos materiais é cabível em qualquer caso, sempre que a empresa jornalística violar direito ou causar prejuízo a outrem, com culpa ou dolo (art. 49, inc. II).

Note-se que é a própria empresa jornalística, pessoa física ou jurídica, que responde pela publicação das matérias que causarem danos a terceiros. A lei assegura, não obstante, a ação regressiva contra os autores diretos da matéria, isto é, contra os próprios jornalistas.

11. Além dos casos de injúria, calúnia e difamação, ensejam ressarcimento por danos morais e materiais: (i) a publicação ou divulgação de notícias falsas, ou fatos verdadeiros truncados ou deturpados, que provoquem: a) desconfiança no sistema bancário ou abalo de crédito de instituição financeira ou de qualquer empresa, pessoa física ou jurídica; b) sensível perturbação na cotação de mercadorias e dos títulos imobiliários, no mercado financeiro, seja o crime doloso ou culposo; (ii) a obtenção de vantagem para não fazer ou impedir que se faça a publicação, transmissão ou distribuição de notícias. Além disso, a indenização por danos materiais é assegurada, estando presente qualquer dos ilícitos previstos pela lei. Cf. Miranda, D. A., *Comentários à Lei de Imprensa*, São Paulo, Ed. RT, 1995, p. 727.

A empresa jornalística pode eximir-se de reparar os danos causados através da prova da verdade, isto é, da demonstração de que a notícia publicada era verdadeira. A prova da verdade, no entanto, só é admissível, com certas restrições específicas, nos casos de calúnia ou difamação, isto é, naqueles tipos penais que envolvem a imputação de fatos a alguém, sejam estes fatos meramente ofensivos (difamação), ou criminosos (calúnia).

De acordo com a sistemática da lei, portanto, não cabe a prova da verdade nos casos de injúria. Isto porque a injúria não se caracteriza pela imputação de fato ofensivos a outrem, mas pela simples manifestação de idéias, opiniões ou pensamentos que sejam ofensivos ao decoro ou a dignidade de alguém.

Em se tratando de calúnia, a lei veda a prova da verdade contra o Presidente da República, o Presidente do Senado Federal, o Presidente da Câmara dos Deputados, os Ministros do Supremo Tribunal Federal, Chefes de Estado ou de Governo estrangeiro ou seus representantes diplomáticos.[12]

São também restritas as hipóteses em que se admite a prova da verdade na difamação. Ela só é possível quando o crime é cometido contra funcionário público, em razão das funções, ou contra órgão ou entidade que exerça as funções de autoridade pública.[13] Excetuando-se esta hipótese, a prova da verdade somente é cabível quando o ofendido permitir.

Além disso, seja em caso de calúnia, seja em caso de difamação, não cabe a prova da verdade nos casos de divulgação de fatos que não sejam de interesse público ou que estejam relacionados à vida privada do ofendido.[14]

A fixação do valor das indenizações fica, em regra, a cargo do juiz, que deverá fazê-lo, com relação aos danos morais, com base em certos preceitos contidos no art. 53 da Lei de Imprensa, tais como a intensidade do dolo e da culpa do responsável, sua condição econômica e a intensidade do sofrimento do ofendido.

O valor arbitrado pelo juiz não pode, contudo, ultrapassar os limites fixados na lei para cada tipo penal. Este limite é de 50 salários mínimos nos casos de injúria, 100 nos casos de difamação e 200 salários mínimos nos casos de calúnia.[15] Tendo em vista a redação do art. 51 da Lei 5.250/67, a doutrina tem entendido que estes limites somente se aplicam aos casos culposos, não abrangendo as publicações difamantes em que o agente age com dolo.[16]

As conseqüências da imposição de responsabilidade civil

Após esta breve descrição das previsões legais sobre a responsabilidade civil dos meios de comunicação, podemos passar a uma análise mais aprofundada da questão. Partiremos, para tanto, das duas perspectivas apontadas no início deste capítulo: (i) a perspectiva dos cidadãos (eventuais ofendidos) e (ii) a perspectiva dos meios de comunicação.

Com relação aos cidadãos, encarados aqui como potenciais ofendidos, devemos analisar em que medida a Lei de Imprensa consegue proteger seu direito à honra, bem como seu direito de preservar sua reputação. A esse respeito, a prática demonstra que a atual legislação é realmente pouco

12. Lei 5.250/67, art. 20, §§ 2º e 3º.
13. Lei 5.250/67, art. 21, § 1º.
14. Lei 5.250/67, art. 49, § 1º.

15. Este limite refere-se às indenizações a serem pagas *por empresas jornalísticas*. Com relação aos jornalistas em si, autores diretos das matérias, os limites são 5, 10 e 20 salários mínimos respectivamente, para os casos de injúria, calúnia ou difamação.

16. A redação do *caput* do referido artigo é a seguinte: "A responsabilidade civil do jornalista profissional que concorre para o dano *por negligência, imperícia ou imprudência*, é limitada, em cada escrito, transmissão ou notícia (...)". Cf. Miranda, D. A., ob. cit., pp. 733 e 734.

efetiva. Seja pela existência de limitações ao valor das indenizações, seja pela ausência de facilitações ou incentivos ao acesso dos cidadãos ao Judiciário, ou, ainda, pela falta de uma tradição entre os brasileiros de pleitear em juízo indenizações reparativas a danos provocados pela imprensa, verificamos que as atuais previsões legais são inaptas para prevenir e reparar os cidadãos pelos abusos cometidos pelos meios de comunicação.

Por outro lado, analisando a questão da perspectiva dos meios de comunicação, devemos questionar se a imposição de responsabilidade civil não é uma limitação excessivamente rigorosa à sua liberdade de manifestação. A questão é complexa e comporta várias respostas conforme a forma e as particularidades de cada legislação. A atual Lei de Imprensa, exatamente por ser ineficaz na proteção dos cidadãos, não se apresenta propriamente como cerceadora da liberdade de imprensa. Contudo, as considerações que se seguem devem ser levadas em conta em qualquer sistema que pretenda encontrar um ponto de equilíbrio entre a liberdade de imprensa e o direito dos indivíduos de terem sua honra e reputação preservadas.

O ponto central é que a responsabilização civil, quando prevista de modo inadequado pela legislação, pode levar os meios de comunicação à prática de autocensura. Em outros termos, a imprensa pode deixar de divulgar informações controvertidas, ou mesmo notícias verdadeiras de difícil comprovação em juízo, para evitar ações de indenização. Desta forma, informações de interesse dos cidadãos e essenciais ao debate público deixam de ser publicadas.

Ademais, o papel investigativo exercido pelos meios de informação jornalística também pode ser prejudicado, sobretudo em questões envolvendo denúncias de corrupção no Poder Público. Sabemos que a participação da imprensa nestes casos é essencial, tanto denunciando quanto exercendo pressão para que os culpados sejam devidamente punidos. Todavia, nesta área, a produção de provas é bastante complicada, dependendo em grande parte da posterior apuração dos fatos pela sociedade e pelos demais veículos de comunicação, o que sujeita o trabalho da imprensa a sensíveis contingências. Processos contra meios de comunicação podem ser vencidos através de ocultação de documentos, que ficam em posse de acusados, bem como através de ameaças ou corrupção de testemunhas.

Além disso, se a população não se sensibiliza inicialmente com uma denúncia jornalística, torna-se difícil a apuração dos fatos judicialmente de modo que veículos de comunicação podem ser condenados ao pagamento de pesadas indenizações, mesmo por denúncias de fato verdadeiras. Seguidos processos desse tipo podem dissuadir os meios de comunicação da publicação de tais notícias em função dos prejuízos resultantes. Com efeito, casos de corrupção importantes, entre os quais escândalos de repercussão nacional como o do ex-presidente Collor ou da CPI do Orçamento, que tiveram origem em denúncias da imprensa, não chegariam ao conhecimento público, nem seriam apurados.

A sujeição à responsabilidade civil pode também prejudicar os pequenos meios de comunicação. Estes jornais e revistas de pequena capacidade econômica podem sofrer pressões para mudar sua linha editorial ou para abandonar certas posturas críticas, sob a ameaça de processos judicias solicitando indenizações. Para estes jornais, que normalmente são responsáveis por visões dissidentes dentro da imprensa, uma derrota judicial pode significar a falência, sendo geralmente mais prudente ceder às pressões. Uma única condenação, ainda que equivocada, pode liquidá-los, sem mencionar os altos custos, econômicos e morais, dos morosos processos judiciais.

De fato, esses efeitos da imposição de responsabilidade civil aos meios de comunicação poderiam ocorrer no Brasil, não fossem os empecilhos estabelecidos na própria Lei de Imprensa para que se obtenham indenizações justas em juízo. Na verdade, a atual legislação é pouco eficaz tanto na proteção dos indivíduos, quanto na manutenção da liberdade de imprensa, porquanto permite abusos indesejáveis. Tendo em vista esse fato, devemos pesquisar no Direito comparado outros modelos mais efetivos de balancear a liberdade e o direito à honra e à imagem, modelos estes que possam servir de parâmetro para comparações. A este propósito, parece útil uma análise do tratamento dado pelo Direito norte-americano ao assunto, haja vista que este país estabeleceu um modelo bastante avançado de responsabilidade dos meios de comunicação.

IV — DIREITO NORTE-AMERICANO: "LIBEL LAW"[17]

Os Estados Unidos possuem um sistema de regras referentes à responsabilidade civil bastante favorável à imprensa. A liberdade de expressão é tida como um dos pilares da democracia americana, merecendo, portanto, proteção especial. Em razão disso, a responsabilidade dos meios de comunicação não se encontra sob a tutela tradicional do *tort law*, mas sob a proteção da Constituição.

A Primeira Emenda à Constituição norte-americana, com efeito, dá ênfase especial à liberdade de expressão, o que justifica juridicamente um critério mais brando para a responsabilidade da imprensa.

O atual estágio do Direito americano (*libel law*) está definido, em linhas gerais, em dois casos julgados pela Suprema Corte, a saber, os casos (i) *New York Times v.* Sullivan, de 1964, e (ii) Gertz *v.* Robert Welch, Inc., de 1974. É interessante notar, preliminarmente, antes de passarmos à análise destes dois casos, que o sistema norte-americano, por privilegiar a responsabilidade civil à penal em matéria de imprensa, disciplina o assunto sem relacionar a reparação civil a crimes como calúnia ou injúria, como ocorre no Brasil. Nos Estados Unidos, uma vez que as asserções opinativas são inatingíveis, a questão da responsabilidade civil centra-se em determinar se a notícia questionada judicialmente era verdadeira ou falsa. A falsidade da notícia é, pois, pressuposto para a concessão de indenização.

No caso do *New York Times v.* Sullivan, de 1964, a Suprema Corte inovou significantemente ao retirar a responsabilidade dos meios de comunicação de seu âmbito tradicional na *common law*, colocando-a sob a proteção da Constituição.

A Corte estabeleceu, em sua decisão, uma diferenciação entre funcionários públicos e cidadãos comuns para efeitos de *libel law*. Esta diferenciação, que passou a prevalecer nas decisões dos tribunais desde então, tinha justamente por objetivo oferecer à imprensa maior proteção contra ações de indenização movidas por funcionários públicos, o alvo mais freqüente das críticas dos jornalistas. Por força da decisão da Suprema Corte, a partir de então, os funcionários públicos que ingressassem em juízo, em busca de indenizações, deveriam provar que o meio de comunicação houvera publicado a notícia difamante com *real malícia* (*actual malice*), ou seja, com consciência da falsidade da notícia ou imprudente desconsideração pela verdade ou falsidade da mesma.[18] Aos cidadãos comuns, que não fossem funcionários públicos, continuavam sendo aplicados os pressupostos tradicionais da *common law* para concessão de indenizações.

17. *Libel law* é o ramo do Direito norte-americano que regula a responsabilidade civil nos casos de difamação provocados pela imprensa. Cf. "Punitive damages in defamation litigation: a clear and present danger to the freedom of speech". *Yale Law Journal* 64, p. 610.

18. A Suprema Corte Norte-americana definiu a *actual malice* como "Knowledge of falsity or reckless disregard as to wether it was false or not". Cf. Raifeartaighi, U. N., "Fault issues and libel law — A comparison between Irish, English and United States Law", in *International and Comparative Law Quaterly*.

Como se vê, a decisão da Corte no caso foi bastante inovadora, marcando toda a evolução posterior do Direito americano. Os fatos do caso que ensejaram esta decisão são os seguintes.

Sullivan, o autor da ação, era um funcionário público de alto escalão que se sentiu difamado por uma matéria paga publicada pelo jornal *The New York Times*. A matéria criticava a atuação da polícia ao conter uma manifestação pelos direitos civis no Alabama. Ao julgar a ação proposta por Sullivan, solicitando indenização pelas ofensas sofridas, a Corte decidiu que o autor deveria ter provado que a imprensa jornalística agira com *real malícia*, isto é, com consciência de que a notícia publicada era falsa, ou imprudentemente desconsiderando a questão da verdade ou da falsidade da mesma. Somente se tivesse provado que a imprensa agira desta forma é que Sullivan poderia ter recebido a indenização.

Deste modo, estabelecia-se um novo *standard* para a responsabilização dos meios de comunicação, através da elaboração de um critério de culpabilidade mais favorável à imprensa. Antes desta decisão da Suprema Corte, os veículos de comunicação estavam submetidos à responsabilidade objetiva, isto é, deviam indenizar os prejuízos causados ainda que não fossem culpados pela publicação da notícia.

É interessante notar, também, que o critério de culpabilidade fixado no caso *New York Times v.* Sullivan (naquela época, aplicável apenas a funcionários públicos) é substancialmente mais favorável à imprensa do que o critério de culpabilidade vigente no Direito brasileiro. *Grosso modo*, a *real malícia* do Direito norte-americano equivale à culpa grave e ao dolo no Direito romano-germânico. Conforme já dissemos, no nosso direito prevalece o critério de culpabilidade tradicional, pelo qual a simples culpa do meio de comunicação já confere ao ofendido o direito à indenização.

Nas decisões subseqüentes, a Suprema Corte foi estendendo a aplicação da *doutrina da real malícia*. Primeiramente, o critério para sua aplicação passou a abranger não só funcionários públicos, mas figuras públicas em geral (Rosenblatt *v.* Baer, de 1966).[19] Em seguida, a noção de figura pública foi sendo ampliada, englobando além de funcionários públicos e políticos, atores, esportistas famosos, cantores etc. (*Curtis Publishing Co. v.* Butts, de 1967).[20] Finalmente, a noção de figura pública foi substituída pela de interesse público, o que concedia ampla liberdade à imprensa posto que se entendia que qualquer matéria publicada nos jornais era de interesse público, logo, submetida ao critério de culpabilidade de *real malícia*.[21]

A Suprema Corte, posteriormente, mudou de entendimento e restringiu a aplicação do critério de *real malícia* novamente às figuras públicas, entendidas agora como aquelas pessoas que intencionalmente participam do debate público ou expõem-se nos meios de comunicação. Isto ocorreu no caso Gertz *v.* Robert Welch,[22] de 1974.

Elmer Geltz, o autor da ação, era um advogado bastante conhecido nos EUA, que ingressou com um pedido de indenização em juízo em função de um artigo publicado na revista *American Opinion*, que o acusava de estar envolvido numa conspiração para realizar a tomada comunista dos Estados Unidos. O artigo também atribuía a ele, falsamente, uma condenação criminal, além de acusá-lo de planejar as manifestações de 1968 em Chicago. A Suprema Corte entendeu que Gertz não era uma figura pública e condenou os réus da ação a ressarci-lo em US$ 400.000, sendo US$ 100.000 a título de indenização compensatória (*actual damages*) e US$ 300.000 a título de indenização punitiva (*punitive damages*).

19. Cf. Ventura, A. R., ob. cit., pp. 89 e 90.
20. Cf. Ventura, A. R., ob. cit., pp. 89 e 90.
21. Cf. Gilmor, D. M. *et alli*, *Mass Communication Law — Cases and Comment*, Nova York, West Publishing Company, p. 206.
22. Cf. Gilmor, D. M. *et alli*, ob. cit., pp. 207 e 208.

A Suprema Corte, portanto, no caso Gertz *v.* Robert Welch, restringiu a aplicação do critério de *real malícia*, abandonando a noção de interesse público e retornando à noção de figura pública, agora melhor definida.

Em contrapartida, a culpabilidade (em geral) passou a ser levada em consideração também nos casos envolvendo pessoas "não públicas". Até então, naqueles casos que não se enquadrassem nos pressupostos de aplicação do critério de *real malícia*, incidiria a norma tradicional da *common law* que previa responsabilidade ainda que o meio de comunicação não tivesse culpa, ou seja, que determinava a responsabilidade objetiva. Com efeito, a partir de Gertz, os particulares ou pessoas não-públicas teriam de provar no mínimo a negligência dos meios de comunicação, estando, portanto, eliminada a responsabilidade objetiva.

A distinção entre figuras públicas e privadas, que passou a vigorar no Direito norte-americano a partir do caso *New York Times v.* Sullivan, sendo posteriormente aperfeiçoada, foi concebida como uma forma de conceder maior liberdade à imprensa, a fim de que o *libel law* se compatibilizasse com a Primeira Emenda à Constituição Americana. Segundo a Suprema Corte, a diferenciação seria justificável porque as pessoas públicas teriam maior acesso aos meios de comunicação e, portanto, maiores possibilidades de defenderem-se publicamente. Além disso, estas pessoas assumiriam naturalmente os riscos de difamação, já que sabem de antemão das possibilidades de terem sua reputação atingida por notícias ou críticas jornalísticas.

Outras importantes distinções favoráveis à imprensa estão presentes no Direito americano. Desde o caso *New York Times v.* Sullivan não vigora a *presunção de falsidade* em casos envolvendo pessoas públicas e, a partir de 1986, a presunção de falsidade foi eliminada em qualquer caso de interesse público (Hepps *v. Philadelphia Newspapers*). Quando vigora a *presunção de falsidade*, o autor da ação tem que provar apenas que a notícia vinculada sobre ele é difamatória, cabendo ao meio de comunicação, para eximir-se de responsabilidade, provar que a notícia é verdadeira. Se não consegue provar a veracidade da notícia, o meio de comunicação será fatalmente condenado ao pagamento de indenização, posto que há presunção de que a notícia seja falsa.

Vale lembrar que a *presunção de falsidade* é regra no Direito brasileiro. Assim, cabe sempre ao réu (meio de comunicação) provar que a notícia publicada era verdadeira, isto é, deve valer-se da *exceção da verdade*. No Direito brasileiro, uma vez estabelecido que a notícia era difamatória, o réu só pode eximir-se do pagamento da indenização, nos casos permitidos, através da *exceção da verdade*, ou seja, provando que a notícia era efetivamente verdadeira.

A Suprema Corte norte-americana também determinou em Gertz que *punitive damages* só poderiam ser concedidos se fossem satisfeitos os requisitos de culpabilidade da doutrina da *real malícia* (dolo ou culpa grave), e apenas nos casos de interesse público. Nos Estados Unidos, além da distinção tradicional entre danos morais e materiais, existe também uma diferenciação entre indenizações por danos reais (*actual damages*) e indenizações punitivas (*punitive damages*). As indenizações por danos reais compreendem não só danos patrimoniais, mais também danos morais, enquanto as indenizações punitivas são um valor acrescido à indenização normal, imposto ao réu a título de punição.[23] Estes *punitive damages*, que freqüentemente perfazem grandes quantias, têm a função de reprimir e dissuadir os meios de comunicação da prática de abusos.[24] Atualmente, só podem ser concedidos em casos conside-

23. "Punitive damages constitute an award over and above the amount that fully compensates the tort plaintiff for his actual injury", Cf. "Punitive damages and libew law", in *Harvard Law Review*, p. 848.

24. Cf. "Punitive damages and libel law", in *Harvard Law Review*.

rados de interesse público, desde que o réu tenha publicado a matéria com culpa ou dolo.

APONTAMENTOS FINAIS E CONCLUSÕES

Levando em conta o tratamento dado ao tema no Direito americano, podemos, agora, analisá-lo de modo mais crítico e propositivo. Inicialmente, devemos tecer algumas considerações sobre a principal diferenciação existente no Direito americano, que é a distinção entre pessoas públicas e não públicas.

Em princípio, tal distinção exerce uma função muito importante que é a de conceder maior liberdade para o debate em torno de temas de interesse público. Todavia, vários argumentos podem ser levantados contra esta distinção, sobretudo porque ela implica um critério mais brando de responsabilidade para a imprensa.

O primeiro argumento é o de que a distinção entre pessoas públicas e não públicas cria uma discriminação injustificada e injusta ao assumir que a proteção à honra de um cidadão público deve ser menor que a de um cidadão comum. Tal distinção poderia, inclusive, ser considerada inconstitucional no Brasil tendo em vista o princípio de igualdade, estabelecido no art. 5º, *caput*, da Constituição.

Em segundo lugar, há o argumento de que a doutrina da *real malícia* beneficiaria aqueles meios de comunicação pouco preocupados com a veracidade das notícias que publicam, abrindo espaço, assim, para o jornalismo irresponsável. Ademais, a distinção seria de difícil aplicação prática, faltando clareza para que se possa identificar, no caso concreto, quem é realmente uma pessoa pública. Por último, argumenta-se que a criação de um critério de culpabilidade diferenciado em casos envolvendo pessoas públicas acaba por afastar a discussão judicial da questão principal nos processos deste gênero, que seria determinar se a notícia publicada era falsa ou verdadeira.[25]

Todavia, tais argumentos podem ser combatidos, desde que se estabeleçam alguns aperfeiçoamentos à doutrina da *real malícia*. Preliminarmente, tem-se que a distinção entre pessoas públicas e não públicas só seria inconstitucional, por ofender o princípio da igualdade, se a diferenciação estabelecida fosse injustificada em relação ao objetivo a que ela se destina, qual seja, a promoção do debate público através da imprensa. Desde que estabelecido um fim justo, ou constitucionalmente justificável, e que a distinção atenda, isto é, seja adequada a esses fins, nada haveria de inconstitucional. Nesse sentido, não parece que o estabelecimento de um critério de culpa diferenciado *em casos envolvendo funcionários públicos de alto escalão e políticos* venha a contrariar a Constituição, pois desta forma estaria sendo atendido o interesse coletivo em um debate livre em torno de assuntos públicos. No entanto, parece não ser justificável e, com efeito, constitucionalmente duvidoso, abranger na noção de figura pública, como se faz nos Estados Unidos, atores, esportistas, modelos, ou outras pessoas que, embora freqüentemente expostas ao público, têm pouca influência no debate político.

Ao restringirmos, desta forma, a noção de figura pública, que passaria a abranger apenas aquelas pessoas diretamente envolvidas nos assuntos políticos, acabamos por responder também ao argumento de que a noção seria pouco clara na prática. Transformando a noção de *figura pública* em conceito de *figura política*, estabelece-se um critério de diferenciação substancialmente mais prático e operacional.

No entanto, talvez o argumento mais forte contra o critério de culpabilidade vigente para as pessoas públicas no Direito americano desde o caso *New York Times v.*

25. Este último argumento é especialmente enfatizado por Raifeartaighi, U. N., ob. cit., p. 775.

Sullivan seja o de que, malgrado estabeleça um maior espaço para o debate político, favorecendo meios de comunicação realmente preocupados com a veracidade dos fatos que publicam, a distinção acaba por beneficiar também o jornalismo irresponsável, que nada teria a contribuir para a democracia. Além disso, a aplicação deste critério de culpabilidade (culpa grave ou dolo) — argumenta-se — seria extremamente injusta para com aquelas pessoas públicas que são atingidas por notícias difamantes, pois, ainda que comprovado em juízo que a notícia publicada a seu respeito era falsa, estas só teriam direito a indenização se igualmente ficasse comprovada a existência de culpa grave ou dolo na publicação da notícia.

Não obstante, também estes argumentos não se sustentam em uma análise mais aprofundada da questão. Na verdade, a culpa grave como critério mínimo de culpabilidade para uma condenação em casos envolvendo pessoas públicas não é um incentivo ao jornalismo irresponsável e tampouco favorece que asserções inverídicas sejam tomadas como verdade pelo público. Pelo contrário, o que este critério proporciona é um maior espaço para que estas notícias sejam debatidas publicamente (e se necessário, publicamente desmentidas) na medida em que evita-se a autocensura em questões centrais para a vida democrática. Ocorre que, vigorando o critério de culpabilidade tradicional, toda vez que os responsáveis por um meio de comunicação encontram-se em dúvida ou apresentam receio em publicar determinada notícia, estes optam por não publicá-la. Retiram, deste modo, do público, o direito de formar sua própria opinião a respeito de informações controversas.

O critério de culpabilidade contido na doutrina da *real malícia*, ao contrário, abre espaço para a ampla divulgação de notícias sobre aquelas pessoas que influem diretamente na política, promovendo e fomentando o debate público, sem deixar, ainda, de reprimir as condutas dolosas ou gravemente negligentes, estas sim prejudiciais à democracia.[26]

Além disso, a reparação da reputação e da imagem das pessoas públicas difamadas pode ser feita de outros modos que não as indenizações pecuniárias, formas estas mais compatíveis com a liberdade de imprensa e mais adequadas às discussões no âmbito político. Para estas pessoas (pessoas públicas) talvez seja mais interessante — aliás como previsto na Constituição Federal, art. 5º, V — o direito de resposta ou mesmo a publicação na imprensa da sentença que atesta que a notícia publicada era falsa. Sem esquecer, ainda, que estas pessoas têm normalmente maior acesso aos meios de comunicação para defenderem-se e restabelecer sua reputação.

Não obstante, a principal virtude da distinção entre figuras privadas e figuras públicas, e da instituição de um critério de culpabilidade mais rígido nos casos envolvendo as últimas, reside na proteção e no espaço que esta diferenciação proporciona para um diálogo político livre. Atualmente, como ressaltamos neste trabalho, o espaço público vem sendo diminuído e o debate político vem perdendo sua força. No presente, mais do que nunca, necessitamos de uma imprensa livre e combativa, realmente capaz de influir e de criar espaço para o diálogo democrático. De fato, uma das mais relevantes razões de justificação e legitimação da liberdade de expressão, e, conseqüentemente, da liberdade de imprensa, está na convicção recorrente nas sociedades modernas, ainda que na prática ameaçada, de que o debate e o diálogo são os melhores e mais efetivos meios para se tomar decisões, legislar, definir políticas e

26. É claro que em alguns poucos casos este critério abrirá espaço para abusos, porém estes são inevitáveis de qualquer modo. É oportuno recordar aqui um argumento utilizado pelo juiz Powel, da Suprema Corte americana, no caso Gertz *v.* Robert Welch: "some degree of abuse is inseparable from the proper use of everything; and in no instance is this more true than in that of press". Cf. Gilmor, D. M. *et alli*, ob. cit., p. 210.

direções governamentais, enfim, para se determinar a Justiça e, sobretudo, a verdade nas relações humanas.

Tal convicção se nos apresenta mais evidente em se tratando de fatos políticos. Afinal, quem é capaz de sozinho decidir o certo e o errado acerca desses assuntos? Os assuntos políticos são naturalmente controversos e instáveis, suscitando paixões e conflitos de interesse, sobre os quais é muito difícil estabelecer qualquer juízo de certeza. Somente o povo, em sua totalidade, tem legitimidade para decidir, embora a todos deva ser assegurado o direito de opinar sobre o que é verdadeiro e o que é falso no âmbito da política. Portanto, nenhuma asserção deve ser afastada do conhecimento e do julgamento do povo. E para que isto efetivamente ocorra, no atual critério social, é imprescindível uma imprensa amplamente livre para divulgar fatos e manifestar idéias.

Já tivemos a oportunidade de ressaltar neste trabalho o quanto a responsabilização civil dos meios de comunicação pode ser prejudicial à liberdade de imprensa e, conseqüentemente, à prática democrática. Assim, parece-nos perfeitamente plausível e justificável a adoção de um critério mais brando de responsabilidade dos meios de comunicação em casos envolvendo pessoas públicas.

Também parece justificável, *a priori*, a regra do Direito americano a respeito da presunção de falsidade. Eliminá-la em casos envolvendo pessoas públicas é uma medida salutar para o estabelecimento de um debate público vigoroso. Não deve prevalecer, em relação às pessoas públicas, o argumento de que a eliminação da presunção da falsidade levaria a uma inversão injusta do ônus da prova, porquanto aquele que faz uma afirmação a respeito de outrem tem o dever natural de prová-la. Esta noção não se aplica, porém, no tema em exame, uma vez que as pessoas públicas em questão inserem-se naturalmente no debate político, fazendo também suas asserções e tendo a oportunidade de contestar as críticas que recebem. Elas não são simplesmente atingidas por uma difamação gratuita e injustificada, mas inserem-se em um contexto comunicacional dinâmico de argumentação e contra-argumentação.

Porém, parece demais abrangente a regra do Direito americano que eliminou a presunção de falsidade em todos os casos de interesse público, pois tal norma pode se prestar a abusos. Tampouco parece justo a acumulação de um critério de culpabilidade mais favorável à imprensa, que é o critério de *real malícia*, com a ausência de presunção de falsidade. Seria mais justo estabelecer normativamente apenas um desses benefícios à imprensa.

Outrossim, é inquestionável a legitimidade da regra que estabelece a ausência de responsabilidade em questões de opinião, restringindo a responsalização civil da imprensa a asserções sobre fatos. Se os próprios fatos, dependendo da prespectiva de quem os interpreta, já são suficientemente controvertidos no campo político, as opiniões são compostas de um tal grau de subjetividade que as deve tornar inatingíveis pela lei.[27] Cabe aqui resaltar a afirmação insistentemente repetida na Suprema Corte americana e, *mutatis mutandis*, aplicável ao direito pátrio, de que "under the First Amendment, there is no such thing as a false idea".[28]

Não se deve esquecer, porém, sob pena de estas páginas se tornarem um inútil exercício intelectual, de que as sugestões e comentários nelas apontados devem ser encarados sob a perspectiva de um futuro aperfeiçoamento do Direito brasileiro acerca da responsabilidade civil dos meios de comunicação. Atualmente, não faz sentido pensar em maiores proteções à imprensa

27. Vale lembrar, a este respeito, a seguinte consideração de Kant: "o poder externo que priva o homem da liberdade de comunicar publicamente seus pensamentos priva-o ao mesmo tempo de sua liberdade de pensar". Cf. *What is Enlightenment?*, citado por Hanah Arendt no ensaio "Verdade e política", in *Entre o Passado e o Futuro*, São Paulo, Perspectiva, 1972.

28. Cf. Gilmor, D. M. *et alli*, ob. cit., p. 207.

pois a ineficiência do atual sistema já lhe serve de escudo. Como já observamos, a atual legislação brasileira é pouco efetiva na proteção da imagem e da honra dos cidadãos, devendo, portanto, ainda neste sentido ser alterada. A este propósito, indenizações mais justas e procedimentos mais eficientes são essenciais.

Para finalizar, é oportuna uma última consideração sobre a importância da liberdade da imprensa para a democracia, tendo em vista nosso Direito constitucional. No parágrafo único do art. 1º, a Constituição de 1988 assim determina: "*Todo poder emana do povo*, que o exerce por meio de representantes ou diretamente, nos termos desta Constituição" (grifamos). Analisando a fundo este dispositivo constitucional verificamos quão grandioso e importante é o ideal da liberdade de imprensa. Sem liberdade de imprensa não há mesmo como pensar em democracia, pois o livre acesso a informação é fundamental para aqueles que, segundo a Constituição, são verdadeiras fontes de todos os poderes: os cidadãos. Sem liberdade de imprensa a determinação constitucional de que o poder deve ser exercido pelo povo não passaria de letra morta.

Jurisprudência Comentada

DISSOLUÇÃO PARCIAL DE SOCIEDADE POR COTAS*

Comentário de LUÍS FELIPE DE CARVALHO PINTO
ao acórdão do Tribunal de Justiça de São Paulo
na Apelação cível 185.752-2/0

Apelação cível 185.752-2/0

Apelantes: Yolanda Acras Abdalla e outros

Apelados: espólio de William Acras

10ª Câmara do TJSP

j. 6.8.92

Sociedade por cotas de responsabilidade limitada — Pedido de dissolução total — Manifestação de sócios minoritários — Discordância entre estes e os sócios majoritários — Demanda inadequada — Dissolução parcial admitida em sede de recurso — Impossibilidade — Ação julgada improcedente — Decisão mantida — Inteligência do art. 264 do CPC.

Não impugnada pelos recorrentes restou assertiva da r. sentença, calçada em boas e predominantes doutrina e jurisprudência, no sentido de que não se justifica a extinção jurídica da sociedade em razão da mera discordância entre os sócios.

* Trabalho apresentado no Curso de Pós-Graduação da Faculdade de Direito da Universidade de São Paulo, no 1º semestre de 1998, na disciplina "Interesses Públicos e Interesses Privados na Extinção das Sociedades Mercantis em Direito Comercial Comparado", DCO-865, ministrada pelo Professor Mauro Rodrigues Penteado.

ACÓRDÃO

Vistos, relatados e discutidos estes autos de Apelação cível 185.752-2/0, da comarca de Osasco, em que são apelantes Yolanda Acras Abdalla e outros e apelados o espólio de William Acras, representado por sua inventariante Mariza Aparecida Hannud Acras, esta por si e outro: acordam, em 10ª Câmara Civil do Tribunal de Justiça do Estado de São Paulo, por votação unânime, negar provimento ao recurso.

1. Os autores, sócios minoritários de Saci Têxtil Ltda., moveram a presente demanda contra os demais sócios visando ao decreto de liquidação total da sociedade, nos termos dos arts. 655 e ss. do CPC, de 1939.

Contestado o pedido, o MM. Juiz, na forma do art. 330, I, do CPC, julgou improcedente a ação, carreando aos autores o pagamento das custas e despesas do processo e de honorários advocatícios de 15% sobre o valor dado à causa (fls. 157-159).

Apelam tempestivamente os autores (fls.188-191), alegando, em síntese, que: a) a r. sentença deixou de apreciar toda a matéria versada na lide, silenciando quanto aos subsídios de prova que demonstrariam a prática de desmandos administrativos por parte dos réus, bem assim quanto a eficácia de alteração unilateral do contrato da sociedade, de que tiveram ciência os apelantes apenas com a contestação; b) os fatos denunciados no curso do processo são suficientes para a liquidação da sociedade; c) não é verdade tenham os recorrentes afastado a alternativa de dissolução parcial, com sua retirada e apuração de seus haveres.

O recurso é tempestivo, foi respondido (fls. 193-196) e preparado (fls. 199). É o relatório.

2. Não comporta nenhum reparo a bem lançada decisão de 1ª Instância, o que mais se evidencia por não dedicarem os apelantes uma única linha ao principal fundamento em que ela se lastreou. Com efeito, firmou o D. Magistrado, com inteiro acerto, que "a doutrina e a jurisprudência de nossos Tribunais tem assentado que, havendo discordância de sócios, não se justifica a liquidação total da sociedade", rematando: "limitando-se o pedido à liquidação total, aproveitamento da ação no sentido de extinção parcial e apuração de haveres importaria em concessão judicial do que não fora pleiteado. E a pesar contra esse aproveitamento, há a discordância dos autores" (fls. 158-159).

Com efeito, trata-se de simples aplicação da regra do art. 264 do estatuto processual civil, segundo a qual, "feita a citação, é defeso ao autor modificar o pedido ou a causa de pedir, sem o consentimento do réu".

A inicial contém pedido único de liquidação total da sociedade, por fundamentos que ferem o tema da perda da *affectio societatis* (exclusão dos autores do exercício da gerência, frustração das tentativas para liquidação amigável) e a falta de cumprimento de obrigações fiscais e parafiscais da sociedade.

No curso do processo, e após a resposta, os autores procuraram veicular novos fundamentos para seu pedido de dissolução integral, concernentes à prática, pelos réus, de atos que estariam levando a empresa à ruína.

A matéria informadora da lide, entretanto, já se encontrava delineada, após a formação do contraditório. E não era mesmo de se ensejar dilação probante a respeito de fatos que não guardavam vinculação com o pedido formulado e com os fundamentos destes, assim cristalizados na inicial.

Não impugnada pelos recorrentes restou a assertiva da r. sentença, calcada em boas predominantes doutrina e jurisprudência, no sentido de que não se justifica a extinção jurídica da sociedade em razão da mera discordância entre os sócios.

A evidente alternativa consistente na dissolução parcial só foi admitida pelos autores, sem rebuços, nas presentes razões de apelo. Fizeram-no, todavia, em tempo e forma inegavelmente inoportunos. A réplica por eles oferecida, a cujo teor fez remissão a r. sentença, soa textualmente que "não é de ser admitida a pretensão dos réus de converter-se a presente liquidação total, em parcial, porque a Saci caminha a passos largos para a insolvência" (fls. 127). Não será agora, em sede de recurso, que se poderá atribuir algum efeito útil a admissão, pelos autores, de que propuseram demanda inadequada.

3. Pelo exposto, acordam em negar provimento ao recurso.

O julgamento teve a participação dos Des. Menezes Gomes (Presidente), e Isidoro Carmona, com votos vencedores.

São Paulo, 6 de agosto de 1992

Aroldo Viotti, Relator.

Comentário de Luís Felipe de Carvalho Pinto

Toda pessoa jurídica nasce mediante o simples registro de seus atos constitutivos, mas o seu encerramento não se faz de forma tão simplificada. Para terminar sua existência no mundo jurídico, necessário será ter declarado a cessação de suas atividades, concluído os vínculos contratuais com terceiros, apurado seus bens e direitos, liquidado suas obrigações, para finalmente ver repartida a sobra entre os sócios e comunicada sua extinção de direito.

Como se percebe, para terminar sua existência deve seguir um percurso único, orientado não mais pelo objeto social mas pela conclusão de seus negócios. Permanece a sociedade em atividade, mas agora visando exclusivamente chegar ao seu fim.

Distinguem-se juridicamente os conceitos de dissolução, liquidação e extinção, apesar de todos se ligarem à morte da sociedade. A dissolução seria o momento de declaração da iniciativa de extinção, com a cessação das atividades sociais. É durante a liquidação que se apura o ativo e liquida o passivo, encerrando definitivamente os vínculos contratuais com terceiros e efetuando a divisão do patrimônio líquido entre os sócios, na proporção de suas participações no capital social. E, somente após esse "esvaziamento" da sociedade que poderá ser declarada e arquivada sua extinção, momento em que se opera a desconstituição da personalidade jurídica.

A doutrina moderna deixou de lado a visão exclusivamente individual dos sócios que desponta do nosso Código Comercial de 1850, de cunho contratualista, para focalizar os interesses públicos que se despertam diante da extinção da empresa. De fato, não se deve apenas harmonizar os interesses dos sócios diante dos credores, mas principalmente permitir à empresa exercer sua função social.

Interessa ao Estado a preservação da empresa, como fonte de produção que satisfaz aos anseios da comunidade em que atua, de empregos diretos e indiretos, e de financiamento da atividade pública, através da participação na arrecadação tributária. Prova disso está no projeto de lei que altera a legislação falimentar, que passa a tratar a crise da empresa sob a ética de sua recuperação.

Somente em casos excepcionais, previstos restritivamente em lei, deve ser permitida a dissolução das sociedades. Mais do que permitida, há casos em que esta deve ser imposta *ipso iure* pois não interessa ao Estado capitalista permitir que recursos fiquem estagnados. Todos os recursos devem, na medida do possível, estar integrados ao sistema produtivo, direta ou indiretamente. E o processo de dissolução, liquidação e extinção da empresa tem por finalidade, também, a reinserção de tais recursos na economia.

As causas de dissolução das sociedades regidas pelo Código Comercial estão previstas nos arts. 335 e 336, cujas previsões merecem hoje interpretação condizente com os princípios da função social e da preservação da empresa, como aliás tem prevalecido sistematicamente na jurisprudência.

O art. 336 trata das causas de dissolução judicial da sociedade, tais como a perda do objeto social, inabilidade ou incapacidade de um dos sócios, abuso, violação ou descumprimento de obrigação social. A dissolução judicial prevista no art. 336 pressupõe sempre uma justa causa.

O art. 335 menciona cinco hipóteses de dissolução de pleno direito. Mas, por se poder considerar uma como revogada pela lei de falência (quebra da sociedade ou de qualquer dos sócios) e outras duas ligaram-se a vontade de um ou todos os sócios, sendo assim voluntárias, restaram apenas duas causas realmente de dissolução de pleno direito: pela expiração do prazo e pela morte de um dos sócios, salvo convenção em contrário.

A hipótese de dissolução pela expiração do prazo de duração provoca grandes divergências quanto à sua prorrogação pelos sócios. Operando-se a prorrogação antes do vencimento, não há dúvida quanto à sobrevida da sociedade. Mas, se esta vier a ocorrer depois, defende-se o entendimento de que há o surgimento de nova sociedade, pois a anterior dissolveu-se de pleno direito no momento do término de seu prazo, não se podendo falar em prorrogação de sociedade já dissolvida.

Contestam tal posicionamento diversos autores e, nos parece, com razão. Ora, como visto acima, não há que se confundir dissolução com extinção. Mesmo que verificada a dissolução da sociedade, esta não se extingue *ipso iure*. Aliás, a extinção nem sequer é decorrência obrigatória da dissolução, posto que se admite pacificamente a cessação do estado de liquidação nas sociedades por cotas de responsabilidade limitada com prazo de duração indeterminado, mediante aplicação subsidiária da Lei das S/A. Como a sociedade mantém sua personalidade jurídica até sua extinção, nos parece perfeitamente possível a sua prorrogação mesmo após o término de seu prazo. Com base nessas considerações, merecem severas críticas os arts. 35, IV, e 59 da Lei de Registro Público das Empresas Mercantis (Lei n. 8.934/94), que proíbe o arquivamento da prorrogação após o prazo de duração e retira a proteção ao nome comercial imediatamente ao término de tal prazo, respectivamente.

No caso do inc. IV do art. 335, mesmo havendo apenas dois sócios, a jurisprudência tem reiteradamente admitido a concessão de prazo suplementar para a substituição do sócio falecido, atendendo, assim, ao princípio da preservação da empresa.

Finalmente, duas são as causas voluntárias de dissolução da sociedade: por mútuo consenso de todos os sócios, e pela vontade de apenas um deles, quando celebrada por tempo indeterminado.

Aqui, logo se percebe que a sociedade por prazo determinado não pode ser dissolvida pela mera vontade de um dos sócios, mas tão-somente se se provar judicialmente uma das causas previstas no art. 336, conforme acima mencionado.

Nos casos de dissolução por pedido de um dos sócios de sociedade celebrada por prazo indeterminado, a jurisprudência tem adotado a solução da dissolução parcial, visando, assim, possibilitar a sobrevivência da sociedade pelos sócios remanescentes, em atendimento à sua função social.

No caso ora comentado, foi negado o pedido de dissolução total da sociedade pela prática de desmandos administrativos por parte dos sócios majoritários. De fato, não há dúvida da possibilidade jurídica de pedido de dissolução parcial da sociedade, pela simples quebra da *affectio societatis*, quando contratada por prazo indeterminado (art. 335, inc. V). Tratando-se de sociedade por prazo indeterminado, a dissolução somente pode ser requerida mediante prova de falta de qualquer das causas previstas no art. 336.

O que não se admite é a extinção jurídica da sociedade em razão da mera discordância entre os sócios, diante da finalidade econômica e função social da empresa, resguardadas pelo princípio jurídico da preservação.

A construção jurisprudencial da dissolução parcial da sociedade vem atender a esses relevantes princípios jurídicos e merece ser prestigiada. Mostrou-se possível a dissolução da parte da sociedade correspondente à fração de participação do sócio da sociedade celebrada por prazo indeterminado.

É certo que há ainda certas divergências na aplicação da nova solução, especialmente no que diz respeito à forma de cálculo e de pagamentos dos haveres.

Algumas decisões tem adotado a disposição contratual de levantamento de balanço especial e pagamento parcelado, que rege o pagamento dos haveres de sócio falecido e/ou retirante.

Tal entendimento não nos parece ser o mais acertado. A dissolução parcial não decorre do contrato social, mas da lei (com interpretação desenvolvida nos Pretórios). Não se confunde com o direito de retirada (p.e., previsto no art. 15 do Decreto 3.708/19) e, muito menos com o recesso, cujas restritas hipóteses encontram-se previstas taxativamente no art. 137 da Lei das S/A.

A dissolução parcial deve se processar da mesma forma que a dissolução total, porém até o limite da participação do sócio que se retira da sociedade. Não se pode admitir a liquidação de uma sociedade por valores contábeis, verificáveis em balanço patrimonial. A liquidação se processa pelo valor real e efetivo de realização do ativo e liquidação do passivo, sendo o saldo imediatamente rateado entre os sócios na proporção de suas participações no capital social. O mesmo deve se dar quando da dissolução parcial, com a ressalva de se respeitar a fração de liquidação da sociedade, equivalente à participação do sócio que se desvincula.

A aplicação das regras da dissolução total nesses casos, com apuração dos haveres e pagamento integral de uma só vez, tem sido adotada pelo E. Tribunal de Justiça do Estado de São Paulo (*RT* 685/87 e *RJTJSP* 88/263 e 90/317).

É certo que a dissolução parcial poderá, em determinadas situações, pôr em risco a viabilidade econômica e financeira da sociedade. Mas isso não justifica a flexibilização do pagamento devido. Ora, na hipótese de se ver ameaçada a continuidade dos negócios sociais, poderão os demais sócios requerer a dissolução total da mesma. A solução construída pela jurisprudência só será válida quando os demais sócios queiram continuar na sociedade, e esta tenha condições de prosseguir suas atividades. Pois nesses casos não seria razoável a solução extrema da dissolução total da sociedade, que prejudicaria os interesses públicos e privados a que ora nos referimos.

Jurisprudência Comentada

LIMITADA — DISSOLUÇÃO PARCIAL DA SOCIEDADE COM DOIS SÓCIOS — SOCIEDADE UNIPESSOAL TRANSITÓRIA*

Comentário de Priscila Brólio Gonçalves
ao acórdão do Tribunal de Justiça de São Paulo,
na Apelação cível 113.597-2

Apelação cível 113.597-2-Piracicaba

Apelante: Elza Maria Modesto Cardinali

Apelado: Antônio Fernando Modesto de Paula

14ª Câmara do TJSP

j. 1.9.87

Sentença — Decisão "extra petita" — Inocorrência — Dissolução parcial da sociedade que, no caso, é um "minus" em relação ao pedido de dissolução total — Preliminar rejeitada.

Sociedade — Dissolução parcial — Empresa constituída por apenas dois sócios — Retirada de um deles — Atividades resumidas em apenas uma representação, rompida pela representada — Fato que não implica, necessariamente, na perda do objeto da sociedade, ensejando a dissolução total — Recurso não provido.

Sociedade — Dissolução parcial — Empresa constituída por apenas dois sócios — Desaparecimento da "afecttio societatis" e retirada do quotista majoritário — Fato que não obriga, necessariamente, a dissolução total, visto ser o sócio remanescente gerente e administrador da sociedade — Recurso não provido.

Sociedade — Dissolução parcial — Empresa constituída por apenas dois sócios — Retirada de um deles que não obriga a dissolução total, diante da concessão de prazo para o quotista remanescente admitir novo sócio — Artigo 206, "d", da Lei federal n. 6.404, de 1976, e de 18 do Decreto federal n. 3.708, de 1919 — Recurso não provido.

ACÓRDÃO

Elza Maria Modesto Cardinali requereu a dissolução da Onix — Representações Ltda., contra o sócio igualitário Antônio Fernando Modesto de Paula, com fundamento no art. 335, inc. V, do Código Comercial. Incidentalmente, intentou processo cautelar de arrolamento de bens. Houve concessão de liminar.

A ação foi julgada procedente, em parte, com o reconhecimento de que a autora deverá se retirar da sociedade através de regular apuração de seus haveres, assegurado ao réu na condição de sócio remanescente o prazo de um ano, a contar do trân-

* Trabalho apresentado no Curso de Pós-Graduação da Faculdade de Direito da Universidade de São Paulo, no 1º semestre de 1998, na disciplina "Interesses Públicos e Interesses Privados na Extinção das Sociedades Mercantis em Direito Comercial Comparado", DCO-865, ministrada pelo Professor Mauro Rodrigues Penteado.

sito em julgado da sentença, para admitir um novo sócio (art. 206, *d*, Lei federal n. 6.404, de 1976, e art. 18, Decreto n. 3.708, de 1919).

A vencida interpôs agravo contra a "decisão embutida na sentença" (*sic*) por não ter decretado a revelia do réu, conforme requerido (fls. 37/39). A seguir, ofereceu embargos de declaração sustentando que a sentença encerra omissão ou obscuridade por não esclarecer "a data em que aconteceu ou está acontecendo a dissolução", a ser omissa quanto à nomeação do perito e cumprimento do art. 657 do Código de Processo Civil a deixar dúvida quanto à proporcionalização dos ônus da sucumbência (fls. 77/80).

Os embargos foram rejeitados. Sobreveio apelação da autora pedindo, preliminarmente, a apreciação do agravo retido. Ainda, em preliminar, argüiu a nulidade da sentença por ter indeferido a produção de prova oral e julgado *extra petita*. No mérito, insistiu na dissolução da sociedade e no restabelecimento da cautelar, invertidos os ônus da sucumbência.

Foi ao ensejo da sentença recorrida que veio a ser indeferido o desentranhamento da contestação e dos documentos que a instruíram. Por efeito dessa deliberação também deixou de ser decretada a revelia (fl. 60).

Da sentença cabe apelação. Na apelação enseja-se ao apelante o ataque a tudo quanto da sentença foi decidido, seja matéria processual, seja matéria de mérito. O agravo volta-se contra decisão interlocutória, proferida no curso do processo, resolvendo questão incidente. No caso a questão incidente foi resolvida no âmbito da decisão que examinou todas as questões discutidas no processo. Como não havia possibilidade da preclusão, a matéria da revelia podia perfeitamente ser enfrentada na apelação, sem prejuízo para o apelante, nos termos do art. 515, § 1º do Código de Processo Civil.

Não enseja, pois, conhecimento o agravo retido.

Retirada a questão na apelação e agora analisada como matéria preliminar, houve-se com acerto o douto julgador ao repetir essa argüição. Com efeito, a resposta veio desacompanhada do instrumento do mandato (fls. 16/30), contra o que se insurgiu a apelante (fls. 37/39). O Doutor Juiz de Direito limitou-se a manifestação do apelado (fl. 42). Não lhe assinou prazo e tampouco fez menção à aplicação de combinação. Na primeira oportunidade que a isso se seguiu, a procuração veio para os autos, outorgada exatamente ao mesmo procurador que subscrevera a resposta (fl. 47), que, à evidência, ficou ratificada.

Destarte a preliminar em causa não merece vingar.

No exame do mérito, há que se reconhecer que a matéria de fato já se encontrava elucidada, restando ao Doutor Juiz de Direito aplicar o Direito. Eventual dilação probatória não transmudaria os dados em que está assentada a controvérsia e a nada levaria. E isso, porque, a tomada do depoimento pessoal do réu não faz sentido, pois a inicial e a resposta revelam às escâncaras a animosidade e a falta de *affectio societatis*, reconhecidas até nas razões e contrarazões recursais. Desnecessário, portanto, provar o que já se encontra exuberantemente demonstrado.

É o *quantum satis* para arredar o alegado cerceamento de defesa.

Ainda no âmbito das questões preliminares, não se ressente o decisório do vício de julgamento *extra petita*.

A dissolução parcial da sociedade, com a retirada de um dos sócios, quantitativa e qualitativamente, é um *minus* em relação ao pedido de dissolução total.

Quanto ao mérito, reexaminada a prova, depara-se novamente com a insuperável divergência instaurada na relação entre dois irmãos, únicos sócios da sociedade dissolvenda. As relações, em virtude da ingerência nos negócios do marido da autora, estão estremecidas a tal ponto que há até conotações policiais. Conquanto seja a autora titular de 70% das quotas sociais, não pode passar despercebido que, nos termos da cláusula V do contrato social, cabia ao réu os atos de gerência e administração da sociedade.

Por outro lado, a despeito de na prática resumir-se as atividades da sociedade liquidanda a uma única representação, em que figurava como representada a Comercial Gerdau Ltda., bem a dever que o rompimento dessa representação, iniciativa que partiu da representada (fl. 9), necessariamente não implica na perda do objeto a que se destinava a empresa dissolvenda, não só porque outras representações poderão ser obtidas, como pelo que consta na cláusula II de seu contrato social.

Desaparecida a *affectio societatis*, isso não quer, em absoluto, significar que a dissolução total seja a única saída para o impasse criado, mormente para se opor a esse *desideratum* o réu, que sem embargo de ser quotista minoritário é o gerente e administrador da sociedade. Se isso não bastasse, há cláusula contratual prevendo a dissolução parcial da sociedade e a forma de apurações dos respectivos haveres do sócio retirante (cláusula IX, fl. 8).

A obrigatoriedade da dissolução total da sociedade, pelo fato dela ser constituída apenas por dois sócios, não se apresenta como solução derradeira, uma vez que a sentença assinou prazo para o sócio remanescente outro sócio admitir (fl. 71). Só depois de escoado esse prazo é que deverá consolidar-se a situação: admitindo um ou mais de um sócio, a sociedade sobreviverá; caso contrário, não se cuidará mais de sociedade, na exata expressão da palavra, e a empresa, até então formada por uma sociedade, passará, se assim interessar ao remanescente, a girar como empresa individual, por meio de firma individual.

A solução adotada pela sentença, a par de viável, é a mais consentânea com o interesse social, além de não violentar a vontade daquele que quer com a empresa prosseguir.

Determinada como foi a apuração dos haveres da autora, com base na real verificação física e contábil dos bens e direitos do acervo social, com a devida atualização monetária, como se encontra expressamente disposto na sentença recorrida, prejuízo nenhum haverá para a apelante, pois isso também é o que ela apuraria, se a dissolução e a liquidação fosse total.

Além disso, a cautelar perdeu o objeto como também foi bem decidida.

De resto, nem as verbas da sucumbência estão a merecer reformulação. Havia, como há, expressa disposição contratual para a solução extrajudicial do litígio e inexiste demonstração de resistência do réu para que se desse a retirada da autora da sociedade.

Assim deve a apelante arcar com o ônus da sucumbência, com a observação de que a verba advocatícia foi moderadamente fixada.

Acordam, em 14ª Câmara Civil do Tribunal de Justiça do Estado de São Paulo, por votação unânime, não conhecer do agravo retido, rejeitar a matéria preliminar e negar provimento à apelação.

O julgamento teve a participação dos Senhores Desembargadores Franciulli Netto (Presidente) e Marcus Vinicius, com votos vencedores.

São Paulo, 1º de setembro de 1987

Machado de Araújo, Relator.

Comentário de Priscila Brólio Gonçalves

1. Causas da dissolução das sociedades por quotas de responsabilidade limitada

Quais são as causas da dissolução das sociedades por quotas de responsabilidade limitada?

Existem causas próprias (típicas) ou aplicam-se à espécie normas específicas de outras modalidades de sociedades? Essa questão vem sendo amplamente discutida pela doutrina e jurisprudência brasileiras e as conseqüências práticas da adoção desta ou daquela solução são de fundamental importância para o deslinde dos litígios societários que se multiplicam perante as Cortes Brasileiras.

O diploma legal que disciplina essa modalidade de sociedades — o Decreto n. 3.708, de 10 de janeiro de 1919 — é bastante liberal e deixa ao alvedrio das partes (no caso, os sócios), a previsão das causas ensejadoras da dissolução dessas interessantes pessoas jurídicas.

Dessa forma, *existindo previsão contratual de causas de dissolução de sociedade, deverá ser a mesma aplicada*, uma vez que corresponde à vontade das partes.

Porém, na ausência de estipulação contratual, que há de ser feito? Muitos sustentam que a Lei das Sociedades Anônimas deve ser aplicada subsidiariamente, *ex vi* da previsão inserida no art. 18 do Decreto n. 3.708/19 ("...serão observadas quanto às sociedades por quotas de responsabilidade limitada, no que não for regulado no estatuto social, e na parte aplicável, às disposições da Lei das Sociedades Anônimas").

Nesse sentido o posicionamento adotado pelo ilustre professor Mauro Rodrigues Penteado, para quem "tratar-se-ia de matéria não regulada no estatuto social, que não pode ser disciplinada pelo Código, pois o Decreto a ele não faz remissão".[1]

Há quem entenda, contudo, que deve ser aplicado o Código Comercial. Fran Martins, corroborando a posição já esposada por Waldemar Ferreira, afirma que "a verdadeira interpretação do art. 18 do Decreto n. 3.708 não é a de que a Lei das Sociedades Anônimas é subsidiária da de Sociedade por Cotas, mas, sim, da vontade dos sócios. E isso porque, tendo sido as sociedades por cotas mandadas organizar-se nos termos dos arts. 300 a 302 do Código Comercial, todas as disposições do Código relativas a esses artigos, como são as dos arts. 344 a 353, serão sempre aplicáveis, quando os sócios não dispuserem o contrário (...) nada dispondo o contrato a respeito, deverão a liquidação e a partilha das sociedades por cotas reger-se pelas normas dos arts. 344 e 353 do Código Comercial, e não pelos princípios sobre o assunto, legislado para as sociedades anônimas".[2]

A questão é mais complicada do que aparenta. Em primeiro lugar, a legislação acionária não pode ser aplicada sem qualquer critério, uma vez que o próprio Decreto estipulou que a sua utilização subsidiária se daria quanto a "parte aplicável".

Assim, o problema se restringe à verificação do que seria 'parte aplicável" da Lei das Sociedades Anônimas. Tal verificação depende da classificação clássica das sociedades em sociedades de pessoas (como é o caso das sociedades mercantis previstas no Código Comercial) ou sociedades de capital (cujo exemplo mais típico são as sociedades anônimas).

Ora, se as sociedades por quotas configuram-se sociedades de pessoas, aplicam-se, evidentemente, as normas do Código Comercial, uma vez que a legislação das sociedades por ações seria incompatível.

Caso, porém, se entenda que as sociedades por quotas constituem modalidades de sociedades de capital, seria perfeitamente admissível a utilização da lei das sociedades por ações.

Na realidade, *os autores classificam as sociedade por quotas como híbridas*,[3] podendo as mesmas assumir feições de sociedades de pessoas, em alguns casos, e de capitais, em outros. Há que se verificar caso

1. In *Dissolução e Liquidação de Sociedades*, Brasília Jurídica, Brasília, 1995, p. 124.

2. In *Sociedades por Quotas no Direito Estrangeiro e Brasileiro*, Forense, Rio de Janeiro, 1960, pp. 786-787, *apud* Mauro Rodrigues Penteado, ob. cit., p. 125.

3. Cf. Fábio Ulhoa Coelho, *Manual de Direito Comercial*, 8ª ed. revista e atualizada, Saraiva, São Paulo, 1997, p. 142.

a caso, através das peculiaridades dos contratos sociais, a inclusão da sociedade por quotas em uma ou outra modalidade.

Dessa forma, nos casos de contratos sociais omissos acerca das causas dissolutórias, ou, ainda, que contenham rol apenas exemplificativo, deve-se aplicar, conforme a hipótese, ora as regras do Código Comercial, ora as regras da Lei n. 6.404/76.

No caso "sub examine", a sociedade dissolvenda é, nitidamente, uma sociedade de pessoas, Ora, cuida-se de sociedade por quotas de responsabilidade constituída por — apenas dois sócios — irmão e irmã, o que revela inegável caráter pessoal da sociedade, tal como ocorre, aliás, com muitas empresas familiares. Ademais, a dissolução foi pleiteada com fundamento na norma contida no art. 335, V, do Código Comercial.

Analisaremos o caso, portanto, sob a ótica das causas dissolutórias previstas no Código Comercial brasileiro.

2. *As causas da dissolução das sociedades de pessoas (Código Comercial, arts. 335/336) e a adoção pela jurisprudência do princípio da conservação das empresas*

Admitir a aplicabilidade, *in casu*, das normas do Código Comercial, uma vez que a sociedade *sub examine* tem caráter nitidamente pessoal, não é o bastante. Resta saber, ainda, se tais normas podem ser empregadas sem qualquer reserva.

O Código Comercial brasileiro (que data de 1850) arrola, nos arts. 335 e 336, as causas de dissolução das sociedades comerciais de pessoas, quais sejam, término do prazo de duração; quebra da sociedade ou dos sócios; mútuo consenso; morte de um dos sócios, vontade de um dos sócios nas sociedades por prazo indeterminado; impossibilidade de preenchimento do fim social; inabilidade ou incapacidade (civil ou moral) de um dos sócios, julgada por sentença; abuso, prevaricação, falta de cumprimento dos deveres sociais ou fuga de um dos sócios.

Essas causas, todavia, encontram-se desatualizadas e são, hoje, incompatíveis com os princípios modernos do Direito Comercial (*v.g.*, a preservação da empresa).

O Código Comercial brasileiro teve nítida influência do Code de Commerce Français, de 1807, que, por sua vez, consagrava pensamento *marcadamente individualista* da época. Daí que as hipóteses de dissolução de sociedades de pessoas são todas imbuídas dessa característica, como se pode depreender da leitura dos arts. 335 e 336 do Código Comercial.

Entretanto, a realidade socio-econômica atual e a extensa gama de interesses que se relacionam com a dissolução das sociedades comerciais devem ser levadas em consideração.

Nesse sentido é interessante anotar o comentário de Dilvanir José da Costa, em memorável artigo publicado em 1979,[4] a respeito do item 4, do art. 335 do CCom (dissolução de sociedade comercial pela morte de um dos sócios). Segundo o ilustre professor mineiro, tal dispositivo, assim como aquele contido no item 5 do mesmo artigo (dissolução por vontade unilateral de um dos sócios), seria "dispositivo de caráter individualista e sem grandeza (...) *autêntico assassino de empresas*, condenado pelo Direito Comercial e Societário modernos. Só leva em conta a pessoa do sócio e o seu interesse (....)", ignorando a idéia de que "... a substância de uma sociedade é o fundo de comércio ou indústria, a técnica, o *know-how*, a experiência empresarial, a clientela, os empregados, a utilidade social, o potencial tributário, a célula do desenvolvimento nacional" (nossos grifos).

Esse é o posicionamento que vem sendo adotado reiteradamente pela jurispru-

4. *Revista dos Tribunais* 523, pp. 9 e ss.

dência pátria, que criou a figura da dissolução parcial das sociedades, admitindo a retirada do sócio e a continuidade das atividades sociais.

Já em 1971, dois acórdãos pioneiros divulgaram essa tese.

No julgado do Tribunal de Justiça do extinto Estado da Guanabara[5] consignou-se que "não é admissível a dissolução e liquidação de sociedade por cotas de responsabilidade limitada pela simples vontade de um dos sócios, principalmente quando requerida sem fundamento no art. 335 do CComercial. Os argumentos invocados pelos que entendem contrariamente são de manifesta improcedência. O Direito moderno tem acentuada tendência em proteger o fundo de comércio contra os próprios sócios ou os agentes, que, pelo Código Comercial, de feição nitidamente individualista, acarretam a dissolução do organismo jurídico, com prejuízo para a economia nacional".

No mesmo sentido o acórdão do Tribunal de Justiça de Minas Gerais: "É admissível a dissolução de sociedade por cotas de responsabilidade limitada pela vontade unilateral de um dos sócios, mas, em tal contingência, a mencionada dissolução deve ser parcial, isto é, o dissidente retira-se da sociedade com seus haveres apurados, mas ficando sempre garantida a sobrevivência do estabelecimento com os sócios que pretendem permanecer".[6]

O acórdão ora analisado é um exemplo típico desse posicionamento.

3. *Admissibilidade da sociedade unipessoal*

Antes objeto de apaixonantes discussões doutrinárias e jurisprudenciais, atualmente a unipessoalidade das sociedades por quotas de responsabilidade limitada, decorrente do princípio da conservação das empresas, é pacífica perante as Cortes brasileiras.

O julgado publicado na *RJTJESP-LEX* 104/247 adotou o entendimento no sentido de que a dissolução total pode ser contornada, embora a sociedade seja constituída por apenas dois sócios, cabendo a retirada voluntária do sócio que pretende se afastar. A unipessoalidade foi admitida pelo prazo máximo de um ano (cf., também, *RT* 665/87).

No caso em discussão, foi esse o posicionamento esposado, *mesmo porque existia cláusula contratual admitindo a dissolução parcial da sociedade constituída por dois sócios*.

Note-se que apesar de cuidar-se de sociedade de caráter pessoal, constituída por dois irmãos, a perda da *affectio societatis* não foi considerada motivo suficiente a ensejar a dissolução total, pleiteada pela sócia descontente.

No caso, malgrado não tratar-se de sociedade de capitais, foi aplicado o art. 206, inc. *d*, da Lei das Sociedades por Ações, admitindo-se a continuidade da sociedade, devendo a mesma ser regularizada, no prazo de um ano, com a admissão de novo sócio.

4. *A perda do objeto social*

Discutiu-se também, no acórdão trazido à colação, a questão do não preenchimento do fim social.

A esse respeito, o principal problema que se apresenta é definir quando ocorre essa hipótese, ou seja, *quando se configura a perda do objeto social justificadora da dissolução total de sociedade*.

O próprio Código Comercial exemplifica, no art. 336, I, quando trata da hipótese de perda inteira do capital social ou de insuficiência deste. Há outros casos, porém, em que se pode reputar a perda do objeto social da empresa.

5. In *Boletim de Jurisprudência ADCOAS*, 1971, ementa 2.913.

6. In *Boletim de Jurisprudência ADCOAS*, 1971, ementa 2.749.

No julgado *sub examine*, entendeu-se que, *apesar de na prática resumir-se a atividade da sociedade* — que tinha por objeto social a representação comercial de produtos de outras empresas — *a um único contrato de representação* celebrado com a empresa Comercial Gerdau Ltda., *o rompimento dessa representação, por iniciativa da representada, não implica necessariamente na perda do objeto social.*

No caso, a rescisão do contrato com a Gerdau era um dos motivos alegados pela autora, sócia da sociedade que pretendia dissolver, para justificar a dissolução total. A Câmara Julgadora, entretanto, decidiu que não houve perda do objeto a que se destina a sociedade porque outras representações poderiam ser obtidas

5. A retirada de sócio majoritário

Não se pode deixar de atentar para o fato de que, no caso em análise, a sócia que pretendia a dissolução total da sociedade era detentora de 70% do capital social. Todavia, esse fato não se apresentou como óbice para a permanência da sociedade.

Aliás, a jurisprudência vem admitindo a retirada do sócio majoritário sem que haja a dissolução total da sociedade. Nesse sentido: *RT* 599/79.

No acórdão em epígrafe, o sócio remanescente participava apenas na proporção de 30% do capital social, mas era responsável pela gerência e administração da sociedade. Tal fato foi reputado como relevante pela Câmara Julgadora.

O problema que daí surge é com relação aos haveres. Como ressalvado no próprio julgado, deverão ser os mesmos pagos com base na real verificação, física e contábil, dos bens e direitos do acervo social.

Quanto ao pagamento, contudo, há uma dificuldade de cunho prático, qual seja, como pagar aos majoritários sem dilapidar o ativo da sociedade e inviabilizar a empresa?

O acórdão em análise, bem como a jurisprudência acerca da matéria, não abordou essa questão.

Uma possível solução seria a admissão de novos sócios, que bancariam a retirada dos outros. O aumento do capital social, com a integralização de cotas com dinheiro ou bens também poderia ser considerada.

6. O Projeto de Código Civil

O Projeto de Lei n. 118/84 (Projeto de Código Civil), que, se entrar em vigor, revogará as disposições do Código Comercial brasileiro, adotou soluções que, até então consistiam em construções jurisprudenciais, no que tange a dissolução parcial das sociedades de pessoas.[7]

As sociedades por quotas de responsabilidade limitada serão reguladas por este novo diploma, revogando-se o Decreto n. 3.708/19 e a elas se aplicarão subsidiariamente, as normas referentes às sociedades de pessoas, inclusive no que tange às causas de dissolução, que são as mesmas para as duas modalidades.

Importante inovação diz respeito a adoção da dissolução parcial (tratada como resolução em relação a um sócio), como regra, e a dissolução total, como exceção. Assim, as hipóteses que antes eram consideradas motivos ensejadores da dissolução total, como a morte ou retirada de um sócio, acarretam apenas a resolução em relação a este sócio.

A unipessoalidade foi admitida, expressamente, pelo prazo de 6 (seis) meses (art. 1.036, IV).

No que tange a perda do objeto social, continua sendo causa de dissolução total da sociedade, devendo ser pleiteada e provada em juízo (art. 1.037, II).

7. No Projeto denominadas "sociedades simples".

Jurisprudência Comentada

LIMITADA — DISSOLUÇÃO PARCIAL POR QUEBRA DA "AFFECTIO SOCIETATIS" — INCLUSÃO DO VALOR DO FUNDO DO COMÉRCIO NOS HAVERES DO SÓCIO RETIRANTE*

Comentário de RENATO LUIS BUELONI FERREIRA
ao acórdão do Tribunal de Justiça de São Paulo
na Apelação cível 267.079-2

Apelação cível 267.079-2-São Carlos

Apelantes e reciprocamente Apelados: Masaka Anami Suquisaqui, Shizuo Anami, Paulo Cesar Nogueira Silveira e Artecouro Indústria e Comércio Ltda.

2ª Câmara do TJSP

j. 10.12.96

Sociedade comercial — Dissolução parcial — "Affectio societatis" — Ruptura — Preservação da pessoa jurídica — Exclusão do sócio minoritário — Admissibilidade — Decisão mantida — Recurso não provido.

Sociedade comercial — Dissolução parcial — Sócio — Retirada — Apuração de haveres — Balanço especial com consideração do fundo de comércio — Pagamento em uma única parcela, corrigida — Decisão mantida — Recurso não provido.

Declaratória — Objetivo — Declaração da existência de relação jurídico-social entre as partes — Desnecessidade — Exclusão de sócio de sociedade — Deliberação por ato inequívoco e regular dos sócios majoritários — Incerteza jurídica existente — Anulatória contra o ato que não torna necessária a ação autônoma — Interesse processual ou de agir — Falta — Carência da ação — Recurso não provido.

Sociedade comercial — Dissolução parcial — Sócio excluído — Arrolamento cautelar dos bens da sociedade — Extensão a todos os bens — Inadmissibilidade — Medida que deve cingir-se aos bens imóveis, cujo valor baste ao pagamento da condenação total, atualizada — Recurso provido para esse fim.

ACÓRDÃO

Ementa oficial: Sociedade Comercial — Dissolução parcial — Ruptura da "affectio societatis" — Exclusão da sócia minoritária — Admissibilidade — Apuração dos seus haveres, mediante balanço especial que considerou o fundo de comércio — Pagamento numa única parcela — Sentença mantida nesses pontos — Apli-

* Trabalho apresentado no curso de Pós-Graduação da Faculdade de Direito da Universidade de São Paulo, no 1º semestre de 1998, na disciplina "Interesses Públicos e Interesses Privados na Extinção das Sociedades Mercantis em Direito Comercial Comparado", DCO-865, ministrada pelo Professor Mauro Rodrigues Penteado.

cação do art. 668 do Código de Processo Civil, de 1939, c/c o art. 1.218, inc. VII, do Código de Processo Civil vigente — Admitida a exclusão de sócio minoritário, por ruptura da "affectio societatis", devem-lhe apurados os haveres mediante balanço especial que considere o fundo de comércio e, à míngua de previsão negocial em contrário, ser pagos numa única parcela, corrigida.

Acórdam, em 2ª Câmara de Direito Privado do Tribunal de Justiça do Estado de São Paulo, por votação unânime, dar parcial provimento aos recursos.

1. Convincentes, em parte, os recursos.

Andou certa a primorosa sentença no manter o ato de exclusão social da autora, por ruptura incontroversa da *affectio societatis*, sem prejuízo do direito a seus haveres. Nada há por acrescer-lhe a precisa fundamentação:

"Patente ficou, no exame dos pedidos e das contestações, que se desfez o liame societário, não se justificando manter na mesma sociedade pessoas que já não ostentam os mesmos interesses, os mesmos propósitos, inegável o prejuízo à pessoa jurídica, decorrente do conflito instalado entre as pessoas naturais que lhe deram vida e dinamismo. Quebrada a *affectio societatis*, urge preservar a pessoa jurídica, com a retirada da sócia que dela pretende se excluir e em verdade já legalmente excluída, sem afetar contudo a atividade empresarial, que pode perfeitamente continuar em mãos dos sócios remanescentes, cujo propósito expressamente já foi manifestado e merece ser atendido, porquanto não se cuida de sociedade vazia, atuando em ramo operoso e provida de bom patrimônio" (fls. 436).

2. Acertou, ainda, no apurar, mediante perícia, cujo laudo equivale a um balanço especial, os haveres da sócia excluída.

As críticas dos remanescentes são infundadas, sobretudo porque estão a pressupor situação de *liquidação real* da sociedade, quando o princípio do levantamento contábil estava só em verificar o exato valor do patrimônio social e, destarte, dos haveres da sócia, à data da exclusão.

Nesse quadro, não faria nenhum sentido excluir a avaliação do fundo de comércio, enquanto elemento preponderante da estima da sociedade, nem de outros bens que com ela se extinguiriam: a hipótese não é de extinção de sociedade!

3. Tampouco incide, na espécie, a regra constante do artigo 15 do contrato social, e isto por duas razões decisivas.

A primeira, porque essa norma convencional foi introduzida pelo até de alteração contratual que excluiu a sócia reputada como dissidente, de modo que aplicá-la, nas circunstâncias, seria admitir o arbítrio dos sócios majoritários na disciplina da forma de pagamento dos haveres da excluída.

A segunda, porque, abstraída que seja essa particularidade relevante, a mesma cláusula só concerne às hipóteses de morte, interdição, ou alienação mental de sócio, bem como a condição própria daquele que descumpra as obrigações sociais, coisa que os remanescentes não provaram.

Daí, não guardarem pertinência os precedentes jurisprudenciais invocados, os quais se referem a casos em que existia cláusula específica de parcelamento em hipótese de recesso. Aqui, não se está negando eficácia a nenhuma cláusula!

A jurisprudência que convém ao caso, onde não há previsão contratual específica e foi levantado balanço especial, com consideração do fundo de comércio, é esta: "aplica-se a regra do art. 668 do Código de Processo Civil, de 1939, em vigor por força do disposto no art. 1.218, inc. VII, do Código de Processo Civil, de 1973, a fim de ser efetuada a apuração dos haveres na forma determinada na sentença, através de balanço especial e pagamento em uma única parcela. Inclui o fundo de comércio e o fundo de reserva instituído pela vontade dos sócios, entre os haveres a serem considerados no balanço especial" (Superior Tribunal de Justiça, Recurso especial n. 77.122-PR, Relator Ministro Ruy Rosado de Aguiar, julgado em 13.2.66, votação unânime, in *Boletim da AASP* 1.976, de 6 a 12.11.96, p. 89 e ementa n. 10).

4. Andou não menos certa a respeitável sentença, ao dar pela carência da ação declaratória da exclusão (= da inexistência da relação jurídico-social), porque, tendo sido esta deliberada por ato inequívoco e regular dos sócios majoritários não lhes ficava, a respeito, incerteza jurídica que impusesse uso de ação tendente a removê-la.

Faltava aos demandantes o *interesse processual*, ou *de agir*, precisamente porque já haviam obtido, por ato próprio, típico, aliás, de autotutela, a satisfação do direito subjetivo à exclusão da sócia, cuja impugnação judicial de modo algum tornava necessário recurso a ação autônoma, de caráter declarativo. E, sobretudo, porque, pendente a ação anulatória da sócia excluída, a sua eventual improcedência — a final pronunciada quanto a esse pedido — já bastaria aos réus para aquele mesmo fim.

5. Mas quadram reparos.

O primeiro, no que concerne à extensão do arrolamento, considerado como garantia de solução dos direitos da sócia excluída. A ser consistente a função que lhe atribuiu o Juízo, e há deveras risco de frustração prática do comando decisório, antes da penhora, deve o arrolamento cingir-se aos bens imóveis cujo valor chegue ao pagamento da condenação. Não precisa se estenda a todos os bens da sociedade, cuja atuação prática poderia ficar comprometida (*a*).

O segundo e que, vencidos os autores na ação declaratória, cujo proveito econômico último excederia o valor acanhado que lhe atribuíram, não foi *eqüitativo* o arbitramento da honorária que nele se baseou (art. 20, § 4º, do Código de Processo Civil). Há de corresponder a parcela do benefício logrado pela vencedora (*b*).

A sucumbência foi recíproca no outro processo, justificando a repartição, dos ônus conseqüentes.

6. Do exposto, dão parcial provimento aos recursos, para: *a*) reduzir o objeto do arrolamento cautelar aos bens imóveis, cujo valor, segundo se apure por arbitramento, baste, uma vez penhorados, a garantir o pagamento da condenação total atualizada; *b*) elevar a honorária advocatícia da ré, na ação declaratória a R$ 8.000,00 (oito mil reais), corrigíveis a partir desta data. Custas *ex lege*:

Participaram do julgamento os Senhores Desembargadores J. Roberto Bedran (Revisor) e Vasconcellos Pereira.

São Paulo, 10 de dezembro de 1996

Cézar Peluso, Presidente e Relator.

Comentário de Renato Luis Bueloni Ferreira

1. Em recente acórdão exarado pela 2ª Câmara de Direito Privado do Tribunal de Justiça do Estado de São Paulo, lavrado pelo eminente Desembargador Cézar Peluso, foi admitida a dissolução parcial de sociedade por ruptura da *affectio societatis* excluindo-se o sócio minoritário.

Não resta dúvida que a quebra da *affectio societatis* é causa de dissolução social, porém, através de fórmula elaborada pela doutrina e consolidada pelos Tribunais, deve ser admitida a dissolução parcial,[1] preservando-se a sociedade.

A dissolução parcial, no caso em tela, embasou-se no princípio da preservação da empresa, que foi um dos fundamentos no *decisum*. Este ponto, tão citado e mencionado, merece uma análise mais detida e aprofundada, pois a empresa como ente jurídico carece de um conceito preciso.

2. O conceito jurídico de empresa ainda frustra os juristas, que não conseguem escapar da noção econômica de empresa, definindo-se um claro conceito no plano

1. Mauro Rodrigues Penteado, *Dissolução e Liquidação de Sociedades*, Brasília, Livraria e Editora Brasília Jurídica, 1995, p. 140.

jurídico.[2] Esta aparente problemática meramente filosófica tem conseqüências nas inúmeras confusões efetuadas pelos operadores do Direito. Empresa não é a sociedade comercial, nem pessoa jurídica.

O acórdão discutido traz em sua ementa a expressão "preservação da pessoa jurídica". E, na sua fundamentação, reitera que "urge preservar a pessoa jurídica (...) sem afetar contudo a atividade empresarial". Como se vê, há uma certa confusão entre pessoa jurídica e empresa. Atividade é um elemento indissociável da empresa, mas não da pessoa jurídica, pois pode-se ter uma pessoa jurídica inativa. De modo inverso, a uma empresa inativa falta-lhe o aspecto essencial da atividade organizada.

A idéia de empresa, como lembra Rubens Requião, surgiu no seio do Direito Comercial francês, através do Código do Comércio de 1807.[3] A doutrina francesa tentou dissociar a noção de empresário da noção de empresa, no sentido da personificação da empresa.

Porém, foi o Direito italiano que mais discutiu o tema, pois o moderno Direito privado na Itália funda-se sobre a teoria da empresa. Oscar Barreto Filho[4] conclui que as controvérsias oriundas do art. 2.082[5] do Código Civil italiano, de 1942, foram aquietadas pelo magistral estudo de Alberto Asquini sobre os perfis da empresa. A primazia de um destes aspectos sobre outros permitiram o nascimento de diversas correntes de opinião sobre a caracterização jurídica da empresa.

Asquini considera que o conceito econômico de empresa pode ser considerado, no plano jurídico, sob quatro perfis: (a) em sentido subjetivo, como expressão sinônima de empresário; (b) em sentido funcional, como atividade empresarial dirigida a determinado escopo especulativo; (c) em sentido patrimonial e objetivo, significando o estabelecimento; (d) em sentido corporativo, como instituição decorrente de uma organização de pessoas pelo empresário e prestadores de trabalho, seus colaboradores, visando a um objetivo econômico comum.[6]

No Direito Comercial pátrio, o conceito foi por primeira vez enunciado no Regulamento n. 737, de 1850, no art. 19, § 3º, que ao enumerar os atos do comércio, incluiu "as empresas de fábricas, de comissões, de depósito, de expedição, de consignação e transporte de mercadorias, de espetáculos públicos". Entendeu-se, num primeiro momento, que a expressão referia-se a uma repetição de atos a título profissional, adotando posição da doutrina francesa.

A evolução da discussão levou J. X. Carvalho de Mendonça[7] a equiparar a noção jurídica à noção econômica, filiando-se à posição defendida por Vivante na Itália.

O ilustre comercialista Waldemar Ferreira desenvolveu, na doutrina jurídica brasileira, a conceituação de empresa em relação às figuras do empresário e do estabelecimento. A análise inicial do mestre, sob influência do Direito francês, tratava a matéria na órbita dos princípios coordenados pelo Código do Comércio, ou seja, a empresa era vista como uma repetição de atos do comércio. Mas, a evolução do estudo levou-o a dar importância à configuração do estabelecimento e seu confronto com a empresa. Conclui que a empresa tem um

2. Waldirio Bulgarelli, "Perspectivas da empresa perante o Direito Comercial", in *Revista de Direito Mercantil* 5, nova série, pp. 51-2.

3. Rubens Requião, *Curso de Direito Comercial*, 1º v., 19ª ed., São Paulo, Saraiva, 1989, pp. 49-51.

4. Oscar Barreto Filho, *Teoria do Estabelecimento Comercial*, 2ª ed., São Paulo, Saraiva, 1988, pp. 25-6.

5. O art. 2.082 do Código Civil italiano reza: "Imprenditore. É imprenditore chi esercita professionalmente una attività economica organizzata al fine della produzione o delo scambio di beni o di servizi".

6. Alberto Asquini, "Profili dell'impresa", in *Rivista de Diritto Commerciale* 41, primeira parte, Milão, 1943, pp. 11-3.

7. José Xavier Carvalho de Mendonça, *Tratado de Direito Comercial Brasileiro*, v. I, 4ª ed., Rio de Janeiro, 1945-47, p. 492.

escopo maior que o estabelecimento, podendo inclusive constitui-se de vários estabelecimentos.[8]

Quando da publicação das *Instituições de Direito Comercial*, Waldemar Ferreira fazia uma analogia entre a empresa e círculos concêntricos. Escreveu que "revela o exame das três situações em apreço similitude com a que se encontra em círculos concêntricos. Têm-se, partindo do centro para a periferia, o estabelecimento, circunscrito pela empresa, e esta pela pessoa natural ou jurídica, mercê de cuja vontade aqueles se instituem e movimentam-se. São três momentos ou expressões do mesmo fenômeno comercial, econômico-social e jurídico. Ostentam-se no centro os bens corpóreos e incorpóreos, que constituem o estabelecimento, como universalidade de fato. A empresa superpõe-se-lhe como organização do trabalho e disciplina da atividade, no objetivo de produzir riqueza, afim de pô-la na circulação econômica. Tudo isso, porém, se subordina à vontade e às diretrizes traçadas pela pessoa natural jurídica, que as haja organizado, sujeito ativo e passivo das relações jurídicas, tecidas pela empresa, no funcionamento do estabelecimento produtor de lucros, pelo comerciante, como empresário, procurados e obtidos. Não pouco o estabelecimento se confunde com a empresa, notadamente quando mais que um inexiste. Basta, porém, se desdobre ele em sucursais, filiais ou agências, para que a noção de empresa se desprenda do estabelecimento e o envolva, emprestando-lhe halo ou coifa, superposta e bem visível, a despeito de externar-se abstrata e imaginariamente, por não ser mais que criação jurídica, social e, nos dias atuais, de muito alto significado político. Enquanto o estabelecimento se pluraliza, desdobrando-se, a empresa contrai-se, unificando-se e envolvendo-o. De certo modo, individualiza-se, tomando o lugar do proprietário dos estabelecimentos, agindo e operando como se fosse ele, quando não é mais do que sua sombra ou reflexo".[9]

Sua posição doutrinária, no entanto, voltou a oscilar e, como explana Waldirio Bulgarelli, " o autor admite o empresário e o estabelecimento, entendendo que a empresa se confunde ora com um, ora com outro, ou então acaba sobrando".[10] Este posicionamento levou Sylvio Marcondes a concluir pela inexistência de um conceito de empresa como categoria jurídica.[11]

Darcy Bessone, por sua vez, evoluiu o pensamento jurídico acerca do tema, assentando que a empresa se manifesta, juridicamente através da atividade.[12] A empresa é situada como unidade funcional, organizada e preordenada para um certo fim, exercida pelo empresário.

Desta breve incursão histórica, é possível distinguir os três perfis da empresa no plano jurídico, como sintetizados na doutrina brasileira, ou seja, o empresário, o estabelecimento e a atividade.

3. Nota-se que somente a empresário é sujeito de direito. O estabelecimento comercial é objeto de direito, por constituir um conjunto de bens. A atividade é a prática de atos preordenados e sistemática com o intuito de produzir bens e serviços, agregando valor ao patrimônio.

A aparente simplicidade cria dúvidas quando o empresário é uma sociedade. Como já vimos, a empresa é despida de personalidade jurídica e o princípio da sua preservação, implica a preservação do sujeito de direito.

Chegamos, então, ao ponto que merece reflexão. A empresa deve ser, sempre que possível, preservada, ou somente quando

8. Sylvio Marcondes, *Problemas de Direito Mercantil*, São Paulo, Ed. Max Limonad, 1970, pp. 35-8.

9. Waldemar Ferreira, *Instituições de Direito Comercial*, v. 2, São Paulo, 1952, pp. 48-9.

10. Waldirio Bulgarelli, *Tratado de Direito Empresarial*, 2ª ed., São Paulo, Atlas, 1995, p. 159.

11. Marcondes, ob. cit., p. 40.

12. Darcy Bessone, "O direito das empresas. Nova posição do Direito Comercial", in *Revista Forense* 170, p. 25.

estiver ativa e preencher todos os requisitos formais impostos pela lei?

Em matéria de sociedades por quotas, há inúmeras decisões a respeito e a admissão da dissolução parcial da sociedade é prova da aplicação concreta deste princípio. Pois bem, quando há mais de dois sócios, esta questão está pacificada na doutrina e na jurisprudência no sentido de admitir-se a dissolução parcial, retirando-se o sócio que assim o pleiteia.

O problema maior centra-se na unipessoalidade superveniente. A redução do número de sócios a um acarretaria, em tese, a dissolução de pleno direito da sociedade. Os Tribunais pátrios porém têm permitido a continuação da sociedade pelo prazo de um ano, aplicando subsidiariamente a Lei de Sociedades Anônimas[13] (art. 206, inc. I, *d*). Esta aplicação não se faz sem gerar novas dívidas pois a maioria das sociedades por quotas não realiza reuniões periódicas de quotistas, o que autorizaria continuação de sociedade unipessoal por prazo indeterminado.

Parece-nos que se faz necessária uma solução doutrinária ao problema que a realidade comercial apresenta. A grande maioria das empresas em funcionamento no país são pequenas e médias empresas, constituídas geralmente sob a forma societária de sociedades por quotas de responsabilidade limitada. Estas sociedades têm um capital social definido, ou seja, um patrimônio afetado para garantia de credores e terceiros em geral. Também exercem atividade organizada, que gera empregos, arrecada tributos e agrega valor ao patrimônio, cumprindo a função social da propriedade prevista constitucionalmente.[14]

A tipicidade societária fechada, em princípio, não permite a permanência de uma sociedade por quotas de responsabilidade limitada com um único sócio. Mas, uma empresa individual, com patrimônio autônomo, atividade produtiva e empresário para comandá-la, não nos parece ser algo tão distante da realidade atual.

Esta evolução no Direito Comercial é notada em diversos países que admitem a sociedade unipessoal, como Alemanha, França e Portugal. Há uma disciplina específica, dependendo da legislação, variando sobre a autorização para constituição originária ou derivada. No Brasil, como ressaltado, existem decisões que acabam por permitir uma sociedade por quotas unipessoal de caráter derivado, ou seja, permanece a sociedade com o desaparecimento da pluralidade de sócios.

Talvez o estudo da teoria da empresa e seus perfis, como requisitos para a sua subsistência, pudesse preencher este vácuo e orientar a jurisprudência no sentido de preservar a empresa, mesmo que unipessoal.

Discorrendo sobre a unipessoalidade transitória Rachel Sztajn é da opinião de que "considerando que a jurisprudência tem também a função de adaptar as leis às condições sociais existentes no momento de sua aplicação, podemos estar diante de mais uma criação ligada à tipicidade societária, com vantagens para o desenvolvimento da atividade econômica e melhor compreensão da fenomenologia associativa".[15]

4. O acórdão proferido na Apelação cível n. 267.079-2 aplicou esta visão moderna da empresa, decompondo a empresa nos seus diversos perfis e embasando-se nestes para decidir pela preservação da empresa.

Seguindo esta linha de raciocínio e fundamentação, entendemos cabível a preservação de sociedade que fique reduzida a um único sócio, desde que haja patrimônio autônomo, atividade empresarial organizada e empresários capacitados, ou como ressaltou o julgado, porquanto não se cuidar de "sociedade vazia".

13. Há uma corrente minoritária que não admite a unipessoalidade em qualquer hipótese e uma terceira corrente que admite a unipessoalidade não impondo prazo para a restituição da pluralidade de sócios. A propósito, vide Penteado, ob. cit., pp. 129-132, em que cita vasta jurisprudência.

14. Penteado, ob. cit., pp. 141-2.

15. Rachel Sztajn, *Contrato de sociedade e Formas Societárias*, São Paulo, Saraiva, 1989, p. 90.

Legislação

AINDA A REFORMA DE LEI FALIMENTAR

WALDIRIO BULGARELLI

A Comissão Especial da Câmara dos Deputados está divulgando o seu Parecer relativo ao Projeto de Lei n. 4.376, do Poder Executivo, que regula a falência, a concordata preventiva e a recuperação de empresas, projeto, aliás, que mereceu estudos anteriores do Instituto dos Advogados de São Paulo, publicados nesta *RDM* n. 83, jul./ag./set. de 1991, e também a nossa conferência publicada nesta *Revista* n. 85, pp. 49 e ss.

O relatório agora, como se irá ver, introduz modificações importantes no projeto original, destinando-o a "regular a recuperação e a liquidação judicial de empresas e pessoas físicas que exercem atividades econômicas e dá outras providências". A leitura do texto fala por si mesma, o que nos dispensa de maiores comentários, por agora, já que são aguardadas novas alterações no texto.

PARECER DA COMISSÃO

A Comissão Especial destinada a proferir parecer sobre o Projeto de Lei n. 4.376, de 1993, do Poder Executivo, que "regula a falência, a concordata preventiva e a recuperação das empresas que exercem atividade econômica regida pelas leis comerciais, e dá outras providências". Em reunião ordinária, realizada hoje, opinou, unanimemente, pela constitucionalidade, juridicidade e, no mérito, pela aprovação, com substitutivo, do Projeto de Lei n. 4.376/93 e das emendas apresentadas na Comissão de Trabalho, Administração e Serviço Público ns. 1 e 26, de 1994, e 11, 12 e 13 de 1995; pela aprovação parcial das de ns. 2, 22, 23 e 24, de 1994, e 1, 2 e 3 de 1995; e pela rejeição do Projeto de Lei n. 205/95 (apensado) e das emendas ns. 3, 4, 5, 6, 7, 8, 9, 10, 11, 12, 13, 14, 15, 16, 17, 18, 19, 20, 21 e 25, de 1994, e 4, 5, 6, 7, 8, 9, 10, de 1995, nos termos do Parecer do Relator, que apresentou complementação de voto.

Participaram da votação os Deputados José Luiz Clerot — Presidente. Jarbas Lima — 3º Vice-Presidente. Augusto Viveiros. De Velasco. Dilso Sperafico. Milton Mendes. Osvaldo Biolchi — Relator. Valdomiro Meger. Hugo Rodrigues da Cunha e Miguel Rossetto.

SUBSTITUTIVO ADOTADO PELA COMISSÃO

Regula a recuperação e a liquidação das empresas e pessoas físicas que exercem atividades econômicas e dá outras providências.

Título I — DISPOSIÇÕES PRELIMINARES

Art 1º. Esta lei institui e regula a recuperação e a liquidação judicial das pessoas jurídicas e físicas que exercem atividade econômica em nome próprio e de forma organizada.

Parágrafo único. O disposto neste artigo não se aplica:

I — aos agricultores que explorem propriedade rural unifamiliar;

II — as sociedades civis de trabalho e aos que prestem serviços ou exerçam atividade profissional autônoma de forma individual ou organizada preponderantemente com o trabalho próprio e com membros da família.

Art. 2º. As empresas públicas e as sociedades de economia mista que tenham por finalidade a exploração de atividade econômica de cunho mercantil ficam sujeitas à lei especial para recuperação ou liquidação judicial de seus ativos.

Art. 3º. As instituições financeiras públicas e privadas, as cooperativas de crédito, as sociedades seguradoras de capitalização, de previdência privada e outras entidades que explorem atividade econômica, sujeitam-se à recuperação e à liquidação judicial, decretadas nos termos de lei complementar.

Art. 4º. É competente para conhecer da recuperação e da liquidação judicial o Juiz em cuja jurisdição o devedor tenha o seu principal estabelecimento ou filial da empresa situada fora do Brasil.

Art. 5º. O juízo da recuperação e da liquidação judicial é indivisível e universal e competente para conhecer todas as ações e reclamações sobre bens, interesses e negócios do devedor, com exceção das ações em que o devedor seja autor ou litisconsorte.

Art. 6º. Para os efeitos desta lei considera-se:

I — *Devedor* — a pessoa física ou jurídica sujeita aos processos de recuperação ou liquidação judicial;

II — *Recuperação Judicial* — o processo judicial de gestão dos interesses do devedor, com ou sem a atuação do titular da empresa, e o conjunto de institutos e procedimentos adotados com o objetivo de superar as condições e circunstâncias que o caracterizem em situação de crise econômico-financeira;

III — *Liquidação Judicial* — o processo judicial de arrecadação dos ativos do devedor, sua realização e o pagamento do passivo na ordem legal;

IV — *Comitê de Recuperação* — que será denominado nesta lei apenas de Comitê, órgão constituído por decisão e sob supervisão judicial para implementar o programa de recuperação do devedor, visando à superação do seu estado de crise econômico-financeira, ou fiscalizar os atos do Administrador Judicial na liquidação judicial;

V — *Administrador Judicial* — a pessoa física ou jurídica nomeada pelo juízo competente, para administrar os bens do devedor em liquidação judicial e auxiliar a administração do devedor em recuperação.

Parágrafo único. Todas as vezes que esta lei se referir à denominação "devedor" compreender-se-á que a disposição também se aplica ao sócio ilimitadamente responsável atingido pela recuperação ou liquidação judicial.

Art. 7º. A intervenção do Ministério Público é obrigatória, tanto na recuperação como na liquidação judicial do devedor, mas se não houver manifestação em tempo hábil deste órgão, os autos serão imediatamente conclusos ao Juiz.

Título II — DISPOSIÇÕES COMUNS À RECUPERAÇÃO E À LIQUIDAÇÃO JUDICIAL

Capítulo I — Disposições gerais

Art. 8º. Não são exigíveis na recuperação ou na liquidação judicial:

I — as obrigações a título gratuito e as prestações alimentícias;

II — as despesas que os credores fizerem para tomar parte na recuperação ou na liquidação judicial, salvo as custas judiciais decorrentes de litígio com o devedor;

III — as penas pecuniárias ou multas previstas em contrato de qualquer espécie e aquelas decorrentes da infração das leis penais e administrativas, inclusive as multas fiscais que tenham este efeito ou caráter moratório.

Art. 9º. A decretação da recuperação ou da liquidação judicial:

I — determina o vencimento antecipado dos créditos e a compensação das dívidas vencidas e vincendas;

II — suspende o custo da prescrição e de todas as execuções individuais dos credores sobre direitos e interesses relativos ao devedor, inclusive aquelas provenientes dos credores particulares do sócio solidário.

Parágrafo único. Não se compreendem nas disposições do inciso II deste artigo:

I — as ações que demandarem quantia ilíquida, que terão prosseguimento, quando seus autores poderão pedir a reserva das importâncias que lhe são devidas;

II — as ações anteriores referentes aos créditos trabalhistas, previstos no art. 38 desta lei, que prosseguirão, ou as novas ações trabalhistas que poderão ser propostas durante a fase de liquidação judicial.

Art. 10. A recuperação, no que couber, ou a liquidação judicial não será decretada se o requerido provar:

I — a falsidade do título de obrigação;

II — a prescrição da obrigação contida no título que é reclamado;

III — a nulidade da obrigação ou do título respectivo;

IV — o pagamento da dívida;

V — qualquer fato que extinga ou suspenda o pagamento do título que é reclamado.

Art. 11. Os credores garantidos por direito real ou privilégio, que não receberem integralmente o pagamento de seus créditos, concorrem pelo saldo com os credores quirografários, na liquidação judicial.

Art. 12. Os credores podem compensar as suas dívidas com os créditos que tiverem contra o devedor, ainda que não estejam vencidos.

Parágrafo único. Não serão compensados os créditos que tenham sido transferidos ao credor do devedor, ainda que vencidos antes da decretação da liquidação, se ficar provado dolo ou intenção de fraude nesta transferência.

Art. 13. Continuarão com o Comitê ou com o Administrador Judicial as ações ou execuções em curso de natureza patrimonial, em que forem partes o devedor e o sócio ilimitadamente responsável, os quais poderão intervir no processo como assistentes.

Art. 14. O devedor que de qualquer forma dificultar o andamento dos processos de recuperação ou liquidação judicial poderá ser preso por ordem do Juiz ou a requerimento do representante do Ministério Público, do Comitê, do Administrador Judicial ou de qualquer credor.

Parágrafo único. A prisão não poderá exceder a 60 (sessenta) dias, podendo ser decretada mais de uma vez no mesmo processo, se houver reincidência do devedor.

Capítulo II — Dos efeitos quanto aos atos prejudiciais dos credores

Art. 15. São ineficazes, em relação aos credores, os atos realizados pelo devedor dentro do termo legal da recuperação ou da liquidação judicial, que consistam:

I — em liberalidade;

II — em pagamento de dívida não vencida, mesmo na hipótese de concessão pelo credor de desconto no título;

III — em pagamento de dívida vencida e exigível, por qualquer forma que não seja a prevista pelo contrato;

IV — em concessão de garantias pessoais ou constituição de direito real de garantia, tratando-se de dívida contraída antes do termo legal;

V — em renúncia à herança até 2 (dois) anos antes da decretação da recuperação ou da liquidação judicial;

VI — em venda ou transferência de bens, realizada antes do pagamento de todos os credores, ou feita sem o consentimento expresso destes, desde que não tenha restado bens suficientes para a solução do passivo;

VII — em ação ou omissão que tenha nexo causal com seu estado de crise econômico-financeira.

Art. 16. Caberá ao Comitê, ao Administrador Judicial ou ao Ministério Público, promover a ação revocatória dos atos ineficazes, mediante procedimento comum contra a parte ou seus herdeiros, ou terceiro que adquirir o bem de má-fé, sob pena de responsabilidade.

Parágrafo único. Sem prejuízo da responsabilidade do Comitê ou do Administrador Judicial, qualquer credor poderá intentar a ação revocatória.

Art. 17. A ação poderá ser proposta contra todos os que figuraram no ato ou que por efeito dele foram beneficiados.

Art. 18. A ação revocatória correrá perante o Juízo da recuperação ou da liquidação judicial e terá procedimento sumário.

§ 1º. A apelação contra a decisão proferida na ação revocatória será recebida somente no efeito devolutivo.

§ 2º. O Juiz pode, a requerimento do Comitê, do Administrador Judicial ou do Ministério Público, ordenar, como medida cautelar, na forma da lei processual civil, o seqüestro dos bens do devedor em poder de terceiros.

Art. 19. A ineficácia do ato pode ser oposta como defesa em ação ou execução.

Art. 20. O condenado à restituição entregará à massa o bem e os acessórios, ou o equivalente, acrescidos de perdas e danos.

Art. 21. A ação revocatória prescreve em 3 (três) anos contados a partir da data do trânsito em julgado da sentença que decretou a recuperação ou a liquidação judicial.

Capítulo III — Dos membros do comitê e do administrador judicial

Art. 22. Os membros do Comitê ou o Administrador Judicial assumirão as funções respectivas mediante compromisso firmado nos autos e exercerão a fiscalização da administração ou a própria administração dos bens do devedor sempre sob a imediata direção e a superintendência do Juiz.

Parágrafo único. A composição do Comitê obedecerá o disposto no art. 62 desta lei.

Art. 23. Não poderão integrar o Comitê ou exercer as funções de Administrador Judicial:

I — os que, tendo exercido o cargo de Administrador Judicial ou de membro do Comitê, em liquidação ou recuperação judicial anterior, foram destituídos, deixaram de prestar contas dentro dos prazos legais ou tiveram a prestação de contas julgada incorreta;

II — os que forem cessionários de créditos, cuja cessão tenha sido feita nos últimos 90 (noventa) dias anteriores ao pedido de recuperação ou liquidação Judicial.

§ 1º. Também ficam impedidos de integrar o Comitê, aqueles que tiverem com o Administrador Judicial:

I — parentesco ou afinidade até o terceiro grau com o devedor;

II — relação de amizade, inimizade ou dependência financeira.

§ 2º. Qualquer interessado poderá reclamar da nomeação de membros do Comitê ou do Administrador judicial.

§ 3º. O Juiz decidirá, no prazo de 24 (vinte e quatro) horas, sobre a reclamação referida no parágrafo anterior.

§ 4º. Da decisão cabe agravo de instrumento.

Art. 24. O devedor, o Ministério Público ou qualquer interessado poderá requerer a destituição do Comitê ou do Administrador Judicial pela omissão, negligência ou prática de ato lesivo à administração.

§ 1º. O Comitê, no caso de conversão de recuperação em liquidação judicial, poderá reclamar contra o Administrador Judicial, que será intimado para apresentar esclarecimentos.

§ 2º. Na destituição, o Juiz fixará as penalidades aplicáveis ao requerido e nomeará outro Comitê ou Administrador Judicial.

§ 3º. O Juiz pode, de ofício, por motivo justificado, destituir o Comitê ou o Administrador Judicial.

Art. 25. Compete ao devedor, ao novo Comitê, ao Administrador Judicial ou ao Ministério Público propor a ação de responsabilidade civil contra o destituído.

Art. 26. A remuneração dos membros do Comitê e/ou do Administrador Judicial e a sua forma de pagamento serão fixadas pelo Juiz com base no ativo do devedor e na qualificação do trabalho realizado.

Parágrafo único. Não terão direito à remuneração os membros do Comitê ou o Administrador Judicial que renunciarem, não cumprirem as obrigações fixadas nesta lei, tiverem as suas prestações de contas desaprovadas ou forem destituídos das respectivas funções.

Art. 27. Ocorrendo o encerramento da recuperação pela sua conversão em liquidação judicial, o Comitê não será dissolvido e passará a acompanhar a atuação do Administrador Judicial.

Capítulo IV — Da investigação judicial para verificação de crimes cometidos

Art. 28. Deverá ser instaurado o processo de investigação judicial em qualquer fase do processo de recuperação ou liquidação judicial quando os relatórios, perícias ou qualquer meio de prova apresentem indícios da prática de crimes tipificados nesta lei.

Art. 29. A investigação judicial poderá ser requerida pelo Comitê, Administrador Judicial ou por qualquer credor mediante petição fundamentada, que deverá conter em sua exposição:

I — a identificação da responsabilidade do devedor, administrador da sociedade e terceiros, por atos ilícitos.

II — outros elementos de prova que possam servir de base para a propositura da ação penal.

Parágrafo único. A investigação tramitará em autos apartados.

Art. 30. O Juiz determinará as diligências que julgar necessárias e instituirá o processo mediante a oitiva dos indiciados a terceiros, a fim de fundamentar o seu convencimento ou simplesmente remeter os autos para o juízo criminal, para que este proceda nos termos legais.

Art. 31. O Ministério Público pronunciar-se-á no prazo de 15 (quinze) dias, contados a partir da conclusão da instrução, oferecendo denúncia ou solicitando o arquivamento da investigação, caso em que se aplica o disposto no art. 28 do Código de Processo Penal.

Art. 32. Se o Ministério Público não se manifestar no prazo referido no artigo anterior, o Comitê, o Administrador Judicial ou qualquer credor habilitado poderá oferecer queixa.

Art. 33. A rejeição da denúncia ou da queixa, considerando-se o disposto no art. 43, inciso III e seu parágrafo único, do Código de Processo Penal, não impede o exercício da ação penal, quer esta se refira aos mesmos fatos nela argüidos, quer a fatos distintos.

Parágrafo único. O recebimento da denúncia ou da queixa não obsta a recuperação ou a liquidação judicial.

Capítulo V — Do pedido de restituição

Art. 34. Na recuperação e na liquidação judicial pode ser pedida a restituição de coisa em poder do devedor, devida em virtude do direito real ou de contrato.

§ 1º. A restituição pode ser pedida ainda que o bem já tenha sido alienado pelo devedor.

§ 2º. Na hipótese prevista no parágrafo anterior, quem sofreu turbação ou esbulho na sua posse ou direito, por efeito da arrecadação, poderá, se não preferir fazer uso do direito de restituição, defender os seus bens por meio de embargos de terceiros, que serão processados na forma estabelecida na lei processual civil.

Art. 35. Também pode ser reclamada restituição de bens vendidos a crédito e entregues ao devedor nos 15 (quinze) dias anteriores ao requerimento de recuperação ou de liquidação judicial, somente na hipótese de não terem sido alienados pelo devedor.

Art. 36. Podem, ainda, ser objeto do pedido de restituição todos os valores pecuniários entregues ao devedor a título de adiantamento de contrato de empréstimo nos 15 (quinze) dias anteriores ao requerimento de recuperação ou de liquidação judicial.

Art. 37. O pedido de restituição deve ser fundamentado e descrever a coisa reclamada.

§ 1º. O Juiz mandará autuar em separado o requerimento e os documentos que o instruir e determinará o prazo de 03 (três) dias para que o devedor e o Comitê ou o Administrador judicial apresentem suas defesas.

§ 2º. Havendo contestação e deferidas ou não as provas requeridas, o Juiz designará audiência de instrução e julgamento, que se realizará com observância do disposto no Código de Processo Civil.

§ 3º. Da sentença podem apelar o reclamante, o devedor, o Comitê ou o Administrador Judicial, e, ainda, qualquer credor, bem como o Ministério Público.

§ 4º. O pedido de restituição suspende a disponibilidade do bem.

Capítulo VI — Da classificação dos créditos

Art. 38. Os créditos derivados das relações de trabalho, as contribuições para o Fundo de Garantia do Tempo de Serviço e as indenizações trabalhistas gozam de preferência sobre os demais créditos.

Art. 39. Os encargos e dívidas do devedor em recuperação ou liquidação judicial preferem a quaisquer outros, ressalvado o disposto no artigo anterior.

Parágrafo único. Consideram-se encargos e dívidas do devedor:

I — as custas judiciais do processo e das ações em que o devedor for vencido;

II — a remuneração devida aos membros do Comitê e ao Administrador judicial;

III — os impostos e contribuições públicas incidentes durante a recuperação ou liquidação judicial;

IV — as obrigações resultantes de atos jurídicos válidos praticados no âmbito da recuperação ou da liquidação judicial;

V — os honorários do advogado contratado pelo devedor.

Art. 40. Os créditos tributários preferem a todos os outros, independente de sua natureza e tempo da constituição, com exceção dos créditos referidos nos arts. 38 e 39 desta lei.

Art. 41. A classificação dos créditos na recuperação e na liquidação judicial, ressalvadas as preferências estabelecidas nos artigos anteriores, obedece à seguinte ordem:

I — créditos com direitos reais de garantia;

II — créditos com privilégio especial;

III — créditos com privilégio geral;

IV — créditos quirografários.

§ 1º. Têm privilégio especial:

I — os créditos a que o atribuírem as leis civis e comerciais, salvo disposição contrária desta lei;

II — os créditos por aluguel de prédios locados ao devedor;

III — os créditos cujos titulares a lei confere o direito de retenção sobre a coisa dada em garantia.

§ 2º. São quirografários os créditos que não estão previstos nos incisos I, II e III do *caput* deste artigo e os saldos de créditos não cobertos pelos produtos vinculados ao seu pagamento.

Capítulo VII — Da verificação dos créditos

Art. 42. Recebida a relação dos credores, em 10 (dez) dias o escrivão publicará, por edital, aviso aos credores para apresentarem a declaração e justificação dos seus créditos.

§ 1º. As comunicações aos credores poderão ser feitas por carta, informando-se o prazo dentro do qual deverão apresentar as suas declarações.

§ 2º. Se as despesas com a expedição das comunicações ou da publicação de edital em jornal de ampla circulação onerarem demasiadamente o devedor, o escrivão mandará publicá-las em órgão oficial.

Art. 43. O pedido de habilitação, apresentado em 2 (duas) vias, conterá:

I — o nome e o prenome do credor, firma ou denominação;

II — domicílio e residência do credor ou da sede da empresa, e o endereço em que receberá comunicação de qualquer ato do processo;

III — a importância exata do crédito, sua origem e a classificação;

IV — a garantia real prestada pelo devedor, se houver, e o respectivo instrumento;

V — a especificação do objeto da garantia que estiver na posse do credor.

§ 1º. O credor de título à ordem apresentará o original e a cópia que o escrivão conferirá, devolvendo o original com a anotação de que foi apresentado com o pedido de habilitação.

§ 2º. O credor é obrigado a conservar o original e apresentá-lo se for exigido.

§ 3º. As segundas vias das habilitações serão entregues ao Comitê ou ao Administrador Judicial.

Art. 44. O escrivão fará a relação das habilitações e a entregará ao Juiz, ao Comitê ou ao Administrador Judicial, e ao devedor ou seu representante, em 10 (dez) dias.

§ 1º. O devedor será intimado para prestar informações, em 05 (cinco) dias, sobre os créditos habilitados e, em seguida, o Comitê ou o Administrador Judicial apresentará o parecer no mesmo prazo.

§ 2º. Se intimado, o devedor não poderá invocar a sua ausência como motivo de nulidade da verificação.

§ 3º Quando a informação ou o parecer forem contrários à legitimidade, importância ou classificação, serão havidos como impugnação, para os efeitos do art. 45 desta lei.

Art. 45. Findo o prazo do artigo anterior, as declarações de crédito poderão ser impugnadas, através de petição fundamentada, que desde logo indicará as provas que serão produzidas e que será instruída com os documentos a ela relativos.

§ 1º. Têm qualidade para impugnar todos os credores que declararam seus créditos e os sócios ou acionistas da empresa devedora.

§ 2º. Cada impugnação será autuada em separado com as 02 (duas) vias da declaração e os documentos a ela relativos para esse fim desentranhados dos autos das declarações de crédito.

§ 3º. Terão uma só autuação as diversas impugnações ao mesmo crédito.

§ 4º. Para desistir da impugnação, o impugnante deverá pagar as custas e despesas devidas, inclusive da intimação aos interessados, para que, se assim o desejarem, prossigam na impugnação.

Art. 46. Decorridos os prazos fixados no art. 44 desta lei, os credores poderão contestar a impugnação, o Ministério Público pronunciar-se-á no prazo de 05 (cinco) dias e, após, os autos serão conclusos ao Juiz.

Art. 47. O Juiz, no prazo de 10 (dez) dias, julgará os créditos.

Parágrafo único. Se não houver impugnações, o Juiz julgará de imediato os pedidos de habilitação, homologando o passivo.

Art. 48. Resolvidas as impugnações, o Comitê ou o Administrador Judicial organizará o quadro geral dos credores admitidos, mencionando as importâncias dos créditos e a sua classificação, na ordem estabelecida nesta lei.

§ 1º. Os credores particulares de cada um dos sócios solidários serão incluídos no quadro, em seguida aos credores sociais, na mesma ordem.

§ 2º. O quadro, assinado pelo Juiz e pelo Comitê ou pelo Administrador Judicial, será juntado aos autos da recuperação ou da liquidação judicial e publicado no órgão oficial, no prazo de 05 (cinco) dias, contados da data da sentença que haja ultimado a verificação dos créditos.

Art. 49. Da sentença que versar sobre a verificação do crédito cabe apelação.

Art. 50. São revogáveis, em qualquer momento, mediante requerimento do Comitê, do Administrador Judicial, do Ministério Público ou de qualquer credor, as decisões relativas à admissão de crédito ou de garantia obtidos mediante falsidade, dolo, erro essencial ou outro vício.

§ 1º. Pendente de julgamento a impugnação, o Juiz pode determinar a reserva de crédito.

§ 2º. Nos casos de exclusão ou redução de crédito, com fundamento disposto no *caput* deste artigo, o Juiz ou Tribunal mandará, na mesma sentença, que o escrivão extraia cópias das peças dos autos, que serão indicadas, encaminhando-as ao representante do Ministério Público, para os fins penais.

Art. 51. A habilitação dos credores particulares do sócio ilimitadamente responsável processar-se-á de acordo com as disposições deste Capítulo.

Título III — ***DA RECUPERAÇÃO JUDICIAL DA EMPRESA***

Capítulo I — Disposições gerais

Art. 52. A recuperação judicial é um instrumento destinado a sanear a situação de crise econômico-financeira do devedor, salvaguardando a manutenção da fonte produtora da empresa, do emprego dos seus trabalhadores, e os interesses dos credores, viabilizando, dessa forma, a realização de sua função social.

§ 1º. Na demonstração da viabilidade da recuperação serão considerados, além dos outros, os seguintes aspectos:

I — importância social e econômica da atividade do devedor no contexto local, regional ou nacional;

II — mão-de-obra e tecnologias empregadas;

III — volume do passivo.

§ 2º. Os planos de recuperação incluirão todo o passivo do devedor, independentemente da natureza e classificação dos créditos.

Art. 53. Podem requerer a recuperação as pessoas jurídicas e físicas compreendidas no art. 1º desta lei, que exerçam regularmente as suas atividades a mais de 02 (dois) anos.

Art. 54. Não pode requerer a recuperação judicial o devedor que:

I — nos 05 (cinco) anos anteriores teve a liquidação judicial decretada;

II — faltou com o cumprimento dos planos de recuperação econômico-financeira, qualquer que seja o tempo decorrido;

III — foi condenado por sentença transitada em julgado por ter cometido crime nos processos de recuperação ou liquidação judicial, ou, ainda, por ter praticado furto, roubo, extorsão, apropriação indébita, estelionato, crime de concorrência desleal, ou contra a economia popular.

Art. 55. Na petição da recuperação judicial, o devedor oferecerá a todos os seus credores o pagamento mínimo de seu passivo na proporção de:

I — 60% (sessenta por cento) quando o prazo for de 01 (um) ano.

II — 80% (oitenta por cento) quando o prazo for de 02 (dois) anos, em duas prestações iguais e anuais de 40% (quarenta por cento) cada uma;

III — 100% (cem por cento), quando o prazo for de 03 (três) anos, sendo as 02 (duas) primeiras parcelas anuais de 33% (trinta e três por cento) e a última de 34% (trinta e quatro por cento).

§ 1º. Em casos especiais, o Comitê poderá propor ao Juiz competente o pagamento do passivo em 05 (cinco) prestações anuais e sucessivas, na proporção de 20% (vinte por cento) a cada ano.

§ 2º. O Juiz poderá conceder a prorrogação do pagamento dos créditos tributários, respeitando o prazo máximo conferido em lei complementar.

§ 3º. Na recuperação, sobre o valor nominal de cada prestação, incidirão juros simples de até 6% (seis por cento) ao ano, a critério do Juiz, a partir do vencimento da obrigação, compreendendo todos os créditos, inclusive os tributários, e a atualização dos débitos pela Unidade Fiscal de Referência (UFIR) ou pelo índice oficial que vier substituir-lhe, quando houver previsão contratual de atualização monetária da dívida.

Art. 56. Os créditos de natureza trabalhista de que trata o art. 38 desta lei não integrarão os planos de recuperação, devendo ser regularizados de imediato, atendendo às disponibilidades financeiras do devedor.

Parágrafo único. Se os recursos disponíveis não forem suficientes para total quitação dos créditos trabalhistas o saldo remanescente será elencado em 1º lugar no plano de recuperação.

Art. 57. Constituem meios de recuperação judicial da empresa, dentre outros:

I — Concessão de prazos e condições especiais para pagamento das obrigações vencidas, até o limite de 03 (três) anos, prorrogáveis por mais (dois), de acordo com o art. 55 desta lei;

II — transformação, incorporação, fusão ou cessão de quotas ou ações da sociedade;

III — alteração ou substituição do bloco de controle;

IV — substituição total ou parcial dos administradores;

V — aumento do capital social;

VI — arrendamento;

VII — aumento da carga horária dos trabalhadores, sem remuneração complementar, ou redução temporária de seus salários, desde que haja concordância expressa, mediante aprovação de 2/3 (dois terços) dos empregados;

VIII — dação em pagamento;

IX — constituição de sociedade de credores;

X — venda parcial dos bens.

Art. 58. A recuperação também poderá ser requerida:

I — pelo devedor;

II — pelo cônjuge sobrevivente, pelos herdeiros do devedor ou pelo inventariante;

III — pelo sócio, ainda que comanditário, exibindo o contrato social, e pelo acionista com direito a voto da sociedade por ações, apresentando as suas ações.

Art. 59. O pedido de recuperação será instruído com:

I — a exposição das causas concretas da situação patrimonial do devedor e das razões do pedido;

II — o balanço patrimonial, constando o ativo e o passivo, com a indicação e a avaliação aproximada de todos os bens, salvo as dívidas ativas prescritas;

III — a relação nominal, em 02 (duas) vias, dos credores comerciais e civis, com indicação do domicílio e a residência de cada um, a natureza e o valor atualizado do crédito, discriminando sua origem, o regime dos respectivos vencimentos e a indicação dos registros contábeis de cada transação pendente;

IV — a relação dos empregados, com o respectivo enquadramento sindical, os salários, indenizações e outras parcelas salariais devidas e o correspondente mês de competência, e a discriminação dos encargos decorrentes das relações de trabalho igualmente pendentes de pagamento;

V — o contrato social, ou, não havendo tal contrato, a indicação de todos os sócios, suas qualificações e domicílios, ou o estatuto em vigor, quando se tratar de sociedade anônima;

VI — os livros de escrituração ou as fichas, ou, ainda, relatórios similares extraídos de arquivos eletrônicos, que permanecerão em cartório pelo tempo necessário à análise, conferência e certificação da data do último lançamento, e que serão devolvidos ao devedor se deferida a recuperação;

VII — o plano de solução do passivo e o respectivo resumo, com a estimativa do prazo necessário para o seu cumprimento, que, preferencialmente, não poderá exceder a 03 (três) anos;

VIII — a declaração dos administradores do devedor ou pelo menos de 02 (dois) deles, de que a lista nominativa prevista no inciso III deste artigo não omite declaração que dela devia constar, nem contém declaração falsa ou diversa da que devia ser escrita e de que as demais informações que instruem o pedido de recuperação são verdadeiras.

Parágrafo único. No mesmo ato o devedor depositará a quantia necessária para as custas e despesas gerais do processo tais como citações, notificações, editais e custos relacionados com a atividade do perito.

Art. 60. Cumpridas as formalidades do artigo anterior, o escrivão fará, imediatamente, os autos conclusos ao Juiz, que prolatará despacho ordenando o processamento do pedido de recuperação e:

I — marcará o prazo de 20 (vinte) dias para os credores habilitarem seus créditos, nos termos do art. 43 desta lei;

II — nomeará o Comitê, acatando a indicação dos membros feita na forma do art. 62 desta lei;

III — ordenará a suspensão de todas as ações e execuções contra o devedor, executadas as ações previstas no art. 9º, parágrafo único, desta lei;

IV — fixará o prazo de 60 (sessenta) dias, no mínimo, ou 120 (cento e vinte) dias, no máximo, para que o Comitê, com o auxílio de técnicos, se necessário, elabore:

a) um laudo técnico analisando detalhadamente os aspectos de natureza contábil e administrativa dos negócios do devedor;

b) um plano de recuperação econômico-financeira do devedor, que substituirá àquele outro, disposto no art. 66, IV, desta lei, na hipótese daquele ser recusado por mostrar-se inexeqüível.

§ 1º. Se o pedido não estiver formulado nos termos da lei, o Juiz concederá o prazo de 48 (quarenta e oito) horas para ser emendado, sob pena de indeferimento do pedido.

§ 2º. O Juiz ordenará a expedição de edital para publicação no órgão oficial, para fins do art. 67, § 2º, desta lei, que conterá:

a) o resumo do pedido do devedor;

b) a íntegra do despacho deferindo o processamento da recuperação;

c) a relação de todos os credores incluídos na lista referida no art. 59, III.

Art. 61. Cumpridas as formalidades previstas no inciso IV do artigo anterior, o escrivão fará, imediatamente, os autos conclusos ao Juiz, que com base no laudo técnico e no plano de recuperação apresentados pelo Comitê, prolatará sentença decretando a recuperação judicial do devedor.

Parágrafo único. Verificada a total impossibilidade de se prosseguir na recuperação econômico-financeira do devedor, o Juiz decretará então sua liquidação judicial.

Art. 62. Os credores e os empregados serão notificados pelo presidente do Comitê para, em data, hora e local, comparecerem, separadamente, às assembléias que elegerão os representantes de cada um que serão indicados para compor o Comitê de Recuperação da empresa, ou indicarão outra forma de representação pretendida, registrando-se em atas as deliberações.

§ 1º. O Comitê será composto pelo Administrador Judicial, que o presidirá, e pelos representantes dos empregados dos credores e do devedor.

§ 2º. Não havendo consenso na Assembléia para indicação dos representantes dos credores e dos empregados, o Juiz no prazo de 10 (dez) dias contados da decisão a que se refere o artigo 60 desta lei, com base na relação dos empregados e credores, nomeará seus representantes para o Comitê.

§ 3º. Havendo recusa de quaisquer dos nomeados, que deverá ser fundamentada, o Juiz determinará, de imediato, a sua substituição.

Art. 63. A liquidação judicial poderá ser decretada, por sentença, em qualquer momento do processo de recuperação, quando:

I — o devedor a requerer;

II — o Comitê, ou quem o substituir, ou qualquer credor, apontar a inviabilidade econômico-financeira do devedor;

III — não for executado com êxito o plano de recuperação econômica e financeira e de solução do passivo;

IV — ficar evidenciada a existência de qualquer dos impedimentos enumerados no art. 54 desta lei;

V — ficar provada:

a) a existência de fraude ou dolo;

b) a inexatidão de quaisquer dos documentos e informações enumerados no art. 59 desta lei.

§ 1º. Na hipótese de decretação da liquidação judicial no curso do processo de recuperação, observar-se-á o disposto no art. 78 desta lei.

§ 2º. Da decisão do Juiz cabe Recurso do Agravo de Instrumento.

Art. 64. O pedido de recuperação judicial não resolve os contratos bilaterais, que continuam sujeitos às normas de direito comum.

Art. 65. Durante o processo de recuperação judicial, o devedor conservará a administração de seus bens e continuará com seu negócio, sob fiscalização do Comitê, salvo quando o perito apontá-lo como responsável por ilícito civil ou penal e existir prova fundamentada.

Parágrafo único. Não poderá o devedor, entretanto, alienar imóveis ou constituir garantias reais, salvo evidente utilidade, reconhecida pelo Juiz, depois de ouvido o Comitê.

Art. 66. Compete ao Comitê:

I — fiscalizar a administração do devedor no decorrer do processo de recuperação, apresentando, mensalmente, até o quinto dia útil do mês subseqüente, relatório circunstanciado da situação do devedor;

II — averiguar e estudar quaisquer reclamações dos interessados e emitir parecer sobre as mesmas;

III — verificar se o devedor praticou atos suscetíveis de revogação;

IV — opinar sobre o plano de recuperação apresentado pelo devedor, apontando a correspondência entre o ativo e o passivo e a probabilidade que tem o devedor de obter a recuperação.

§ 1º. Constatada a ocorrência de ilícitos civis ou penais na administração do devedor, estes ou seus representantes poderão ser afastados, hipótese em que o Juiz poderá incubir ao Comitê a realização de todas as atribuições inerentes à gerência da empresa.

§ 2º. As deliberações do Comitê tomadas pela decisão da maioria, serão consignadas em livro de atas próprio, autenticado pelo Juízo da recuperação, que ficará à disposição dos credores e do devedor.

§ 3º. Se houver empate nas deliberações do Comitê, caberá ao Juiz tomar a decisão final.

Art. 67. Os créditos arrolados pelo devedor e não impugnados se consideram incluídos no Quadro Geral de Credores, independentemente de declaração e verificação no valor indicado pelo devedor que tenha escrituração contábil.

§ 1º. Nos casos de devedor que não tenha registro contábil de suas atividades econômicas, o Juiz fixará prazo para que os credores apresentem as declarações de crédito nos termos do art. 59, III, desta lei.

§ 2º. Dentro de 20 (vinte) dias, contados da publicação do edital a que se refere o art. 60, § 2º, desta lei, o Comitê, o Ministério Público, os credores e os sócios do devedor podem impugnar o crédito constante da lista de credores mencionada no art. 59, III, desta lei.

§ 3º. Autuada em separado, a impugnação de que trata o parágrafo anterior será processada, no que couber, nos termos do art. 68 desta lei.

§ 4º. A verificação dos créditos omitidos pelo devedor será feita com observância do disposto no Título IV, Capítulo VI, desta lei.

§ 5º. O quadro geral de credores será elaborado pelo Comitê e homologado pelo Juiz, com base na lista prevista no art. 59, III, desta lei nas sentenças proferidas em impugnações de crédito ou em declarações tempestivamente oferecidas.

§ 6º. Não havendo declaração tempestiva ou impugnação, o Juiz homologará a lista mencionada no art. 59, III, desta lei e determinará sua publicação, como Quadro Geral.

Art. 68. Entregue o plano de solução do passivo previsto no art. 59, III, desta lei e publicado o Quadro Geral de credores, o escrivão fará publicar, no órgão oficial, aviso aos credores de que durante 05 (cinco) dias poderão opor embargos ao pedido de recuperação econômico-financeira.

Parágrafo único. São fundamentos dos embargos ao pedido de recuperação a inexatidão do plano de solução do passivo, que facilite a concessão de recuperação. Ou qualquer ato de fraude ou má-fé que influa no processo de recuperação.

Art. 69. Findo o prazo do artigo anterior, os autos serão conclusos ao Juiz, que, em 05 (cinco) dias, proferirá despacho deferindo as provas que entender e designando, para julgamento dos embargos, audiência a ser realizada dentro dos 10 (dez) dias seguintes.

Parágrafo único. A audiência de julgamento dos embargos será realizada nos termos do Código de Processo Civil.

Art. 70. Da sentença que conceder ou não a recuperação os embargantes, o Ministério Público ou o devedor podem interpor apelação.

Art. 71. Com exceção dos créditos trabalhistas a recuperação obriga todos os credores anteriores a decretação, admitidos ou não ao passivo, que conservem seu direito contra os coobrigados, fiadores do devedor e obrigados de regresso.

Art. 72. O titular da empresa em recuperação, ou seus administradores ou as pessoas legitimadas, mencionadas no art. 77, desta lei, poderão requerer a destituição do Comitê ou de quaisquer de seus membros, quando provar que estes estão faltando ao cumprimento dos seus deveres.

Parágrafo único. Ouvido o requerido, que, para tanto será intimado, o Juiz proferirá decisão.

Art. 73. Executados integralmente os planos de recuperação econômica e financeira e de pagamento do passivo da empresa, o devedor deve requerer a declaração da extinção de suas obrigações e do processo de recuperação judicial.

§ 1º. O Juiz mandará publicar edital para conhecimento dos credores sujeitos a recuperação judicial que poderão oferecer impugnação.

§ 2º. Ouvido o devedor, que para tanto será intimado, o Juiz proferirá decisão.

§ 3º. A sentença que julgar extintas as obrigações do devedor declarará também a extinção das responsabilidades dos avais, fianças ou quaisquer outras espécies de garantias pessoais que recaiam sobre os créditos já pagos durante a recuperação judicial.

§ 4º. Da sentença que homologar a extinção das obrigações e do processo de recuperação judicial publicada por edital, cabe apelação, sem efeito suspensivo.

*Título IV — **DA LIQUIDAÇÃO JUDICIAL DO DEVEDOR***

Capítulo I — Da caracterização do estado de crise econômico-financeira e a decretação

Art. 74. Considera-se em estado de crise econômico-financeira o devedor que, sem relevante razão de direito, não paga no vencimento obrigação líquida.

Art. 75. Torna-se líquida, legitimando a liquidação judicial, a obrigação provada por conta extraída dos livros comerciais ou similares e verificada, judicialmente, nas seguintes condições:

I — a verificação será requerida pelo credor ao Juiz competente para decretar a liquidação do devedor e far-se-á nos livros de um ou de outro, por dois peritos nomeados pelo Juiz, expedindo-se precatória quando os livros forem de credor domiciliado em comarca diversa.

II — a recusa de exibição ou a irregularidade dos livros provam contra o devedor, salvo a sua destruição ou perda em virtude de força maior.

§ 1º. Os peritos apresentarão o laudo dentro de 03 (três) dias e, julgado por sentença o exame, os respectivos autos serão entregues ao requerente, independentemente de traslado, não cabendo dessa sentença recurso algum.

§ 2º. As contas assim verificadas consideram-se vencidas desde a data da sentença que julgou o exame.

§ 3º. Para os efeitos desta lei, considera-se obrigação líquida, legitimando o pedido de liquidação judicial, a constante dos títulos executivos extrajudiciais mencionados no art. 15 da Lei n. 5.474, de 18 de julho de 1968, observado o disposto no art. 77, § 1º, desta lei.

Art. 76. Caracteriza-se, também, o estado de crise econômico-financeira do devedor quando este:

I — cessa, em caráter geral, o cumprimento de suas obrigações, ou reconhece judicial ou extrajudicialmente a impossibilidade de satisfazê-las;

II — apresenta o balanço patrimonial do último exercício ou qualquer outro posterior e demonstra que o ativo realizável é inferior ao passivo exigível.

III — procede a liquidação desordenada de seus ativos, ou lança mão de meios danosos ou fraudulentos para realizar pagamentos;

IV — realiza ou por atos inequívocos tenta realizar, com o fito de retardar pagamentos ou fraudar credores, negócio separado ou alienação de parte ou da totalidade de seu ativo a terceiros, credores ou não;

V — transfere, ou tenta transferir a terceiro, o seu estabelecimento sem o consentimento de todos os credores, salvo se ficar com bens suficientes para solver o seu passivo;

VI — dá garantia real a algum credor sem ficar com bens livres e desembargos equivalentes às suas dívidas ou tenta essa prática revelada a intenção por atos inequívocos;

VII — ausenta-se sem deixar representante para administrar o negócio, habilitado com recursos suficientes para pagar os credores, abandona o estabelecimento, oculta-se, ou tenta ocultar-se, deixando furtivamente o seu domicílio.

§ 1º. Na hipótese de liquidação judicial da pessoa física que exerce atividade econômica em nome próprio e de forma organizada não será observada a exigência prevista no inciso II deste artigo.

§ 2º. Consideram-se praticados pelo devedor os atos referidos neste artigo praticados por seus diretores, gerentes ou procuradores.

Art. 77. Têm legitimidade para requerer a liquidação judicial do devedor:

I — o próprio devedor, que cessa os pagamentos ou reconhece, judicial ou extrajudicialmente, a impossibilidade de cumprir suas obrigações.

II — qualquer credor, detentor de títulos de obrigação líquida, vencida ou vincenda, que provar, mediante procedimento previsto no art. 75 desta lei, a ocorrência de qualquer uma das hipóteses do artigo anterior.

II — os empregados, diretamente ou mediante deliberação em assembléia, por decisão aprovada por 2/3 (dois terços) deles, representando a média do trimestre anterior, quando o pagamento dos salários estiver vencido há mais de 60 (sessenta) dias;

III — o credor que não tiver domicílio no Brasil, se prestar caução às custas e ao pagamento da indenização de que trata o art. 82 desta lei.

§ 1º. O pedido de liquidação formulado por credores será instruído com os títulos de seus créditos, cujo valor individual deverá ser superior a 5.000 UFIR (cinco mil unidades fiscais de referência) e as certidões comprobatórias de, pelo menos, três protestos por falta de pagamento feitos por credores distintos contra o devedor e ocorridos no período de 30 (trinta) dias anteriores à data do pedido.

§ 2º. O pedido de liquidação judicial feito pelo próprio devedor, se esta não tiver ocorrido mediante conversão da recuperação, deverá ser instruído com os documentos e informações relacionados no art. 59 desta lei.

§ 3º. Os títulos não sujeitos a protesto obrigatório devem ser prestados para instruir o pedido de liquidação judicial.

Art. 78. No pedido de liquidação judicial, desde que não seja feito pelo próprio devedor, este será citado para dentro de 05 (cinco) dias apresentar defesa, sob pena de revelia.

Art. 79. A sentença que decretar a lei judicial:

I — conterá a síntese do pedido e a identificação do devedor, bem como os nomes dos sócios solidários e os seus domicílios; os nomes dos que forem, a esse tempo, diretores ou gerentes das sociedades por ações ou por cotas de responsabilidade limitada.

II — indicará a hora da declaração judicial entendendo-se, em caso de omissão que se deu ao meio-dia;

III — fixará o termo legal da liquidação judicial;

IV — marcará o prazo de 20 (vinte) dias para os credores habilitarem seus créditos, nos termos do art. 43 desta lei;

V— ordenará a suspensão de todas as ações e execuções contra o devedor, excetuadas as ações previstas no art. 9º, parágrafo único, desta lei;

VI — proibirá a prática de qualquer ato de disposição ou oneração de bens do devedor, dos administradores da empresa, do sócio ilimitadamente responsável e, ainda, dos sócios majoritários e acionistas controladores das sociedades anônimas, salvo autorização judicial;

VII — mandará publicar edital no órgão oficial, o qual também será afixado no estabelecimento e mantido em Cartório à disposição dos interessados, em que conste a íntegra da decisão e a lista de todos os credores;

VIII — determinará as diligências necessárias para salvaguardar os interesses das partes envolvidas, podendo ordenar a prisão preventiva do devedor ou dos representantes da empresa, em estado de insolvabilidade, quando requerida com fundamento em provas que demonstrem a prática de crime definido em lei;

IX — ordenará à Junta Comercial ou ao Registro Civil de Pessoas Jurídicas para que procedam a anotação da recuperação ou da liquidação judicial no registro da firma individual ou da pessoa jurídica, na matrícula ou no arquivamento;

X — nomeará o Administrador Judicial conforme o disposto no art. 113 e seguintes desta lei;

XI — determinará outras providências e diligências convenientes ao interesse da massa;

XII — nomeará os membros do Comitê, que terá função fiscalizadora dos atos do Administrador Judicial, e suas atribuições obedecerão, no que couber, aos termos do art. 66 desta lei.

Art. 80. O resumo da sentença declaratória da liquidação judicial será, dentro de 24 (vinte e quatro) horas, depois do recebimento dos autos em cartório:

I — afixado à porta do estabelecimento do devedor e publicado em órgão oficial por edital;

II — remetido, pelo escrivão, por protocolo ou sob registro postal, com recibo de volta, ao representante do Ministério Público e à Junta Comercial da respectiva comarca.

Art. 81. Da sentença que declarar ou não a liquidação judicial, pode o devedor, ou credor ou terceiro prejudicado, interpor apelação.

Parágrafo único. Pendente o recurso, o Administrador Judicial não pode vender os bens da massa, salvo se forem perecíveis.

Art. 82. Quem por dolo ou culpa requerer a liquidação judicial de outrem, será condenado, na sentença que denegar a liquidação, em primeira ou segunda instância, a indenizar ao devedor, liquidando-se na execução da sentença as perdas e danos.

Art. 83. Os atos de administração extraordinária praticados pelo Comitê durante o processo de recuperação judicial e os da disposição autorizados pelo Juiz não são revogáveis ao se processar a liquidação judicial.

Art. 84. Considerar-se-ão habilitados os créditos remanescentes da recuperação, nos termos dos relatórios apresentados pelo Comitê.

Art. 85. A sentença que decreta a liquidação judicial da sociedade com sócios ilimitadamente responsáveis também acarreta a destes que ficam sujeitos aos mesmos efeitos jurídicos produzidos em relação a sociedade em liquidação e, por isso, deverão também ser citados para apresentarem defesa, se assim o desejarem.

§ 1º. O disposto no *caput* deste artigo aplica-se ao sócio que tenha se retirado voluntariamente ou que tenha sido excluído da sociedade, há menos de 02 (dois) anos, quanto às dívidas constantes na data do arquivamento da alteração do contrato, no caso de terem sido solvidas até a data da declaração da liquidação judicial as obrigações sociais existentes ao tempo da retirada, salvo se os credores tiverem consentido expressamente na retirada, feito novação, ou continuada a negociar com a sociedade, sob a mesma ou nova firma.

§ 2º. Os sócios com responsabilidade ilimitada poderão exercer o direito de defesa que esta lei assegura à sociedade devedora, no mesmo prazo no qual aquela poderá se defender, independente de chamamento, cujo termo inicial fluirá da publicação da sentença que decreta a liquidação judicial.

§ 3º. Da declaração cabe apelação.

Art. 86. A responsabilidade solidária dos administradores da sociedade por ações e a dos gerentes da sociedade por quotas de responsabilidade limitada, estabelecida nas respectivas leis, e as dos sócios comanditários e do sócio oculto, previstas no Código Comercial, serão apuradas no próprio Juízo da liquidação judicial, independentemente da realização do ativo e da prova da sua insuficiência para cobrir o passivo.

§ 1º. A petição inicial, instruída com os documentos pertinentes, mencionará os fatos e indicará as provas, inclusive rol de testemunhas que serão produzidas na instrução.

§ 2º. O réu será citado para comparecer à audiência de instrução e julgamento, para apresentar defesa e produzir prova.

§ 3º. O autor será intimado da designação da audiência, para comparecer pessoalmente ou por intermédio de seu procurador.

§ 4º. Encerrada a instrução, o Juiz proferirá a decisão.

Art. 87. A recuperação econômico-financeira poderá ser proposta, também, durante o processo de liquidação judicial, se ficar evidenciada a possibilidade de o devedor superar as causas e as circunstâncias que determinaram o pedido de liquidação judicial.

§ 1º. A proposta da recuperação econômico-financeira deve ser apresentada até 05 (cinco) dias após a apresentação do relatório do Administrador Judicial e da publicação do Quadro Geral de Credores; caso contrário, observar-se-á o disposto no art. 122 desta lei.

§ 2º. Deferida a recuperação econômico-financeira, esta será processada de acordo com o art. 55 e seguintes desta lei, obedecendo, entretanto, aos seguintes prazos:

I — O pagamento à vista será realizado com a redução de 50% (cinqüenta por cento) sobre o valor devido;

II — O pagamento realizado em 02 (dois) anos, prazo máximo, neste caso, será realizado com redução de 30% (trinta por cento) sobre o valor devido e será feito em 02 (duas) parcelas anuais de 35% (trinta e cinco por cento) cada.

Capítulo II — Da arrecadação e custódia dos bens

Art. 88. Imediatamente após a assinatura do compromisso, o Administrador Judicial e o Ministério Público, efetuarão a arrecadação dos bens e documentos do devedor e do sócio ilimitadamente responsável, onde quer que se encontrem.

§ 1º. Se o Administrador não tiver assumido as funções, o juiz designará depositário, que iniciará a arrecadação.

§ 2º. Decretada a liquidação judicial, não sendo possível proceder a arrecadação ou concluí-la no dia em que teve início, serão lacrados a sede do estabelecimento e os bens do devedor.

§ 3º. Os bens que não se encontrarem no foro da recuperação ou da liquidação judicial serão arrecadados mediante carta precatória.

§ 4º. O devedor e o sócio ilimitadamente responsável serão obrigados a indicar ao Administrador Judicial e ao Ministério Público os bens sujeitos à arrecadação.

Art. 89. O Administrador Judicial avisará o devedor ou administradores da sociedade em liquidação, com antecedência de 24 (vinte e quatro) horas, que procederá ao inventário e à avaliação dos bens, podendo ser assistido por um ou mais avaliadores.

Art. 90. O inventário será assinado pelo Administrador Judicial e, se estiverem presentes, pelo devedor ou administradores da sociedade em liquidação e pelo Ministério Público.

Art. 91. Os bens perecíveis, deterioráveis, sujeitos a grave desvalorização ou que sejam de conservação arriscada ou dispendiosa, poderão ser vendidos antecipadamente, mediante autorização judicial.

Parágrafo único. O devedor será intimado, na liquidação, para se manifestar sobre a proposta do Administrador Judicial e o Juiz decidirá em 72 (setenta e duas) horas.

Art. 92. O Administrador Judicial poderá dar em locação ou contratar bens do devedor, com o objetivo de produzir renda para a massa.

Parágrafo único. A locação ou a contratação não atribuem direito de preferência na compra, nem podem importar em disposição total ou parcial dos bens, ou terem duração superior ao tempo necessário para a alienação do respectivo objeto.

Capítulo III — Dos efeitos da liquidação judicial

Art. 93. A decretação da liquidação sujeita todos os credores, que somente poderão exercer os seus direitos sobre os bens do devedor e do sócio ilimitadamente responsável na forma que esta lei prescrever.

Parágrafo único. Nenhuma ação ou execução individual pode ser proposta ou ter prosseguimento sobre os bens compreendidos na liquidação judicial.

Art. 94. A decretação da liquidação judicial, além de outros efeitos:

I — produz o vencimento antecipado dos débitos pecuniários do devedor e do sócio ilimitadamente responsável;

II — suspende o exercício do direito de retenção sobre os bens sujeitos à arrecadação, os quais deverão ser entregues ao Administrador Judicial;

III — cancela o exercício do direito de retirada ou de recebimento do valor de suas cotas ou ações, por parte dos sócios da sociedade em liquidação.

IV — implica a dissolução da sociedade em conta de participação, sendo decretada a liquidação do sócio ostensivo;

V — suspende as ações e execuções individuais dos credores contra o devedor e sócios de responsabilidade ilimitada;

VI — suspende o curso da prescrição das ações dos credores.

Parágrafo único. Na hipótese prevista no inciso V deste artigo os demais sócios não poderão exercer qualquer direito sobre os bens do fundo social, antes do pagamento integral dos credores da sociedade e das despesas de processo.

Art. 95. O devedor em processo de liquidação judicial não pagará juros a seus credores.

Parágrafo único. Ao credor hipotecário será assegurada a remuneração de taxa de juros de até 12% (doze por cento) ao ano, se o produto da alienação do bem hipotecado comportar o pagamento dessa parcela de juros.

Art. 96. Na liquidação judicial do espólio, suspende-se o processo de inventário e o Administrador Judicial substitui o inventariante na administração dos bens da herança.

Art. 97. Os contratos bilaterais não se resolvem pela liquidação judicial, observadas as seguintes regras:

I — se a prestação do cargo do devedor estiver totalmente cumprida, o outro contratante é obrigado a satisfazer a sua;

II — se a prestação a cargo do contratante que não se encontra em liquidação estiver integralmente cumprida, este deverá declarar o crédito correspondente à prestação que o devedor lhe faltou;

III — se existirem prestações recíprocas pendentes de cumprimento, o credor que não se encontra em liquidação tem o direito de pleitear a resolução do contrato com indenização.

§ 1º. Na hipótese de liquidação do devedor que não cumpriu sua parte na construção do bem imóvel com finalidade residencial ou comercial, o Juiz poderá, mediante requerimento dos credores deste empreendimento imobiliário, permitir que estes credores prossigam na gestão de empreendimento até sua conclusão, ou determinará que declarem seus créditos, na forma do inciso II deste artigo.

§ 2º. Havendo o Juiz determinado que os credores prossigam na gestão do empreendimento imobiliário, deverá proferir despacho designando data, hora e local para realização de assembléia destes credores, com a presença do Administrador Judicial, que assumirá, conjuntamente com um representante eleito por seus credores, a gestão do empreendimento, respeitando os procedimentos desta lei.

§ 3º. Na hipótese prevista no inciso III do *caput* deste artigo, o contratante que não se encontra em liquidação deverá promover a resolução do contrato em 30 (trinta) dias, contados da publicação da sentença que decreta a publicação.

§ 4º. O Administrador Judicial poderá pleitear o cumprimento de contrato, ficando a cargo da massa devedora o pagamento da prestação pela qual está obrigada, caso em que requererá a autorização do Juiz, e comunicará sua intenção ao contratante que não se encontra em liquidação, no prazo de 30 (trinta) dias, contados do recebimento da notificação.

§ 5º. Deixando a parte que não está em liquidação de optar pelo cumprimento do contrato, a opção passará para o Administrador Judicial, que, autorizado pelo Juiz, poderá exercê-la nos 15 (quinze) dias subseqüentes ao vencimento do prazo estabelecido no § 3º deste artigo.

Art. 98. As obrigações a prazo vencem na data da sentença que decreta a liquidação judicial.

Art. 99. Os contratos preliminares que não se revestem de forma especial determinada em lei são inexigíveis na liquidação judicial salvo se puderem ser cumpridos e se o Juiz autorizar o cumprimento.

§ 1º. A execução deve ser requerida pelo Administrador Judicial ou pela parte no prazo de 30 (trinta) dias contados da publicação da sentença que decreta a liquidação.

§ 2º. O disposto no *caput* deste artigo não se aplica aos contratos de promessa de compra e venda e as promessas de cessão que tenham eficácia real.

Art. 100. A liquidação judicial resolve os contratos em que o credor não é obrigado a aceitar a prestação por um terceiro, indicado pelo Administrador Judicial, quando tiver interesse que seja realizada pessoalmente pelo devedor, bem como os contratos de execução continuada, de mandato, de conta corrente bancária, de agenciamento, de concessão e de distribuição.

Art. 101. O sócio ilimitandamente responsável ao qual a liquidação judicial se estende não poderá exigir nenhuma prestação que lhe deva a sociedade em liquidação.

Art. 102. As debêntures exigidas pela sociedade em liquidação são incluídas na liquidação pelo valor nominal, deduzidas as amortizações ou reembolsos.

Art. 103. Nas operações a termo, a liquidação de uma das partes, antes do vencimento do contrato, confere a outra parte o direito de apresentar a declaração de crédito pela diferença a seu favor, existente na data da sentença que decretou a liquidação judicial.

Parágrafo único. Se a diferença for a favor da massa, a outra parte tem o direito de optar pelo pagamento da prestação, segundo o valor desse dia ou do dia do vencimento, devendo a opção ser exercida no prazo de 30 (trinta) dias, contados da publicação da sentença.

Art. 104. A liquidação judicial do locador não resolve o contrato de locação e, na liquidação do locatário, o Administrador Judicial pode, a qualquer tempo, denunciar o contrato, indenizando o locador mediante arbitramento pelo Juiz, se houver recusa do locatário em aceitá-la.

Art. 105. Se o contrato de compra e venda não estiver cumprido, ou ambas as partes o tiverem cumprido parcialmente, na data de decretação da liquidação judicial do comprador o vendedor tem direito de executar a sua prestação e apresentar a declaração e justificação do crédito relativo ao preço.

§ 1º. Se o vendedor não exercer o direito a que se refere o *caput* deste artigo, a execução do contrato fica suspensa, até que o Administrador Judicial, autorizado pelo Juiz, declare se o cumprirá ou não.

§ 2º. O vendedor pode interpelar o Administrador Judicial para que emita a declaração dentro de 05 (cinco) dias.

§ 3º. Se a declaração for negativa, resolve-se o contrato e o vendedor pode habilitar-se na liquidação judicial do comprador.

§ 4º. No caso de liquidação judicial do vendedor, não se resolve o contrato se tiver ocorrido a tradição da coisa e, se esta não ocorreu, cabe ao Administrador Judicial escolher entre o cumprimento e a resolução do contrato.

§ 5º Resolvido o contrato, o comprador poderá habilitar-se na liquidação judicial do vendedor, sem direito a indenização.

Art. 106. No caso de liquidação judicial do comprador, se o preço tiver que ser pago a termo ou em prestações, o Administrador Judicial, com autorização do Juiz, pode executar o contrato.

§ 1º. O vendedor tem o direito de exigir caução ou garantia, salvo se o Administrador Judicial pagar imediatamente o preço, com desconto dos juros legais.

§ 2º. Na venda em prestações com reserva de domínio, a liquidação judicial ao vendedor não resolve o contrato.

Art. 107. A decretação da liquidação judicial produz a inaplicabilidade da cláusula compromissária, pactuada com o devedor, salvo se antes de proferida a sentença se tenha instituído o Juízo arbitral.

Parágrafo único. O Juiz pode autorizar o Administrador Judicial, em casos especiais, a pactuar da cláusula compromissária ou concordar com a celebração do compromisso.

Art. 108. Nas relações patrimoniais não reguladas expressamente nessa lei, o Juiz decidirá por analogia, atendendo à unidade e universalidade do concurso e à igualdade de tratamento dos credores.

Art. 109. O credor que, antes da decretação da liquidação judicial, houver recebido um coobrigado solidário em relação ao devedor ou de um fiador parte de seu crédito tem direito de concorrer à liquidação desse ou dos demais devedores para exigir a parcela restante.

§ 1º. Na hipótese prevista no *caput* deste artigo, o credor não poderá exigir a parcela restante dos demais coobrigados se o devedor principal já tiver tido suas obrigações extintas por sentença, na forma do art. 136, § 3º, desta lei.

§ 2º. O coobrigado com direito de regresso contra o devedor em liquidação judicial concorre na sua liquidação pela totalidade da importância paga.

§ 3º. O credor tem direito a que se lhe destine a quota correspondente ao coobrigado que pagou antes da liquidação judicial.

§ 4º. O credor tem o direito de exigir a reserva da quota correspondente ao coobrigado até o limite do que lhe é devido.

Art. 110. O credor de vários coobrigados solidários, cujas liquidações judiciais sejam decretadas, tem o direito de concorrer, em cada uma delas, pela totalidade de seu crédito, até recebê-lo por inteiro.

Parágrafo único. O disposto no *caput* deste artigo não se aplica na hipótese de um dos devedores já ter tido suas obrigações extintas por sentença, na forma do art. 136, § 3º, desta lei.

Art. 111. Não existe regresso entre as massas dos coobrigados solidários pelos rateios distribuídos ao credor comum, salvo quando o total dos pagamentos excede o valor do crédito.

§ 1º. O credor é obrigado a restituir o excesso à massa garantida pelas demais ou àquela que efetuou o último pagamento, e esta fará a divisão proporcional ao desembolso de cada uma e ao respectivo débito.

§ 2º. No caso de culpa ou dolo, o excesso será devolvido em dobro, devidamente atualizado.

Art. 112. Os coobrigados solventes e os garantes do devedor ou do sócio ilimitadamente responsável a que se estende a liquidação judicial podem apresentar a declaração do crédito correspondente às quantias pagas ou devidas, se o credor não fizer a sua no prazo fixado em sentença.

Parágrafo único. A admissão se dá com reserva enquanto pendente a condição, depositando-se os rateios que couberem ao credor.

Capítulo IV — Do administrador judicial na liquidação judicial

Art. 113. Ao Administrador Judicial compete, sob a fiscalização do Comitê, administrar os bens compreendidos na liquidação judicial e exercer as funções que não estejam expressamente atribuídas a outros órgãos da liquidação judicial.

Parágrafo único. Além de outros deveres que a presente lei lhe impõe, compete, ainda ao Administrador Judicial:

I — fornecer, com presteza, todas as informações pedidas pelos credores interessados sobre a liquidação judicial e a administração da massa e dar extratos dos livros do devedor, que merecerão fé de ofício, a fim de servirem de fundamento nas verificações e impugnações de créditos;

II — exigir dos credores, e dos procuradores ou administradores que serviram os interesses do devedor, quaisquer informações verbais ou por escrito, sendo-lhe facultado, em caso de recusa de um destes, encaminhar requerimento ao Juiz que, no prazo de 48 (quarenta e oito) horas, determinará que estas pessoas venham à presença do Administrador Judicial, sob pena de desobediência, que interrogará, tomando-se seus depoimentos por escrito;

III — comunicar ao Juiz para os fins do art. 156 desta lei, por petição levada a despacho, qual o montante total dos créditos declarados, bem como confrontar o valor destes créditos com o total do passivo informado na petição do devedor.

Art. 114. A recusa ao encargo deverá ser comunicada ao Juiz no prazo de 48 (quarenta e oito) horas, contadas a partir do conhecimento da nomeação.

Art. 115. O compromisso deverá ser lavrado e assinado pelo Administrador Judicial no prazo de 48 (quarenta e oito) horas, contados a partir da notificação da nomeação.

Art. 116. O Administrador Judicial exerce pessoalmente as suas funções e não pode delegá-las, exceto para atos determinados, com prévia autorização do Juiz.

Parágrafo único. Mediante autorização do Juiz, o Administrador Judicial pode nomear procuradores, prepostos, auxiliares, devendo dar ciência ao Ministério Público.

Art. 117. O Administrador Judicial deverá apresentar ao Juiz relatório apontando a situação da empresa, confrontando-os com os pareceres e relatórios anteriores, se houver, e o Quadro Geral de Credores após o trânsito em julgado de todas as declarações de crédito e, conterá ainda:

I — as causas e circunstâncias da liquidação judicial;

II — o exame sobre os atos do devedor, dos administradores da sociedade em liquidação judicial e do Comitê no exercício de seus encargos e funções, na hipótese de ocorrer liquidação judicial que suceda a recuperação da empresa.

Art. 118. O Administrador Judicial deverá, ainda, apresentar ao Juiz, mensalmente, relatórios complementares indicando a situação geral da liquidação, as receitas auferidas, as despesas realizadas e as medidas e providências adotadas na administração da massa.

Art. 119. O devedor e o sócio ilimitadamente responsável serão representados pelo Administrador Judicial nas ações que versem sobre os bens arrecadados ou sujeitos ao concurso.

Art. 120. O Administrador Judicial não poderá transigir sobre dívidas e negócios de massa e cobrar dívidas com abatimento, sem autorização judicial, ainda que sejam consideradas de difícil liquidação.

Capítulo V — Da realização do ativo

Art. 121. Publicado o Quadro Geral de Credores, apresentado o relatório do Administrador Judicial na forma do art. 117 desta lei, se o devedor dentro dos 05 (cinco) dias seguintes não requerer a recuperação econômico-financeira de seu negócio o Administrador Judicial procederá à venda dos bens.

Parágrafo único. O Juiz poderá autorizar, a qualquer tempo, a venda antecipada de bens do devedor, cujo produto seja necessário para custear o andamento do processo, observando o disposto no art. 122, §§ 2º e 3º, desta lei.

Art. 122. A venda dos bens será realizada de acordo com a seguinte ordem de preferência:

I — alienação do estabelecimento em bloco;

II — alienação em bloco dos bens que integram cada um dos estabelecimentos do devedor, caso tenha cessado a exploração do seu negócio, ou de todos eles;

III — alienação parcelada ou individual dos bens.

§ 1º. Se convier à realização do ativo, ou em razão de oportunidade, pode ser adotada mais de uma forma de alienação.

§ 2º. Na venda da empresa ou negócio do devedor, e de um ou mais estabelecimentos, e dos bens em geral, serão tomadas as seguintes providências:

I — avaliação por um perito nomeado pelo Juiz;

II — alienação, em leilão público, anunciado com 10 (dez) dias de antecedência, em se tratando de móveis, e com 20 (vinte) dias, em se tratando de imóveis;

III — a alienação se dará pelo maior lance oferecido, ainda que seja inferior ao valor da avaliação.

§ 3º. Havendo motivos justos, o Juiz poderá autorizar outras formas de alienação:

I — por meio de proposta escrita, desde que seja anunciada em órgão oficial e em jornal de grande circulação, com a antecedência de 30 (trinta) dias;

II — pela formação da sociedade de credores que representem, no mínimo, 2/3 (dois terços) dos créditos, pagando-se os dissidentes.

Art. 123. No prazo de 05 (cinco) dias após a realização das operações de que trata o artigo anterior, o Administrador Judicial apresentará relatório que:

I — prestará conta das operações efetuadas;

II — informará o resultado da venda dos bens e o produto de cada operação.

III — relacionará os bens que deixaram de ser vendidos e os créditos não cobrados ou pendentes de decisão judicial explicando sucintamente as causas.

Art. 124. As quantias em dinheiro, recebidas a qualquer título, serão depositadas dentro das 24 (vinte e quatro) horas seguintes, na Caixa Econômica Federal ou em qualquer banco se inexistirem instituições oficiais.

Parágrafo único. Todo e qualquer pagamento deverá ser feito através de cheque nominativo, com indicação no verso, do fim a que se destina.

Capítulo VI — Do pagamento aos credores da liquidação judicial

Art. 125. Os créditos trabalhistas serão pagos prontamente logo que haja recursos disponíveis ou que esses recursos sejam obtidos com o produto dos bens de privilégio.

Art. 126. As importâncias adquiridas com a realização do ativo serão destinadas ao pagamento dos credores, atendendo à classificação prevista no art. 38 e seguintes desta lei.

Art. 127. Os credores habilitados fora do prazo estipulado pelo Juiz concorrerão somente aos rateios posteriores à habilitação.

Parágrafo único. Os credores referidos no *caput* deste artigo somente terão direito ao rateio se houver sobras após o pagamento integral aos demais credores.

Art. 128. Os credores restituirão as quantias recebidas acrescidas de juros legais, se antes do encerramento da liquidação judicial ficar evidenciado que a constituição do crédito ou da garantia resultou de falsidade, dolo, erro essencial ou outro vício, ou foi obtida mediante documento decisivo cuja existência era ignorada.

Parágrafo único. O Administrador Judicial ou qualquer credor admitido poderá demarcar revogação da decisão relativa ao crédito ou garantia em questão.

Art. 129. Concluída a realização do ativo, e antes do rateio final, o Administrador Judicial prestará contas de sua gestão.

§ 1º. Apresentadas as contas, ficarão elas sob a responsabilidade do escrivão, que em 03 (três) dias publicará aviso, pelo órgão oficial, colocando-as à disposição do devedor e dos credores, pelo prazo de 15 (quinze) dias, quando poderão apresentar impugnações.

§ 2º. Ouvido o Administrador Judicial e valendo-se de assessoramento técnico, quando necessário, o Juiz julgará as contas.

Art. 130. Aprovadas as contas e paga a remuneração do Administrador Judicial, mediante proposta deste, o Juiz determinará a distribuição do rateio final, que se realizará na forma dos anteriores, incluídos os créditos objeto de reserva.

Art. 131. Os créditos sujeitos à condição suspensiva ou pendentes de decisão judicial ficarão depositados até posterior averiguação ou publicação de decisão e, no caso de não se efetuar esta exigência ou de ser improcedente a decisão, no todo ou em parte, serão objetos de rateio suplementar entre os credores.

Art. 132. Após os pagamentos integrais, bem como os de juros legais, as sobras, se houver, serão restituídas ao devedor.

Capítulo VII — Da extinção das obrigações

Art. 133. A prescrição relativa às obrigações do devedor recomeça a correr no dia que passar julgado a sentença do encerramento da liquidação judicial.

Art. 134. Extingue as obrigações do devedor:

I — o pagamento, sendo permitida a novação dos créditos com garantia real;

II — o rateio de mais de 40% (quarenta por cento) depois de realizado todo o ativo, sendo facultado o depósito da quantia necessária para atingir esta porcentagem se para tanto não bastou a integral liquidação do ativo;

III — o decurso do prazo de 05 (cinco) anos contado a partir do encerramento da liquidação judicial, se o devedor não tiver sido condenado a pena de detenção por crime no processo de recuperação ou liquidação judicial;

IV — o decurso no prazo de 10 (dez) anos contado a partir do encerramento da liquidação judicial, se o devedor tiver sido condenado a pena de detenção por crime no processo de liquidação judicial.

Art. 135. Verificada a prescrição ou extintas as obrigações nos termos dos arts. 133 e 134 desta lei, o devedor pode requerer que seja declarada por sentença a extinção de todas as suas obrigações.

Art. 136. O requerimento será autuado em separado com os respectivos documentos e publicado, no órgão oficial, no prazo de 30 (trinta) dias.

§ 1º. Dentro do prazo do edital qualquer credor pode opor-se ao pedido do devedor.

§ 2º. Findo o prazo, o Juiz, em 05 (cinco) dias proferirá a sentença e, se o requerimento for anterior ao encerramento da liquidação judicial, o Juiz, ao declarar extinta as obrigações encerrará o processo.

§ 3º. A sentença que julgar extintas as obrigações do devedor declarará também a extinção das responsabilidades dos fiadores.

§ 4º. Da sentença cabe apelação.

Capítulo VIII — Da reabilitação civil do devedor

Art. 137. Será concedida habilitação ao devedor que:

I — pagar integralmente os créditos admitidos a liquidação, os juros correspondentes, as dívidas e encargos da massa e as despesas processuais, ou,

II — cumprir regularmente o plano de recuperação, ou,

III — tiver extintas suas obrigações nos termos previstos nos arts. 133 e 134 desta lei.

Art. 138. A reabilitação poderá ser requerida ao Juiz da liquidação pelo devedor ou seus herdeiros.

Art. 139. Qualquer interessado poderá contestar a reabilitação requerida.

Parágrafo único. Ouvido o Ministério Público o Juiz proferirá sentença.

Art. 140. Da sentença de reabilitação constará a ordem à Junta Comercial ou ao Registro Civil de Pessoas Jurídicas para que proceda ao cancelamento da anotação prevista no art. 79, inciso VIII, desta lei.

Art. 141. A reabilitação fará cessar as incapacidades pessoais que atinjam o devedor por efeito da sentença que decretou a liquidação judicial.

Art. 142. Verificada a prescrição ou extintas as obrigações nos termos desta lei, o devedor ou o sócio solidário da sociedade em liquidação poderá requerer que seja declarada por sentença a extinção de todas as obrigações.

*Título V — **DOS CRIMES***

Capítulo I — Dos crimes cometidos pelo devedor e das penas

Art. 143. Constitui crime antes ou depois de decretada a recuperação ou liquidação judicial tendo com elas nexo causal:

I — efetuar gastos pessoais ou familiares que ultrapassem a sua condição econômica;

II — realizar despesas vultosas em operações arriscadas, inclusive envolvendo títulos ou valores mobiliários transacionais em bolsas de mercadorias ou de valores;

III — empregar meios ruinosos ou abusivos com o fim de obter recursos ou fundos.

IV — vender ou revender mercadorias ou produtos com preços manifestamente inferiores aos praticados em mercado;

V — obrigar-se por conta de terceiro a prestação vultosa em relação à situação da empresa.

VI — não possuir escrituração contábil nem efetuar o balanço, deixar de legalizá-los ou de autenticar as fichas, no caso de escrituração mecânica, no prazo e segundo os preceitos da lei, ou possuí-la de forma irregular, incompleta ou lacunosa, quando o devedor, por força de lei, tenha a obrigação de mantê-la;

VII — praticar ato fraudulento de que resulte ou possa resultar prejuízo aos credores, com o fim de criar ou assegurar vantagem injusta para si ou para outrem;

VIII — simular despesas, dívidas ativas ou passivas e perdas, para obtenção de maior crédito;

IX — ocultar ou desviar bens do ativo da massa, inclusive pela compra em nome de terceira pessoa, ainda que cônjuge ou parente;

X — causar perdas avultadas em operações aleatórias, como jogos de qualquer espécie;

XI — falsificar material de escrituração contábil, no todo ou em parte, ou alterar a escrituração verdadeira;

XII — destruir, suprimir ou ocultar documento cujo registro é exigido por lei;

XIII — deixar de elaborar o balanço, no prazo e segundo os preceitos da lei, ou elaborá-lo com inexatidão nas respectivas contas ou omitir sua publicação;

XIV — praticar ato que disponha sobre bem do ativo, ou simular alienação, que possa resultar ou resulte em prejuízo dos credores, durante o período de suspeição, a fim de criar ou assegurar vantagem injusta;

XV — adquirir bem imóvel, título ou valor mobiliário ou crédito, e colocá-lo em nome de terceiros;

XVI — exercer atividade econômica ou auxiliar desta, para a qual tenha sido inabilitado, nos termos do § 6º deste artigo;

XVII — declarar ou admitir dívida inexistente;

XVIII — subscrever título de crédito de favor cuja soma a pagar possa comprometer a situação da empresa;

XIX — subtrair ou desviar elemento do ativo sujeito ao concurso, ou faltar ao dever não colaborando na sua arrecadação;

XX — simular o capital social para obtenção de maior crédito;

XXI — pagar antecipadamente a credores, durante o período suspeito, em prejuízo de outros;

XXII — apresentar declarações ou reclamações falsas, ou juntar a elas títulos falsos ou simulados.

§ 1º. Aplicar-se-á pena de detenção de 1 (um) a 4 (quatro) anos para os crimes tipificados nos incisos I a IV e XVI deste artigo.

§ 2º. Aplicar-se-á a pena de reclusão de 2 (dois) a 5 (cinco) anos para os crimes tipificados nos incisos VII a IX, XIV, XV, XVII a XX, deste artigo.

§ 3º. Aplicar-se-á a pena de reclusão de 1 (um) a 5 (cinco) anos para os crimes tipificados nos incisos X a XIII, XXI e XXII deste artigo.

§ 4º. Aplicam-se a pena privativa de liberdade e a multa, inclusive no que se refere ao seu valor, as correspondentes disposições do Código Penal.

§ 5º. Estarão sujeitos a pena privativa de liberdade estatuída no § 1º deste artigo:

I — o profissional que assinar balanço inexato;

II — o credor que receber pagamento ciente da preterição dos demais;

III — o que adquirir bem do ativo, tendo conhecimento do prejuízo causado a terceiro, ou participar de simulação nesses casos;

IV — o terceiro em cujo nome o devedor tenha colocado o bem adquirido;

V — o beneficiário, nos casos de dívida fictícia, contraída, declarada ou reconhecida e da subscrição de título de crédito em seu favor;

VI — a pessoa que emprestar seu nome para a atuação do inabilitado, bem como os sócios e administradores da empresa fictícia ou de favor.

§ 6º. A condenação por qualquer um dos fatos descritos neste artigo importará na inabilitação, pelo prazo de 10 (dez) anos, para o exercício da atividade econômica, ou auxiliar desta, a que se dedicava o agente, e na incapacidade permanente para fazer parte do conselho de administração ou da diretoria de quaisquer empresas sujeitas a esta lei, ou ser gerente ou mandatário das mesmas.

§ 7º. A inabilitação produzirá efeitos desde o trânsito em julgado da sentença, mas o prazo ficará em suspenso enquanto durar a pena de reclusão, e começará a correr a partir do seu cumprimento ou da extinção da punibilidade.

§ 8º. A reabilitação extinguirá a inabilitação imposta ao devedor para o exercício da atividade econômica ou auxiliar desta.

§ 9º. A reabilitação poderá ser requerida decorridos 02 (dois) anos da data em que, de qualquer modo, for extinta a pena ou terminar sua execução, desde que o condenado prove estarem igualmente extintas, por sentença, as suas obrigações.

Capítulo II — Dos crimes cometidos por outras pessoas

Art. 144. Aplicar-se-á a pena privativa de liberdade cominada no art. 143, § 2º, desta lei, ao conselheiro, diretor, administrador ou gerente do devedor que:

I — cometer quaisquer ilícitos descritos no art. 143 desta lei;

II — concorrer para causar ou agravar a crise econômica da empresa, faltando aos deveres e responsabilidades de suas funções;

Parágrafo único. Tratando-se de conselheiro, diretor, administrador ou gerente a pena de reclusão será aumentada em 1/3 (um terço).

Art. 145. Será punido com reclusão de 2 (dois) a 5 (cinco) anos o Juiz, o representante do Ministério Público, o Administrador Judicial, o perito, o avaliador, o escrivão, o oficial de justiça ou o leiloeiro que, direta ou indiretamente, adquirir bens da massa, ou, em relação a eles participar de alguma especulação de lucro.

Art. 146. Incorrerá nas penas impostas no art. 143, § 2º, desta lei, o membro do Comitê ou o Administrador Judicial que, durante a fase da liquidação judicial:

I — receber ou pactuar com retribuição, em dinheiro ou de outras formas, diversas da que tem direito;

II — desviar, deixar de entregar ou de depositar regularmente dinheiro, valor ou qualquer outro bem móvel da massa de que tenha posse em virtude da função;

III — prestar informação ou parecer, no que se refere a extratos dos lucros do devedor inexatos ou falsos, apresentando relatório ou fazendo exposições contrárias à verdade.

Art. 147. Também ficará sujeito às penas previstas no art. 143, § 2º, desta lei, aquele que:

I — promover, inclusive por interposta pessoa, habilitação de crédito simulado ou indevido, no todo ou em parte;

II — após decretação da recuperação ou da liquidação judicial, desviar, receber ou ocultar bem do devedor sujeito ao conjunto de credores;

III — ciente do estado de liquidação, desviar, receber ou ocultar bem do devedor, ou adquiri-lo por preço manifestadamente inferior ao de mercado.

Art. 148. Constituirá, ainda, crime passivo de pena privativa de liberdade constante no art. 143, § 1º desta lei exercer, inclusive por interposta pessoa, atividade econômica ou auxiliar desta, em casos de inabilitação ou de incapacidade devidamente comprovadas.

Art. 149. O deferimento de recuperação da empresa não excluirá o processo e julgamento do agente por crime cometido durante a recuperação ou liquidação judicial.

Art. 150. Nos casos de recuperação judicial da empresa serão aplicadas aos membros do Comitê, que cometerem os crimes tipificados nos arts. 143 e 146 desta lei, as penas previstas no art. 143, § 2º desta lei.

Art. 151. Aplicar-se-ão as penas estipuladas no art. 143, § 2º, desta lei ao credor que, sem o concurso do devedor:

I — requerer, inclusive por interposta pessoa, a habilitação de crédito simulado ou indevido;

II — após a decretação da liquidação, subtrair, desviar, receber ou, em declaração pública ou privada, encobrir bem do devedor em liquidação;

III — ciente do estado econômico do devedor, desviar ou receber bem do seu patrimônio, ou adquiri-lo por preço notoriamente inferior ao de mercado, no caso de ocorrer liquidação.

Parágrafo único. Nos casos dos incisos II e III deste artigo, responderá qualquer pessoa que praticar o ato.

Art. 152. Os administradores, diretores e gerentes equiparar-se-ão ao devedor, inclusive em liquidação, para todos os efeitos de apenação decorrentes desta lei.

Art. 153. Tratando-se de liquidação da pequena empresa, o Juiz poderá diminuir a pena de reclusão de 01 (um) a 2/3 (dois terços), e converter a multa em prestação de serviços à comunidade.

Art. 154. A prescrição instintiva da punibilidade de crime cometido durante a recuperação ou liquidação judicial terá duração de 03 (três) anos contados a partir do dia em que transitar em julgado a sentença que encerrar a liquidação ou julgar cumprida a recuperação e de apuração do passivo.

Art. 155. Aplicar-se-ão aos crimes cometidos durante a recuperação ou liquidação judicial as regras gerais do Código Penal, sempre que esta lei não disponha de modo diverso.

Título VI — ***DISPOSIÇÕES FINAIS E TRANSITÓRIAS***

Capítulo I — Disposições especiais

Art. 156. O processo de liquidação judicial cujo passivo for inferior a 24.000 UFIR (vinte e quatro mil Unidades Fiscais de Referência) será processado obedecendo ao rito sumário.

§ 1º. Verificando, pela comunicação do Administrador Judicial, que o montante do passivo declarado pelos credores é inferior à quantia definida no *caput* deste artigo, o Juiz mandará que os autos lhe sejam conclusos e proferirá despacho em que:

I — determinará que a liquidação judicial seja processada sumariamente, designando, dentro de 10 (dez) dias seguintes, data, hora e local para a audiência de verificação e julgamentos dos créditos.

II — mandará que o Administrador Judicial publique imediatamente, no órgão oficial, aviso aos credores que lhes dê ciência de sua determinação e designação.

§ 2º. Na audiência, o Administrador Judicial apresentará as declarações de crédito, com o seu parecer e as informações do devedor, e o Juiz, ouvindo os credores que tenham impugnações a fazer e os impugnados, além do Ministério Público, proferirá sentença de julgamento dos créditos, sobre a qual poderá ser interposto agravo de instrumento.

§ 3º. Nas 48 (quarenta e oito) horas seguintes à audiência, o Administrador Judicial apresentará, em cartório, relatório apontando as causas e circunstâncias da liquidação judicial e os atos passíveis de revogação.

§ 4º. Juntamente com a apresentação de seu relatório, o Administrador Judicial dará início aos procedimentos previstos nos arts. 28 e 33 desta lei.

§ 5º. Dentro do prazo de 48 (quarenta e oito) horas seguintes à sentença proferida pelo Juiz, na forma do § 2º deste artigo, o devedor poderá requerer a recuperação judicial.

§ 6º. Não tendo sido requerida ou tendo sido negada a recuperação judicial, o Administrador Judicial dará início, imediatamente, à realização do ativo e pagamento do passivo.

§ 7º. Decorridos 06 (seis) meses da decretação da liquidação judicial sem que haja pedido de habilitação de crédito, o Administrador Judicial publicará aviso dando ciência aos interessados de que o processo será encerrado sem a liquidação do ativo existente.

§ 8º. Caso não haja pronunciamento dos credores, no prazo de 30 (trinta) dias da publicação do aviso, o Juiz proferirá sentença decretando o encerramento da liquidação judicial com a devolução de todos os bens do devedor.

Capítulo II — Disposições gerais

Art. 157. Os Tribunais de Justiça disciplinarão a organização da lista de Administradores Judiciais e peritos, pessoas físicas ou jurídicas que atuarão nos processos, levando em conta a necessidade de serviço e o número de processos afetos a esta lei tramitando nas Varas ou Comarcas.

§ 1º. Para a organização das listas poderão ser requisitadas informações aos órgãos de representação das classes de advogados, economistas, administradores de empresas e contabilistas.

§ 2º. As listas gerais serão publicadas no órgão oficial, no mês de dezembro de cada ano, podendo ser alteradas mediante reclamação fundamentada.

§ 3º. Em caso de necessidade, a qualquer tempo, as listas poderão ser aumentadas.

Capítulo III — Dos atos processuais e respectivos prazos

Art. 158. Os processos de recuperação e de liquidação judicial e os respectivos incidentes terão prioridade sobre todos os outros, na ordem dos feitos, e em qualquer outra circunstância.

Art. 159. As petições de recuperação e de liquidação judicial estarão sujeitas à distribuição, segundo a ordem de apresentação.

§ 1º. A distribuição prevenirá a jurisdição para qualquer outro pedido de igual natureza e relativo ao mesmo devedor.

§ 2º. As ações que devam ser propostas perante o Juízo da recuperação ou da liquidação serão distribuídas por dependência.

§ 3º. Logo que a petição seja distribuída, será entregue ao escrivão, que remeterá os autos conclusos no mesmo dia.

Art. 160. As citações, intimações, interpelações, reclamações e comunicações previstas nesta lei, serão feitas por qualquer meio eletrônico de transmissão de mensagens ou por carta, com aviso de recebimento, ou pessoalmente, mediante assinatura de protocolo, se esta alternativa se revelar mais conveniente.

Parágrafo único. Os procedimentos de que trata o *caput* deste artigo serão considerados como feitos:

I — quando por qualquer meio eletrônico que determine recepção instantânea, como transmissão por intermédio de aparelho de fax ou mensagem computadorizada, no momento imediato da confirmação da recepção da mensagem pelo destinatário;

II — quando por carta, na data do seu recebimento pelo destinatário, ou, quando tenha havido omissão, 10 (dez) dias após sua expedição;

III — quando pessoalmente, na data em que o destinatário registrar o recebimento em protocolo.

Art. 161. Os prazos marcados nesta lei serão contínuos e peremptórios, não sofrerão suspensão nos feriados ou nas férias forenses e começarão a produzir efeito no dia imediato após a publicação no órgão oficial, ou da citação, intimação, interpelação ou comunicação pessoal feita ao destinatário.

§ 1º. Quando houver mais de uma publicação sobre o mesmo objeto, o prazo começará a contar a partir do dia seguinte ao da primeira publicação feita.

§ 2º. Serão os seguintes os prazos se outro não tiver sido expressamente indicado nesta lei:

I — 10 (dez) dias para interposição de apelação contra as sentenças proferidas;

II — 7 (sete) dias para:

a) a lavratura de sentença e/ou despachos com caráter interlocutório, contados a partir da data em que os autos forem conclusos;

b) a oposição de embargos, de medidas cautelares ou incidentais, contados a partir do ato que deu ciência do fato gerador do procedimento;

c) contestação de ações e outros procedimentos propostos no âmbito da recuperação ou da liquidação judicial;

d) a manifestação do Ministério Público;

e) a interposição de agravos.

III — 03 (três) dias para:

a) dar resposta ou informar o cumprimento de providências, nos casos de intimação, interpelação ou comunicação;

b) a apresentação de laudo ou informações complementares por parte de peritos e equiparados, nomeados pelo Juiz para auxiliá-lo no feito.

IV — 03 (três) dias para a apresentação de reclamação contra ato praticado no processo;

V — 30 (trinta) dias para abertura e conclusão da instrução nas ações e demais procedimentos intentados no âmbito de recuperação ou da liquidação judicial.

Art. 162. As liquidações processar-se-ão no decorrer das férias e não serão suspensas pela superveniência destas.

Art. 163. As publicações ordenadas nesta Lei serão feitas no órgão oficial do Estado ou do Distrito Federal e, se o devedor ou a massa comportar, em jornal de ampla circulação nas respectivas capitais e na comarca.

§ 1º. O prazo máximo para efetuar as publicações é de 05 (cinco) dias, contados do recebimento das matérias ou dos autos em cartório.

§ 2º. A publicação dos atos e termos do processo em que seja conveniente maior divulgação, mediante proposta do Comitê, do Administrador Judicial ou do escrivão, devidamente autorizada pelo Juiz, poderão ser feitas empregando-se outros meios idôneos de comunicação.

§ 3º. As publicações ordenadas nesta lei conterão a epígrafe "*recuperação judicial de...*" ou "*liquidação judicial de...*".

Art. 164. As disposições de caráter processual desta lei e as que regularem a recuperação ou a liquidação judicial serão aplicadas aos processos pendentes.

§ 1º. A prova oral, limitada à oitiva de 03 (três) testemunhas, só será colhida caso haja motivo relevante, e desde que o rol seja apresentado com a inicial e que as testemunhas sejam trazidas a Juízo, independentemente de intimação, salvo justificativa para intimação delas.

§ 2º. O feito poderá ser instruído com termo de depoimentos tomados pela parte interessada, que para tanto deverá comunicar a parte contrária, por carta, por aviso de recebimento, a data, hora e local no qual serão tomadas as declarações, podendo esta última fazer perguntas, por escrito ou oralmente, o que deverá ser consignado de forma sucinta, ficando a critério do Juiz a reinquirição dos declarantes.

Art. 165. À reabilitação do devedor em recuperação judicial aplicam-se as disposições, no que couber, do art. 137 e seguintes desta lei.

Art. 166. Os pedidos de recuperação ou de liquidação judicial deverão ser feitos por procuradores munidos de poder para esse fim.

Art. 167. O Código de Processo Civil será fonte subsidiária desta lei.

Art. 168. No prazo de 180 (cento e oitenta) dias o Poder Executivo enviará à apreciação do Congresso Nacional, as leis reguladoras:

I — da recuperação e da liquidação judicial das empresas, sociedades e instituições financeiras arroladas nos arts. 2º e 3º desta lei;

II — da constituição das sociedades por quotas de responsabilidades limitadas e por ações, mediante a fixação de capital mínimo e prazo fatal para sua integralização.

Capítulo IV — Da revogação e Alteração de Outros Dispositivos Legais

Art. 169. Revogam-se os arts. 503, 506, 507, 508 e 509 do Capítulo I, do Título II, do Livro II, do Decreto-lei n. 3.689, de 3 de outubro de 1941 — Código de Processo Penal.

Art. 170. O Capítulo I, do Título II, do Livro II, do Decreto-lei n. 3.689, de 3 de outubro de 1941 — Código de Processo Penal, passa a ter a seguinte redação:

"Art. 504. A ação penal será intentada diretamente no juizo criminal, devendo nela funcionar o órgão do Ministério Público que atuar na Recuperação ou Liquidação Judicial.

"Art. 505. A denúncia ou a queixa será sempre instruída com cópia dos relatórios do Comitê ou do Administrador Judicial, perícias, ou qualquer meio de prova, que contiverem indícios de autoria de crimes. (...)

"Art. 510. O arquivamento dos papéis, a requerimento do Ministério Público, efetuar-se-á no Juízo competente para o processo penal.

"Art. 511. No processo criminal não se conhecerá de argüição de nulidade da sentença que decretar a recuperação ou liquidação judicial.

"Art. 512. Recebida a denúncia ou a queixa, prosseguir-se-á no processo, de acordo com o disposto nos Capítulos I e III, Título I, Livro II, deste Código."

Art. 171. Esta lei entrará em vigor no prazo de 90 (noventa) dias de sua publicação.

Art. 172. Revogam-se as disposições em contrário.

Impressão e acabamento:
GRÁFICA PAYM
Tel. (011) 4392-3344

RDM 111

DOUTRINA: NOTAS DE ANÁLISE ECONÔMICA: CONTRATOS E RESPONSABILIDADE CIVIL – Rachel Sztajn • ***ATUALIDADES:*** UMA REFLEXÃO SOBRE AS ESTRUTURAS JURÍDICAS NO DIREITO INTERNACIONAL ECONÓMICO – Vasco Branco Guimarães • APARÊNCIA DE REPRESENTAÇÃO: A INSUSTENTABILIDADE DE UMA TEORIA – Fábio Konder Comparato • DA INEXISTÊNCIA DE FUNDO DE COMÉRCIO NAS SOCIEDADES DE PROFISSIONAIS DE ENGENHARIA – Tercio Sampaio Ferraz Junior • DA RESPONSABILIDADE SOLIDÁRIA NA CISÃO E DA NOTIFICAÇÃO ÀS EMPRESAS DEVEDORAS – Arnoldo Wald • A EVOLUÇÃO DO CONCEITO DE SOBERANIA – TENDÊNCIAS RECENTES – Carla Amado Gomes • REFORMA DAS S.A. E DIREITO DE RECESSO – Nelson Eizirik • A PROPRIEDADE INDUSTRIAL NA FALÊNCIA – ALIENAÇÃO DE DIREITO DE MARCA – João Luiz Coelho da Rocha • ALGUNS ASPECTOS QUE ENVOLVEM A NACIONALIDADE DAS SOCIEDADES COMERCIAIS – Leonardo Medeiros Régnier • A NOVA LEI BRASILEIRA SOBRE PROPRIEDADE INDUSTRIAL – Eduardo Grebler • A SECURITIZAÇÃO DE RECEBÍVEIS DE CRÉDITOS GERADOS EM OPERAÇÕES DOS BANCOS – A RESOLUÇÃO N. 2.493 EM SUA PERSPECTIVA JURÍDICA – Cássio Martins C. Penteado Jr. • A PRESCRIÇÃO ADMINISTRATIVA NO ÂMBITO DO BANCO CENTRAL DO BRASIL – Haroldo Malheiros Duclerc Verçosa • ***MERCOSUL:*** EL TRANSPORTE DE MERCANCÍAS PELIGROSAS EN EL MERCOSUR – Roberto Bloch • ***TEMAS EM DEBATE:*** A DISCIPLINA DA REORGANIZAÇÃO DA EMPRESA EM CRISE ECONÔMICA NO PROJETO DE LEI CONCURSAL – Frederico Simionato • ***PARECERES:*** DIVIDENDOS MÍNIMOS CUMULATIVOS E PARTICIPANTES – Luiz Gastão Paes de Barros Leães • ***ESPAÇO DISCENTE:*** LIBERDADE DE IMPRENSA E RESPONSABILIDADE CIVIL DOS MEIOS DE COMUNICAÇÃO – Marcos Barbosa Pinto • ***JURISPRUDÊNCIA COMENTADA:*** DISSOLUÇÃO PARCIAL DE SOCIEDADE POR COTAS – Luís Felipe de Carvalho Pinto • LIMITADA – DISSOLUÇÃO PARCIAL DA SOCIEDADE COM DOIS SÓCIOS – SOCIEDADE UNIPESSOAL TRANSITÓRIA – Priscila Brólio Gonçalves • LIMITADA – DISSOLUÇÃO PARCIAL POR QUEBRA DA "AFFECTIO SOCIETATIS" – INCLUSÃO DO VALOR DO FUNDO DO COMÉRCIO NOS HAVERES DO SÓCIO RETIRANTE – Renato Luis Bueloni Ferreira • ***LEGISLAÇÃO:*** AINDA A REFORMA DE LEI FALIMENTAR – Waldirio Bulgarelli

MALHEIROS EDITORES

Revista de Direito Mercantil

industrial, econômico e financeiro

vol.
112

M